本书为国家社科基金项目
"骑士制度与西欧封建社会特征研究"（10BSS006）结项成果

获得河北师范大学强势特色学科基金出版资助

骑士制度与
西欧封建社会特征

倪世光　著

人 民 出 版 社

目　录

前　言 ……………………………………………………………… 1

第一章　西方学术界研究概况 ……………………………………… 1

　一、骑士与社会 ………………………………………………… 1

　二、封建制度 …………………………………………………… 10

　三、政治 ………………………………………………………… 16

　四、军事 ………………………………………………………… 22

　五、经济 ………………………………………………………… 26

　六、文化 ………………………………………………………… 31

第二章　"封建制度"概念 ………………………………………… 36

　一、词源及含义 ………………………………………………… 37

　二、封建法与采邑 ……………………………………………… 40

　三、基本解释 …………………………………………………… 43

　四、概念的实质 ………………………………………………… 48

　五、对国内争论的几点认识 …………………………………… 50

第三章　骑士问题的争论 …………………………………………… 58

　一、相关问题 …………………………………………………… 58

　二、对问题的判断 ……………………………………………… 71

第四章　骑士与封建关系 …………………………………………… 91

　一、领主—附庸关系 …………………………………………… 91

　二、关系纽带 …………………………………………………… 100

　　三、学术问题 ……………………………………………… 111

第五章　骑士与封建政治 ……………………………………… 118

　　一、加洛林帝国分裂后的状况 ………………………… 119

　　二、法兰西王权 ………………………………………… 124

　　三、英格兰政权构建 …………………………………… 133

　　四、德国政治局面 ……………………………………… 145

　　五、教皇的世俗权 ……………………………………… 152

第六章　骑士制度与法律 ……………………………………… 159

　　一、封建法 ……………………………………………… 159

　　二、封建法中的骑士规则 ……………………………… 167

　　三、机构与司法 ………………………………………… 173

第七章　骑士与战争 …………………………………………… 184

　　一、战争机制 …………………………………………… 184

　　二、战争状况 …………………………………………… 189

　　三、十字军东征 ………………………………………… 199

第八章　骑士制度作用下的经济 ……………………………… 209

　　一、庄园 ………………………………………………… 209

　　二、庄园生产特征 ……………………………………… 216

　　三、商品货币经济 ……………………………………… 222

第九章　封建文化的骑士印记 ………………………………… 233

　　一、骑士文化及其地位 ………………………………… 233

　　二、贵族意识 …………………………………………… 242

　　三、封建政治思想 ……………………………………… 248

附:骑士制度与西欧中世纪战争 ………………………………… 256

参考资料 …………………………………………………………… 286

前　言

　　近代以来,中国人看世界的视角,经历了由以中国为中心向以西方为中心的转变,这种转变大致是从我们祖先的"天朝""天下"观念被西方的"坚船""利炮"打破后开始的,它伴随着中国遭受百余年的欺辱和知识精英们对我们自己的历史和传统文化做沉痛反思和批判的过程。现如今,国内史学界有了许多自信,继批判"欧洲中心论"之后,也在积极发出自己的声音,力争令世界知道我们的历史和传统文化也很"厉害"。然而,我们的历史和传统文化"厉害"与否,已经不宜用当年"天朝"观的自信和气势做宣扬,而是需要与发达国家的历史和文化做比较,通过认真的研究和分析,辨别出我们的历史和文化真正的强处所在,这首先需要我们对西方的历史和文化要有较为深入的了解和认识。

　　如果静下心来看西方的历史会发现,有许多事情我们还不十分清楚,有些历史现象我们仍还停留在只知其然的程度,甚至,对某些基本史实的理解和认识依然存在偏差。封建社会与近代以来西欧各主要国家的经济、政治、军事、文化等有直接的联系,对这段历史做深入细致研究,为准确把握西方历史和现状有十分重要的意义。

　　以往我们更多是循着人类历史有相似性的思路考察东西方的历史,从而更多看到的是,在生产力、生产关系相仿条件下,西欧封建社会与我国古代历史大体相近的现象和阶段。此理论思路对我们了解东西方历史的相似之处有重要作用,增强了我们对人类历史共通性的认识。然而,东西方的历史存在着明显差异,这种差异也需要通过历史唯物论进行观察,从而进一步看清双方历史的不同和各自的特征。

　　以西欧封建社会的历史对比我国的历史,似乎比通过其奴隶社会和资本主义社会对比我国的历史更具现实意义,它关系到中国近现代以来的革命、国家及政权建设理论的历史依据。中国是否存在封建制社会?中国封建社会起讫于何时?一直困扰着国内学界。从"社会史大讨论"到"五朵金花",再到近些年"封建制度"概念的争论等,无不与这方面问题有关。因而,对西欧封建社会特征的研究既有重要的学术意义,也有重要的现实意义。

西欧封建社会特征可谓色彩纷呈,令人眼花缭乱。然而,观望历史的角度不同,所看到的社会特征态势也会不同,或高或低、或大或小、或明或暗,大有"横看成岭侧成峰,远近高低各不同"的感觉。而且,在某个角度能看到的特征在另一个角度可能看不到。骑士是西欧封建社会非常重要的群体,从严格意义上讲,中国古代历史中并没有衍生出与之相同的群体。由于骑士群体的存在而形成的相关社会综合现象,构成所谓的"骑士制度",它对西欧封建社会特征有着极高的标识度。从骑士制度现象考察西欧封建社会特征,有助于我们能够较集中和深入地认识问题。由于笔者对骑士制度问题已经做了前期工作,所涉及内容在本书中不再赘述。需要说明的是,从任何一个视角观察广泛的历史现象都会有局限,除了考察者自身的能力外,还因为受所看资料的限制。因而,这里所探讨的只是西欧封建社会特征的一部分,当然,是非常重要的部分。本课题考察的重点及形成的基本观点主要如下:

1. 重新认识西欧"封建制度"概念。当 Feudalism 概念传入我国,并被翻译为"封建制度""封建主义"得到广泛使用后,主要存在两种理解:一种是按照中国传统的"封建"含义做"封邦建国"解,另一种是马克思主义的解释。但在持马克思主义观点的学者中也不乏有人或多或少受到中国传统"封建"含义的左右。由于马克思主义成为我国学术界的主流并得以畅行,前者则成为学术界的潜流一直在部分学者的观点中存在,近年来这种观点得到充分展现,一些学者坚持认为,应当用"封邦建国"的含义理解和使用"封建制度"概念,因而中国秦至清朝历史阶段的冠名应该用其它概念替换。持这种观点的一些学者,把西方学界各家,包括马克思主义在内的理论与中国传统的"封建"含义简单地"通约"在了一起。实际上,中国传统的"封建"与从 Feudalism 翻译而来的"封建"是两个貌似而实则不同的概念,应该加以区别。马克思主义的封建制度定义大体是基于生产力发展程度而做出的,与西方其他各家基于"采邑""附庸"现象所做的定义有明显不同,把它们"通约"在一起是不合适的。

以生产力、生产关系作为划分历史阶段的依据,为了加以比较,把中国的某段历史用西方传来的"封建社会"冠名,并非没有道理。中、西方的历史是人类文明的两条不同河流,它们有着相同的内容,也有着各自不同的境况、水质和流速等,如果不做比较也就没有必要用一个河流特征标准衡量另一个,如果不做参照性研究,也不必用相同的概念和名称做判断。依据统一的概念和理论标准研究不同国家的历史并辨别出各自的特征,应该是人类历史研究中可以被共同接受的一种基本方法。当然,这种方法应在探索中不断发展完善。

西方学界对"封建制度"的解释众说纷纭,并给后来学者的研究带来许多麻烦,人们之所以还没有废弃使用它,主要是因为它已成为对那段历史约定俗成的冠名,至于如何解释它,各家观点都能谈出自己的依据,已经难以形成统一认识。故此,本课题并非要回答"西欧封建制度是什么?"这类问题,而是要回答"西欧封建社会有怎样一些特征?"探讨的不是概念问题,而是社会实际状况。

2. 对西方学术界关于骑士问题部分争论做进一步梳理和认识。骑士作为一个社会群体何时出现的?骑士产生的主要社会条件是什么?骑士群体的基本规模怎样?这些问题在学术界仍无定论,而这些问题对此项工作的展开很重要,需要有交代。通过考察和分析西方学者近些年的新观点和理论,笔者尽量做更贴近历史事实的判断,并对其中的一些问题做出相应解释。

3. 分析骑士制度对封建关系的影响。人与人之间的关系是人类社会的重要内容,人们的关系如何构建,特别是统治集团成员间的关系怎样,影响到诸多社会现象。社会经济利益分配,政治权利掌控和运作,道德风尚的树立等,无不与之有关。采邑分封与军事服役相结合,使世俗贵族大都具有骑士身份,同时,他们之间也形成极具特色的封建关系。自上而下伴随采邑分封建立的组织体系,把这部分人在军事、政治、法律等方面的关系,通过领主—附庸关系连接起来。领主—附庸关系与军事组织内部统领被统领关系、政权结构中上下隶属关系、社会生活中贵族等级关系等相互交织在了一起。西欧封建人际关系具有明显的骑士制度特征。

4. 骑士制度与西欧封建政治局面有直接关联。西欧各主要封建国家的政治状况是一幅浩大繁杂的画卷。笔者只能对14世纪以前西欧封建政治的基本格局和线索、王权走势和政权结构、教俗二元政治体系等现象做大致勾画。骑士制度给西欧社会政治涂上了浓重暴力和战争色彩。产生于加洛林朝的骑士制度对西欧政权更迭和政治格局具有持久的影响力。从加洛林帝国瓦解到其家族内部纷争,再到法、德、意及英格兰国家格局的形成,都可看到政权结构中由于军事附庸集团的存在所起到的作用。

西欧封建政权建设和发展存在着一条较为明显的走势,即当初以王权为核心集军事、行政、司法、税务于一体的粗放管理体制,逐渐向各管理部门与军事分离并成为专门机构的转化过程。行政、司法、税务等机构与军事分离,形成相对独立的部门是西欧政治体制走出中世纪的重要表现,也是英、法两国国王权力不断加强,骑士制度走向衰亡的过程。德国由于"农奴骑士"集团的产生和存在,领主与出身低下的骑士之间关系更为巩固,诸侯们凭借这类骑士的支持形成强大的地方势力,皇帝出于自身地位和利益考虑,往往迎合封建贵族们的意愿,大肆对外发动战争,促使国家政治长期处于分裂状态。

西欧封建社会形成教、俗两套权力体系,两者相互利用又相互冲突,成为重要政治现象。以教皇为首的教会之所以能形成独立的政治势力,固然与基督教自身的功能和实力有关,也与历史机遇有关。但需要强调的是,教会能长期少受世俗政权控制且不断干预君主权力,与骑士制度有直接关系。与中国古代文人士大夫成为各级官吏的主体,且身兼社会风气教化功能不同,掌控各级政权的骑士不仅无力承担社会教化功能,对其自身的教化也是一大社会问题。因而,教会的教化角色是西欧封建社会不可缺少的。此外,一些世俗权力职务需要有文化的人承担,这为神职人员进入权力部门留出了空间,使教会干预世俗权力有了条件。再有,君主与身为骑士附庸们的利益之争,为教皇和主教敢于向君主叫板,并插手国家政治提供了机会。英诺森三世在教会发展史上的权力巅峰状态,以及大规模十字军东征等现象,都与骑士制度正值鼎盛期有内在关联,值得深入研究。

5. 骑士制度是认识和理解西欧封建法律特征的重要途径。建立骑兵军队促进了采邑分封制度的形成和发展,同时也把日耳曼人古老的传统习惯和法律纳入了骑士规则之中。以军事服役为主要条件的采邑分封所建立起来的领主——附庸关系,以及双方相互的责任和义务构成了封建法的核心内容。通过仪式订立契约,明确了双方各自应该或不应该承担的责任和义务。契约的遵守和执行是封建法律的根本,封建法中的细密规则是社会现实情况的反映。由于骑士身份贯穿于上自国王,经由公爵、伯爵等直至下层骑士的整个封建等级体系中,法庭的法官和执行官大多由他们担任,法律机构与身为军人的骑士结合在一起,司法审判和法律执行过程中的暴力冲突和战争难以避免。西欧中世纪私人战争的频繁发生往往是法律纠纷的升级。领主与附庸、附庸与附庸之间在骑士制度下的军事抗衡能力,成为维护各自权益的手段,而且是维护法律相对公正的终极手段。当暴力和战争成为解决法律纠纷的手段时,封建法庭上的原告和被告,也包括主持审判的法官和每一个参与审判者,都不得不顾及法律的公正性,任何不公正的判决,都有可能成为受害者的指控对象,并卷入以命抵命的暴力裁决中,其信念是:通过暴力和战争,"让上帝做最终判决"。附庸所具有的反抗领主侵权的军事能力和社会对不公正予以反抗的法律认可,为西欧的法制向真正的法律面前人人平等的方向开辟了道路。任何人,无论其地位有多高,权力有多重,均不得对别人的利益加以侵犯,否则,对方就有拒绝甚至暴力反抗的权力。骑士制度与生俱来的暴力和战争倾向及其在法律建设中所起到的作用,是中国法制史中所没有的。

6. 骑士制度与西欧封建社会的军事现象有直接关系。西欧封建社会的军事和战争问题,是国内包括军事史学界也没有重视的领域。与古希腊和罗马的军事制度不同,中世纪的军事制度对近代以来的西方军事和战争有更直接的影响。西方世界霸权地位建立的后盾是军事,而现如今西方军事实力和战争理念等,都是其历史发展演变的结果。西欧封建社会军事状况存在两条重要的线索:一是政权体系与军事制度结合,政治制度中形成了战争激励机制;二是西欧从区域战争状态发展为持续性对外侵略扩张,并在近现代称霸世界。两条线索都可从骑士制度中找到部分答案。骑士制度与政权体制的融合,造成国家制度极易应对和发动战争。作为社会精英群体,骑士们的经济、政治、社会地位都与军事义务联系在一起,他们的军人角色决定了他们较高的社会地位。同时,他们的行为和观念也成为社会风尚,并引领各阶层的人追逐和效仿,从而导致全社会形成崇尚暴力和战争的风气。中世纪的战争不仅有国王与贵族之间、领主与附庸之间、附庸与附庸之间的战争,也有国家之间的战争;有基督教徒之间的战争,更有对外族和异教徒的战争。笼统地看,法兰克人国家到加洛林王朝,经过骑兵军队的建设,战争的内在持续动力得到增强,政治版图随战争不断扩大,并且,版图的扩大并没有因为加洛林帝国的分裂而终止,而是向四面八方拓展。向东方,对斯拉夫人的战争,以及长达两个世纪之久的十字军东征;向西方,对英格兰及不列颠岛的征战,以及西班牙半岛的"烈康吉斯达运动";向北方,德国皇帝和诸侯们对波罗的海沿岸地区的残酷征伐;向南方,诺曼骑士在意大利南部及西西里岛的战争等。这些战争无不彰显出西欧封建体制所具有的内在旺盛战争动力。西方近代以来的对外扩张和世界争霸战是中世纪战争的延续。西方自中世纪以来的持续对外扩张和相互厮杀,一直到第二次世界大战结束方得以缓解。这种历史现象背后的内在根脉,当更多到中世纪去查看。

7. 西欧封建社会经济由于骑士制度的存在而特征明显。以往学界主要从生产力发展水平的角度观察其经济,更多注重的是农业、手工业、商业、城市经济等方面内容,较少关注某个社会群体对经济的影响和作用。骑士作为社会强势集团,对经济的发展具有明显的导向作用。首先,采邑与庄园有密切关联,采邑作为骑士服役报酬落实到庄园中,无论其规模还是产品种类都一定与服役的需求相挂钩。庄园每年种植哪些农作物,各占多少比例,饲养哪类牲畜,每类牲畜的大致数量是多少,都要依照主人需求和意愿去做,军事需要以及领主和其手下骑士们的生活方式对具体的生产经营有限定。西欧庄园中农牧并举,保护林地,大面积种植葡萄等现象,都与领主私属军人群体的存在有联系。其次,拥有军队且相对独立的封建主们对发展自己领地内的经济具有极高的热情,这是中国古代地方官们所远远不及的,中世纪工商业城市的迅速兴起和发展与封建制度有多方面的关联。再次,货币作为支付骑士薪酬的便利形式得到各级领主的推动和执行,从而促进了地租和税收的货币化,领主乐于农奴和附庸以缴纳货币的方式履行义务,推动了农业经济的市场化。可以说,骑士制度具有打破庄园农业自然循环经济的功能,这是中国古代农业经济发展运行过程中所欠缺的。最后,军事行动和战争的巨大开销刺激了货币的大量流通。十字军东征期间,骑士及军人们对货币的大量需求,带动了大额货币的铸造及金融业的发展,这种现象单靠经济的自然发展难以实现。

8. 骑士文化是西欧封建社会最重要的世俗文化,其对中世纪文化的影响力仅次于基督教。骑士文化有多种表现形式，除了各类文学作品，还有关于骑士规则等方面的论著。比起世俗拉丁文学和城市文学，骑士文学对西欧文化有着更为深远的影响。骑士文化塑造了西方的贵族道德标准和行为规则，具体化了西欧贵族的所谓"高尚"观念。因而，西方的贵族观念中具有明显的骑士精神。此外，骑士制度的存在形成了相关的法律思想，法学家们关于王权与法律关系的讨论，形成了较为系统的理论。"双剑说"是西欧封建社会的重要政治理论，也是教俗二元政治在思想界的反映，以国王为首的世俗权力集团是教会最想控制的对象，双方的博弈激发了思想界对此问题的论证。

总之，透过骑士制度不仅能够使我们较清晰地看到西欧封建社会所具有的相应特征，而且，还能使我们不同程度地解释这些特征的社会根源，并进一步认识西欧封建社会为什么是那个样子。此外，也希望能对观察和分析我国的历史有些借鉴并引发思考。不过，由于研究者的能力和时间所限，错误和不足在所难免，恳请方家指正。

第一章　西方学术界研究概况

此课题所讨论的问题主要有两方面内容,一是骑士制度,二是封建社会特征。有关骑士制度研究的学术状况,笔者已做了较系统的综述。① 下面有关骑士方面的研究综述则侧重于封建社会特征的内容。而有关封建社会特征的研究,中、西方学术界做了大量工作,有十分丰富的成果问世,由于内容十分浩大庞杂,在此仅就其中与骑士制度有关的方面做概述,以利于工作的进一步开展。

笼统地看,西方学术界对骑士制度研究和对封建制度研究有着不同的问题角度、不同的材料选择、不同的思路、不同的理论框架等,有些专心研究骑士制度的学者,其著作中并不关心封建问题,甚至也不提"封建制度"的概念和内容。而有些研究封建制度的学者则对骑士制度不感兴趣,骑士制度并不是他们考察的重点,即便有些论及也只是常规性介绍,很少做深入研究。20 世纪 40 年代以来,关于封建社会的研究对骑士问题的重视有所增加,相关论著也多了起来。但是,鲜见专门从骑士制度视角对西欧封建社会特征做研究的著作。

一、骑士与社会

骑士的社会地位和作用如何,他们在社会上扮演什么角色,是常规性的学术问题,也是研究骑士制度过程中难以回避的问题,有些学者已经在这方面做了认真研究。其中,有人把骑士作为封建社会的一个群体来考察。西德尼·潘特

---

① 倪世光:《中世纪骑士制度探究》,商务印书馆 2007 年版,第 3—24 页。

(Sidney Painter)对法国的骑士制度和骑士精神做了专门研究,其注意力主要集中在骑士精神的各种观念及其在法国中世纪社会的实践状况。

首先,他把骑士制度和骑士精神与中世纪法国贵族集团联系起来,把两者合为一体进行研究,认为"中世纪法国的贵族社会由骑马的战士或骑士(chevaliers)所支配"。他把注意力聚焦在 11 世纪以后,认为此后的四百年间,骑士精神的一些理想和英雄气概与贵族形象结合在一起,借助封建社会的环境、文化、政治和经济状况不断变化而得到发展。①

其次,他侧重研究了骑士得到人们赞美的那些高尚品格以及人们所憎恨的一些罪恶行为。由于骑士的精神和观念得到封建贵族的传承和发展,贵族有资格被视为是具有骑士风尚的人,而这些人使骑士精神在法国得到实践。封建贵族的品格和观念适应了当时社会的需要,也在他们履行各种封建职责过程中起到重要作用,与骑士精神连在一起的贵族道德观念是封建社会尚武气概的重要表现。② 再次,他从宗教角度出发,指出骑士精神具有基督教性质,并称之为"宗教骑士精神"。教会的主要职责之一是教诲和引导信众过基督教所规范的生活。在日耳曼蛮族人被基督教化之初,神职人员便试图逐渐规范战士们的道德观念和实际行为,他们尽力限制法兰克贵族们充沛的精力和欲望,包括倡导永久性的一夫一妻制,抑制他们的傲慢、贪婪和暴饮暴食。更为重要的是教会坚持不懈地努力减少贵族们的杀戮和掠夺行为,并尽量降低这些行为的后果。显然,早在圣奥古斯丁时代,教会就已经修改其最初憎恨所有杀人行为的主张,承认在合法任命的权威人物指令下,可以对敌人进行杀戮,也可对罪犯处以死刑。不过,教会一贯坚持反对不分青红皂白的暴力行为,劝告贵族们应该发誓放弃随意的杀人行为。此外,教会在消减封建战争的恐怖方面做出了努力,"上帝的休战与和平(Truce and Peace of God)"主张在一定程度上限制基督教徒内部的战争起到了积极作用,而且在保护非战斗社会成员方面也做了大量工作,主张军人不得对神职人员、妇女、商人和农民等实行暴力攻击。尽管这方面的法令和主张收效

① Sidney Painter, *French Chivalry: Chivalric Ideas and Practices in Medieval France*, Baltimore: The Johns Hopkins Press, 1940, p. 1.

② Sidney Painter, *French Chivalry: Chivalric Ideas and Practices in Mediaeval France*, Baltimore: The Johns Hopkins Press, 1940, p. 28.

并不理想,但终究还是获得了一些有益效果,在教会精神力量的压制下,骑士们的行为有所收敛,起码他们希望在自己的领地内建立较为完善的和平秩序。总之,从 6 到 11 世纪,教会努力限制战士阶层的各种恶习,并坚持把他们的行为引导到教会许可的轨道上来,从而使骑士精神和道德与基督教观念融合在一起。①

最后,骑士的爱情观念也是此书的重要内容。神职人员用宗教的骑士精神概念痛斥贵族行为的同时,法国的贵妇人们对贵族骑士们也展开了有影响力的宣传活动。尽管能够写作的妇女很少,但是她们在生活中的影响力却很大,除了做食品和衣服,她们还会把丰富的礼物送给行吟诗人,并为他们提供创作条件,行吟诗人们则用文艺娱乐方式歌颂骑士们的英雄形象和爱情故事。从而,贵族们可以持续不断地听到宫廷爱情故事。骑士的爱情观念对贵族的道德和行为产生了重要影响。西德尼把上述封建骑士精神、宗教骑士精神、宫廷爱情观念作为法国中世纪骑士制度并列的三大特征和内容,并认为前两者都与古代的历史连在一起,有着延续演变的过程,而骑士的爱情观念则是新颖的,基本上是中世纪的产物。②

关于中世纪英格兰的骑士状况,有历史学家做了较系统的研究。彼得·考斯(Peter Coss)从骑士身份在英国的起源出发,提出了一系列问题。如果骑士不是在诺曼征服时从法国带到英格兰的,那么,是什么时候且怎样得以生成和发展的?骑士身份与贵族身份之间的关系、骑士与上流阶层的关系究竟是怎样的?这些关系是如何随着时间的发展而变化的?其著作的目的是揭示从 11 到 15 世纪初期,英国社会内部骑士的实际地位、角色和形象。作者从撒克逊后期和盎格鲁—诺曼英国时期开始考察骑士的地位,并且把这方面的内容明确地置于欧洲大陆的相关内容之中。随后,该书转向综合性的论述,并对某些方面予以特别关注,且重视 12 世纪中叶至 13 世纪中叶之间的英国骑士状况。该著讨论了骑士精神与当时社会现象的广泛联系,并力图解释骑士数量减少的原因以及骑士身份变化的各种特征。对骑士的排外现象、勇武形象及其家族纹章等情况做了较

①　Sidney Painter, *French Chivalry: Chivalric Ideas and Practices in Mediaeval France*, Baltimore: The Johns Hopkins Press, 1940, pp. 65-67.

②　Sidney Painter, *French Chivalry: Chivalric Ideas and Practices in Mediaeval France*, Baltimore: The Johns Hopkins Press, 1940, pp. 95-96.

为细致的考察。其中,也涉及骑士的各种不同社会职责,以及这些职责与骑士在社会中的价值体现。最后,此书转向文学方面的考察,其中重点研究的是骑士观念的传播。罗宾汉和乔叟作品等方面的材料受到重视,并借此探索骑士和骑士精神在 14 世纪晚期是如何为社会所认识的。总之,作者从上述思路出发,具体阐释了骑士在英国的起源;安茹王朝时期骑士的状况及其变化;骑士制度在英国所获得的成就;英勇的骑士在英国社会的角色和作用;骑士精神、骑士文学与社会秩序等方面的内容。① 关于中世纪英格兰骑士状况,奈杰尔·索尔(Nigel Saul)也做了较为系统全面的考察。除了对英格兰骑士制度的起源和历史做梳理,他还针对骑士制度与战争、骑士制度与暴力、骑士制度与贵族、骑士制度与基督教、骑士制度与十字军、骑士制度与妇女等问题逐一展开研究。②

中世纪德国的骑士制度具有鲜明特征,本杰明·阿诺德(Benjamin Arnold)在其著作中专门就德国骑士制度做了系统研究。他首先陈述了中世纪德国的君主政权、领主制和社会暴力等方面的状况,从中引出骑士身份特征。他认为在 11 和 12 世纪之间,德国除了传统的骑士之外,新型骑士(ministeriales)出现,这部分军人团体出现的原因是多方面的,随社会政治、军事、战争等方面的变化而演变,他们对德国社会产生了重大影响。作者对 ministeriales 卑下的法律地位、他们在成文习惯法中所拥有的各种权利以及作为附庸骑士和军事随从的情况都做了较为系统的考察。此外,这类骑士与土地的关系、他们的婚姻状况等问题,书中都有阐释。关于 ministeriales 的社会实际地位,包括在皇宫、地方诸侯宫廷中的情况,以及他们在司法审判和行政管理方面所扮演的角色,特别是有关帝国骑士在国家政治生活中的作用等,都做了认真的交代,并且还注意到德国的骑士对社会暴力所产生的影响。作者十分重视德国骑士群体具有的独特性,指出德国 ministeriales 的集体意识,包括通过法律强调权利,通过传统惯例强调继承权,注意社会对他们身份地位的认可等,都为他们的阶层和职业的稳定提供了帮助。然而,这部分军人并没有制定一项固定的社会规则,他们的地位不断因社会条件和机会的变化而发生改变,其中明显有对外殖民化以及领主行政管理方式加强

---

① Peter Coss, *Knight in Medieval England 1000-1400*, London: Alan Sutton Publishing Ltd, 1993.

② Nigel Saul, *Chivalry in Medieval England*, Cambridge, Massachusetts: Harvard University Press, 2011.

等现象。难能可贵的是,此书的作者比较重视经济以及土地问题对骑士阶层的
社会地位和人际关系的影响,认为ministeriales所立足的经济基础是不同的,从
王室、教会以及地方大规模采邑和高级职位的持有者,到穷困潦倒类似强盗的骑
士,地位的巨大差异与他们所拥有的物质利益有直接关系。而且,ministeriales
作为军事团体成员之所以能受到领主们的控制,关键在于利用土地封授杠杆建
立起领主与附庸关系。为了招揽军事随从,土地对于大领主们来说具有极为重
要的价值,也是ministeriales能够成为一种社会阶层的经济基础,他们为德国上
层领主不断地扩张领土提供了内在动力。中世纪德国的骑士所拥有的采邑、职
位和自主地,使他们形成较强的内在凝聚力,再加上他们的婚姻也受到领主们的
控制,从而使他们形成几乎与其他社会阶层成员隔绝的相对封闭群体。①

　　对骑士与中世纪战争的关系,骑士精神与文学的关系,骑士制度与宗教的关
系,骑士制度对后世的影响等方面的问题,理查德·巴伯(Richard Barber)做了
较为清晰的阐释。他在书中指出,把骑士的起源直接归因于日耳曼蛮族人的游
牧部落,或追溯到古罗马时代与equites(horsemen,骑兵)联系在一起都是不正确
的,蛮族部落时期属于骑兵的早期历史,而不是骑士制度的开端,把骑士制度与
古罗马骑士联系在一起是17世纪一些历史学家的错误认识,已经被后来的学者
们否定。骑士产生应该是在加洛林帝国时期及其衰落阶段。骑士出现后,对社
会的军事和战争产生影响,类似英国威廉·马歇尔一类的人物在社会政治军事
舞台发挥了重要作用。中世纪盛期的战争,由于骑士们的存在也具有相应的特
征,特别是在十字军东征过程中,骑士与一定比例的步兵所组成的军队,在东方
战场发挥了重要作用,同时,在欧洲各国和各地也不时发起战争。百年战争期
间,骑士们在战场上仍发挥了一定作用。到16世纪,骑士已经成了比武大赛的
表演者。此外,作者注意到,中世纪反映英雄人物的史诗以及像《罗兰之歌》一
类的武功歌作品,反映了中世纪骑士们的事迹和情感,诗歌中出现的爱情观念也
是骑士群体情感的真实反映。在浪漫传奇文学中,亚瑟王及其圆桌骑士们的经
历对当时骑士们的行为产生了影响,传奇文学中的一些情节也是骑士生活的部
分写照。关于骑士制度与宗教的关系问题,作者认为骑士身份在最初是纯粹世

①　Benjamin Arnold, *German Knighthood 1050-1300*, Oxford: Oxford University Press, 1985.

俗性质的,没有宗教内容夹杂其中,由于中世纪教会自认为可参与所有事务,日常生活中的大小事情都直接关心,像渔民对渔网、农民对种子、骑士对武器等向上帝祈祷,都要通过教会来实施,从 11 世纪以后,一些主教也参与骑士的受封仪式之中。教会对骑士行为的干预,对十字军运动、与土耳其人的战争以及骑士团的建立和发展都起到重要作用。再有,骑士制度的一些细微现象,特别是思想观念对西欧 12 — 15 世纪的政治和社会结构都产生了影响。骑士制度中起初个人的、文学的和一些非现实的理想,通过一些君主们的提倡成为国家世俗制度的组成部分。①

在一部分学者通过骑士制度认识中世纪社会的同时,另一部分学者通过研究中世纪社会论及骑士及骑士制度现象,骑士制度成为研究中世纪社会的部分内容。

乔治·杜比(Georges Duby)所著的《骑士制度社会》用社会史方法研究法国中世纪社会,注重对社会阶层、社会组织、社会群体及其内部相互关系的研究。并且认为,社会史实际上是一个整体的历史,一个整体社会由经济、政治和精神等因素构成,除了做分析和研究,这些因素是不能被分离开的。② 其中,他除了注意到庄园、农民和文化内容外,更多研究的是贵族、骑士以及两者间的关系;骑士身份的起源;贵族社会年轻人的地位和生存状况;贵族阶层的变化等。杜比考察骑士身份的起源首先着眼于骑士(miles)一词在材料中的出现,此词最早出现于 971 年,之后使用逐渐增多,并且由最初表达个人身份发展出骑士集团的意思。到 13 世纪,该词在整个西欧普遍使用,在这一过程中它与表达贵族的词汇可交替使用。

杜比在另一部著作中围绕中世纪一部分人祈祷、一部分人战斗、一部分人劳作的三个等级理论展开,他对这种理论在欧洲的产生和传播及其与社会实际现象的关系,做了较为系统的阐释。他认为,此项理论在中世纪流传得非常普遍,其所形成的社会"模式"具有"重要的成就","为此,我将尽可能地清除那些模糊不清的内容"。对此,他提出许多有针对性的问题,首先,三个等级理论有许多

① Richard Barber,*The Reign of Chivalry*,Woodbridge:The Boydell Press,2005.

② Georges Duby,*The Chivalrous Society*,London:Edward Arnold Ltd.,1977,p. 3.

不清楚的问题,学术界对封建社会研究过程中的所谓"大约""新的""直接地""值得考虑的"等用词具体都意味着什么,我们都能明确吗? 要通过对 11 和 12 世纪的考察,追踪这三个等级的社会职能,以及三个等级的来龙去脉和发展,认识其中每个等级的内容。其次,在三个等级理论中为什么选择这三个等级,这三个等级是如何建构的? 三个等级也是社会的三重职能形态,对这方面材料进行追踪,结果会很少。因而,只能关注其在意识形态体系中作为重要内容所起的作用,并且避免使三重内容各自孤立,应注重三者相互关联形成一体中的各自地位。再有,三重社会职能模式是假设的通识性理论,这种理论所反映的情况并没有得到现实证明,也没有引起争论,只是限于宇宙哲学、神学,当然也包括道德范围的讨论。而且,这些"不得要领的辩论法"是作为思想体系建立的,因而,其力图提供简明、理想、抽象的社会组织结构。那么,这种模式如何与社会内部具体关系相联系? 我们能清醒地认识到,这些思想观念并非是社会真实生活的映像。如果这项研究有成功可能的话,可看到这种想象出来的图示与生活的"真实"之间有很大差异。考察法国三个等级模式的思想体系,尝试理解这个国家从 1025 年到 1225 年成功与不幸的过程,会面临现在人文学所面对的一个核心问题:在社会的各种发展中物质和精神之间的关系问题。[①] 骑士身份是此著的重要内容之一,不过,与其他研究骑士制度者更侧重依据文学和骑士理论材料不同,杜比更侧重依据法国编年史中有关社会现实的材料,注重从词汇中考察骑士群体的产生,也注意到世俗君主和公侯们对骑士的晋封,以及主教封授骑士的现象,包括骑士的晋封仪式及其所表现的各种道德和精神层面内容。此外,他还考察了骑士与教会的关系等问题。

　　在《法国文明史》中,杜比与另一位史学家罗伯特·芒德罗(Robert Mandrou)合作,对法国的历史做了系统阐述。在中世纪部分,他陈述了土地占有状况、耕地和农业制度、土地财产的分配、庄园结构和货币与经济贸易等方面状况。也考察了手工业的集中、市场的扩大和蔓延、货币和信贷、城市的特征,以及行会、市民寡头政治、农民和商人等方面内容。此外,他对货币与权力、君主的

---

① Georges Duby, *The Three Orders：Feudal Society Imagined*, Chicago：The University of Chicago Press, 1980, pp. 8-9.

权威、卡佩王朝的胜利、国王的代理等问题做了梳理和分析。再有,他还对教会、主教、修道士,以及大学、巴黎人的文化等进行了综合性的论述。在此书中,杜比把骑士及骑士制度作为法国中世纪社会的重要内容,阐述了骑士身份等级特征,骑士的精神状况和生活方式,他们的军事技艺,比武大赛,附庸身份,权力和职责,采邑和封建制度,社会秩序的维护,司法习惯,家族纽带,中世纪的城堡和领主权力等。总之,骑士现象是杜比著作中的重要内容。①

J. 勒高夫(Jacques Le Goff)编辑,由多名学者著述的《中世纪的呼唤》一书,对西欧中世纪主要社会成员做了逐一介绍。其中,战士和骑士、神职人员、农民、城镇居民、知识分子、艺术家、商人、妇女、圣徒、社会边缘人物等,共同构成中世纪社会成员群体。在有关战士和骑士的内容中,研究者对骑士的社会身份及其影响做了综合性阐释。其中的一些观点与其他学者的观点有些不同,例如,关于骑士出现的时间,作者把注意力集中在 9 世纪后期到 11 世纪之间,这期间 miles 一词在文献中逐渐代替其他表示全副武装战士的词汇,很大程度上证明了骑士群体的出现。此外,作者不同意传统观点所认为的,骑士是在 8 世纪期间由于抵御阿拉伯人入侵而"自然"形成的,更反对骑士的出现是由于马镫和马鞍等发明改进的结果。作者所感兴趣的是,考察草原文化中与战马联系在一起的神圣品德,并理解骑在马背上作战的社会威望。此外,作者还考察了不断提高的战争消耗与军事装备花销之间的联系。作者通过《罗兰之歌》等"武功歌"文学作品分析骑士们的精神品格,骑士精神与基督教的密切联系,骑士与贵族的关系,以及骑士比武大赛的贵族文化特征,并且还讨论了骑士制度的衰落等内容。总之,从这部分内容可看出编辑者和作者把骑士作为中世纪社会的一个重要群体,从他们的各种活动中窥视当时社会的一些状况。②

把注意力聚焦在某段时期的某个地方做社会史考察,是西方学术界目前一种流行做法。彼得·考斯(Peter Coss)对 1180—1280 年间英国考文垂地区的情况做了详细分析,着力点集中在领主的特征、骑士的社会和经济命运、自由租佃者与地方行政官员之间的关系等方面。本书还进一步研究了这一地区一座重要

---

① G. Duby and R. Mandrou, *A History of French Civilization*, London: Weidenfeld and Nicolson, 1964.

② Jacques Le Goff, ed., *Medieval Calling*, Chicago: University of Chicago Press, 1990.

的自治城市的情况。书中不仅探讨了骑士阶层演变过程中城市所起到的作用，而且还更为宽泛地考察了这一时期城市与乡村的关系。伴随这种分析，研究路径转向沃里克郡骑士阶层命运问题，并对骑士身份的演变做更为宽阔的思考。此书通过两章内容探讨沃里克郡的骑士状况，且对如何理解英国绅士阶层的起源等问题有推动作用。作者利用了社会学方法开展研究，他首先注意概念问题，把所要考察的对象作为群体单位看待，并明确其概念。他认为，"这是极为重要的事情，因为在此所定的选择将很大程度决定这项研究承担的方向和结果"①。此外，作者还把英国骑士与法国骑士的情况加以比较，认为不应该把英国骑士当成是法国骑士的翻版，但我们要看到一些法国文化对英国贵族道德观念所产生的影响，看到在法国决定骑士阶层发展方向的那些文化因素，在英国也存在。

由 R. H. 希尔顿(R. H. Hilton) 主编的论文集从社会史的角度对英国中世纪农民、骑士以及与基督教会所持观念不同的异端者们的情况做了专门论述。其中包括农村的公有地及其起源问题；中世纪英国的敞田制度；12—13 世纪间的通货膨胀现象；14 世纪期间的大规模饥荒和农业危机；自主权与农奴制；中世纪后期英国的土地领主与承租人等方面的问题。此书也很重视英国中世纪的骑士现象，其中包括骑士及其费用问题。研究者认为，到 13 世纪，骑士身份特征发生变化，在军事装备方面，以往地位低于骑士身份的军士(sergeants) ，其装备也与骑士的装备没什么区别，主要有盔甲和战马等。两者不仅在装备和经济需求方面类似，而且也发挥大体相同的作用。因而，这两类军事成员在外表上，特别是作为土地承租人的身份，混合在一起难以区分，在履行军事义务时也常出现用军士代替骑士的情况，不过，对这部分军士的称呼与传统的骑士有区别。而且，骑士身份价格的提高，在观念上促进了骑士形象向贵族形象的转变。到 13 世纪，具有骑士身份的人不单表现为承担军人职责，也经常被视为具有承担公共职责的资格。② 此书还特别重视对罗宾汉问题的研究。由于罗宾汉行侠仗义的行为具有中世纪骑士的典型特征，但是，在文学作品中他的身份究竟是贵族还是农

---

① Peter Coss, *Lordship, Knighthood and Locality: A Study in English Society c. 1180–c. 1280*, Cambridge: Cambridge University Press, 1991, p. 2.

② R. H. Hilton, ed., *Peasants, Knights and Heretics: Studies in Medieval English Social History*, Cambridge: Cambridge University Press, 1981, p. 167.

民？文学中的罗宾汉是否是真实人物的反映？罗宾汉现象的起源，以及作为民谣的罗宾汉的出现等问题，都成为独立的研究论题。针对罗宾汉是确曾生活在世上，还是聪明的民谣编造者个人杜撰的问题，作者认为，这个人物的历史意义不在于他是否真实存在过，是什么情况导致这位文学中的英雄人物被英国人所熟知？他最被人们拥护的行为，竟是抢劫和杀害持有土地的领主们，特别是持有教会土地的领主，并且通过游击战反抗以郡长为代表的权威人物。此人在现代人的眼中会被视为恐怖分子，但为何能赢得如此众多人的喜爱？或许社会史学家能够帮助解决至今仍困扰文学史家们有关罗宾汉的一些问题。① 此外，书中对罗拉德派及其异端主张以及民众造反行为等问题也有论述。总之，该书对上述问题的讨论较为系统和深入。

从上述研究状况可见，关于骑士的研究成为对中世纪社会研究的重要问题，有学者把社会各个阶层或集团或群体作为研究对象，对其分别展开的研究构建起中世纪社会的基本框架，并绘制出具体、生动的内容。力图把骑士制度作为中世纪社会重要内容所展开的研究，已经成为西方学术界的显著现象。这类研究的出发点和视野与以往西方部分学者对骑士制度的研究有明显不同，并不是把骑士制度作为独立、封闭的现象进行研究，或主要研究其内在的仪式、规则、装备、道德、组织结构和成分等，而是把骑士制度置于中世纪社会环境中，在考察骑士制度、骑士群体的同时，注重揭示与相关社会实际现象的联系，从而把骑士制度研究融入中世纪社会现象之中。尽管这种研究注意到与社会现实的联系，但由于对骑士制度以及骑士身份的界定受西方学界传统思路的框定，过于注重文学和理论著作中的骑士形象和行为规则，在很大程度限制了研究视野。用传统的骑士制度和骑士身份概念对骑士群体所触及的极为广泛的社会现象做考察，仍存在某种局限。

二、封建制度

尽管没有看到专门论证骑士与封建制度关系的著作，但骑士及骑士制度是

---

① R. H. Hilton, ed., *Peasants, Knights and Heretics: Studies in Medieval English Social History*, Cambridge: Cambridge University Press, 1981, p. 221.

中世纪社会的重要现象,西方一些学者在研究封建制度和封建社会时,会把骑士现象作为其中的主要内容来对待。

F. L. 冈绍夫(F. L. Ganshof)在其《封建制度》(Fedalism)一书中,系统地研究了封建制度的起源,他从墨洛温时代的扈从制度和"恩地"等问题着手,认为在加洛林朝的早期,附庸制度和具有采邑性质的"恩地"制结合在一起,使社会上的附庸人数增加,附庸和采邑制度结合形成封建制度。封建制度到查理曼及其后代统治时期,各项特征已经十分明显。他对拉丁文原始材料中反映封建制度的一些术语做了考证和解释,特别是对"采邑""附庸制"以及与之相关的忠诚宣誓、对领主的臣服仪式、忠诚的概念、恩地与附庸的关系、附庸制与恩地的法律联系、领主与附庸在恩地之上的权利、恩地的继承问题、附庸身份的多重性,以及附庸制度在加洛林国家的地位、附庸与国王之间的关系等做了全面的考察。随后,他通过对附庸制、采邑问题、附庸制与采邑间的关系,以及封建制度与国家问题等进行研究,论述了10—13世纪的所谓"古典时代"封建制度。在关于封建制度的概念和定义方面,冈绍夫认为,封建制度可以被认为是拥有明显特征的社会,对这些社会特征的定义并不难。它们可被概括为,伴随社会等级中职业化的军事阶层占据更高的地位,社会把私人依赖成分推向极端;不动产的各种权利得到极度再分;这种不断再分形成基于土地之上的权利等级制度,以及与之相关的宽泛的私人依赖等级;政治权力在等级集团中的分配通常是国家的特征,掌权者们依照自己的利益行使权力,这种情况经常成为导致国家分裂的根源。他还认为,人们不论称之为"封建制度"还是称之为"封建政体"的社会类型,均是10、11和12世纪的西欧那种形态。它存在于法国、德国和勃艮第-阿雷王国(kingdom of Burgundy-Aries)及意大利地区,即所有从加洛林帝国分裂出来的国家,在其他国家,如英国、基督教西班牙的几个王国、近东的几个拉丁侯国,封建制度都得到传播。在其他地区和其他时代,存在一些社会类型,它们表现出与上述国家和地区封建制度的许多相似性,以至于许多学者提出了在古代埃及、印度、拜占庭帝国、阿拉伯世界、土耳其帝国、俄罗斯、日本以及其他一些地区的"封建制度"之说。他还认为,"封建制度"概念有两层意思,第一层含义主要包括社会和政治方面的内容。第二层含义为,"封建制度"可被视为一种调节臣服和服役责任的制度体系,主要是军事服役体系,即附庸对领主的服役。而且,领主对其附庸有保护和提供生活费用的责任。提供生活费,通常由领主财产的一种形式构成,领主把其作为一处不动产授予附庸,这种不动产被称之为采邑。①他认为,后一种封建制度的意思显然比其他解释更具法律意义也更为严谨。尽管冈绍夫在这一著作中并没有直接论及骑士问题,但他对采邑和附庸制的阐释对我们理解骑士的出现及其发展等问题有重要帮助作用。

冈绍夫的封建制度理论在西方学术界产生过广泛影响,尽管后来有许多学者对其观点和研究视角多有非议,但其通过原始材料所做的富有开拓性的工作,特别是对许多概念和术语的追根溯源,为推动封建制度研究起到了非常重要的作用。

在关于封建社会的研究中,马克·布洛赫对骑士问题予以高度重视。他在《封建社会》中专门开辟一章,阐述骑士制度问题。其中,他特别关注的是骑士受封仪式和骑士制度的规则。在骑士受封仪式中他注意到一些细节,比如仪式主持者在年轻人的颈上或面颊上重击一掌的习俗及其寓意;武器的授予及其历史根源和意义等。从这些细节中,布洛赫看到中世纪人们对重要事情的处理习惯,他们如此热衷于以有形的姿势赋予每种契约和法律以象征意义。此外,他还注意到骑士在12世纪中叶以前和以后衡量标准的不同,此前,骑士一词的含义主要指一种既由实际情况又由法定关系决定的身份,其标准纯粹是个人性质的。一个人被称为骑士,是因为其全副武装骑马作战。到12世纪中叶以后,由于受封仪式的出现,一名骑士不仅仅是"造就出来的"而且还是"任命的"。在此,对骑士的受封仪式出现的时间有了一个固定说法。再有,作者对授剑仪式中教会的参与和对武器装备的祈祷、守夜等情况都有较清楚的交代。在关于骑士制度规则内容中,布洛赫抓住基督教对骑士规则影响的线索做出基本概括,其中他还借助了《骑士制度规则》和亚瑟王传奇系列中圆桌骑士们的事迹,对骑士规则做总结。由于受基督教的影响,骑士规则具有宗教色彩,如果骑士不是一个信仰虔诚的人,他就不是一个高洁的人,他必须经常,最好是每天做弥撒。骑士应该仗剑捍卫神圣的教会,特别是反对异教徒。他还应该保护寡妇、孤儿和穷人,追击罪恶者等。除此而外,布洛赫在关于贵族的章节中,在采邑和附庸等章节中都论

---

① F. L. Ganshof, *Fedalism*, London: Longman, 1964.

及与骑士有关的内容。骑士身份与贵族身份有密切关系,也是西欧中世纪贵族身份的一种特征。一个年轻人,要晋封为骑士通常应该是骑士的后代,换句话说应该是贵族的后代,这是一般的观念。在现实生活中,凡为农民和非贵族出身的年轻人封授骑士头衔的人,会遭到社会舆论的谴责,除非这个年轻人做出了十分优秀的成绩。而能够授予这样的年轻人为骑士者,通常是国王。在许多文学作品中,这样的年轻人会被解释为是某位优秀骑士的后代或其生母出于高贵家族,只是这种身份背景此前不被人们所知而已。骑士被视为是在战争和议事方面的最高责任人,人们同意给予他们显赫的地位,而且这种地位逐渐明确地体现在法典中。书中关于采邑和附庸的内容,包括采邑的出现及其发展演变和继承等问题,附庸与领主的关系以及附庸的封建义务等方面的阐述,都对进一步理解中世纪骑士现象大有帮助。①

尽管此书中关于骑士现象的一些细节存在些问题,例如,马镫传入欧洲的时间、欧洲铠甲出现的时间等都被后来的学界予以修正,但布洛赫的研究视野和思路以及丰富多彩的问题意识,给后来的学者极大启示,并以此为起点展开了多方面问题的研究。特别是他对历史现象细节的重视和追究,使其研究更贴近真实的历史,也更具生活气息,从而使读者更容易体会到西方中世纪文化深层的活力和趣味。

由于对"封建制度"概念的解释各不相同,学术界对封建社会的研究侧重也不一致。克里奇利(J. S. Critchley)在其著作中指出,由于大多数人认为他们了解在特定文本中"封建的"或"封建制度"的各种含义,特别是当他们使用这类词的时候更是如此。然而,仍有一些令人迷惑的问题,这本书主要关注的是被称为"封建"的现象是什么? 它为什么被称为封建? 换句话说,什么是封建,哪些情况能够或应该被称为封建?② 尽管此书并非探讨骑士问题,但其中所及内容与骑士制度中的人际关系有密切联系。作者在考察封建问题过程中,尽管立足于西欧,但视野扩及世界其他地区。具体讨论了采邑、领主和附庸、封建制度对社会政治的离心和向心倾向、人身依附关系等问题。在关于采邑问题的论述中,作

① 马克·布洛赫:《封建社会》(上、下卷),张绪山等译,商务印书馆2004年版。

② J. S. Critchley, *Feudalism*, London:George Allen & Unwin, 1978.

者考察的是"封建财产"术语的两个含义。材料中被称为 feudum 或 fief(采邑)的内容,是一种在中世纪欧洲广为实施的财产。出于 feudum 术语的所谓"封建法",其内容有许多来自其他一些法律类型,特别是罗马法。封建法最明显的特征是涉及一种被分开或共享的所有制形式,而在罗马人的法制中所有权被认为是不能分割的。feudum 术语的第二个含义集中在持有者承担的服役上。欧洲的土地军事占有在其他一些地区和不同时代也有反映,并且任何以军事服役作为回报的土地所有制情况可以通过封建理论较为容易和清晰地做描述。在论及领主与附庸关系问题中,作者认为,造成欧洲持有采邑不同于其他服役回报形式的是,领主与附庸间的私人关系与采邑的联系,而且,这种关系能够脱离持有采邑而存在。在军事首领和他们的军事伙伴之间的关系中,有某些内容与文学中的描写有相似之处。这些现象中的许多内容表现出领主—附庸之间的关系是互惠的,胜过其中的忠诚性。作者还通过与日本、俄国、印度、波斯等国家历史上的人际关系比较,探讨欧洲封建领主与附庸间的关系所具有的独特性。

由拉什顿·库尔鲍恩(Rushton Coulborn)编辑的论文集《历史中的封建制度》一书,收录了西方学者对世界各国各地区封建制度和封建现象的专门研究。其中由约瑟夫·R. 斯特雷耶和拉什顿·库尔鲍恩合写的《封建制度概念》一文,表达了编著者对封建制度概念的基本认识,以及编辑这本书的指导思想和目的。其中指出,封建制度概念是来自对早期欧洲历史一些现象的抽象,但是,这个概念本身并非是这些历史事实中的某一项。在所谓的"封建制度"时代没有任何一个人使用过这个术语,它是被 18 世纪的学者们创造出来的。这些学者们看到,在他们所处的时代仍存在某些特殊的传统制度(institutions),反观这些制度的起源和兴盛时期,铸造了"封建制度"这个词汇,以概括一种长时段的松散关联事实系列。从封建制度概念形成开始,它便作为概括一种一般意义的制度范畴,而不是一种特殊的政体(government)。历史学家们已经发现,在 9 世纪的法国,12 世纪的英国,14 世纪的德国便有了封建制度,他们已经陈述了在欧洲大陆旧的政权制度结束之时封建的残留或复兴现象。接下来,此文作者在阐述此书的思路和目的中讲到:某些学者坚持封建制度是一种专门性的术语,它只能被用于研究西欧中世纪的制度,他们拒绝在其他地区或其他时间寻找封建制度。但是,如果我们考虑这个词的起源和用法,我们一定怀疑这个词有如此限定性的意思。正像"aristocracy(贵族政治)"或"dictatorship(独裁政治)"这类词一样，它表达一种一般意义的政治组织方式，而不是一种独一无二的国体(constitution)。并且，没有任何理由解释，为什么这种方式不可能在广阔的空间和时间里，在不同的民族中得以存在和发展。这本书试图考察这样一种假设，即封建制度是否可能已经在西欧以外的地区被完全或部分地得以实施，如在俄罗斯，拜占庭，伊朗，在古代的美索不达米亚，在第六王朝到十二王朝以及从二十王朝到二十六王朝的埃及，在穆斯林的印度，在中国的周朝以及汉王朝结束后的时代，在幕府政治的日本。这种质询，如果没有一种封建制度概念作为临时性的指代，几乎是不可能的。然而，在考察的过程中，对封建制度的描述被变更的情况很有可能发生。没有任何一种封建制度的单一解释能够适合西欧历史所有事实。显然，找到一种能够表述在不同的封建或部分封建社会中的共同要素是非常困难的。另外，此书试图揭示这些社会的共同成分，这个概念或许只能解决它们中的部分内容，而它们的不同仍作为封建制度的主要特征存在于许多学者的观念中。① 此书对了解西方学术界把封建制度视为世界普遍性的现象，起到了管中窥豹的作用。

实际上，在研究西欧封建制度的具体过程中，困扰研究者的还不单是"封建制度"概念本身的问题，它对实际历史中相关概念和现象的混淆和掩盖，也使一些学者不甘心延续成说。G. 富尔坎(G. Fourquin)的著作《中世纪的领地与封建制度》是一部通过贵族领地讨论封建制度问题的论著，对理解封建社会的人际关系和特征具有帮助作用。作者认为"封建制度"是一个意思不明确的概念。它的出现是在封建制度行将消亡之时，今天的历史学家们使用这个术语与所研究的时代是错位的，且存在着分歧。他指出，对"封建制度"概念具有贬意的解释中，人们把法国"旧制度"的各种现象蔑视地贴上这一标签。在较长一段时间里，贬意存在于这个词的两种意识之中。一方面，绝对君主政体被视为与封建制度等同；另一方面，人们混淆了封建制度和贵族领地制(seigneurie)，同时，封建制度被视为是贵族制度。不过，后者强调了来自所谓领地制的土地占有原则。②

---

① Rushton Coulborn, ed., *Feudalism in History*, Princeton: Princeton University Press, 1956, pp. 3-4.

② G. Fourquin, *Lordship and Feudalism in the Middle Ages*, New York: Pica Press, 1976.

以往把封建制度与领地制相互混淆的原因是多方面的,不单是由于贵族具有封建制度的遗迹,而且在 18 世纪,农村领主仍占很大的比例。此外,在某些地区,如英国和法国西部及西南部地区,这两个词相互混用。例如,"采邑"既可表示附庸的土地使用和占有,也可表示农民的土地使用和占有。再有,马克思主义者们出于另一方面目的,已经把封建制度与贵族领地制混淆在一起。依他们所见,"封建制度"与经济和社会组织类型相比至少是一种介乎古代奴隶制度和资本主义制度之间的政治形态。这个制度的明显特征,主要是基于农业群体对"领主"的依附,领主像掌控土地一样控制依附者的部分劳动。然而,确切地说,那是领地制而不是封建制度,因为后者并非完全是生产模式。依照马克思主义者们的观点,"封建制度"持续了一千年,而实际上封建制度仅存在三百年。

这两个词的长期混淆,正如我们经常所见,无论如何还是有一种好处。它防止了把封建制度与贵族领地制分开的做法,而这种分开的做法是不妥当的。由于采邑同时存在于一个或几个领主间,在不忽略贵族的领地问题的前提下,考察领地制与封建制度相互作用会更全面地对待问题。领地制的最大特征是,在封建制度之前便长期存在着,而且比封建制度延续的时间还长。人们可以考虑领地制问题而不讲封建制度,但是,反过来则是非常困难的事情。①

由于对"封建制度"概念问题理解各异,西方学术界对封建社会的研究也各有千秋,尽管一些学者已经把骑士现象纳入他们的研究之中,但由于对封建社会研究着眼点不同,骑士问题只是作为其中一个组成部分,尚缺乏专门从骑士制度视角对封建社会展开研究。

三、政　治

对封建政治的研究是学术界十分重视的领域,也是认识西欧封建社会特征的一个重要方面,从西方学术界在这方面的研究成果中也能查看到骑士制度的相关内容及其所发挥的作用。

在封建君主政治的研究中,查理斯(Charles Petit-Dutaillis)的注意力集中在

---

① G. Fourquin, *Lordship and Feudalism in the Middle Ages*, New York:Pica Press, pp. 12–13.

从 10 到 13 世纪的法国和英国的封建君主政治方面。其目的是展示这个时期两个国家在社会政治重构过程中，即领主和封建体制似乎被宣告瓦解的时候，君主政体的保持和发展。以前，学术界不曾对 10 至 13 世纪法国和英国的整体政治史做过探讨，王室的编年史所记载的时代，至少在法国，其内容除了对公爵领地或伯爵领地感兴趣外，很少对其他方面内容予以重视，因此，导致人们把注意力孤立地集中在这些方面。在忏悔者爱德华和休·卡佩时期，使君主政体软弱的物质和精神的各种原因，以及能够使这种政体得以保持并发展的各方面条件，还有这种政体所建立的政府结构，及其体制通过封建制度原则所获得的支持等，都是此书作者试图解释的问题。此外，该作者还认为，在西方，封建制度的产生，自然具有各种形式上的差异。它出现在那些无政府状态已经导致领主制形成的地区。新的社会集团兴起造成 10 世纪的无序和灾难的增加，并且，有不可抗拒的力量为人们提供一些生存手段。封建制度不是临时的权宜之计，它具有一个长期过程。在此书中所研究的几个世纪中，重要的是在 12 和 13 世纪，封建制的表现极为明显。私人的献身、忠诚，附庸的牺牲精神、封建主的庇护等，都是这种结构深层和持续的基础，这些情况正在取替衰落中的国家职能。总之，本书从三大方面分别考察了从 10 世纪末到安茹帝国建立期间法国和英国的君主政治；安茹帝国和卡佩王朝的君主政治；在法国封建君主政治的范围极限和英国贵族的反作用等，从中亦可看到贵族的军人角色在其中所起的作用。①

　　关于英法王权特征问题，沃尔特·厄尔曼（Walter Ullmann）在其著作《中世纪政府和政治原则》中，通过教皇、国王和民众三条线索对教皇、教会对王权和政府的影响，神授王权和封建王权的功能，以及社会民众的作用等做了系统的分析和论述。在集中论述了中世纪王权神授的特征后，讨论了王权在封建层面的情况，指出中世纪的国王具有神授性质，同时，也可以说国王是封建体系的最高领主。国王作为最高领主的封建功能必须从神权功能中用概念区分开来。两项功能的清晰划分不仅是便于思考的需要，也是历史实际情况所使然。此书通过阐述神授王权的结构和发展水平，表达了神权君主制在实行控制、措施和禁止等

---

　　①　Charles Petit-Dutaillis, *The Feudal Monarchy in France and England from the Tenth to the Thirteenth Century*, New York: Barnes & Noble., Inc, 1964.

方面的功能,而这些功能必然造成国王另一项职能,即封建最高领主层面职能的行使。随后,作者认为,无论是哪一种形式和构造,中世纪封建制度的主要特征都是其构造的类型。领主和附庸都被一些相互的权利和职责绑定在一起。封建的契约,构成了一种司法的联系。由于被移植到政府层面,这便意味着作为采邑制度的结果,国王与其主承租人(tenants-in-chief)已经进入一种契约程序。封建关系的相互契约特征是评估中世纪王权封建职能的最重要内容。① 在另一部著作《中世纪政治思想史》中,厄尔曼对这方面内容也有阐释,认为在重视神权国王的同时,也应重视讨论封建国王的一面,尤其从政治理论发展角度看,封建的一面更为重要。就神权职责而言,是国王创造了法律,他对法律的实施是不受限制的、独立的;但就封建的职责而言,主承租人对国王的法律或含蓄或直接地赞同才是根本因素。由于这一点,只有与封建契约中的另一方进行磋商并达成协议,国王才能实行法律。国王和封臣(简略地说是贵族们)之间的封建联系,实际上是一种契约。只有恰当地理解了这一点,封建王权在根本上的特殊性才会显现出来。②

在中世纪政治及其思想研究方面,J. H. 伯恩斯主编的《剑桥中世纪政治思想史》汇集了众学者的相关成果。编者在重视中世纪政治思想研究的同时,也注意政治思想与当时社会现实的联系。在关于政府、法律和社会章节中,可看到11 世纪早期,公共秩序已经衰落到这样的地步,只有农民受领主和租地规则约束。所有其他人,包括自由的土地所有者阶层和所有那些拥有自己城堡的人,他们的行为随心所欲,不承认高于自己的权力。他们是"和平和战争的主人",是"不受任何约束的骑士",世界上没有任何人能够惩罚他们。他们频繁地卷入战争,并且他们以打仗为乐,因为战争与他们的骑士生活方式相一致。③ 此外,作者在谈到英格兰封建制度时指出,1066 年之后,英格兰进行了制度引进,引入了一个由强大君主控制的"成熟的"封建组织。在这里,效忠和采邑也经常被紧密

① Walter Ullmann, *Principles of Government and Politics in the Middle Ages*, London: Methuen & Co., 1978, pp. 150-151.

② 沃尔特·厄尔曼:《中世纪政治思想史》,夏洞奇译,译林出版社 2011 年版,第 140—141 页。

③ J. H. 伯恩斯主编:《剑桥中世纪政治思想史》(上),程志敏等译,生活·读书·新知三联书店 2009 年版,第 241—241 页。

地联系在一起,整个组织被从上到下严格地控制了。很明显,这个组织起源于欧洲和诺曼底。在充分满足了自己的需要之后,征服者威廉把大片土地以及土地上的人们封赏给世俗和教会的承租者们,而这些承租者因为得到这采邑而向他提供固定数目的骑士,然后,这些采邑的拥有者征募他们自己的农奴去做骑士。但是,他们并没有替换盎格鲁——萨克逊国家的政治结构,只是给它增加了一个方面,把它建成了一架这个国家从来没有见到过的战争机器。①

　　封建社会的政治与法律密切相关,讨论政治问题离不开对法律的研究。弗里兹·科恩(Fritz Kern)对欧洲中世纪王权、法律和宪政关系做了系统论述。其研究所针对的问题令人关注,例如,谁的权利在国家中处于支配地位?是某个统治者的权利还是人民的权利,是被某人控制的权利还是政府的权力?这是一个长期争论的问题。"神圣的权利(Divine Right)"和"反抗的权利(Right of Resistance)",这两种观念的持有者从 17 至 19 世纪一直进行斗争,而且这种斗争仍存在于今天人们的意识中。为了寻找这些思想原则的源头,有必要返回到"神圣的权利""民众主权国家""反抗""非反抗"等这类口号铸成之前的时期。作者把注意力集中在 9、11 和 13 世纪,探讨了国王的神圣权利;君主权利如何受到法律的限制;反抗权利,以及中世纪的法律及其变化和宪政的基本原则等方面。②

　　作为西方法律史的著名学者,爱德华·甄克斯系统地研究了欧洲法律的渊源、法律在欧洲各国产生的具体情况、日耳曼人的国家问题、中世纪国家的司法状况、土地分配制度与地方政权组织、财产的占有和所有、社会等级与契约等问题。本书的目的是要透过中世纪的纷乱来发现那些注定属于未来时代的制度和思想,从历史的陈迹中将它们打捞出来。其研究过程力图依据人们的活动而非作者自己的推测做出判断。尽管该书今天读来有些简单,但其中有些见解引人思考。在谈到封建国家特征时作者认为,国家正是借助于这些封建因素,具备了处理国内所有成员事务的总括性权力,即所谓的行政权。中世纪的国王是封建首领,而封建首领也是地主,他除了拥有其自由封臣所依赖的属地,还有自己严

---

　　① J. H. 伯恩斯主编:《剑桥中世纪政治思想史》(上),程志敏等译,生活·读书·新知三联书店 2009 年版,第 276—277 页。

　　② Fritz Kern, *Kingship and Law in the Middle Ages*, Oxford: Basil Blackwell, 1970.

格意义上的领地,即王室领地,这部分领地由劳动者耕种,这些劳动者由管家管理,国王制定规则和法令控制管家和劳动者,管理权完全掌握在国王手中。随着王权的增强,其权利范围不断扩大,直到覆盖其全部国家。当然,此时国王也发现自己处处遭到反抗,倘若这种反抗主张被证明是没有根据的,国王则作为国家总的监护人与行政者,有权行使自己的权力。这是国家成长的历程。国家最初的形式是简单的军事组织,而后又发展为既要防御外部侵略,又要保证内部和平,实现正义,管理内部事务的多元机器。①

哈罗德·J. 伯尔曼的《法律与革命——西方法律传统的形成》是一部全面深入研究西方法律起源和历史,并揭示今天法律来历和路径的著作。其中在封建法一章中,系统陈述了 11 世纪以前西方的封建习惯,以及封建法体系的出现、各种表现和特征等。在论及封建法的普及发展问题时,作者把之与当时的军事、骑士现象联系在一起,并指出在 11、12 世纪军事形势和法律形势都更加有利于骑士阶层,因而也更加有利于封臣,因为领主有赖于他们去装备服兵役的军人。所以,封臣能够坚决主张由他的后嗣继承他在采邑上的权利。实际上,在 12 世纪晚期的英格兰和诺曼底,这种权利逐渐在王室法院和公爵法院中分别获得维护。在这种诉讼中,法院判决继承人拥有采邑的占有权,而非法闯入的领主则是侵犯土地者。另外,在大部分地方确立了长子继承权的习惯,据此,最年长的儿子得以继承整个采邑,从而使它不受瓜分。②有关这方面的论述对理解中世纪骑士制度与法律的关系很有帮助。

毛里西奥·鲁珀(Maurizio Lupoi)的著作探讨了 4 到 11 世纪欧洲法律的演变和形成状况,研究所依的法律资料来自欧洲各地,故此所涵盖的内容非常广泛。作者在对各地区各国家和民族的法律比较研究中,上溯罗马法的特征和影响,并对日耳曼人的法律做详细陈述。此书对欧洲各种司法权的普遍结构特征做了全面的重新思考和评价,并对 6 至 11 世纪的早期习惯法系统做了探索。正是在普通罗马法律文化基础上,加上各种日耳曼人的习惯法,以及拉丁文编成的

① 爱德华·甄克斯:《中世纪的法律与政治》,屈文生译,中国政法大学出版社 2010 年版,第63—64 页。

② 哈罗德·J. 伯尔曼:《法律与革命——西方法律传统的形成》,贺卫方译,法律出版社 2008 年版,第 371 页。

法典广泛传播使用,构成了当今英国习惯法的雏形。此书对了解和认识中世纪早期的法律状况和一些法规细节,提供了大量信息。①

英国的法律研究向来都能得到法学家们的重视,梅特兰的《英格兰宪政史》尽管编写的年代较早,是通史体例,但其中的中世纪部分写得简洁、明了、实用,而且不乏历史学内容,即此书并非是纯粹的宪政及其条文研究,其中也论及封建制度的内容。他认为,17 世纪末以前,英国的法律成长于一种奇妙的孤立境地中,它变成了孤立的、纯粹英国式的东西。英国的法学家们对于外国的法律、罗马法学几乎一无所知,而且也不关心,英国本土的权威对他们来说已经足够了,议会和法院也没有受到任何外来影响的支配。亨利·斯佩尔曼爵士把封建制度的观念引入了英格兰,他通过对大陆书籍的阅读发现,英国的法律仍是欧洲大家族的一员,这个族群的成员之间具有强烈的家族相似性。对于英国人来说,这是一个巨大且令人震惊的发现,古代法律中那些曾经看来非常专制的内容,现在看来也可以解释清楚了。此外,梅特兰还指出,复杂的封建法(无论是英国还是欧洲大陆)背后蕴藏着一种无可辩驳的观念和一些简单的原则,人们紧紧地把握住了这些观念和原则,并将之用于解释古代英国法律中一切需要解释的东西。这是非常重要的一步,它将英国法与外国法联系在了一起,并力图在我们纷乱的古代法律著述中找出某些贯穿其中的一般性的、清晰的原则,从而使人明白,在不同国家和不同时期存在着巨大的差异,但同时也存在惊人的相似性。如果现在谈论封建制度的话,就必须充分了解法国的封建制度与英国的封建制度的明显差别。② 从上述内容,我们可基本了解到英国封建制度与法国及欧洲大陆其他国家的区别,也可认识到英国法律与欧洲大陆的法律之间的关系等方面的问题。

骑士制度与国家政权结构、王权特征、法律内容及其执行和审判有着各种关联,尽管上述各家的研究著述大多没有刻意关注这方面的联系,但这种联系是存在的,也是明显的。

----

① Maurizio Lupoi, *The Origins of the European Legal Order*, Cambridge:Cambridge University Press,2007.

② 梅特兰:《英格兰宪政史》,李红海译,中国政法大学出版社 2010 年版,第 93—94 页。

四、军　事

骑士身份的第一特征是军人,他们的存在与西欧中世纪社会的军事和战争现象密切相关。有关中世纪军事和战争问题的研究可谓不胜枚举,在此仅列出其中一部分,以管窥这方面研究的基本情况。

关于西欧中世纪的战争,有多家学者做了精心研究,许多问题已得到较为深入和成熟的认识。菲利普·康泰敏(Philippe Contamine)的著作《中世纪的战争》,对中世纪欧洲战争及军事情况做了较为全面细致的研究。他认为,以往在中世纪的研究过程中存在对战争现象的低估倾向。中世纪的战争是一个大规模的军事现象,实际上也是一个难以圆满完成的研究题目。除了少数几个学者外,许多人已经强烈地认识到这个问题,面对纷繁复杂的问题和现象,一些人回避了从整体做研究的学术使命。人们在讨论中世纪战争过程中,经常把整体现象碎化处理,甚至把内容各自孤立地分解开,或者是对比性地或者是分开性地做分析。其中的一个问题是,作为中世纪演变的基本因素,战争的结果由此而被贬低,同时,战争和人类环境之间在战争发动和展开过程中的相互联系被掩藏起来。这本书的目的是重建战争的决定性地位,不仅在解释环节,而且对整个文化、技术和经济条件的形成和变化做分析。阶级、社会或国家所面对的战争困境对此书的研究似乎是很好的线索,借此可认识战争的希求和恐惧、野心和主张等方面的内容,而且对战争的地位有根本上的认识,或者据此了解其在社会、国家或国际规则方面的核心作用。为此,作者首先对中世纪军事史的一般特征做了分析和梳理,其中包括西罗马帝国的衰落以及 6—7 世纪蛮族王国的战争和社会,以及 8—9 世纪加洛林军队的增强和不足的情况。书中还论及 10 世纪初到 12 世纪中期,神圣罗马帝国、法国、英国、诺曼意大利、伊比利亚社会和"再征服运动",以及十字军和东方拉丁国家的军事状况等。此外,对于 12 世纪中期到 14 世纪早期,骑士团的情况,军人的职责和服役,雇佣兵以及货币,防御工事等也多有阐释。本书作者还注意到一些具体军事问题,其中有蛮族的军事装备、马镫问题、盔甲和军人的武器等,以及投石器、火药和大炮、攻城战等内容。战争技艺、战争与政府和社会的关系、战争精神和勇气、战争的裁判、伦理和宗教等方面的内容也都在作者涉猎的范围。总之,该书所涉及的内容甚为广泛,对了解中世纪军事和战争的宏观和微观内容都有帮助。①

《战争与骑士制度:英国和诺曼底战争的行为和领悟,1066—1217》是具有鲜明特点的军事著作。与一般军事和战争史著作不同,它的焦点不是集中在军事战略和战术方面,也不是在后勤和军队组织方面,而是集中在与军队的性质以及战斗方式紧密联系在一起的军人的行为方面,这对剖析中世纪的战争提供了一种框架。由此,作者探询敌对状态期间,骑士行为以及从战争引发的那些习惯性的行为方式。在 11 和 12 世纪,处于敌对状态的双方有三个主要表现方式,这三种方式相互间有密切联系。一是战役,既有小规模的战役,也有大规模的交战;二是攻城,由于城堡是控制战争的基础设施;三是"蹂躏",破坏敌人领土上的经济。作者认为,不仅在思想观念,而且在实际情况中考察骑士们的行为关系到战争的这些主要方面,这也构成此书的核心和系列比较研究的支点。其中不仅考虑了贵族间敌对战争和社会阶层,包括神职人员、农民在战争中的状况,劳动者如何成为骑士侵略和攻击的主要牺牲对象等,也探讨了贵族反叛性质的敌对行为,这方面包括骑士的风尚和习俗。此外还讨论了军人的"残暴"本性。这本书整体上强调的是战争本身行为,这样做的目的是为了纠正或改变以往研究 11 和 12 世纪骑士制度与战争实际情况相脱离的倾向。战争的过程,长期以来只是作为"军事历史"中的内容而被边缘化了,通常的做法是,主要分析战争和战役或军队的构成,以及骑士精神和与之相关联的制度。近些年来,关于骑士制度的学术研究集中在骑士身份的变化,受封仪式的意义,比武大赛、徽章、宫廷爱情的形成,以及亚瑟王传奇的影响、贵族概念、教会对战争的态度等方面。所有这些研究对扩大骑士制度的知识和文化范围有促进。但是,由于回避战争领域则极大地失去了历史背景依据。②

有关骑士与战争方面的论文有许多,《中世纪不列颠和法国的军队、骑士制度与战争》收录了一些相关论文。此论文集是 1995 年"哈拉克斯顿讨论会"

---

① Philippe Contamine, *War in the Middle Ages*, Oxford UK and Cambridge USA:Blackwell Publishers Ltd.,1986.

② Matthew Strickland, *War and Chivalry:The Conduct and Perception of War in England and Normandy,1066-1217*, Cambridge:Cambridge University Press,1996,pp. 16-17.

(Harlaxton Symposium)的结晶,被誉为很少有相关学术题目能比"战争与骑士制度"更令人敬佩,因为它把各个不同学科的研究汇集到中世纪问题中来。由于骑士文化本身是一种丰富的也是不可分离的军事、政治和多种社会影响的混合体,其深深地影响了文学和艺术,同样,它也受到文学和艺术的深刻影响。这种联系的复杂性反映在本书的通篇过程中,并且通过骑士文学、世俗贵族的建筑、苏格兰比武大赛及其充满活力的单独格斗等主题的研究,得以直接阐释。本书所收录的论文具体包括:通过文学看中世纪的战争和骑士制度;从比武大赛等庆典活动了解骑士精神;借助绘画等艺术作品分析中世纪的战争;揭示战争与政治的关系;解析城堡与要塞的功能;考察中世纪的军种和军事组织;陈述战争的破坏和军队后勤供给等多方面内容。[1]

在约翰·弗朗斯(John France)编辑的《中世纪的战争1000—1300》中,收集了30余篇论文。这是一系列军事史论文的中世纪部分,所选文章的写作时间从20世纪50年代到21世纪初,跨度50年左右,大体反映了这段时期西方学术界对中世纪战争及军事问题研究有代表性的观点,其中也不乏对传统观点的冲击。查尔斯·阿曼爵士(Sir Charles Oman)对中世纪战争论题的权威观点在英语国家学者中产生长期影响。他认为,从10世纪以后,骑兵主宰战争的情况直到14世纪初期方结束,至此,高效的步兵再一次走到前台,在战争中扮演主要角色。这些步兵中最重要的是来自佛兰德地区各城市的市民,他们在1302年Courtrai战役中打败了法国骑士军队。再有是英国弓箭手,他们对法国骑士军队作战经常取得胜利。这种观点在班尼特(M. Bennett)的论文中受到挑战,他对骑士在10—14世纪初这段历史时期居于超强军事地位的说法提出质疑,认为骑兵军队由于其机动灵活的特征,尽管在战场上具有优势,但是,他们在战争过程中并非总是起到决定性作用,特别是在攻城战中他们的技能受到限制,而且,在阵地战中他们也难成为决定胜负的因素。他贬低骑士在战场上重要作用的观点,并没有得到所有人的赞同,另一篇论文的作者普雷斯特维奇(M. Prestwich)认为,骑在马背上全副武装的骑士在战场上的作用是非常大的。值得注意的是,战场上

---

① Matthew Strickland,ed.,*Armies*,*Chivalry and Warfare in Medieval Britain and France*,Stanford:Paul Watkins,1998.

骑马作战的军人成分后来发生变化,有一部分骑兵并非是传统的骑士。此论文集从多方位多视角论述了西欧中世纪的军事和战争问题。①

此外,约翰·弗朗斯与凯利·德弗里斯(John France and Kelly Devries)编辑的论文集,分两卷收录了发表在欧美重要刊物上关于中世纪早期军事史的论文。② 还有,伯纳德·S. 巴克拉克(Bernard S. Bachrach)在其《欧洲前十字军东征时期的战争和军事组织》论文集中,收录了他 25 年间对中世纪军事研究的主要论文,所涉及的问题较为广泛。③

近些年来,有些军事方面的著作角度新颖,从小见大,从微观处窥视纷繁复杂的军事发展历史和战争演变状况。凯利·德弗里斯和罗伯特·D. 史密斯(Kelly Devries and Robert D. Smith)从中世纪军人所使用的武器视角考察了当时的军事、政治和社会。这是西方学术界"武器与战争"系列著作中的一册。在总导言中,主编者指出,"武器既使人着迷又令人厌恶,它们被用于杀戮及伤害人类,也摧毁国家和社会,并且还不时地毁灭一些文明,武器所起到的这些作用伴随着人类文化和技艺成就的辉煌。通观整个人类历史,武器已成为征服、侵略和奴役的工具,不过,它们还被用于抑制邪恶和维护和平"。"对武器演进发展的研究会使我们更加认识到人类的巧智、时代的技术以及当时的社会状况。"此书所考察的是从罗马帝国衰落到文艺复兴这段历史过程中西方武器的使用和发展,包括从长矛和剑到手枪,从索子甲长衫到全副武装的骑士的发展内容。这既是一幅武器和装备的演进图画,又是一段军事和战争的发展过程。④

菲利普·西德奈(Philip Sidnell)的著作从战马着手,考察欧洲古代战争中的骑兵以及中世纪的骑士等军事方面问题。西方传统观点认为,8 世纪初期以前的欧洲战场,步兵一直占据主导地位,只是骑士出现后才改变了这样的现象。本书作者认为,在有记载的人类冲突历史中的早期阶段,骑兵雷鸣般冲锋的马蹄声会使步兵心惊胆战,但是,他们经常性地败于步兵面前。骑兵在上古战场上也

① John France, *Medieval Warfare 1000-1300*, London: Ashgate, 2006.
② John France and Kelly Devries, eds., *Warfare in the Dark Ages*, London: Ashgate, 2008.
③ Bernard S. Bachrach, *Warfare and Military Organization in Pre-Crusade Europe*, London: Ashgate, 2002.
④ Kelly DeVries and Robert D. Smith, *Medieval Weapons: An Illustrated History of Their Impact*, California: ABC-CLIO, Inc., 2007.

经常能表现出所具有的决定性作用。历史学家玻利比奥斯(Polybius)在公元前
2世纪所写的著作,通过军事事例研究得出结论认为,最好是在战场上投入比敌
人的骑兵数量多一倍的骑兵,并且仅投入敌人步兵数量一半的步兵方可达到与
敌方的抗衡。此外,近代研究者们经常把上古时期的骑兵作为枝节性问题,从而
忽视他们的作用,甚至认为骑马者除了显示拥有战马的富有外,所起的作用很
小。这本书讨论的焦点是,骑兵自古以来便是赢得战争胜利的关键。古代世界
最伟大的将领们,像朱利叶斯·凯撒、汉尼拔,特别是亚历山大,如果他们没有对
骑兵在战场上赢得胜利的潜能有正确认识,就不会获得他们大多数著名战役的
胜利。实际上,该作者强调上古时期骑兵在战场上的重要地位,也是针对学术界
强调中世纪骑士才使骑兵在战场上的决定性作用发挥到淋漓尽致的观点。为
此,他的研究焦点有意地落在具有冲击力或重装骑兵身上,因为,这是最能引起
争议的问题,且处于以往观点的核心部位。阅读有关古代战争的著作,不难发现
提及马镫的线索,但是直到20世纪60年代它才被注意并得到普遍认可,马镫使
骑马冲锋作战成为可能的说法第一次被提出。[①] 此作者对传统观点的批判,有
些是针对小林恩·怀特关于马镫理论展开的。

　　西方学术界对中世纪军事问题的研究有越来越重视的倾向,也认识到了军
事对中世纪社会发展的重要性。不过,军事史的研究更多仍是着眼于战争、军
队、武器装备、城堡要塞、攻城、战略战术等方面内容,即注重纯粹军事问题者偏
多,尽管在研究过程中不可避免地涉及各种社会问题,但并非作为研究的重点。
如何能把军事现象与社会的发展演变结合起来,特别是在研究中世纪社会问题
时把军事问题有机地纳入其中,对进一步认识西欧封建社会特征会是十分有
益的。

五、经 济

　　骑士制度与欧洲中世纪的经济有密切关系,经济状况在很大程度上决定着
骑士制度的形成、发展和衰亡。当然,由于骑士制度的存在也使欧洲中世纪的经

---

① Philip Sidnell, *Warhorse:Cavalry in Ancient Warfare*, New York:Hambledon Continuum,2006.

济具有相应的特征。关于中世纪经济方面的研究可谓成果丰富,著述颇多。不过,西方学界关于这方面的研究,或按照年代顺序阐释经济发展的各方面表现,或就某段时期内的经济状况做考察,或对经济的某个方面做分析,在这些方面的研究中也不乏与社会、政治、君主等现象相结合进行探讨,但是,鲜见有把经济状况与骑士制度结合在一起做专门研究的。在有关封建经济视角下的研究中,尽管涉及采邑、庄园等方面问题,但毕竟与从骑士制度视角考察经济是两回事情。不过,学术界有关中世纪经济社会史以及封建经济方面的研究,对从骑士制度角度考察经济问题有很大的帮助和借鉴意义。

我国著名学者马克垚先生长期专心致力于西欧封建制度及封建经济、封建社会和封建政治方面的研究,成就斐然,为国内学界了解和认识西欧封建经济形态及其特征表现拓展了道路,也为认识相关问题提供了思路。他在《西欧封建经济形态研究》中阐释了封建土地所有制问题,其中具体研究了封土制的起源、特征,以及君主对土地的权利、封建地产运动等现象。此外,还注意到封建庄园、城市以及工商业问题,这些对本课题的研究都有借鉴意义。此外,在《英国封建社会研究》中,关于封建主阶级的产生,英国的王权、行政制度、法律与司法制度、封建土地所有制、封建地产、庄园的经营管理,以及这些现象的发展变化等方面的研究,对考察骑士制度现象也有帮助和启发作用。作者的《封建经济政治概论》一书,从经济、政治两大部分着手,封建经济部分通过比较研究讨论其中的一些原理;政治部分则主要讨论封建政权结构问题。此书大体上以西欧的封建制与中国的封建制相比较,从而凸现了作者根植于中国学术土壤,提出与这片土壤地气相接的问题,做适合中国人能够理解和认识的研究,故其研究成果自然与西方学界的研究大有不同。①

上述所谈到的西方一些著名学者的著作中,如冈绍夫、马克·布洛赫、乔治·杜比等都论及经济方面问题(他们中也不乏有专门论述经济问题的著作)。此外,在研究社会及文明问题时,注重经济问题的有阿方斯·多普施(Alfons Dopsch)所著的《欧洲文明的经济和社会基础》,书中把经济问题与社会文明的

---

① 马克垚:《西欧封建经济形态研究》,中国出版集团 2009 年版;《英国封建社会研究》,北京大学出版社 2005 年版;《封建经济政治概论》,人民出版社 2010 年版。

各种现象融为一体做考察,内容包括:法兰克人的重装骑兵;萨克森人的战争;法兰克人的军事改革;附庸随从制度;权威势力衰落的征兆;"恩地"制度的兴起;查理·马特的措施和权利;教会的情况;等等。在论述手工业和贸易问题时,注意到大规模世俗地产、领主对奢侈品的需求等方面的现象。此书有助于了解中世纪早期的经济和社会。①

城市是西欧中世纪经济发展的一种重要现象,而各国的城市又有各自特征,希尔顿的著作对英国和法国封建社会的城市做了比较研究。此书的主要目的是在封建社会框架内考虑城市的角色。这是一个与以往研究城市问题不同的题目,内容包括城市内部一般和特殊经济发展状况、国际模式和地区贸易、城市与其乡村贸易区之间的经济关系等。论述过程中强调了城市与封建社会结构的关系,从中可体味到中世纪城市生活状况。城市中的封建表现;城市内部的社会结构;城市的统治者;城市社会是如何被设想的;城市团体及其冲突等问题,在此书中都有论及。其可帮助我们了解中世纪城市的封建特征。②

此外,关于中世纪城市发展问题,戴维·尼古拉斯(David Nicholas)探讨了从古代后期到 14 世纪早期的城市产生和发展。作者指出,近代欧洲城市生活的地貌和空间格局基本在中世纪期间便被固定。近几十年来,学术研究著作中大量的证据表明,一些更为古典的解释已经遭到弱化。考古发掘和社会分析使相关的考察成为可能,而且借助计算机的研究已经增加了我们对情况的理解,同时也使观察的角度更为多样化。此书所研究的核心地区为"拉丁基督教国家",包括英国、法国、低地国家、德国、伊比利亚半岛和意大利。他认为,我们必须理解城市的社会及其空间内容。是什么原因造成城市在某些地方和某些特定时间出现? 它的外表什么样? 它的居民如何生活? 谁统治城市,这些统治精英们有怎样的变化? 也应该看到城市的一些重要变化,并且比较中世纪早期和晚期城市间的社会结构和管理,区分这些城市大规模工业组合的有无,哪些城市的贸易主要是地方性的,哪些具有区域间的联系,哪些城市处于相同经济区域,哪些处于

---

① Alfons Dopsch, *The Economic and Social Foundations of European Civilization*, London: Kegan Paul, 1937.

② R. H. Hilton, *English and French Towns in Feudal Society: A Comparative Study*, Cambridge: Cambridge University Press, 1992.

不同经济区域,哪些城市对周围的乡村采取经济和政治统辖,哪些则没有这么做,等等。此书为进一步深入了解中世纪城市状况提供了较深入的分析和认识。①

有关农村和农业的研究,马克·布洛赫在其《法国农村史》中为我们展示了中世纪法国农村和农业状况及其发展演变的画卷。其中分析并划分了土地垦荒和占有的主要阶段,详细陈述了农业生产和生活,并且对领主制、庄园,以及农村社会集团等方面的情况做了论述:为了解中世纪法国农村及农业问题提供了较为生动、系统的知识和认识思路。

庞兹(N. J. G. Pounds)所著的《中世纪欧洲经济史》是一部考察范围较为宽阔且又比较详细的著作。其范围的宽阔,既表现在所及西欧各主要地区,又表现在研究项目的全面,不仅注意到中世纪欧洲的人口问题,还阐述了农业和乡村生活、城市的发展、手工制造业、商业贸易、商业革命等方面内容。其阐述的特点是对每方面内容尽可能地细分,例如,有关贸易方面的内容中,陈述了中世纪早期的贸易、地中海区域的贸易、斯坎的纳维亚人的北方贸易、商人集市与市场、贸易方式、意大利的贸易、西部地中海的贸易、低地国家的贸易、汉萨同盟、陆路和水路运输、日用品贸易、香料贸易、谷物贸易、葡萄酒贸易、食盐贸易、羊毛品贸易、衣料贸易、金属贸易等。这种既开阔又具体细致的研究对切实理解中世纪经济现象很重要。②

约翰·戴(John Day)在《中世纪的市场经济》一书中对中世纪后期的金银大饥荒、货币紧缩、货币经济的衰落、价格运动和封建制度危机、货币和信贷、商人和金融等问题展开了讨论。③ 商品货币经济与骑士制度有非常明显的关系,通过对货币流通状况的研究,能够更好地认识骑士制度对西欧经济的影响和作用。

起初以土地形式为主的采邑如何向货币采邑形式发展,并且,采邑所建立的契约关系如何向有近代特征合同关系的转变,是深入了解中世纪自然经济向商品经济过渡的一个重要问题。布莱斯(Bryce D. Lyon)在这方面做了耐心、细致

① David Nicholas, *The Growth of the Medieval City*, London: Longman, 1997.

② N. J. G. Pounds, *An Economic History of Medieval Europe*, London: Longman, 1974.

③ John Day, *The Medieval Market Economy*, Oxford: Basil Blackwell, 1987.

的研究,其《从采邑到合同》一书把研究的重点集中在"采邑年金"问题上。此前,对这方面予以重视并做出显著研究成绩的是斯克真内科(M. Sczaniecki),他清楚地梳理了"采邑年金"在法国的情况,但是,这种采邑形式在西欧其余国家的情况却被忽略了。作者通过英国的材料所得出的一些结论与斯克真内科的结论明显不同,这促使他进一步扩大研究,在不断加强对法国和英国材料考察的同时,增加了对德国和低地国家资料的研究,力图对这些国家和英国的"采邑年金"现象做出全面均衡的解释。之所以把研究焦点聚集在"采邑年金"上,他认为这种现象遍及整个西欧,并且可把其置于封建历史的主流当中。他还意识到,从 10 世纪到 15 世纪后期,"采邑年金"更好地展现了逐渐活跃的货币如何不停地蚕食各种封建系统的情况。从这方面看,其研究已经超出了"采邑年金"问题,并且已经努力解释了军事和经济怎样发生变化,具有军事和政治契约性质的臣服制度如何逐渐失去意义,如何废弃了用采邑作为服役回报的做法。实际上,研究"采邑年金"即是研究采邑如何向合同制的转变,这对我们认识西欧封建社会转型等问题十分有帮助。①

把经济问题置于社会现象中进行研究,能更好地认识某些经济现象的出现和发展为什么是那个样子。乔治·杜比考察了 7 世纪到 12 世纪的经济、农民和领主等问题,综合性地阐释了欧洲经济的早期发展。在此书中,杜比不仅注意人口、生产工具、土地、贸易、租税这类倾向于纯粹经济方面的问题,更为重视与这些经济现象密切相关的农奴、自由农、领主等方面的问题,还有封建秩序、社会等级、军事扩张等问题。使读者体会到,经济现象是与当时的人以及社会融合在一起的,而不是孤立的。②

总之,学术界对西欧中世纪经济研究成果丰厚。经济现象并非是孤立的,它与社会各方面的联系已经成为各路学者选择研究的路径和空间,在这个空间中观察问题的视角能够体现出各自研究的特色,其中一切与当时社会的人、各个阶层的人、各种社会集团的人紧密联系在一起的经济研究,更能深入和贴切地揭示经济发展的内在动力和走向的原因。

---

① Bryce D. Lyon, *From Fief to Indenture*, Cambridge, Mass. : Harvard University Press, 1957.

② Georges Duby, *The Early Growth of the European Economy*, Ithaca, NY: Cornell University Press, 1974.

六、文　化

骑士对西欧中世纪的文化产生了重要影响，骑士文化构成西欧封建社会一项特征。西方关于骑士文化的研究，可谓多如繁星，数不胜数，在此，只能择其相关几方面加以概述。

进入 21 世纪以来，西方学术和出版界对 19 世纪末 20 世纪初一些关于骑士制度和骑士精神的著作重新整理出版。对一百余年前的相关著作有如此举措，按出版者的话说，是因为近些年人们对这些著作已经极为忽视了。由此也足见这些著作在西方学界持续性的价值。其中包括埃德加·普里斯蒂奇（Edgar Prestage）所著《骑士制度》，他认为，"写一部骑士制度史应该是毕生的工作，确实，其仅次于写一部中世纪的历史，因为骑士精神渗入到中世纪生活的所有方面，而且各方面现象相互关联，要解决　个问题不与其他问题相联系是无济于事的"。他并没有按照时间顺序有联系性地阐释骑士及其精神文化方面内容，而是以专题形式论及了骑士的身份、骑士的教育、战争、比武大赛、十字军东征、徽章、仪式、文学、骑士团、跨国界的行动、妇女的地位、宗教等，其体例及构思与其主编的另一本论文集《骑士制度》有异曲同工之妙。① 与此书同时出版的还有阿尔弗雷德（Alfred T. P. Byles）的《骑士制度规则全书》，实际上这是对以往骑士规则版本的校订、整理和注释。作者认为，从派雷（Ste. Palaye）1781 年写作关于骑士制度规则的著作后，所有研究骑士制度的重要学者们都认识到了卡克斯顿（Caxton）版本的《骑士制度规则》在反映中世纪骑士各项责任方面是最为简明的，并且被研究者们广泛引用。然而，关于此书的作者身份、文献材料和内容方面的知识已经被肢解，并且差错随处可见。作者的目的，不仅要力争引介卡克斯顿翻译本和鲁特福特（Loutfut）手抄本的完整正确版本，而且还要做其他一些翻译工作，以使这部规则全书享有国际流行声望。② 再值得介绍的是约翰·巴蒂（John Batty）所著的《骑士精神及其影响》，该书不仅阐释了骑士制度的起源、兴

---

① Edgar Prestage, *Chivalry*, London, New York: Kegan Paul, 2004; Edgar Prestage, ed., *Chivalry*, New York: Alfred A. Knopf, 1928.

② Alfred T. P. Byles, *The Book of the Order of Chivalry*, London: Kegan Paul, 2004.

盛和衰落,还考察了骑士精神不朽的证据、骑士制度光明的一面与黑暗的一面、骑士制度在建筑和绘画艺术方面的表现、骑士制度与徽章的关系以及骑士的特权等等。① 从作者关注和论述的问题看,直至今日这些问题仍没有过时。

中世纪的礼貌和礼仪,对欧洲后来社会影响深远,也是中世纪文化重要组成部分。斯蒂芬·耶格(C. Stephen Jaeger)所著的《礼貌的起源》对中世纪的文化较之前人有进一步认识。他认为,传奇浪漫和维多利亚女王时代的风尚引发人们对中世纪相关方面的理解形成理想化现象,导致中世纪时代成为揭示近代爱情观念本质的自然研究目标。对中世纪生活画面进行贬低性讨论,较之坚持坦尼森和瓦特·司克特爵士所绘制的中世纪精彩画面的观点,更具有说服力。对于这方面的争论,美国的知识界特别倾向于将自己的观点与欧洲同行们的观点对立。从马克·吐温开始,美国学界形成强劲的贬低中世纪的传统。对于美国人来说,由于清楚地看到那个时代普遍的现实所反映的生活质量,他们掀去了罩在中世纪社会上含情脉脉的面纱,把掩藏在下面的非常野蛮的事实暴露在光天化日之下。作者主张,中世纪是文明发展的一个过程,把来自中世纪的传奇和维多利亚时代的理想化现象,与中世纪一种现实的激发力量所造成的理想主义区别开来是重要的。此书的目的是研究宫廷的各种理想观念及其在培养人们各种意识中的作用,以及这些观念对推动文明化过程中的影响。作者试图对宫廷和骑士道德观念、这些观念在实际社会从一个阶层向另一个阶层的传播做出历史判断。②

戴安娜·伯恩斯坦(Diane Bornstein)在其著作中对骑士精神作为战士的规则、社会性的规则、礼貌的仪式等做了探讨。作者指出,骑士制度观念和作为世代以战争为职业的军事贵族的规则伴随封建经济和政治制度而发展。它不是一种礼貌行为的传奇规则,而是对一些规章具有时效性的设置以适合战场上的需要。在中世纪后期和文艺复兴时代,当占优势的社会观念受拥有土地的人士而非职业军人左右的时候,骑士精神从所经营和从事的军事领域转移到礼节、仪式和表演的社会领域。这种变化可从当时的骑士行为守则和反映礼貌内容的文学作品中清楚地看到。由于军事需要和社会条件变化,论述骑士风范的作者们受

---

① John Batty,*The Spirit and Influence of Chivalry*,London:Kegan Paul,2004.

② C. Stephen Jaeger, *The Origins of Courtliness:Civilizing Trends and The Formation of Courtly Ideals 939-1210*,Philadelphia:University of Pennsylvania Press,1985.

到中世纪传奇文学的影响,开始更加强调骑士的社会技艺和礼节,从而骑士被描写成有修养的绅士而非职业军人。骑士制度规则以理想化的形式得以提出,这种理想化远离了当时的社会、经济和军事现实。贵族成员忙碌于晋封骑士仪式和比武大赛,而这种活动类似于精心制作的游戏,超出了平常的生活,进入一种礼节表演的世界,而且传奇浪漫受到其自身特殊规则的支配,完全与日常社会生活相分离。然而,这些仪式和游戏在现实社会服务于一种重要的文化职能,在上层社会的老派和新派成员间建立起一种社会凝聚和社会身份认同的意识。此书的写作思路是借助被翻译成英文的中世纪关于礼貌和骑士规则手册,探询骑士精神和贵族社会观念。①

骑士集团对文化的影响较集中地反映在传奇浪漫文学方面,西方学术界对这方面的研究成果也很多,罗伯塔(Roberta L. Krueger)编辑的论文集《中世纪的浪漫传奇》从一个方面反映了这个领域研究的方向和志趣。编者认为,此书所收集的论文对学界所讨论的欧洲中世纪最富影响和持久性的世俗文学类型做了分析和评论。中世纪浪漫传奇故事发展演进是欧洲各种语言和政治实体之间的翻译和转化、接纳和翻新、丰富的版本交织和文化交流变化的结果。中世纪的浪漫传奇故事由于其在法国、德国、英国、荷兰、意大利、斯坎的纳维亚、葡萄牙、希腊和西班牙的广泛交流而使今天的读者感到惊奇,并且,由于众多的故事、多彩的特色、不胜枚举的主题和曲折的情节使其得到普及。这些文学作品继续激起现代读者们的兴趣。论文集中提供了内容丰富的样板,包含了欧洲浪漫传奇故事及其所引发的各种不同的评论视角。但这并非能囊括此方面研究的全部,只是为读者提供一处丰富的浪漫传奇文化展出的长廊,读者可借此探询许多故事本身所关联的人、服饰、举止、唱歌跳舞、森林、庭院、村庄和城市、市场和庄园、仙女与恶魔、旅行和贸易、饥荒与盛宴、虔诚与欺骗、边界与外敌入侵等等。②

骑士文学与中世纪的行吟诗人有密切关系,从行吟诗人角度考察当时的社会及文化也成为西方学者的研究领域。琳达(Linda M. Paterson)在其《行吟诗人的世

---

① Diane Bornstein, *Mirrors of Courtesy*, Hamden, Connecticut: The Shoe String Press, INC., 1975.

② Roberta L. Krueger, ed., *Medieval Romance*, Cambridge: Cambridge University Press, 2000.

界》中,取1100—1300年间的时段,以法国南部曾被称为奥克斯坦尼亚(Occitania)地区为范围,以行吟诗人为切入点,对社会文化展开研究。以往研究行吟诗人的著作较多,但是,对行吟诗人所处的社会环境进行研究,这是第一本书。它对进一步认识骑士爱情观念诗歌的产生和卡特利异端教派的形成等问题有帮助作用。作者研究的焦点集中在人的身上而不是事件上,所注重的人是社会群体而非个人。其中也论及骑士、骑士制度、封建制度、宫廷和礼貌等方面内容。①

在浪漫传奇文学中,亚瑟王系列是其重要方面,围绕亚瑟王及其圆桌骑士们的研究可谓著述繁多,色彩纷呈,难以在此做全面概述,仅从中介绍几个方面,以示其研究的大体方向。西方关于亚瑟王传奇的研究从近代以来不曾间断,一些早期的研究至今仍有学术价值。约翰·里斯(John Rhys)的《亚瑟王传奇研究》尽管属于早期研究成果,但仍是今天研究亚瑟王问题必读的著作之一。作者主要借助威尔士地区的文学资料,对亚瑟王的历史及传说问题、兰斯洛特等圆桌骑士及王后桂纳维尔等人物、圣杯的起源、死亡岛等做了系统阐释。②

肯尼斯(Kenneth Hodges)在其著作中借助马洛里的《亚瑟王之死》以及马洛里当年没有使用过的材料,探讨了骑士群体方面的现象,其中包括剑与女巫、骑士与国家、宗教政治、宗教团体与圣杯、桂纳维尔之死等问题。③ 夏洛特(Charlotte)等人在《卡莫洛特的伙伴》一书中,围绕亚瑟王传奇中的人物,探讨其人格特征。作者认为在最近几十年来,虽然有关这些人物的传奇和文学已经产生了大量的评论,但令人惊讶的是很少有人注意性格特征方面的问题。卡莫洛特的人构成了几种鲜明的个体特征,他们超出了虚构的最初原型,而且,特别在近现代小说中这些人物的性格变得非常复杂。在虚构和传奇作品中,人物的性格倾向于单一,这是骑士精神的理想性格形象。在近代文学中这些人物个性发生彻底变化并复杂化,每个人物的性格基本都是二元的,一部分虚构一部分取自现实,两者相互矛盾,表现

---

① Linda M. Paterson, *The World of the Troubadours*, Cambridge: Cambridge University Press, 1998.

② 19世纪晚期的版本没有标出版年代,近年来有了新版本。John Rhys, *Studies in the Arthurian Legend*, Whitefish, MT: Kessinger Publishing Co., 2004.

③ Kenneth Hodges, *Forging Chivalric Communities in Malory's LE MORTE DARTHUR*, New York: Palgrave Macmillan, 2005.

为人物性格的复杂化。作者的目的是借助原型心理学原理分析这种变化的表现和原因,恢复亚瑟王及其伙伴当初富有迷人魅力的个性形象。①

在亚瑟王圆桌骑士的个案研究中,盖温是引发多方面关注的对象之一,由雷蒙德(Raymond H. Thompson)和凯斯(Keith Busby)编辑的论文集,专门收录了关于盖温的研究文章,其中包括乔叟作品中盖温的名誉、礼貌和表现;盖温的性格;盖温与爱情;13世纪散文传奇作品中盖温的性格;盖温在英国文学和荷兰文学中的形象;马洛里笔下的盖温骑士英雄形象等。② 文学中的盖温有现实的原型,在11世纪前半期诺曼征服之前,他的家族在英国属顶层贵族,他的女儿伊迪丝(Edith)嫁给了国王忏悔者爱德华,成为王后。儿子哈罗德(Harold)后来继承英国王位,但随诺曼征服王朝瓦解,此家族衰败。弗兰克(Frank Barlow)的著作阐释了盖温家族的起源,他的早年生活,丹麦国王统治时期盖温的经历,包括他的权利获取、地位提升、他的孩子们、哈罗德在1065—1066年间的胜利、1066年王朝的瓦解、1066—1098年家族成员的分散潜居等。此书对盖温及其后代做了较全面系统的考察。③

上述情况是对相关研究挂一漏万的简单概述,值得注意的是,在19世纪后半期至20世纪初,西方学术界对骑士精神以及封建问题的研究投入了很高的热情和精力,成果可谓汗牛充栋,许多著作如今已经有了电子文本,极大地方便了研究者的检索和阅读。这段时期西方学术界的状况由于种种原因,我们了解得极少,随着电子图书获取的便捷,相关的研究一定会逐渐展开。

对骑士及封建制度研究状况的概述,可使我们大体了解相关研究的基本方向、线索和问题,也可为接下来的考察提供基本的坐标和探询的视角。

在此需要强调的是,我国学术界关于西欧封建经济形态、封建王权、中世纪城市、农业和农民等方面的研究已经取得了令人瞩目的成绩,由于笔者在此前以及在本书中对其中的相关内容有所涉及,并且,国内学术界对这些成果也较为熟悉,故不在此做专门介绍。另外,本课题建立在前期关于西欧骑士制度研究基础之上,因而,有关骑士和骑士制度方面的具体内容,恕在本书中不再赘述。

---

① Charlotte Spivack and Roberta Lynne Staples, *The Company of Camelot*, Westport, CT: Greenwood Press, 1994.

② Raymond H. Thompson and Keith Busby, *Gawain: a Casebook*, New York: Routledge, 2006.

③ Frank Barlow, *The Godwins: The Rise and Fall of a Noble Dynasty*, London: Longman, 2002.

第二章 “封建制度”概念

　　本课题讨论的重点是封建社会特征,故应该对学术界长期以来争议颇大的"封建"和"封建制度"概念问题有所交代,这样做既可对以往的问题做一梳理,也可使准备讨论的目标更为明确,同时,也能对如何解决和处理问题寻找一条途径,并对我国学术界有关"封建制度"概念的认识提出一些看法。

　　Feudalism(封建制度、封建主义)是西方学术界一个重要概念,被广泛使用于历史学、法学、经济学、政治学、哲学等领域。其传入我国后的百余年中,也得到广泛的使用和研究。近些年关于这个概念的一些问题又重新引起国内许多学者的重视,推动了对这个概念的进一步理解。就目前讨论总的情况看,学术层面的焦点仍主要集中在对这个概念做怎样的理解和能否被用于我国秦汉至明清的历史研究中。① 为了澄清这个概念在西方的生成衍化及各种流派的情况,国内从事欧洲史研究的部分学者做了许多积极而有成效的工作,拓宽了国内学界对这个概念的认识视野和理解思路。② Feudalism 形成于 18 世纪末,从 feudum 一

---

① 有关这方面讨论的文著很多,在此仅举几例。冯天瑜:《"封建"考论》,武汉大学出版社2006 年版;中国社会科学院历史研究所等 编:《"封建"名实问题讨论文集》,江苏人民出版社 2008年版;叶文宪,聂长顺主编:《中国"封建"社会再认识》(文集),中国社会科学出版社 2009 年版;李根蟠:《中国"封建"概念的演变和"封建地主制"理论的形成》,《历史研究》2004 年第 3 期;等等。

② 日知:《"封建主义"问题(论 FEUDALISM 百年来的误译)》,《世界历史》1991 年第 6 期;马克垚:《英国封建社会研究》,北京大学出版社 2005 年版;《封建经济政治概论》,人民出版社 2010 年版;《关于封建社会的一点新认识》,《历史研究》1997 年第 1 期,及相关系列论文;黄春高:《有关封建主义研究的新动向——苏珊·雷诺兹〈封土与封臣〉》,《世界历史》1999 年第 5 期;《"封建主义的悖论"与中古西欧封建国家》,《世界历史》2007 年第 6 期;侯建新:《"封建主义"概念辨析》,《中国社会科学》2005 年第 3 期;侯树栋:《论三大封建主义概念》,《北京师范大学学报》2008 年第 6 期;等等。

词衍化而来。如果能从 feudum 的词源含义着手考察,再注意西方学界为何把它衍化为概括中世纪现象的 feudalism,并估测各家使用 feudalism 概念所做的解释与 feudum 原始含义的距离,对理解"封建制度"概念的实质可能会有所帮助,也可对借此概念进行中国史研究的学者提供一些参考,并有针对性地调整研究的角度和方向。

一、词源及含义

Feudalism 一词源于中世纪拉丁文 feudum(即 fief,采邑),它可被追溯到 8 世纪晚期圣加利(St. Gall)特许状中,意为"年地租"。起初它或被写成 feo 和 feu,后来也常以 fevum 或 feodum 等形式出现。此后,在卢卡主教特许状和勃艮第南部等地的文献中 feudum 的使用逐渐多了起来。在 899 年一份出售土地财产的文献中,所记载的 21 个索里达的价格即用 feus 一词表示,从中可见它起初还具有指代货币的意思。此外,它在不同文献中还有土地、礼物、赏金、报酬等含义。①

关于 feudum 的词源,西方学界有不同说法,有人认为它源于另一个拉丁词 fides(忠诚、信任),取得土地者必须为领主效忠。另有人认为,这个词是德文 fe、fee(报酬、补偿)与 od(财产、物品、所有物)结合衍化而来。② 也有人认为它与德文中的 Vieh(牲畜)一词有关。③ 还有人认为,该词源于法兰克语 fehu-ôd,其第一个要素 fehu 类似于哥特语 faihu,意思为"畜群""牲口",这是当时人们最贵重的可移动财产;第二个要素 ôd 为"物品"之意,两者结合意思为"一种有价值的可移动物品"④。

我们对西欧中世纪采邑的通常理解是,以服兵役为条件从领主处获得的一

---

① F. L. Ganshof, *Feudalism*, p. 108. 关于采邑一词出现的时间,苏珊·雷诺兹的考察比冈绍夫的考察结果早了一个世纪左右。Susan Reynolds, *Fiefs and Vassals*, Oxford : Oxford University Press, 1994, p. 161。

② 基佐:《法国文明史》(第三卷),沅芷等译,商务印书馆 1999 年版,第 25 页。笔者对引文中 fides 的译意有改动。

③ 马克·布洛赫:《封建社会》(上卷),张绪山等译,商务印书馆 2004 年版,第 177 页。

④ F. L. Ganshof, *Feudalism*, p. 108.

份土地。而实际上,从 12 世纪以前的情况看,feudum 所包含的内容十分宽泛,所指的对象也较为复杂。首先,采邑有可能是一些其他类型的财产,如一座桥梁、一个渡口、一段交通要道、一处出租房屋、一座矿山、一个市场等,凡能够带来收益的财产,其主人都可把之作为采邑分封给手下的人。甚至,像城堡、要塞、堡垒等也都可作为采邑进行分封。① 其次,采邑除了土地和其他实物财产外,还可以指以服役为条件每年获得的固定货币收入,即所谓的"采邑年金"(feudum de camera)。此类采邑在 11 世纪出现于法国、德国和低地国家,英国在诺曼王朝和金雀花王朝统治时期较广泛地实施了这种采邑形式,而且,它还可以用相当于一定货币价值的农副产品代替,如谷物、葡萄酒、鸡和木材等。② 再有,采邑还可能是某些权力或一份职务。在加洛林帝国瓦解后,法国的一些地方诸侯,从国王处获得的官职往往以采邑形式呈现在材料中。这种情况也存在于德国的一些公爵、边地侯和主教职务的授予过程中。以往我们主要从领地角度理解这些诸侯们的采邑,而实际上这类采邑体现的是一项职位和对某地区的管理权。除了高级职权外,一些较低的职务,如市长、区长、镇长,甚至法官、辩护人、收债人等的权力,都可被分予某人并称之为采邑。③ 此外,某些修道院、教堂等也都可能作为采邑分封下去。在 10 和 11 世纪,这种现象并不鲜见,在洗礼、结婚、妇女安产礼、葬礼、重要的宗教节日时,信众捐献给"圣坛"的钱和物,以及什一税等都可成为世俗附庸们的采邑收入。④

采邑授予的对象通常是服兵役的军人,但实际情况要复杂得多,采邑有可能被领主授予一个管家,或一个手艺精湛的工匠,或一位行吟诗人,或一位神职人员等,这些人以自己的特长为领主效力。甚至一些做杂活的佣人所获得的报酬也有可能被称为采邑。1108—1136 年间圣特-伦德(Saint-Trond)大修道院有个

---

① G. Fourquin, *Lordship and Feudalism in the Middle Ages*, trans. Iris and A. L. Lytton Sell, New York: Pica Press, 1976, p. 133. Theodore Evergates, ed., *Feudal Society in Medieval France: Documents from the County of Champagne*, Philadelphia: University of Pennsylvania Press, 1993, p. 8.

② Bryce D. Lyon, *From Fief to Indenture: The Transition from Feudal to Non-Feudal Contract in Western Europe*, p. 5.

③ F. L. Ganshof, *Feudalism*, p. 113. A. V. B. Norman, *The Medieval Soldier*, New York: Thomas Y. Crowell Company, 1971, p. 105.

④ G. Fourquin, *Lordship and Feudalism in the Middle Ages*, p. 134.

佣人的职责是提供马鞍和马镫、修理窗户、为修道士排血治头痛,以及其他一些琐碎的服务,他所获得的回报竟是一名骑士的采邑。①

　　通常而言,持有采邑者除了承担军事义务外,还要帮助领主进行管理和统治,必要时也要为领主提供经济等方面援助。然而,采邑持有者所承担的义务有时是依照具体情况而定的,并非完全一致。12 世纪,在罗纳河(Rhône)东、西部等一些地区,出现所谓的"自由采邑"(feudum liberum),它具有明显的"免责"特征,持有这类采邑者除了对领主忠诚之外"不必提供任何其他服役"。还有一些采邑明确规定了具体服役责任,如"铠甲采邑"(feodum loricae),此采邑持有者在服役时必须全副武装,特别要穿着质地精良的铠甲作战。在德国,还有一种"城堡采邑"(beneficium castellanum),其持有者的责任就是在领主的城堡中承担守卫义务。②

　　中世纪文献中还有其他一些词汇能被翻译为 feudum,即这类概念也有可能被称为采邑。由于 feudum 的出现滞后于实际的采邑现象,在此之前表达这种现象的词通常用 beneficium,意为主人授予依附者持有和使用的土地,持有土地者要向主人服役或缴纳一定份额的地租,其中含有土地持有者获得"恩惠""利益"的意思,也带有对主人的"感恩"色彩。③ 此词最初更多出现在教会和修道院财产资料中,其中也不乏由某位国王直接将教会财产作为 beneficium 授予某位军事附庸,或国王下令某教会把地产作为 beneficium 授予为国王效力的附庸。④由于 beneficium 在文件中有时还会用 precarium(恳请地)代替,因而,precarium 也有采邑的意思。这类采邑更多体现了土地授予过程中接受者的愿望和契约形成的最初程序,接受方应首先自愿提出请求。尽管 beneficium 和 precarium 都可被翻译为采邑,但由于这两个词含义很宽泛,在具体材料中必须比照上下文内容

---

　　① 　F. L. Ganshof, *Feudalism*, p. 111.

　　② 　F. L. Ganshof, *Feudalism*, pp. 119-120.

　　③ 　Maurizio Lupoi, *The Origins of the European Legal Order*, trans. Adrian Belton, Cambridge: Cambridge University Press, 2000, pp. 352-367. Robert S. Hoyt, Stanley Chodorow, *Europe in the Middle Ages*, New York: Harcourt, 1985, pp. 214-215.

　　④ 　David Nicholas, *The Evolution of the Medieval World : Society, Government and Thought in Europe, 312-1500*, London: Longman, 1992, pp. 143-144. F. L. Ganshof, *Feudalism*, p. 39. 西方学者往往把这一词直接翻译为 fief,国内则有学者翻译为"恩地"以示与 fief 的区别。

方能确定是否为采邑。此外,像 vavassoria(附庸地)、serjanteria(军事服役持有地)等词汇都带有采邑特征,都有可能用采邑概念加以解释。① 还有,honor 一词在 10 和 11 世纪朗格多克地区的一些特许状中似乎也是一种采邑概念,意为授出的某项官职。在 12 世纪的德国,honor 的这种含义使用更为普遍,公爵、伯爵、边地侯、主教和大修道院长等职位通常会用这一词表达其为皇家采邑。②

由上可见,feudum 的含义并不单一,其所指代的对象除了土地外还有其他各种类型的实物财产,也有货币、职权、教堂等。尽管采邑所含内容庞杂,但就其实质而言不外乎是一种经济利益来源形式,也可谓是作为效力回报的酬饷。不过,其中所体现的人际关系等方面内容是隐含在这个词之中的。以各种经济利益来源形式为表象的采邑,与我们通常所理解的采邑有明显区别,更与其所衍生的 feudalism 含义有很大距离。那么,feudum 概念如何发生了变化又怎么生成了 feudalism 一词呢?

二、封建法与采邑

由于 feudum 含义庞杂,一些西方学者甚至认为,在 12 世纪以前它并没有明确含义,"除非有专门的精确指定,否则 feudum 的使用没有明确的意思"③。而实际上,feudum 含义的明确和简单化与《采邑全书》的编纂和研究密切相关。

众多采邑现象必然反映在各种契约和法律文件中,随着罗马法的复兴,对采邑现象的各种解释、注释和研究受到重视。12 世纪中叶前后,有法学家把此前在伦巴德地区有关采邑的法规、习惯、案例、注释、论述等内容集结起来,形成《采邑全书》(*Libri Feudorum*)的雏形。到 13 世纪,一位叫乌戈利诺(Ugolino of Bologna)的法学家把《采邑全书》与查士丁尼的《罗马法大全》编辑修订在一起并与民法融为一体,极大地提高了《采邑全书》的法律地位,其权威性得到法学

---

① F. L. Ganshof, *Feudalism*, pp. 120-121.

② G. Fourquin, *Lordship and Feudalism in the Middle Ages*, p. 134.

③ Maurizio Lupoi, *The Origins of the European Legal Order*, p. 352.

界的认可和重视。① 随后,《采邑全书》成为大学中法学教授们研究、注释的对象和教材。随着各大学法律专业毕业生到欧洲各地任职,采邑法的使用范围和影响力得到扩大,为欧洲各地区对采邑概念解释的趋同起到了重要作用,更为后来许多法学家和史学家对中世纪文献中 feudum 的解读提供了来自法学概念的理解。

13 世纪法学家们对《采邑全书》的注释和论述为后来法学家们的工作奠定了基础,16 世纪人文主义法学家们在此基础上结合时代的需要做出进一步的研究和解读。托马斯·克雷格(Thomas Craig)研读了 13 — 16 世纪法学家们的相关著作和注释后,进一步倡导采邑制度,并以此寻求对国家政治主权和君主权力的支持。他在详细解读采邑法过程中,增加了大量地方习惯法内容,从而使采邑法对社会的作用增强,并在法律界产生重要影响。他的工作激发了当时和后来法学家们对《采邑全书》中财产利益内容的解释和概括,也增强了用采邑法为政治服务的思想,并且还提高了法律规则在历史研究中的地位。② 研究采邑法为现实政治服务成为当时一部分法学家和思想家们的主张。佛朗索瓦·奥特芒(François Hotman,1524—1590)、纪尧姆·比代(Guillaume Budé,1468—1540)、乌尔里希·塞修斯(Ulrich Zasius,1461—1535)等,都十分重视用采邑法中的内容解释"皇帝"的地位和权力、君主与地方政府的关系、君主与臣民的关系、契约的功能和作用等,从而为君主专制制度是否合理展开了法律方面的争论。③ 对《采邑全书》带有政治目的的解读体现了当时希望王权(皇权)强大、国势兴盛的民族意识,也使采邑法与罗马法结合得更为紧密,并被涂上罗马帝国正统权威色彩,以迎合社会的政治需要,同时也使采邑法与一些国家的地方法进一步结合并得以实施。因而,一些为增强权力而采纳和接受采邑制度的统治者们被贴上了"封建的"("feudal"即"采邑的")标签,其统治亦被称为"封建君主制"④。所谓

---

① Kathleen Danvis,"Sovereign Subjects,Feudal Law,and the Writing of History",*Journal of Medieval and Early Modern Studies*,Vols. 36,2006,pp. 226-227.

② David Baird Smith,"Sir Thomas Craig,Feudalist",*The Scottish Historical Review*,Vols. 12,1915,pp. 293-294. 马克垚:《封建经济政治概论》,人民出版社 2010 年版,第 182—192 页。

③ Kathleen Danvis,"Sovereign Subjects,Feudal Law,and the Writing of History",*Journal of Medieval and Early Modern Studies*,Vols. 36,2006,pp. 234-237.

④ Elizabeth. A. R. Brown,"Feudalism",http://global. britannica. com/EBchecked/topic/205583/feudalism,2013 年 5 月 28 日获取。对传统封建制度概念的评判可见该作者"The Tyranny of a Construct:Feudalism and Historians of Medieval Europe",*The American Historical Review*,Vols. 79,1974。

的"采邑"及其法律现象名正言顺地得以延续,英国的采邑及相关的法律在资产阶级革命的 17 世纪 60 年代才被废除,法国则是到了 1789 年以后。在德国,受到法国大革命影响较大地区的采邑法被废除得较早,但在其他一些地区到 19 世纪才陆续得以废除。直到 1900 年,新《民法》(Civil Code)实施后采邑法的一些内容仍在少数几个州得以保留。①采邑法的形成和长期存在给社会留下明显印记,为后人用采邑概念为这段历史冠名铺垫了道路。

《采邑全书》在形成之初就为一些历史学家提供了概念和材料依据,从而使采邑从"律师的行话"向历史学家所使用的概念蔓延创造了条件。16 世纪法学家们的工作促进了这方面的进度。到 18 世纪,这方面的认识有新发展,1727 年,德·布兰维利耶伯爵所写文书中出现具有史学意义的"封建政府"(Gouvernement féodal)、"封建制度"(féodalité)等概念。② 1776 年,亚当·斯密在其《国富论》中使用"封建制度"(feudal system)概念阐释了社会发展的一个历史阶段,其商业落后并使用半自由的劳动者耕种土地,生产形态不是由市场力量而是由强迫和暴力控制,加之领主对农民的经济压榨,导致经济和社会贫困、野蛮、剥削现象严重,并且富人和穷人之间形成深刻的隔阂。亚当·斯密的观点影响到后来马克思的相关思想。③ 另一位对此概念的使用影响较大的是孟德斯鸠,在《论法的精神》中他摆脱了以往法学家在法律条文框架内考察采邑法的做法,使采邑法成为书写西欧历史、生活、风俗习惯等内容的依据,建立了以采邑为核心解释社会现象的思路,这种做法得到后来学者们的效仿和发展。④

feudum 一词出现后近一千年的过程中,随着人们的解读,其含义被不断拓展并导致新词产生。18 世纪晚期英文 feudalism 一词出现,它从德文 feudalismus 转化而来,起初的含义仍与法律相关。德国的一些律师和法学家们创造出 feudalismus 以指历史上的一些先例和习惯,以便为德国小贵族们的主权辩护。同

① J. S. Critchley, *Feudalism*, London 1978, pp. 21-22.

② 马克·布洛赫:《封建社会》(上卷),张绪山等译,第 27 页。在此,布洛赫没有肯定这是有关"封建制度"最早的用法。

③ Richard Abels, "FEUDALISM" http://www.usna.edu/Users/history/abels/hh315/Feudal.htm, 2013 年 4 月 21 日获取。

④ 孟德斯鸠:《论法的精神》(下册),张雁深译,商务印书馆 2004 年版,第 410—476 页。Susan Reynolds, *Fiefs and Vassals*, p. 7.

时,"封建制度"概念借助欧洲的政治运动向社会大众层面广泛传播。1789 年 8 月,法国"国民议会"通过废除封建制度的文件,使这一概念在社会政治生活中高调保持,且在 1848 年革命期间得到欧洲思想激进人士的普遍使用。①

采邑法极大地提高和扩大了采邑概念的地位和影响,为 feudum 衍生出 feudalism 提供了条件。然而,尽管两者间的含义有密切关联,但已经是两个相互分离的母子词,而且,后者在后来的二百余年中走得更远并衍生出多种形态。

三、基本解释

如果把 feudum 最初非常复杂的含义大体归纳为从领主处获得的报酬形式并把之作为测量后来 feudalism 含义的起点,会较容易地看清两者间的距离。出于本文目的所限,笔者在此无意对某派观点做完整深入考察,更无力对西方众说纷纭的 feudalism 解释做全面综述,恕笔者只能在令人眼花缭乱的各种解释中择其重要的四种类型做简要陈述,以期能观测它们的大体方位和距离。②

(一)政治性解释

1789 年,法国宣布废除封建制度,当时人们把过时、落后的政治制度、思想观念等笼统地归入"封建制度"范畴。这种情况也表现在史学研究中,托克维尔把封建制度视为革命的对象,"这场革命的效果就是摧毁若干世纪以来绝对统治欧洲大部分人民的、通常被称为封建制的那些政治制度"。他所指的封建制度包括君主专制政体;衰败的贵族等级;造成农民负担更重、生活更贫困的规章;妨碍平等、限制自由的机制等。③ 总体上看,这类带有明显政治色彩的封建制度概念主要包括三方面特征:1. 把专制君主制度等同于封建制度,或为封建制度

① *The Decree Abolishing the Feudal System*, August 11, 1789, http://history. hanover. edu/texts/abolfeud. html,2014 年 2 月 20 日获取。G. Fourquin, *Lordship and Feudalism in the Middle Ages*, p. 12. R. J. Barendse, "The Feudal Mutation:Military and Economic Transformations of the Ethnosphere in the Tenth to Thirteenth Centuries", *Journal of World History*, Vols. 14,2003, p. 504.

② 对 feudalism 各派观点的分类参阅 David Nicholas, *The Evolution of the Medieval World: Society, Government and Thought in Europe*, pp. 141-142.

③ 托克维尔:《旧制度与大革命》,冯棠译,商务印书馆 1996 年版,第 60,64—172 页。

的重要组成部分。2. 把封建制度与贵族及其领地制相混合,封建制被视为是与领地连在一起的贵族制度,从而强调广泛含义的领主土地所有制及领主对农民的权力。法国大革命所推翻的所谓"封建"政权,在很大程度上是泛指"贵族"政权。3. 一切与守旧、专制、腐朽连在一起的旧思想观念。①

这类观点在某种程度也是对 16、17 世纪关于采邑制度解释和运用所形成的社会形象的思想反攻,对旧制度的革命潮流激发了思想界对此前一段历史的反抗、否定和抨击。此类观念尽管得到广泛的传播,但其核心含义与中世纪纯粹的采邑概念相去甚远。冈绍夫对这类观点有较为客观的评价,认为"封建制度"概念"在法国大革命期间,实际上被作为一般性的解释,涵盖了对'旧制度'(Ancien Regime)的许多诋毁内容,而且直至今天这种意思仍是大众化的用法。尽管此类概括没有顾及到对该词含义所做的非常不合逻辑的扩展,却存在对此概念做分析和定义的诸多尝试,不过,这种分析和定义之间似乎没有非常紧密的关联。"②由于此概念与中世纪采邑所引发的典型社会现象较为遥远,从西方上世纪初期以来的学术情况看,已很少有人用其做中世纪研究。

(二)"狭义"概念

很多人认为,源于采邑而生成的"封建制度"概念自然该围绕采邑的特征做概括,方能体现其客观性,而且用严谨的语源学知识做准确概括可使概念更符合历史实际,从而有益于落实缜密的学术研究。从这种观念出发所做的概括往往围绕采邑现象做解释,不过,其中存在着各家观点的区别。首先,有人盯住采邑问题,把其作为概念解释的根本线索。马克斯·韦伯在专门分析封建制度特征时,强调采邑的重要性,通过对东西方历史的比较,他把欧洲的封建制度称为"采邑封建制"。在其观点中,采邑作为支配和占有的权力(利)所造成的一系列社会现象,以及在采邑基础上形成的系统"行政机构",构成欧洲封建制度特征。③ 然而,采邑并非是一种孤立现象,把"封建制度"作为概括某段历史特征的

---

① G. Fourquin, *Lordship and Feudalism in the Middle Ages*, p. 12.

② F. L. Ganshof, *Feudalism*, XV.

③ 马克斯·韦伯:《经济与社会》(上卷),商务印书馆 2004 年版,第 283—297 页。韦伯还提出"俸禄封建制"以概括古代东方一些国家的特征。

术语,仅注重采邑自身似乎不够周全,有学者在强调采邑的同时,也强调与采邑有关联的领主与附庸关系。潘因特(Painter)认为,"封建制度的基本要素是领主、附庸和采邑。附庸通过忠诚宣誓和臣服仪式与领主建立密切的私人隶属关系"①。在强调领主和附庸关系的观点中,也有人更注重双方构建关系的形式及相互的责任和义务,认为"附庸与领主间建立的各种安排构成了所谓的'封建制度'"②。附庸制涉及的广泛社会现象,令学者们在概括中难以割舍,有学者认为正是两者的结合才产生了封建制度。冈绍夫在其《封建制度》一书中集中考察的是这两者的结合,并指出:"'封建制度'可被视为一种创建和调节臣服和服役责任及义务的制度体系——主要是军事服役—— 一部分自由人(附庸)对另一部分自由人(领主)的义务,且领主对其附庸有保护和提供生活费用的责任。"这种生活费用通常为一处不动产,即采邑。"采邑"与"臣服"被他视为封建制度的两条基本线索。他认为这样的概括"显然是更为严谨也更专业"③。

从总体看,这类概括似乎与采邑的原始含义接近一些,但也正如苏珊·雷诺兹等人所指出的,其立足点在 12 世纪后的《采邑全书》上,采邑复杂的原始含义被大体限定在以提供军事服役为条件的土地财产方面。此外,"臣服"尽管与"采邑"密切相关,但两者毕竟不是同一件事情,这种"狭义"的"封建制度"并非是单纯基于 feudum 含义的解释,充其量是顾及这种词根含义且尽量接近其含义的概括,两者间仍存在明显距离。

(三)"广义"概念

这类"广义"的解释往往与上述狭义有内在联系。G. 富尔坎(G. Fourquin)在概括了采邑和等级关系内容后指出,"于是,个人之间的等级体系,由于'一种极度的财产权利分配'非常直接地与土地之上的权利等级相伴随。最终,因为中央权力也已被再分,从而在每个地区存在着自治权力等级,他们在各自的利益

---

① Sidney Painter, *Medieval Society*, Ithaca, NY: Cornell University Press, 1968, p. 12.

② James Harvey Robinson, *Medieval and Modern Times*, Coastal Carolina University, Conway: The Athenaeum Press, 1931, p. 103.

③ F. L. Ganshof, *Feudalism*, XVI.

驱使下运行着通常属于国家的各种权力"①。这种与采邑和臣服现象相关的宽阔概括在马克·布洛赫的视野中从"依附农民"拓展到精神思想层面,正如 M. M. 波斯坦的评价,其封建制度的宽阔程度还应包括《法国农村史》和没有写成的《欧洲思想精神史的特征》内容②,其幅度应与他著作名称《封建社会》相一致,而有别于"封建主义"或"封建制度"。另外,在这类解释中,有学者宽泛地侧重政治统治方式,认为"封建制度主要是一种统治方式,而不是一种经济或社会体系,尽管它有明显的变化,并且随社会和经济环境的变化而变化。在这种统治方式中,非常重要的关系不是统治者与臣民之间的关系,也不是政府与公民之间的关系,而是领主与附庸之间的关系。这意味着政治功能的执行依赖有限群体内的私人契约,而且,政治权力是作为私人持有来对待的"③。此外,也有人侧重经济方面的解释,认为"封建制度本质上是经济方面的(次要方面还是政体的、军事或社会的),因为,当没有高效的中央政府之时,当政府无力招募军队并为之提供装备或给养之时,封建制度是一种增加军队战斗力的手段"④。而乔治·杜比则是在没有放弃"采邑""臣服"现象的同时把封建制度的解释聚焦在以城堡为核心所造成的社会权力的分散和自治;以骑士为主所形成的贵族与大众分离的社会等级结构等方面。⑤ 这种解释突出强调了中世纪社会特征的实际表现。

与"狭义"相比,"广义"的"封建制度"走得更远,与原始采邑含义的联系显得既不唯一也不十分突出,仿佛是把这一概念的解释放飞得更远,使其关涉的范围更广。不过,无论广义的解释有多么高远辽阔,仍能看到这一概念与其词根含义间的联结线索。

(四)马克思、恩格斯的解释

封建制度理论是马、恩历史唯物主义的重要内容,由于他们并没有对其博大

---

① G. Fourquin, *Lordship and Feudalism in the Middle Ages*, p. 11.

② 马克·布洛赫:《封建社会》(上卷),张绪山等译,第 26 页。

③ Joseph R. Strayer and Rushton Coulborn "The Idea of Feudalism in Western Europe", in *Feudalism in History*, ed., by Rushton Coulborn, Princeton:Princeton University Press, 1956, pp. 4-5.

④ Sidney R. Packard, *12th Century Europe*, Amherst:University of Massachusetts Press, 1973, p. 30.

⑤ Georges Duby and Robert Mandrou, *A History of French Civilization*, London:Weidenfeld and Nicholson Press, 1965, pp. 32-58. Theodore Evergates, "The Feudal Imaginary of Georges Duby", *Journal of Medieval and Early Modern Studies*, Vols. 27, 1997, p. 647.

的"封建制度"概念做规范具体的定义,在此只依照其最基本原理理出简单线条,以观其与采邑原始含义的关系。

首先,马、恩的概括在起点处便摆脱了采邑问题而另辟蹊径。他们从"物质生产"以及与之相关的"劳动者""生产资料""生产方式"等现象着手做定义,并指出封建时代的物质生产条件是"普遍地存在着以劳动者私人占有生产资料为基础的小生产:小农的即自由农或依附农的农业和城市的手工业。劳动资料——土地、农具、作坊、手工业工具——都是个人的劳动资料,只供个人使用,因而必然是小的、简陋的、有限的"[1]。即支撑封建社会物质生产的农业、手工业生产力和生产方式应是定义的基础和出发点。其次,马、恩的视野并没有限定在附庸制所及的范围内,而是关注上述物质生产条件之上的社会结构、国家制度、宗教和思想文化等诸多内容。正如恩格斯所说:"人们首先必须吃、喝、住、穿,然后才能从事政治、科学、艺术、宗教等等;所以,直接的物质的生活资料生产,从而一个民族或一个时代的一定的经济发展阶段,便构成基础,人们的国家设施、法的观点、艺术以至宗教观念,就是从这个基础上发展起来的,因而,也必须由这个基础来解释,而不是像过去那样做得相反。"[2]基于这样的思路和观点所建立的概念与原始采邑概念间的距离,并非是上述各家观点中内在前后联系的远近问题,而是与之分离以及分离有多远的问题。运用马、恩的封建制度概念研究欧洲的历史,"采邑""臣服"现象尽管也会被纳入其中,但已退居次要位置,是在首先解释生产力、生产关系、生产方式等问题基础上再考虑这两方面内容。此外,尽管采邑的主要形式是土地,但这种土地与马、恩概念中的土地有本质区别。土地采邑大致为服役者的报酬,而且其封、受基本是在领主与附庸间进行。马、恩观点中的土地是指与生产劳动者直接联系在一起的"生产资料",其范围要广泛得多,既有作为采邑的土地,也有自由农的份地,还有领主们的自主地,以及部分教会的土地等,双方含义相去甚远。再有,在采邑基础上形成的主从关系与马、恩观点中的"生产关系"是两回事,基于采邑之上的人际关系主要强调的是贵族骑士等级体系中的相互关系,持有采邑者主要以服兵役作为对领主的回报。而

---

[1] 《马克思恩格斯文集》(第九卷),人民出版社 2009 年版,第 285 页。
[2] 《马克思恩格斯文集》(第三卷),人民出版社 2009 年版,第 601 页。

"生产关系"通常为生产劳动者在物质生产过程中形成的人际关系等,租种土地的农奴对其领主的回报是以缴纳地租等方式来实现的。

由此看来,马、恩是借助旧有的 feudalism 做了思路和着眼点不受其原始含义限制的全新定义,或者说,马、恩不是以采邑为起点来解释"封建制度"的,这个起点的距离使他们的观点免于落入传统的惯性思维窠臼,也摆脱了"狭义"、"广义"的解释所造成的纷繁复杂的纠缠,并对封建社会的观察提供了更宽阔的视角。

上述各家 feudalism 概念都与 feudum 的起初含义有距离,或近或远,或合或离。这既是时间的距离,画出了西方学术思想的一条路径和里程;也是空间的距离,容纳了来自各方的思想和观点,在如此时空中我们还可看到一些现象和问题。

四、概念的实质

feudum 和 feudalism 之间的联系和距离既是一个词汇的生成和衍变过程,也是西方学术思想发展史的一条线索。纵观这个过程,我们能看到西方学术概念产生的一种渠道和方式。取什么名称为某个时代冠名,在西方史学界并没有统一规则,历史上的时代有以帝国的名称、君主的名字、王朝的名称等命名的,也有以某个重大历史事件或时间的远近等命名的,甚至还有用著名文学家的名字命名的。其中有些名称由某位著名人物或历史学家创立后延续使用下来,有的则无从考证是谁最先使用的。从 feudalism 的情况看,它是由反映某种社会现象的一个名词发展而来的,中世纪反映社会重要现象的其他词汇也不少,如果没有《采邑全书》的编撰和注释,没有 16 世纪法学家和思想家们的研究和论述,没有 17—18 世纪欧洲的政治变革等,feudum 难以受到如此重视并生成 feudalism,且被冠在中世纪的历史上。这样的词汇从生成到被普遍使用带有明显的社会"自然"选择和演变特征,并非是由某位历史学家或思想家深思熟虑后开创的结果,在很大程度上是一种约定俗成。把这样的名称冠在历史上很难与中世纪的实际现象完全契合。

"自然"衍化来的 feudalism 仍带有明显的中世纪痕迹,当人们在使用它开展史学研究时也往往容易循着采邑现象做阐释,除马克思主义观点外,西方许多学者乐于考察采邑、附庸现象(包括对词根的查究)来论述"封建制度",这从表面上看似乎更能体现使用它与所研究对象的客观一致。但是,从 feudum 到 feudalism 的演变是不断地赋予后者更宽泛承载功能的过程,当人们使用 feudalism 做"非自然"的理性观察和研究时会发现,仅限于采邑现象根本无法全面解读和概括整个中世纪的历史,只好不断地调整和纳入与之有关联的各种现象,"狭义"与"广义"间各种纷繁复杂的解释是这种情况的充分表现。实际上,即便把所有与采邑相关联的现象都纳入到这个词的内涵中,也无法全面覆盖中世纪的社会现象,除采邑之外中世纪的土地还有上述提到的其他性质的土地,此外,像教会机构、宗教运动及其思想等一些非常重要的现象也都不宜被牵强纳入其中。因而,从采邑出发所做的解释也只能涵盖中世纪历史的部分内容,至于其中哪些内容是重要的哪些是次要的,就看历史学家们各自的认识了。

Feudalism 所承担的不单是一个名词功能,更重要的是与这个词融合在一起的解释。凡对 feudalism 一词有些了解的人,在读到或听到它时头脑中通常反映的应该是这个词的含义解释。词和相应的解释构成了所谓概念。概念是人类从事复杂思维活动所必须的方法和工具,史学研究也非常需要简明准确的概念。但是,与某些自然科学和某类社会科学不同,历史学的一些概念不可能先做实验或考察后再概括总结和冠名,使概念的名称、解释与所研究的对象一步到位地吻合。feudalism 这类概念是历史形成的,即使不顾其根源对其含义的影响,它也经历了二百余年历代学者们的不断解释过程,而且,许多解释者肯定会觉得自己的认识最合适最准确。大概正是由于这个词长久衍化的历史拓展了对其解释的空间,也可能由于其与生俱来的解释空间才使其衍化得如此长久。总之,它不是一个被唯一解释的概念。

对 feudalism 的庞杂解释给后来人的研究带来很多麻烦,尽管也有人对这个词很反感并放弃使用它,但直至今日西方学界对它的使用仍没断绝。从这个概念的长期存在和演变过程可见,西方史学对这类概念的名称似乎更喜欢"因循守旧",而对这名称下的解释则是乐此不疲地"推陈出新",仿佛人们不大愿意轻易放弃已经使用习惯了的旧名称,因为放弃它便意味着放弃了人们共同熟悉的问题和讨论的平台,而且,此概念本身就是一部学科史,研究者难以回避。然而,由于西方学者习惯修改和推翻前人的观点做新解释，使这一概念的名称与具体研究对象的衔接只能依靠解释来调整。因而，在名称、解释和具体研究对象之间，决定概念是否被认为准确到位的关键不在于冠以什么名称而在于如何解释。由于顾及词源含义所做的解释难以涵盖中世纪全部内容，这种解释与其词根含义的距离无可避免，而距离的遥远终将会使这个概念的名称显得不那么重要了。马克·布洛赫关于封建社会的研究并非是为了论证"封建制度"这个词语的正确与否，而是借助这个不很合适的旧名称，开展对那段历史的研究，正如有人评价道："事实似乎……是，作为一位经验主义者，布洛赫接受封建主义这一词语，是把它作为描述他感兴趣的社会的标签，他无意于浪费时间去论证这个标签的确切性。"布洛赫自己也意识到，"语源学上的正确性不是一个历史概念最终的检验者"①。

既然 feudalism 词源含义对解释这个概念并不那么重要，那么，比较那些纠结但却远离其词源含义的众多解释，一百多年前马克思和恩格斯的见解和做法是否高出了一筹？他们是不是早已看透了这个概念的本质和使用它的目的？认识到这些，对使用"封建制度"概念开展中国史研究会不会能有些借鉴？

五、对国内争论的几点认识

"封建制度"概念自引入我国便逐渐用于我国的历史研究中，且最终形成官方主流观点和用法，成为中国史研究和陈述的一个重要概念。近些年来关于这个词的使用再度引发的争论中，一些学者认为把这个外来的概念冠于中国秦至清的历史是严重的"名实不符"，造成概念使用的"错位"和"泛化"，妨碍了对中国历史特征的认识并给研究带来极大麻烦。持这方面观点者的考察主要集中在中国传统"封建"一词的生成与含义；"feudalism"翻译成汉语的过程与问题；包括马克思主义理论观点在内的各派对"封建制度"内涵的解释等方面，其探讨范围大体围绕中国学术史展开。②"封建制度"从 feudalism 翻译而来，从上述这个

① 马克·布洛赫：《封建社会》（上卷），张绪山等译，第 7,25 页。
② 冯天瑜：《"封建"考论》，武汉大学出版社 2006 年版；叶文宪、聂长顺主编：《中国"封建"社会再认识》，中国社会科学出版社 2009 年版。

概念在西方发展演变的情况做些思考,可能对认识国内近些年来的相关争论会有些帮助。

(一)翻译问题

概念准确是西方科学理论的基本方法和特征,这种做法已越来越得到我国学术界的重视和实践,特别是随着法学、经济学、心理学、社会学等学科的传入和发展,我们传统深厚且颇为自负的历史学也逐渐适应了运用逻辑推理、思辨论证的方法开展研究,并力争做到概念准确。从这个角度看,关于"封建制度"概念的讨论应是新形势下学术进步的一种表现。然而,由于历史学自身特点和各种原因,其使用的某些概念,特别是经过翻译而来的一些概念能否做到学界公认的精确到位,使各方都十分满意,值得怀疑,"封建制度"便是一例。

关于 feudalism 的翻译问题,早已有学者提出非议。然而,在此基础上再看这个问题,还会有新问题,此词能否被翻译得更好、更贴切值得考虑。首先,feudalism 词根的意思就难以把控。从上述所见,feudalism 源于中世纪拉丁文 feudum(fief,采邑),对这个词的理解直接影响到 feudalism 的翻译。如今,把 feudum 翻译成"采邑"("采地""封地"等)似乎没什么问题,也未见有人提出异议,还有人从这个词的意思直接将 feudalism 翻译为"采邑制度""封地制度"等。可是,如果细究起来,正像我们在上述所见,feudum 在西欧中世纪除了指分封的土地及城(堡)外,还有一些汉语"采"和"邑"无法包含的内容。例如,所谓的"采邑年金"(feudum de camera)、[1]修道院和教堂、[2]某些权力或一份职务等。[3] Feudum 所包含的较复杂意思怎样用既简明贴切,又能使中国读者容易接受的汉语翻译过来不是轻而易举的事情,如果当初的翻译者仅是通过现代英语 fief 翻译出汉语的"采邑"概念,更难以看到这个词背后更多的历史内涵。

其次,feudalism 一词从 18 世纪晚期出现以来,其意思一直都在变化着,随着学者们的各种解释,它的含义也越来越复杂,这使得对它做"精确"的翻译几乎

---

① Bryce D. Lyon, *From Fief to Indenture:The Transition from Feudal to Non-Feudal Contract in Western Europe*, p. 5.

② G. Fourquin, *Lordship and Feudalism in the Middle Ages*,trans. Iris and A. L. Lytton Sell,p. 134.

③ F. L. Ganshof,*Feudalism*,p. 113. A. V. B. Norman,*The Medieval Soldier*,p. 105.

是不可能的。至今,西方学界对这个概念的解释可谓汗牛充栋,数不胜数,即便做极为简单的梳理,大体也能列出上述四家基本观点,而这四类观点中又都包括许多不同解释,非做详细辨析难以弄清楚。对于这样一个发展变化着的复杂概念做翻译,难以保证一劳永逸,准确无误,令各方都能接受。

最后,中、西方有些概念在翻译时由于没有十分合适的对应词,无法做到天衣无缝的对接。词汇不对接情况即便是在英、法文之间也存在,英文中由于没有与法文相对应的某些词汇,也会使翻译者大伤脑筋。① 这种情况在中、西方文字翻译中更为常见。由于文化的差异,即便是一些表面看似相对应的概念,各自的含义也可能大相径庭。梁漱溟先生在比较中、西医学的概念时就曾指出,西医所说的"血""气""痰""心肝脾肺"与中医的"血""气""痰""心肝脾肺"是两回事情,在理解上如果混淆则会大错。② 如果用传统中医"肾"的概念理解西医的"肾",不知差到哪里去了。而在翻译时,西文的 kidney(或 nephridium)能被翻译成"肾"也算不错的选择了。没有对等的词,我们的翻译者通常会有三种处理方式:1. 寻找本民族语言中意思最贴近的词;2. 创造一个新词;3. 干脆音译过来。这三种处理方式可以说都是无奈的选择,不过,对译者而言,三种选择通常所承担的责任和难度是递减的,对读者容易接受的程度来说则往往与译者所承担的责任和难度成正比。对 feudalism 的翻译是当初的翻译者认为它近似汉语的"封建"一词,如果当年的翻译者重新创造一个词汇做翻译也不见得能十分合适,西方历史上一些专用名词,如 renaissance(文艺复兴)等词的翻译今天看也不够令人满意。假如对其做直接音译,也不妥当,此种做法在史学界更多用于人名、地名等,而用于内涵较丰富的一类概念的翻译,不仅使初遇此概念者难以立即捕捉到它的大体方位和基本含义,也会由于各家使用发音相近的不同汉字而造成更大麻烦。从而看来,当年能把 feudalism 翻译成"封建制度",且能流传使用至今,值得肯定和尊重。

(二)"名实不符"问题

如果把"封建制度"用于秦以前的周朝,或许少有人提出异议。然而,我们

---

① G. Fourquin, *Lordship and Feudalism in the Middle Ages*, trans. Iris and A. L. Lytton Sell, p. 7.

② 梁漱溟:《东西文化及其哲学》,商务印书馆 1999 年版,第 38—39 页。

主流史学把与周朝不同的秦至清的历史冠名为"封建制度"社会,使一些人难以接受,并把之视为"名实不符""错位"和"误植"。在此,先试着梳理这种观点的基本逻辑思路:1. 中文古义的"封建"是周朝时期"封邦建国"之义,而周朝封建制社会与秦至清郡县制社会制度截然不同;2. feudalism 被翻译为"封建制度",西欧封建社会与周朝封建社会性质或政治制度相似;3. 把 feudalism 冠于秦至清的历史属于概念错位,名实不符。如果这个思路能够得到持有者的大体承认,那么,这其中有两个问题需要考虑。

首先,此思路侧重依赖和遵循中国"封邦建国"概念来理解和运用feudalism。思路中至少已把中国古义的"封建"与英文 feudalism 某类观点中的部分含义混在了一起,即中、西意被"通约"在一起了。这样的"封建制度"实际是取西方 feudalism 观点中最接近中文"封建"古义来理解和使用的,与其说它是feudalism 的译义,不如说是借助 feudalism 部分含义的中文"封建"古义。运用这样的概念做推导,自然不会同意秦至清为封建社会的结论。从严格意义上讲,中文古义的"封建"与翻译 feudalism 的"封建"应该已经不是一个概念了,只是由于翻译者的缘故把 feudalism 称为"封建"。尽管我们把它们都称为"封建",但它们却是内涵明显不同的两个概念,正如一个被起了某个中国人名字的西方人,即便他俩的长相、个性等或许有些相似,但他们不是一个人,不能混在一起不加区别地对待。至于"封建制度"概念在翻译和使用过程中掺入多少国人自己的理解,那是另一个问题,也是值得另行研究的。但是,在论证由 feudalism 翻译过来的"封建制度"是否被错位使用问题时,概念的脉络和逻辑关系必须清楚。

其次,对马克思和恩格斯的 feudalism 与西方其他学者的 feudalism 概念需做严格区分。从前面内容可见,西方学者对 feudalism 的解释更多基于"采邑""臣服"现象,所谓"狭义"和"广义"的 feudalism 概念之间有明显的联系,"广义"是在"狭义"基础上的拓展,采邑和臣服现象是他们解释此概念的基点和前提。然而,马、恩的解释无论在出发点,还是在立足的基础上,以及土地、人际关系等内涵的解释方面都与之截然不同。马、恩是借助 feudalism 词汇,做了一个思路完全不同的解释。如果把这样的概念与上述"狭义""广义"的封建概念做明确区分,再用其看中国秦至清的历史,是否能有解释的道理,是否还会觉得"名实不符""错位"呢? 如果还觉得是,则当需要对中国这段历史具体研究后,再比照马、恩的理论做辨析研究,方可下结论,而不是从概念到概念的推导。

所谓"名与实"应是名字与其对应的实物的合称,其最基本形态为名与物,即名连着对应的物,如桌子、海洋、太阳等。西欧中世纪经院哲学曾就名先于物还是后于物的问题展开过长期争论,我们今天持唯物主义观点者会觉得此问题很容易回答,物在先,名在后,没什么疑问。不过,在具体的研究过程中问题并非如此简单。对某段历史特征概括能做到"名"符其"实",条件应该是,首先研究历史现象,再根据研究的结果总结概括,最后冠以名称。但是,实际情况通常会恰恰相反,当人们关注某段历史并着手做研究时,由于各种原因,也包括外来文化的影响,研究的对象可能早已有了名称。对此,人们只能在旧有名称下对史料进行研究,当发现名不符实后,或保留旧有名称并做新解释,或更名并做出解释。这样看来,历史研究中的"名与实"通常情况应该是"名""解释""史料""实"四项因素的结合。实际的历史留下史料或其他文化痕迹,人们通过史料和痕迹做出解释,然后冠以名称。这四项因素间有内在关联,单就前三者的情况看(考察"封建制度"中的"实",差不多只能是"史料"和"痕迹",而非实际的历史),"名"靠"解释"说明,"解释"靠"史料"提炼,在"名"与"史料"间能否做到名实相符,更重要的是依靠"解释",而不是"名","名"作为文字符号难以承载某段历史庞大而复杂的特征含义。当我们首次读到或听到"封建制度"时,更多不是靠这个词语来理解它所对应的那段历史,而主要是依靠前人的解释或概括来认识的。当然,所用词语与解释的内容能达到高度吻合最好,但是,实际情况往往需要研究者认识的调整。对一些先有了"名"的历史现象的研究,概念的准确常常是要通过解释来实现的。因而,历史学的"名"需要较真儿的地方应该是充分研究史实后的解释,而不是纠结于这个"名"的符号。

(三)"泛化"问题

针对"封建"及"封建制度"被冠于秦至清的历史,并把之广泛用于指称一切落后腐朽的事务和现象,有学者认为这是此概念在我国的"泛化"和"滥用",从而导致这一概念使用的失准,并且认为造成这种现象的主要原因是苏俄等方面的影响以及中共早期几位史学家的作用。关于这方面的问题,我们从上述法国大革命时期西方对"封建制度"概念的解释现象中,能对这种说法有些不同认识。

1789 年 8 月 5 日,法国"国民议会"通过了废除封建制度法案,从而使"封建制度"概念成为社会政治生活中的重要话题。当时人们较普遍地把贵族等级制度、君主专制制度、旧社会的思想观念等统统归为"封建制度"范畴,使其带有明显谴责和抨击的特点。从而看来,当时的"封建制度"概念在学术界和普通民众间就曾被视为是一切与旧制度有关的各种落后现象。那么,这样的概念对苏俄、日本是否有影响,他们也是否曾这样使用此概念,从而又影响到我国? 我国当时留学西方的学者,是否也曾受到法国大革命留下的思想观念的影响? 如果搞清这些问题,可能就容易理解为什么早年一些非中共史学家和知识分子也"泛化"和"滥用"这个概念。单就这种"泛化"现象的根源看,一味地归咎于苏俄和中共几位史学家,是否反而高估了他们当时的作用,与真实情况不相符合?

如果把来自西方的这类概念称为"泛化",可以说这样的"泛化"是一种普遍和正常现象。特别是当一个民族落后并遭受列强欺辱之时,努力寻求自救的知识精英们,把强国的历史与自己国家的历史加以比较,以找出落后受欺辱的根源,是一种本能反应,我们是这样,当我们民族强盛的时候,周边弱小国家也是这样,翻开日本和韩国历史,模仿中国历史分期而命名的做法屡见不鲜。因而,借鉴强国的一些概念和方法对自己国家的历史进行研究和观察是一种文化发展的自然。纵观我国目前学术界,有多少理论、方法和概念不是这样"泛化"而来的? 平心而论,直至今天我们也仍处在这样"泛化"的大趋势过程中。问题的关键是,在这一过程中我们是不是进步了,是不是在缩短我们与西方强国间的差距。如果回答是肯定的,那么,这种"泛化"就没什么不好。实际上,我们今天即便把"封建制度"仅冠在周朝,也还是属于受西方概念影响后的"泛化",我们的传统史学是没有把"封建"古义用来概括社会形态并冠于某段历史之上的思维基因的。此外,把"封建制度""泛化"使用也绝非我国所独有,西方也有些学者使用这个概念专门探讨除欧洲、日本之外的中国、美索不达米亚和伊朗、古代埃及、印度、拜占庭、俄罗斯等国家和地区的历史。① 因而,这个概念对各国间历史异同

---

① Rushton Coulborn(ed.),*Feudalism in History*,Princeton:Princeton University Press,1956.

的比较研究,对召集人们在大体一致的话题下思考问题,对促进国际学术语言和概念趋同等方面所起到的作用,当引起学界的注意。

(四)"废弃"问题

如何对待是否"废弃"使用"封建制度"概念问题,目前国内的学术环境已经可以按自己的认识做选择了,别人不宜干预,但如果力争把此观点做全面推广,是否还需顾及如下问题。

1. 从上述内容可见,"封建制度"可起到"标签"或"路标"的作用,至于这个路标上的文字符号与这个路段的景色、特征等是否十分契合,并非非常重要,重要的是人们能否知道或熟悉这个路标所指的是什么。每当人们在知识的丛林中旅行时遇到它,起码会在头脑中有个基本的定位和大体的印象,使旅行得以顺利进行。"封建制度"是个跨学科并被广泛使用的概念,如果断然把它换成别的与之没有联系的名称,是否会造成更多人的迷惑不解?

2. 史学界对旧概念的使用似乎更喜欢"修旧如新"。"封建制度"概念在西方学术界使用了 200 余年,在我国也使用了 100 多年,每一代史学家都对其做各自的新解释。西方学者也看到了此概念含义由于历史积淀所造成的杂乱,也有学者回避使用它,但在整个学术界却没有放弃它,其主要原因,一方面是学者们更习惯于在共同熟悉的话题下讨论问题,放弃这个概念便放弃了这个条件和平台。另一方面是"封建制度"已经成为史学和某些学术著作中的醒目内容,任何一位史学家也不可能无视它的存在。相反,史学界似乎对创造或引进新概念,但却没有更多新内容的"立新如旧"的做法,不大喜欢甚至排斥。史学的这种专业特点,不能不加以考虑。

3. 从 20 世纪六七十年代以来,西方学术界用"封建制度"为题目的著作确实越来越少,但这并非是由某些史学家刻意主张废弃的结果,其原因有多方面,史学由注重宏大叙事向具体细微事件研究的转变,以及社会学等一些新方法的运用,都为史学不必使用这个概念提供了渠道。此外,西方史学界还有一个更为老旧的"中世纪"概念可以代替它,即便不使用"封建制度"也不至于给人带来不解和困惑。如果我们目前废除"封建制度",用什么概念代替它,是个严肃问题,任何研究者都可能会觉得自己的研究最可靠,自己提出的新概念最贴切。如果是这样,各种新概念会纷纷涌现,这样的后果当有所预料。

马克·布洛赫在评价用"封建制度"划分历史阶段的意义时已经看到,"一句话,以帝王和修辞传统对历史所作的所有武断的旧划分,开始让位于另一种以对社会现象的观察为继承的历史分类体系"①。这个概念在我国历史研究中也起到了某些类似作用,而且,笔者认为它比按时间段划分历史的方法要好,文艺复兴时期传下来的上古、中世纪、近代(现代)的划分方法(我国很早也有类似提法),尽管在采用西方纪年的今天使用起来还算便利,但仍显得较原始和简单,其除了对所指各段历史缺乏特征观照外,更重要的是随着历史的不断延伸,"中世纪"早已不在中间,"近代"也越来越不近,而且,人们不得不使用"现代""当代""后现代"等概念加以补正,这样的处理多少有些令人尴尬,使严肃的学术问题显得较为随意。而如今我们所用的"封建制度"概念除了有体现历史特征的功能外,又兼顾到这段历史内部结构的相互联系,以及此段历史与前、后段历史的关系。具有这样综合性思维意识的概念对使用者的启发是不是比单纯者更进步些? 那么,如果创立新概念,是否应该达到或高出这些方面的功能? 否则,更换新概念当谨慎。日知先生当年在指出 feudalism 的"百年误译"后,仍提出可继续使用它或对其做有限定词的使用,而不是创造一个新词取代它,当是理智和切合实际的选择。②

综观上述,我们能认识到,尽管"封建制度"概念对本课题的探讨十分重要,但是,它是一个众说纷纭,各家解释都有道理,但又难以形成一致意见的问题。此项研究已经没有必要非对这个概念或遵循前人的成说或自立门户地确定个说法,然后坚持并依照这个说法展开研究,而是本着历史唯物论原理,以骑士及骑士制度所引发的各种社会现象为途径,揭示由此而看到的西欧封建社会特征。至于"封建制度"概念的内涵究竟是什么,对这样的研究目的来说,已经不是必须的,也没那么重要了。

---

① 马克·布洛赫:《封建社会》(上卷),张绪山等译,第 28 页。
② 日知:《"封建主义"问题(论 FEUDALISM 百年来的误译)》,《世界历史》1991 年第 6 期。

第三章　骑士问题的争论

　　骑士是适应西欧中世纪社会需要而生成的社会集团,能够生成这个集团的社会条件很多,战争环境和战斗需要是促成其产生的最根本原因,骑士集团以骑士军队的产生而出现。因而,骑士首要特征在军事方面,他们的军人身份决定或影响着他们的其他身份,他们的社会职责在当初也主要围绕军事行为得以施展。骑士军队的产生是西欧封建社会特征的重要内容,而且,此问题与考察西欧封建社会其它诸多特征有密切关联。骑士军队大体出现在加洛林家族统治时代,频繁的战争和军事发展的需要是认识骑士及骑士制度最基本社会功能问题的关键。然而,西方学术界关于骑士的研究仍存在许多争议,从理清问题入手并辨析骑士群体产生的必然性,是考察西欧封建社会特征的第一步。

一、相关问题

　　骑士军队产生于查理·马特(688—741 年)时期的观点已经引起西方一些学者的质疑,而且,查理·马特任法兰克国家宫相期间所实施的"采邑改革"也被认为并不存在。然而,这项改革曾一度被西方学术界视为是影响中世纪社会后来多种现象的源头,骑士的产生、封建制度的建立等许多现象都与这次改革有关联。自 20 世纪八九十年代以来,西方学界对查理·马特采邑改革的传统观点的批判越来越多,几乎涉及改革的各个方面。不过,由于原始材料缺乏,这些批判大多散见于有关封建制度、骑士、军事、战争、经济等分门别类的研究中,而专门研究查理·马特生平及其改革的著作较少。保罗·福瑞克尔（Paul Fouracre）用十余年时间完成的《查理·马特时代》是这方面研究的一个代表。① 保罗通过扩大对教会和修道院材料的解读，并广泛吸纳其他学者的相关成果，较全面地考察了查理·马特及其时代的情况，也集中反映了对传统观念，即所谓"布伦纳论题"的批判。在此，不妨以此著为考察核心，集中了解与查理·马特改革有关的几项主要内容的争论情况，并从中提炼出几点认识。

(一)"布伦纳论题"

所谓"布伦纳论题"是由德国著名历史学家海德里希·布伦纳（Heinrich Brunner）的研究成果而得名。② 19 世纪末，布伦纳在其著述中总结、归纳、分析了此前西方学界关于封建制度的研究成果，并对封建制度产生等问题做了进一步论述，其理论观点被后来许多人接受，且被视为西欧封建社会起源的"经典理论"③。他关于封建制度产生的基本观点是：查理·马特为了战胜阿拉伯等敌对势力大力发展骑兵军队，为此，他从教会手中夺取大量土地，并以服骑兵兵役为条件分配给手下的人，期间"附庸"（vassalitium）和"恩地"（beneficium）制度得以结合，从而产生"封建制度"。封建制度本质是军事的，它是一种被设计成产生和维持骑兵军队的社会组织类型。④ 布伦纳还进一步认为，早期的日耳曼人，包括法兰克人，已经具有一定的马上作战经历，但随着游牧生活的减少，农业经济比重增加，骑兵不断衰落，以至于法兰克人一度几乎完全使用步兵作战。但后来骑兵发展起来，到了 891 年的戴雷（Dyle）战役，法兰克人几乎已经不会使用步

① 　Paul Fouracre，*The Age of Charles Martel*，London：Longman，2000. 保罗·福瑞克尔（Paul Fouracre），现任英国曼彻斯特大学教授，长期致力于欧洲中世纪早期法兰克的历史和文化研究。《早期中世纪的欧洲》（*Early Medieval Europe*）杂志协作编辑，《新剑桥中世纪史（卷一）》的参编者。见 http：//www. arts. manchester. ac. uk/subjectareas/history/academicstaff/paulfouracre/。

② 　海德里希·布伦纳（1860—1915），对法兰克及中世纪早期法律和制度研究颇有建树。曾为柏林等数所大学教授，普鲁士科学院院士。见 http：//encyclopedia2. thefreedictionary. com/Heinrich+Brunner。布伦纳关于封建制度起源最具代表性的论文是发表于 1887 年的 *Der Reiterdienst und die Anfänge des Lehenswesens*，笔者未见有该论文英语译文，好在其理论得到广泛流传，也为后来的继承者和批判者所熟悉和引用，为我们了解布伦纳论题的基本观点提供了方便。

③ 　L. White，Jr.，*Medieval Technologe and Social Change*，Oxford：Oxford University Press，1962，p. 3.

④ 　A. Dopsch，*The Economic and Social Foundations of European Civilization*，London：Kegan Paul，1937，p. 283.

兵作战了。① 他用来解释法兰克人从使用步兵到使用骑兵转变过程的主要证据是,在 758 年矮子丕平令萨克森人所缴纳的贡物从牛改变为马,由此证明战马的需求量明显增加。另外,在 755 年法兰克军队传统的每年军事集结"三月校场"(Marchfield)改在了五月,这大概是因为骑兵数量增加需要大量的草料,五月份已是马匹饲养的合适季节。至于法兰克人具体在什么时间发生了这种军事建制的变化,布伦纳没有做出明确回答,但他推断认为这种变化一定与 8 世纪上半叶阿拉伯人的入侵有关,阿拉伯军队中灵活迅捷的骑兵使查理·马特认识到发展骑兵军队的重要性。② 布伦纳论题中有关查理·马特的阐释得到后来许多学者的承认,也得到一些学者的修正和发展。

对布伦纳论题予以修正和发展的代表人物之一是美国学者小林恩·怀特(Lynn White Junior),他在 20 世纪 60 年代发表的《中世纪的技术与社会变革》一书中较详细地考证了马镫传入欧洲的时间和过程,并认为大约 8 世纪初马镫传入欧洲后,极大地改善了骑兵作战技能,从此骑兵可避免轻易跌落马下,并能自如地操纵武器攻击敌人,也可借助战马的冲击力,致敌于死地。查理·马特"天才"地预见到马镫对改善骑兵作战能力的重要作用,从而大力发展骑兵军队。为支付发展骑兵军队的巨大开销,查理·马特不惜夺取教会土地,并以采邑形式分给手下的附庸们。正是在这一过程中,形成了领主与附庸的等级关系以及封建制度。"骑士服役职责是封建制度的关键。""封建制度、骑士等级、骑士文化的变革、昌盛和衰落的一千年,都可从 8 世纪的新军事技术中看到生成的标记。"③小林恩·怀特关于马镫引发社会变革和封建制度产生的理论进一步支持了布伦纳论题,并对查理·马特改革问题有进一步的解释,在学界引起较大反响。

---

① 对布伦纳有关戴雷战役中法兰克人几乎不会使用步兵作战说法的质疑,参见 B. S. Bachrach, "Charles Martel, Mounted Shock Combat, the Stirrup, and Feudalism", John France and Kelly DeVries, *Warfare in the Dark Ages*(一), London: Ashagate Publishing Co., 2008, pp. 223-225. 其认为,这一结论的错误与对原始材料中拉丁文 Pedetemptim 一词的误读有关。

② L. White, Jr., *Medieval Technologe and Social Change*, p. 5. 关于布伦纳封建制度论题基本内容及较早期所受到的批评,可参见 A. Dopsch, *The Economic and Social Foundations of European Civilization*, pp. 284-302。

③ L. White, Jr., *Medieval Technologe and Social Change*, pp. 29-31.

　　另一位对布伦纳论题发展做出较大贡献的是比利时历史学家 F. L. 冈绍夫,他主要考察了封建制度产生的根源和形成过程,并对构成封建制度重要内容的一些术语和概念做了追根溯源的解释。他认为,一个人臣服于另一个人并为之效力的习俗,以及带有采邑特征的土地租佃习俗都存在于墨洛温时代,只是到了加洛林时代早期这两种各自独立的习俗才开始结合在一起,形成一种新的体系,即"封建制度"①。冈绍夫把采邑和附庸制视为封建制度最基本要素,而这两者结合点大体是在查理·马特时期。由于无休止的战争,"为了建立一只可以信赖的装备精良的军队,丕平二世特别是查理·马特极大地增加了附庸的数量。他们授予附庸土地不仅是为保证附庸拥有生活费用的权利,而且也为附庸为自己提供必要的装备创造了条件,此时更加昂贵的军事装备所组建的骑兵开始成为决定性的部队"。而建立这类军队所需要的土地,"非常明确的是,主要来自王国的教会、教堂和修道院的地产"②。在此,冈绍夫进一步把采邑与附庸现象明确为封建制度的具体内容,并把查理·马特发展骑兵军队作为封建制度产生的契机和承载,而大规模夺取教会土地则是实现这种变化的重要条件。

　　从上述三人的基本论断可见,布伦纳论题及其发展有赖于三个基本史实,一是查理·马特曾大规模没收教会土地,这是他进行军事改革的重要前提。二是查理·马特在马镫传入后曾大力发展骑兵,这是他改革的核心内容和直接目的。三是与骑兵相关联的"采邑""附庸"现象的存在,这构成"封建制度"产生的基本要素。

(二)论争的焦点

　　保罗的批判矛头主要指向上述三人,并大体围绕这三方面史实展开,其观点直捣"布伦纳论题"的核心。

　　首先,保罗认为查理·马特并没有大规模掠夺教会财产。他重新梳理了相关原始材料,并追溯和分析了误解查理·马特曾大规模掠夺教会财产,背负"教

----

① F. L. Ganshof, *Feudalism*, p. 15.

② F. L. Ganshof, *Feudalism*, pp. 16-17.

会的敌人"恶名的原因和来龙去脉。

有关查理·马特掠夺教会财产最原始的材料主要来自两方面,一方面是成书于738年前后的《尤克鲁斯传》(Vita Eucherii),其中写到,充满嫉恨的诸侯查理(马特)解除了奥尔良主教尤克鲁斯的职务,并流放了这位圣徒及其家人,他们的财产和地位皆为查理占有,其中一些被他慷慨地给予了他的随从们。另一方面是来自当时声望极高的传教士及主教卜尼法斯留下的信件,其中反映出查理·马特解除了兰斯主教里加贝尔(Rigobert)的职务,并把这一职务授予了他的心腹人物米洛(Milo),而米洛的行为与世俗之人无异,在其任主教的40年中,兰斯教会丧失了大量财产。在742年卜尼法斯给教皇扎卡赖亚斯(Zacharias)的信中写到:在过去60—70年中,法兰克人的教会已经被"踩在脚下且七零八落","现如今,整个教区大多数主教职位已落入贪婪的世俗之人手中,由淫乱者和通奸的神职人员以及世俗税吏进行盘剥"。"一些声称自己不是通奸者也不是淫乱者的主教们,却是玩忽职守热衷于打猎之人。他们是军人,手上沾满了异教徒和基督教徒的血。"此外,扎卡赖亚斯在罗马召开的一次宗教代表大会上还曾陈述了先前卜尼法斯写给他的一封信,在该信中卜尼法斯抱怨道:"米洛及其同类对上帝的教会造成很大的伤害。"①

造成后来人们普遍认为查理·马特是"教会的敌人"印象的一个关键人物是活跃于9世纪后半叶的兰斯大主教辛克马(Hincmar,845—882年任兰斯大主教)。他在858年写信给东、西法兰克国王日耳曼路易和秃头查理,请求返回已经落入俗人手中的教会地产,并且声称查理·马特是"法兰克国王和诸侯中夺取教会财产并分掉它们的第一人"。由此,保罗推测认为,关于查理·马特死后被恶龙从坟墓中拖出并投入地狱遭受折磨的"幻象"很可能是辛克马炮制的,而这一"幻象"对后人构建查理·马特与教会为敌的形象发挥了重要作用。② 在辛克马之后,来自教会的评价几乎一成不变地把查理·马特说成是掠夺教会财产的罪魁祸首。这对中世纪后来的史学著作也产生影响,因而也就成为布伦纳论题的基本依据。

---

① Paul Fouracre, *The Age of Charles Martel*, pp. 123, 132–134.
② Ibid., p. 124.

保罗对上述材料有新解释,他通过考察查理·马特时代法兰克教会的普遍状况和卜尼法斯个人经历与性格特征,认为查理·马特无论对教会还是对卜尼法斯本人的态度和做法与当时及后来其他统治者没有大的差别,仍是教会的"庇护者",只是当时法兰克国家主教的任免并不如人们期望的那样规范,而且主教们的权力很大,世俗气十足,行为举止放纵、傲慢,从而使来自英格兰并有着严格修道经历的卜尼法斯极为不满,再加上他对人对己有着过于苛刻的要求标准,从而使他对法兰克教会进行谴责,甚至对查理·马特做出非议成为情理之中的事情,但这不足以说明查理·马特曾大规模掠夺了教会土地。仅凭上述奥尔良教会和兰斯教会的证据不能证明大规模掠夺教会财产现象的存在,也没有证据表明后来的辛克马还了解这两个教会之外的教会土地丧失情况。一些教会失去土地,有可能是后来人强加到查理·马特头上的。保罗还推测认为,辛克马之所以把教会失去财产的源头归咎于查理·马特,是因为他既是当时国王们的祖先,又不是加洛林朝的国王,且距离辛克马所处时代较远,这样,在不激怒加洛林家族统治者,也不严重影响加洛林王朝威望的同时,对现任国王考虑归还被世俗界占有的教会土地有较为安全的威慑作用。①

此外,保罗还认为,查理·马特也曾归还过教会财产,并且还曾慷慨地对待过某些教会和修道院。甚至,在 8 世纪后期的一份材料中他还被描述成信仰虔诚的统治者。②

总之,在保罗眼中,查理·马特并不是教会的敌人,也没有大规模系统地掠夺教会财产,对他造成误解是由于个别神职人员出于各种原因的私自看法,与真正史实不符。

其次,保罗认为查理·马特并没有大规模发展骑兵,马镫的传入并没有像小林恩·怀特所说,突然改变了骑兵的作战方式,它的传播是渐进的,而且,在查理·马特时代它的使用情况并没得到很好的证明。③ 此外,骑兵演变成威力十足、具有较强军事力量的骑士,是一个缓慢和复杂的发展过程,更多应归功于社

---

① 　Paul Fouracre, *The Age of Charles Martel*, pp. 124–127.

② 　Ibid., p. 136.

③ 　马镫传入西欧后并没有立即得到推广使用的情况还可参见 P. Sidnell, *Warhorse: Caval in Ancient Warfare*, New York: Hambledon Continuum, 2006, pp. 310–311。

会发展而非任何"技术"的突破,也与查理·马特是否是军事天才无关。①"骑兵军队的扩大所需要的不是技术发明或政治天才,而只是财富和组织方面的问题,7世纪晚期至8世纪,随着更多财富在乡村的积累,能够支付起昂贵马匹及更为精良装备的人数不断增长,必定使他们成为骑兵或他们能支持其他人成为骑兵。"②对布伦纳论题中关于法兰克人把三月校场改为五月的解释,保罗认为这无法证明法兰克国家当时有大量骑兵,这种校场时间的变化可能是由于军队规模和召集范围扩大而做出的调整。到8世纪中叶,没有战役的年份越来越少,部队在五月集结后便可直接奔赴战场投入战斗。此外,由于军队集结过程中通常伴有对君王表示效忠的习俗,有可能是矮子丕平想通过校场时间的变化淡化军队对墨洛温家族的印象,转而加强对加洛林王朝及新君主的忠诚。③

针对查理·马特依靠装备精良的骑兵赢得很高军事声望的说法,保罗认为,除了普瓦提埃战役、阿维尼翁突袭和737年的塞普提曼(Septimanian)战役之外,很少有较为详细的材料记载当时战争状况。即便是上述三场战役的记载也都很不充分,且都明显受到《圣经》情结和叙事风格的影响,对查理·马特的描写有神化色彩。阿维尼翁攻城战中的查理·马特令人想到《圣经·旧约》中约书亚突袭耶利哥城的情景。另外,在记载较为详细的原始材料《佛兰德加续集》(*Continuations of Fredegar*)中,被一些学者用来证明查理·马特在普瓦提埃战役中曾使用骑兵军队的记载,拉丁文的翻译存在问题,一度被视为最准确且在教学中长期使用的华莱士-哈德里尔(J. M. Wallace-Hadrill)英文译本中另加上去的"猛烈地""冲击""四散溃逃"等词汇,给人以大规模使用骑兵攻击的错误印象。最后他认为:查理·马特时期,"无论是法兰克人的战斗方式,还是他们筹备军

---

① Paul Fouracre, *The Age of Charles Martel*, p. 147. 针对布伦纳论题中查理·马特由于看到阿拉伯人大量使用骑兵而大力发展骑兵军队的说法,有学者认为,在733年普瓦提埃战役时,阿拉伯军队与法兰克军队一样都是以步兵为主,并没有大量骑兵。Robert S. Hoyt and Stanley Chodorow, *Europe in the Middle Ages*, p. 143.

② Paul Fouracre, *The Age of Charles Martel*, p. 147. 小林恩·怀特有关马镫理论还遭到其他学者的批判。John France and Kelly DeVries, *Warfare in the Dark Ages*(二), pp. 321–329.

③ Paul Fouracre, *The Age of Charles Martel*, p. 148. 对校场时间的改变还有学者有不同解释,见 P. Contannine, *War in the Middle Ages*, trans., Michael Jones, Oxford UK and Cambridge USA: Blackwell Publishers Ltd., 1984, p. 182.

队的财力,没有足够证据表明存在着实质性的变化"①。

最后,"封建制度"的两个基本要素,"采邑"和"附庸"并没有真正出现。保罗在这方面的批判主要集中在对相关词汇内涵的解释上。针对冈绍夫把 8 世纪文献中频繁出现的 precarium(恳求地)和 beneficium(恩地)解释成以服兵役为条件的封地,即采邑的早期表现形式,保罗认为,在现实生活中,"恳求地"和"恩地"词汇所表达的内容非常复杂,所指代的财产形式也非单一,甚至有些混乱,不能把它们视为查理·马特为加强权力而做出的新的有序安排。② 为了进一步说明情况,他对以往经常使用的两段材料做了重新解释。一是 743 年 3 月查理·马特的儿子卡尔曼(Karloman)在埃斯蒂纳斯(Estinnes)召开的宗教政务会上曾表示,由于战争局势紧迫,仍需对以往占有的教会地产继续使用。布伦纳论题的解释是,由于查理·马特用强制手段把教会"恳求地"交给战士们,他的儿子卡尔曼迫于教会的压力试图归还这些土地,但又由于严峻的战争局势,眼下难以实现这一目标。对此,保罗的看法是,这些土地最初是什么时候、怎样落到世俗人士手中还不清楚,而卡尔曼的这个决定是有意介绍一种新的决策以保证教会的利益,规定以前授予世俗人士的所有教会土地,现在应该被视为临时授予,其最终的所有权仍归教会。这次会议宣布的措施,"可能是有计划地澄清了一种现状,即对以往有争论的土地,以及土地占有的最终权利予以明确。……以便保护'信奉基督的人们',同时约束统治者要保证教会对土地的最终所有权,并确保每个教会不会丧失财产"③。在此,"恳求地"被解释成是教会财产,而非查理·马特所分封的采邑。

第二个材料是圣万德乐(St Wandrille)修道院长们的《传奇》,此著作在 9 世纪中叶成书,其中有关 8 世纪的内容通常被认为可信度很高。其中记载到,条辛德(Teutsind)在担任院长期间(735 或 736 年被选任),圣万德乐修道院被削减到贫困程度,财产丧失了三分之一,这些财产被分给条辛德的亲戚和国王的人。对

---

① Paul Fouracre, *The Age of Charles Martel*, pp. 148-149. 关于普瓦提埃战役其他不同解释,可参阅 P. Sidnell, *Warhorse:Caval in Ancient Warfare*, pp. 303-305。

② John France and Kelly DeVries, *Warfare in the Dark Ages*(一). 另有人认为,布伦纳论题中有关加洛林朝的"恳求地"和"附庸"现象,早在墨洛温时代就已出现。John France and Kelly DeVries, *Warfare in the Dark Ages*(一), pp. 242-244。

③ Paul Fouracre, *The Age of Charles Martel*, p. 140.

此,保罗借助另一位学者的观点,认为这段出自神职人员的抱怨与实际情况不符,当时富裕的教会对大量自己不能直接使用的土地以"恩地"形式临时授出是很正常的事情,并非是受到外力强迫的结果。从787年该修道院地产详细条目看,尽管有大量土地作为"恩地"授出,但该修道院并没有因为条辛德的行为而造成贫困。虽然修道院不直接管理这些土地,但并没有放弃对这些土地的所有权。而且,获得"恩地"的人即便是军人,也要向修道院缴纳租金,以满足修道院典礼和救助等方面的需要。如雷特鲁斯(Ratharius)伯爵每年缴纳60索里达,用于该修道院的照明支出。①

此外,保罗还强调,"恳求地"中有大量是当初教徒们以捐赠的方式形成的,捐赠者把土地的所有权交给教会或修道院,再以"恳求地"的形式保留对这片土地的用益权作为他们生活的经济来源。当捐赠者死后,教会或修道院将获得这片土地的各种权利。这既可使教徒免于捐赠所造成的生活贫困,还可根据捐赠者的遗愿,把这片"恳求地"使用权传给自己的后代。这部分人包括社会各个阶层,到8世纪初期大量的中小土地所有者也采取这种方式把土地交给教会或修道院。② 这类"恳求地"显然不是查理·马特掠夺教会土地再分封给手下扈从的封地。

保罗还对 beneficium 一词解释到,这个词很少指以军事服役作为回报所占有的土地,它涵盖的内容很广,大多是各种恩惠内容,其中相当重要的是些精神方面的内容。而且在中世纪早期拉丁文辞典中,关于这个词的解释不下40余条,其中只有少数与恳求占有土地或军事服役有联系,而大多数的意思为租借土地,并没有军事服役内涵。③

关于"附庸"问题,冈绍夫认为,从起初地位低下的"委身"到后来随着骑兵制的发展他们身份提高到与领主同样"荣耀"的精英地位是附庸制的一个特点。而保罗认为,以往所使用的有关矮子丕平封其侄子巴伐利亚公爵塔索(Tassio)为附庸的材料,恰恰说明了与冈绍夫相反的观点,封塔索为附庸不是使他荣耀,而是通过强制手段迫使他感到羞辱,从而令其接受与低等级相关的服役。附庸

---

① Paul Fouracre, *The Age of Charles Martel*, pp. 141–142.

② Paul Fouracre, *The Age of Charles Martel*, pp. 142–143.

③ Paul Fouracre, *The Age of Charles Martel*, p. 139.

身份证明他是丕平的仆人,在血统和权威方面与丕平不可同日而语。而且,冈绍夫所讲的墨洛温王朝后期法兰克国家处于无政府状态并没有证据支持,他设想的"加洛林封建制度"所造成的法兰克国家权力结构和社会框架的标志性变化实际上并不存在。"从7世纪到9世纪,法兰克国家的政治制度、法律、习惯和管理体系变化非常少。"如果像冈绍夫所说,此时有附庸群体"兴起",有关权力的重新分配等相应情况在8世纪的材料中应有所反映才对。① 此外,在查理·马特时代,被后人称之为"附庸"的那些人并不为当时人所知晓,"几乎没有随从和受庇护者被称为'附庸'。也没有'附庸'这类术语经常用于指代从领主处获得土地的军事随从"②。

保罗在上述三方面的批判,直捣布伦纳论题赖以建立的史实基础,大有全盘否定和颠覆之势。

(三)几点疑问

对布伦纳论题的批判是西方学界近些年来对传统封建制理论进行全面否定的组成部分,保罗是苏珊·雷诺兹(Susan Reynolds)观点的大力支持者,而后者对西方传统封建理论的批判被视为具有"颠覆"性。③ 这一现象与西方学术取向和研究方法的发展变化密切相关。重视微观、研究个案,注意数据及量化分析的学术趋势,与以往侧重解释材料中的词义、构建理论框架、习惯笼统宏观叙述的方法会有极为不同的研究结果。保罗等人对布伦纳论题的批判是西方学术发展

① Paul Fouracre, *The Age of Charles Martel*, pp. 151,153. 关于加洛林朝军事革命并没有引起社会变革的观点还可见 John France and Kelly DeVries, *Warfare in the Dark Ages*(二), pp. 291-320。

② Paul Fouracre, *The Age of Charles Martel*, p. 138.

③ 保罗不仅赞同苏珊·雷诺兹的观点,且对其工作评价极高。见 Paul Fouracre, "Writing about Charles Martel". P. Stafford, Janet L. Nelson and Jane Martindale, ed., *Law, laity and solidarities*, Manchester: Manchester University Press, 2001, p. 13. 苏珊·雷诺兹对传统封建制度理论做了彻底的批判,她认为现代历史学家构建在采邑、附庸基础之上的封建制度概念来自18世纪学者对封建法的讨论和认识,18世纪学者们的观点是16世纪封建法和采邑法研究的延续,16世纪的研究基于12—13世纪学院采邑法研究的思路和成果之上。然而,学院采邑法内容与欧洲各国法庭中的实际法律联系十分细弱和间接,即与中世纪的实际情况并不吻合。因而,传统的"封建制度"概念是不切历史实际的抽象。Susan Reynolds, *Fiefs and Vassals*, Oxford: Oxford University Press, 1994, pp. 3-11. 苏珊·雷诺兹的观点已引起国内学者的注意。见黄春高:《有关封建主义研究的新动向——苏珊·雷诺兹的〈封土与封臣〉及其他》,《世界历史》1999年第5期。

动态的一个反映,值得重视,这对我们重新审视查理·马特及其相关问题有启发和推动作用。不过,从上述的情况看,仍有一些问题尚不清楚,有必要提出。

首先,由于与查理·马特直接相关的原始材料很少,"最有价值的参考资料不过几段文字"①,难以对其生平和事迹做全面透彻的描述,这也是保罗侧重写查理·马特"时代"而不是"传记"的原因所在。他力图借助当时社会背景资料看查理·马特究竟做了什么或没做什么。但是,由于材料所限,保罗对布伦纳论题的一些批判显得力量不足。例如,他用力较大的关于查理·马特没有大规模掠夺教会财产的论述,由于增加的新材料主要是圣徒传记和教会、修道院文件,而这些材料中无法找到否定查理·马特掠夺教会财产的直接证据,相反,在关于尤克鲁斯、卜尼法斯、辛克马等人的材料中,无论是出于何种目的,对查理·马特掠夺教会财产都有肯定的说法。因而,保罗只能绕着大圈解释查理·马特掠夺教会财产的名声是某些宗教人士的个人观点,他们夸大了查理·马特在这方面的行为。这样,保罗无法对查理·马特曾掠夺过教会财产的事实做出彻底否定,只能侧重辩驳查理·马特并没有"系统"掠夺,也不是掠夺的"第一人",掠夺的规模也没那么大。那么,什么样的规模算大,什么样的规模算小,他并没有做出界定,也无法做出整体性的量化分析。而我们从法兰克国家教会管理的"混乱"情况看,当时具有军人身份的世俗人士掌管教会和修道院的情况不在少数。在主教和修道院长也可以率兵打仗的时代,即便无从证实这些人是查理·马特直接任命的,又如何能讲清他们不被查理·马特所用,不为他的军事行动效力呢?② 另外,从743—744年间法兰克国家连续召开三次宗教政务会议讨论退还教会财产的情况看,其规模也不像是微不足道,否则也不至于丕平三世下令强制国内居民缴纳什一税,以弥补教会的损失。③ 在查理·

---

① P. Stafford,Janet L. Nelson and Jane Martindale,ed.,*Law,laity and solidarities*,p. 14.

② 主教和修道院长养兵并执行军事职责的情况,可参见 Kurt Raaflaub and Nathan Rosenstein,eds.,*War and Society in the Ancient and Medieval Worlds:Asia,The Mediterranean,Europe,and Mesoamerica*,London:Center of Hellenic Studies,1999,p. 288. 也有材料可证明查理·马特的亲戚占有大量教会和修道院的土地,见 Roger Collins, *Early Medieval Europe 300-1000*,New York:St. Martin's Press,1991,p. 250。

③ F. L. Ganshof,*Feudalism*,pp. 17-18;Gustav Schnürer,*Church and Culture in the Middle Ages,volume 1,350-814*,Paterson,N. J.:St. Anthony Guild Press,1956,pp. 332-333,405.

马特掠夺教会财产规模大小层面的批判似乎难以对布伦纳论题的相应观点构成"颠覆"。

　　其次,尽管小林恩·怀特关于马镫的理论遭到多方批判,但有几个问题是否该引起注意。其一,马镫传入西欧大体在查理·马特时期或早些时候,尽管马镫传入后并没立即得到普遍使用,但马镫到后来得到普及则是不争的事实。而且,马镫对西欧中世纪重装骑兵的出现和发展的重要性几乎难以否认。马镫不一定必然促成某地区重装骑兵的出现,但没有马镫则难以出现西欧中世纪那种持重型长矛、周身都罩在盔甲中并持矛冲锋的骑士军队。① 小林恩·怀特对马镫的重视开阔了人们的视野,无论是否接受他的观点,马镫几乎成为研究欧洲中世纪军事发展史难以回避的问题。② 其二,是否应对小林恩·怀特关于马镫导致西欧封建制度产生的理论与马镫对西欧骑兵军队发展作用的理论区别对待? 应认识到马镫对骑兵发展的积极作用,不该一概否定? 其三,小林恩·怀特强调马镫对骑兵发展的重要性是在修正布伦纳把骑兵时代到来的时间定在 4 世纪而展开的,有通过马镫划分新型骑兵出现时段的意思。③ 尽管后来有许多学者不同意他的观点,把这个时代向后推迟,但以马镫作为判定依据并非没有道理。从最初配备马镫的骑兵数量少或极少,到骑士普遍配有马镫的过程,也是武器、盔甲、作战方式等发生系列演变的过程,而且这一过程与马镫有关联。④ 那么,在这一过程中究竟依照什么作为划定标准,每个学者都可能有自己不同的依据和认识,或从此类现象的苗头算起,或从此类现象的规模程度算起,都不能说对方没有道理。因而,小林恩·怀特对马镫传入后的骑兵数量估计过高,是否也意味着他对

---

　　① M. Keen, *Chivalry*, New Haven, London: Yale University Press, 1984, pp. 23-25.; R. Barber, *The Knight and Chivalry*, Totowa, N. J.: Rowman and Littlefleld, 1975, pp. 18-19.

　　② R. Barber, *The Reign of Chivalry*, Woodbridge: The Boydell Press, 2005, p. 11.; Bernard S. Bachrach, *Warfare and Military Organization in Pr-Crusade Europe*, Aldershot and Burlington: Ashgate, 2002, p. 195.

　　③ L. White, Jr., *Medieval Technologe and Social Change*, pp. 6-7. 仍有学者认为 378 年亚德里亚堡战役之后的 1100 年,使用长剑和长矛的骑兵成为战争中的主角。R. Ewart Oakeshott, *The Archaeology of Weapons: Arms and Armour from Prehistory to the Age of Chivalry*, New York: Fredrick A. Praeger, 1996, p. 83.

　　④ 有学者认为,到查理曼时期马镫的配备就较为普遍了。Kelly DeVries and Robert D. Smith, *Medieval Weapons: An Illustrated History of Their Impact*, California: ABC-CLIO, Inc., 2007, pp. 71-72.

这个时代的划分也是错误的?① 其四,保罗否认对查理·马特军事"天才"的评价,似乎查理·马特在政治、军事方面只是承续了前人的做法,没什么新建树。对于这种说法,单从现有的材料看,可谓"不能被证实是这样也不能被证实不是这样"②。不过,通过查理·马特的生平可见,他从"私生子"且不显眼的地位起步,先是战胜家族中的对手,然后打败地方敌对诸侯以及外族入侵势力,再到后来基本控制了法兰克国家局面,权力凌驾于国王之上,这一过程如果都归于他的幸运和有利的客观条件,似乎令人难以置信。查理·马特一生主要凭借武力摆平各种棘手事态,那么,他屡战屡胜的军事优势在哪里? 难道真的与军队的发展建设没关系吗? 从他到其孙子查理曼建立起版图辽阔的帝国情况看,发展高效骑兵是军队发展的大趋势,在这种趋势中查理·马特真的什么都没有做?

再次,关于封建制度问题,我们以往通常把查理·马特的采邑改革作为西欧封建化过程中的一个重要环节加以认识③,由于保罗等人在封建制度问题上对马克思主义理论持相对平和态度,似乎他们在这方面的批判对我们的认识并没构成冲击,但这不等于没有问题。④ 其中重要的是,在那个年代,土地是财富和社会地位的象征,也是生活的主要经济来源,是人们追逐利益的核心。查理·马特起家和事业的发达必然有一大批忠心耿耿为之效力的人,那么,他究竟是靠什么方法和手段笼络住这些人的,除了资料中讲到靠分得战利品外,真的没有分封

---

① 实际上,骑兵数量不足以作为判定骑士时代到来的标准,即便是在骑士制度鼎盛时期,他们在西欧军队中的数量也仍占少数。1298 年,英国征召 5% 左右的成年男子入伍,军队中步兵 25700 人,骑士 3000 余人,仅占这支军队的 8.5% 左右。Philippe Contamine, *War in the Middle Ages*, Oxford UK and Cambridge USA:Blackwell Publishers Ltd. 1984, p. 117.

② F. Gies, *The Knight in History*, New York:Harper & Row, Publishers, 1984, p. 13.

③ 有关封建化问题,国内以往的观点受到苏联学术界的影响较大,认为从 6 世纪至 8 世纪末 9 世纪初为西欧封建化时期,主要线索是封建土地所有制的形成和大量自由民沦为农奴的过程,具体表现为教俗贵族占有和掠夺大量土地,而"马克"公社成员丧失土地成为固着在土地上的依附农,即在封建土地所有制基础上形成领主与农奴两大对立阶级。封建化过程的完成明显表现为庄园制的建立和封建等级制度的形成。持这样的观点对查理·马特"采邑改革"做评价,自然是认为它促进了封建化的过程。然而,这种封建化理论已受到国内学者的质疑。见马克垚:《应如何理解西欧封建化问题》,《历史研究》1982 年第 4 期。另外,这种"封建化"的观点也与西方学者所持的"封建制度"及其产生的理论大相径庭。

④ 苏珊·雷诺兹认为,以往西方学界对封建制度的狭义理解,还不如马克思主义的解释具有合理性和影响力。但她认为马克思也仍受到 16 世纪采邑法研究结论的误导和限制。Susan Reynolds, *Fiefs and Vassals*, pp. 3, 8.

土地的做法吗?

还有,保罗指责布伦纳论题的理论证据不足,某些论断建立在主观臆造基础上,然而,他书中的一些内容由于材料不充分,也存在一些难以肯定和推测的地方。这种情况从上述内容中便可见到,例如,他对辛克马认定查理·马特是掠夺教会财产罪魁祸首的原因的猜测;对法兰克人把三月校场改为五月的原因的解释;对卡尔曼在 743 年宗教政务会上主张归还教会地产的分析等,都没见有材料加以证明,令人心存疑惑。

查理·马特改革以及骑士军队产生问题对本文十分重要,面对保罗等人的质疑,有必要对相关问题做些重新分析和认定。

二、对问题的判断

(一)骑士军队的建立

关于骑士军队组建的社会条件,笔者曾做过较为综合性的梳理①,在此仅从加洛林朝战争频繁程度和军事发展趋势,看骑士产生的可能和必然。骑士的产生是西欧战争和加洛林朝发展的需要。自军事首领克洛维建立墨洛温王朝国家开始,法兰克人的战争一直没有间断。到 7 世纪,墨洛温王朝经历一场严重的危机,由于国内贵族势力发展壮大引发了内乱和征战,周边其他民族跃跃欲试,不断进犯,使法兰克国家陷入混乱状态。这种局面在加洛林家族赫里斯塔尔的丕平二世(Pepin II of Herstal)任宫相后得到改善。687 年,对纽斯特里亚军队(Neustrian)的胜利,使法兰克国家政权稍加稳固。此后,丕平二世率领军队对邻近的阿拉曼人、佛兰西亚人和萨克森人发动战争,这些敌对势力对法兰克国家的安全造成极大威胁,他们也都能征善战,不屈不挠,十分顽强,拒绝向法兰克人臣服。714 年丕平二世死去,加洛林家族以及法兰克国家政治危机并没有得到彻底扭转,而且,由于加洛林家族内部的争斗,使局面急转直下,出现权力失控、国

---

① 倪世光:《中世纪骑士制度探究》,第 39—46 页。

家瓦解的势头。①

关于查理·马特的情况，目前存世的相关材料很少，最有价值的当属纽斯特里亚人编著的《法兰克历史全书》(Liber Historiae Francorum)中的几段文字，此著完成于727年，其更高的史料价值在于不像后来加洛林朝的其他著作具有追加评判成分。此外，以他的名义颁布的契约有6个，其中5个发布于718—723年间。还有2封罗马教皇写给他的信件，以及少量关于他与英国传教士卜尼法斯的来往信函。其他方面的材料主要有《佛兰德嘎编年史续集》(Continuations of the Chronicle of Fredegar)，其中有关查理·马特的内容大约写成于751年，这本书的材料被后人使用得最多。再有是完成于805年的《麦茨早期纪年》(Earlier Annals of Metz)以及加洛林朝早期为数不多的地方纪年。② 由于材料并不充足，且很零散，各家对查理·马特的情况难有详细描述，只能梳理出大概线索。

查理·马特在714年以前的情况世人知之甚少，仅知他生于688年的某一天，是丕平二世与其情妇的私生子③，后来结婚生子。714年家族内部出现的一系列变故，使查理·马特崭露头角。这一年，他父亲丕平二世死去，准备继承其位置的儿子格里莫德(Grimoald)遇刺身亡，权力控制在丕平二世的妻子普莱特鲁德(Plectrude)手中，她把"宫相"职位传给格里莫德年幼的儿子，即她的孙子图杜德(Theudoald)，自己掌控实际权力，而家族中已经成年且有合法继承权的查理·马特则被她投入监狱。④ 家族内部的变故引发各地方贵族乘机反叛，纽斯特里亚人推举出自己的宫相，并联合佛兰西亚等地贵族进攻驻扎在奥斯特拉西亚的丕平家族势力。期间，查理·马特在部分贵族帮助下设法逃脱了监禁。

715年，查理·马特召集家族中支持自己的军队在穆斯河(Meuse)附近设

① Philippe Contanine, War in the Middle Ages, Oxford 1984, p. 22.

② Paul Fouracre, "Writing about Charles Martel", in Law, laity and solidarities, ed., Pauline Stafford, Janet L. Nelson and Jane Maritindale, pp. 14-15.

③ Philippe Contanmine, War in the Middle Ages, p. 22. 亦有说是丕平二世与第二任妻子所生。Rosamond Mckitterick, ed., The New Cambridge Medieval History Volume II c. 700-c. 900, Cambridge: Cambridge University, 1995, p. 87.

④ Paul Fouracre, "Writing about Charles Martel", Law, laity and solidarities, p. 24.

防,抵御敌人进攻,结果失败,这是他唯一的一次战场上的失败。① 716 年,纽斯特里亚和佛兰西亚的军队深入到科隆,对普莱特鲁德所在地进行了攻击和抢劫,查理·马特在这两支军队返回途中布下伏兵,阻击获得成功。717 年,他在康布雷(Cambrai)附近打败纽斯特里亚人军队。随后,率兵返回科隆,废掉普莱特鲁德,守住了他父亲在奥斯特拉西亚的财产和声望,并拥戴自己控制的国王克鲁塔四世(Clothar IV)继承王位。

718 年,查理·马特打败佛兰西亚人,随后战败纽斯特里亚和阿奎丹公爵欧多(Eudo)等各路联军。此时,查理·马特拥立的奥斯特拉西亚国王死去。从719 年起,查理·马特成为整个法兰西亚地区的独立宫相,并获得墨洛温王室的所有财产,成为霸主,其实力超过任何一股国内和周边的势力。

718 年、720 年、724 年他率兵对萨克森人作战。725 年,他对阿勒曼尼、巴伐利亚发动战争。728 年,再次发动对巴伐利亚的战争。730 年又发动对阿勒曼尼的战争。731 年,他把注意力转向当时仍独立的阿奎丹地区。732 年(另说 733年),在普瓦提埃大败阿拉伯人军队,迫使其退回到南部地区。此战役使查理·马特的威望达到极盛。这次胜利也把他的势力推进到勃艮第地区。733 年、734年两次与佛兰西亚人战斗。735 年、736 年用兵阿奎丹,并把勃艮第和普罗旺斯地区控制在自己势力范围之内。737 年与塞普提曼人及阿拉伯人战斗。738 年,查理·马特又出现在对萨克森人作战的战场。739 年他再次率领军队折回普瓦提埃。740 年无战事记录。741 年查理·马特死去。在他死之前,尽管身为“宫相”,但却像国王一样,把法兰克国家分给两个儿子掌管。②

查理·马特戎马一生,用兵果敢有力、所向披靡,“马特”的称誉看来并非随意浪得。通过查理·马特的情况可见,当时西欧的战争非常频繁,战争成为法兰克国家以及查理·马特头等重要的事情;此外,也可看到查理·马特具有较高的军事才能,并且一定会拥有能征善战的军队,而且,他也不大可能对发展骑兵军队无动于衷。

骑兵数量问题是许多人判定查理·马特是否曾大力发展骑兵军队的重要依

---

① Rosamond Mckitterick, ed., *The New Cambridge Medieval History Volume II c. 700–c. 900*, p. 87.

② Rosamond Mckitterick, ed., *The New Cambridge Medieval History Volume II c. 700–c. 900*, pp. 87–89.

据,由于没有直接的材料证明,为反传统观点的人提供了批判的空间。然而,从查理·马特以后法兰克国家实力不断增强,版图不断扩大,其最关键的史实是,他们能够持续不断地打败国内外各路敌人,在军事上立于不败之地。军事上能达到这种程度一定与重视军队建设,大力发展优势兵力有关。这一时期,军事行动范围的扩大和应急速度的提高,离不开骑兵,发展骑兵是战争形势的需要,也是西欧军事发展的新趋势。有学者认为,披戴盔甲的骑兵引发了西欧军事技术的革命,而这种重大变化发生在8世纪早期和9世纪结束之间。①

建设骑兵军队之所以成为西欧这一时期军事发展的趋势,与寻求破解传统步兵作战阵型有关。此外,欧洲大陆连续不断地面对善于骑马作战的民族,也是促成骑兵军队发展的重要原因。有研究者认为,英国在1066年之前一直不重视骑兵建设,在战场上很少使用骑兵,这与其所面对的敌人大都为步兵有关,皮克特人、苏格兰人、维京人等都以步兵作战见长。而在欧洲大陆则不同,一些民族,如阿瓦尔人、马扎尔人、阿拉伯人等都擅长骑马作战。面对这样的敌人,凡杰出的军事统帅都会做出相应的军事调整,加强骑兵建设。② 加洛林家族之所以在军事上屡获成功是顺应了军事发展趋势,有材料证明加洛林朝早期便已经注重马群牧场建设和战马品种的改良。③

查理·马特时期有关骑兵材料留下的很少,但有两种情况值得注意。一是,在西欧中世纪,即便是在骑士制度鼎盛时期,骑兵数量也从未超过步兵,而且相差很悬殊。后来到查理曼时代,军队中骑兵人数也仅占其全部军队人数的10%—20%。④ 二是,中世纪骑兵并非总是骑马作战。骑兵是否骑马作战视战场条件、战术要求等情况而定,骑兵马下与步兵并肩作战的情况不在少数。⑤ 了解到这些,可帮助我们理解查理·马特时期骑兵材料为何并不彰显的

---

① J. F. Verbruggen, *The Art of Warfare in Western Europe During the Middle Ages*, New York: North-Holland Publishing Company, 1979, p. 23.

② Kurt Raaflaub and Nathan Rosenstein, eds., *War and Society in the Ancient and Medieval Worlds: Asia, The Mediterranean, Europe, and Mesoamerica*, London: Center of Hellenic Studies, 1999, p. 293.

③ Kelly DeVries and Robert D. Smith, *Medieval Weapons: An Illustrated History of Their Impact*, California: ABC-CLIO, Inc., 2007, p. 75.

④ Ibid., p. 55.

⑤ R. Barber, *The Knight and Chivalry*, p. 19.

可能性。

持传统观点者把马镫作为查理·马特大力发展骑兵军队的证据。考古发现证明,在查理·马特前不久,法兰克战士的墓葬中便发现了马镫。[1] 然而,从发现马镫传入到 9 世纪后半期的 150 余年里,没有材料证明马镫得到广泛的使用,对这段时期 700 余座法兰克战士的墓穴考古发现,有马镫者不足 2%。[2] 直到 9 世纪下半叶以后,在手稿画和雕刻作品中可看到配备马镫的骑兵多了起来。[3] 由此看来,把马镫的传入作为查理·马特大规模发展骑兵军队的依据,确实证据不足。不过,在批判夸大马镫作用观点的同时,辨清某些问题有利于我们的认识。

首先,马镫传入西欧后使用的人少,不等于骑兵军队没有发展,马镫的数量与骑兵数量会有很大差距。马镫传入后,许多习惯于祖传骑术的战士们并不喜欢使用马镫。一是由于马镫有可能使落马者的脚无法从镫中及时脱离,造成被拖拉的严重后果;二是由于法兰克军人早已习惯于手持武器随时从马上跳下跳上,并擅长从战马的左边、右边和后面跃身上马。[4] 这些较为复杂的骑术需要从少年开始长期训练,娴熟的骑术成为战士们引以为荣的技能和资本。因而,马镫传入之初,许多骑兵对之不屑一顾,拒绝使用并不奇怪,历史上有许多新技艺在传入之初都可能遇到这种情况。[5] 马镫后来在欧洲普及使用的事实,可证明它对骑兵发展有着不可忽视的作用。没有马镫难以出现中世纪欧洲手持重型长矛、通身罩在盔甲中的重装骑兵。尽管现在还无法证明查理·马特由于马镫的传入而大力发展骑兵,但马镫在查理·马特时期已经传入西欧,且对西欧后来的骑兵军队发展起到了重要作用的事实则难以否定。他之所以能在家族中从起初并不得势的地位发展起来,逐步战胜家族内、国内、国外的各路敌人,成为掌握实权的"宫相"并基本控制住法兰克国家局势,与他顺应当时的军事发展趋势,积

---

[1] Philip Sidnell, *Warhorse: Caval in Ancient Warfare*, New York: Hambledon Continuum, 2006, p. 305.

[2] Ibid., p. 310.

[3] R. Rudorff, *Knight and the Age of Chivalry*, New York: The Viking Press, 1974, p. 22.

[4] Philip Sidnell, *Warhorse: Caval in Ancient Warfare*, p. 312.

[5] 我们从计算器传入之初有许多人仍坚持使用算盘,许多人如今仍喜欢开手动挡汽车而不愿意开自动挡汽车等情况中,都可体会到这种现象的存在。

极建设快速高效的骑兵军队有关。他的这种军事建设并非像历史上通常概念的"改革",由统治者颁布法令有步骤地实施,而是在连绵不断的战争中,根据军事发展需要逐步进行的,加强骑兵军队建设是他发展军事力量的重要组成部分。

其次,从前面所看到布伦纳论题中,关于查理·马特曾大规模掠夺教会财产分给手下人的说法也并非是一点根据也没有。

在8世纪商品货币经济不发达的西欧,支撑人们各项物质需求的经济来源主要是土地,土地既是人们追逐利益的重要目标,也是社会地位和权力的标志,任何一个统治者要想笼络住手下的人,最有力的手段莫过于分予他们土地,而土地的供需矛盾,是任何一个统治者都会遇到的棘手问题。查理·马特在动荡不已的战争年代要稳固自己的地位,建立忠实于自己,且装备精良的军队,需要慷慨地分予土地,而当时教会及修道院的广袤地产,自然会成为他觊觎的对象。尽管查理·马特不一定真正想得罪教会,但在战争不断,权力和命运受到威胁之时,他首先考虑的自然是如何大力发展强有力的军队,而与教会的关系则必须为这一任务让路。在残酷的现实与信仰的权威面前,任何注重实际的统治者都会做出更为理性的选择。尽管这方面直接材料不多,但也不是没有证明。

724年,查理·马特的侄子休(Hugh)被任命为方坦纳勒(Fontanelle)修道院院长,此时,他还掌控着鲁昂大主教的权力,以及贝叶和巴黎主教之职。此外,他还担任瑞米耶日(Jumièges)修道院院长。实际上,他控制了塞纳河谷下游所有主要教会和未来诺曼底地区的教会。而他从其父母处继承来的地产,则是在奥伊斯河(Oise)和索姆河(Somme)河谷地区。有迹象表明,他个人所持有的大部分土地,主要来自方坦纳勒修道院。另一个似乎与查理·马特有亲密关系的戈多伯德(Godobold),在726年前后曾获得圣-丹尼斯大修道院和王室神殿修道院长职务。① 此外,从前面所见到的保罗提供的材料中也可看到,在738年前后写成的《尤克鲁斯传》(Vita Eucherii),记述了查理·马特曾罢免尤克鲁斯所担任的奥尔良主教职务,并流放了这位"圣徒"及其家人,查理·马特夺取了他们的财产和职位,并慷慨地给予他的随从们。还有,8世纪前期主教卜尼法斯的信件中写到,查理·马特曾解除兰斯主教里加贝尔(Rigobert)的职务,并把这一职务授

----

① Roger Collins, *Early Medieval Europe 300-1000*, New York: St. Martin's Press, 1991, p. 250.

予了他的心腹人物米洛（Milo），而米洛是拥有军队的将领，他把兰斯教会大量财产授给了手下的军人。

另外，从法兰克国家教会总体状况和一些主教任职情况也可看到教会财产为世俗所用的现象。与当时英格兰教会相比，法兰克国家的教会管理较为混乱，世俗气很浓，一些主教拥有很大的权力，行为与神职人员的要求相去甚远，主教的任免也很不规范。我们从前面所见卜尼法斯强烈不满的言辞，可大体了解到当时教会的"糟糕"状况。由于许多主教实际上是世俗军人，他们所掌控的教会财产自然会为军事所用。

由于教会管理的混乱和土地被世俗人士占有和使用，引起一些神职人员的极度不满。在卜尼法斯等人极力呼吁和敦促下，查理·马特的儿子矮子丕平和卡尔曼为了整治臣民道德和国家秩序，加强与教会的友好关系，在743年至744年间召开三次宗教政务会议，其中订立了一项决议，即所有世俗化的教会财产应被收回。但是，由于外部的军事威胁，此项决议无法很好地执行，战争需要军人打仗，收回他们所持有的财产等于削弱军队力量。因而，会议之后教会仅收回少部分土地。[1] 为了对法兰克教会的损失做出某些补偿，矮子丕平强制要求国民缴纳什一税。[2]

从上述可见，查理·马特时期世俗界对教会财产的掠夺和征占情况大致如下：首先，查理·马特确实曾任命自己的人担任主教或修道院院长，这实际是把教会财产以及管理权转给了自己手下的人，这些人自然听命于查理·马特，履行各项军事职责。其次，这个时代有为数不少具有军事身份的人担任主教或修道院院长，或者说许多主教和修道院院长是军人，这势必造成教会和修道院财产为查理·马特的军事行动所用。再次，有些具有军人身份的主教或修道院院长不一定都是由查理·马特直接任命的，对那些服从命令听从指挥者，查理·马特没必要罢免他们重换新人，但这种情况在查理·马特是否大规模掠夺教会财产的判定中容易被忽略。因而，能够被查理·马特所用的教会和修道院的地产不会是小数目。从而看来，查理·马特通过教会财产发展骑

---

[1]　F. L. Ganshof, *Feudalism*, p. 17.

[2]　F. L. Ganshof, *Feudalism*, p. 18.

兵军队的说法是有依据的。

(二)战乱与军事

查理·马特逝世之前不久,他便把法兰克国家的领土分给了两个儿子卡拉曼(Carloman)和丕平三世,而与后一位妻子所生的第三子格里夫(Grifo)则反对这种划分,此矛盾成为后来十年间家族内部冲突的焦点。这一冲突与国家内部一些被迫屈服于查理·马特的地方大贵族分裂势力混杂在一起,使政治局面异常复杂。742—743年间,阿奎丹、阿勒曼尼和巴伐利亚公爵联起手来脱离加洛林家族的统治,使卡拉曼和丕平三世在东部面临阿勒曼尼、巴伐利亚、斯拉夫人以及萨克森人结成联盟的威胁。与此同时,在西部地区尤杜(Eudo)公爵之子胡诺德(Hunoald)在阿奎丹起兵,并且洗劫了沙特尔(Chartres)的城市。王国内部,另一对加洛林家族的权威构成威胁的是墨洛温家族的恰德里克三世(ChildericI-II),这位旧王朝的最后一任国王仍不甘心失去国家的实际统治权,其势力经过丕平和卡拉曼军队的几次打击最终瓦解。①

746年,卡拉曼率军在堪斯泰特(Canstatt)战役中平息了莱茵河以东阿拉曼人多年来的反叛。这场战役之后,卡拉曼表现出非常的怜悯之心,并极为懊悔,决定忏悔修行,最终遁入意大利的蒙特卡罗·卡西诺修道院。卡拉曼离开后,丕平三世赦免了同父异母兄弟格里夫,但这位兄弟仍对其不满,并逃往萨克森。丕平随即发动对这一地区的战争,格里夫又逃往巴伐利亚并试图封自己为该地的公爵。748年丕平率军赶到这里,俘获了格里夫并把塞纳河与卢瓦尔河之间的一些土地交给他管辖。但是,格里夫又跑到阿奎丹,并得到当地大贵族的庇护。最终,他在753年被杀身亡于奔赴意大利的途中。在与格里夫的矛盾冲突中,丕平巩固了对巴伐利亚地区的控制。同时,对萨克森的不断用兵,重新恢复了该地对加洛林家族的纳贡。

751年,丕平三世加冕称王,成为法兰克王国名实相符的最高统治者,也是其军事实力强大的一种表现。此后,他仍不断发动战争,其主要矛头指向萨克森人和阿奎丹人。在754年后,曾大规模用兵伦巴德地区。对伦巴德人的战争与

---

① Rosamond Mckitterick, ed., *The New Cambridge Medieval History Volume II c. 700–c. 900*, p. 94.

教皇的利益密切相关,丕平此举进一步加强了与教皇的情感和关系,在精神层面结成了所谓圣彼得"家族"与丕平家族的合作纽带,这种结合不仅是注重实效的,也是永久性的。从此,法兰克国家在理论上讲,总是为保护教皇的利益而战。而对加洛林家族的战争做祈祷则纳入罗马教皇的仪式之中。在 755 年和 756 年,法兰克人的军队两度进攻伦巴德,迫使伦巴德人屈从丕平三世的威力,并为教皇的利益让路。① 在 753 年和 758 年,丕平再度进攻萨克森地区,此时,在萨勒河(Saale)与莱茵河之间约 400 公里长边界线的许多地点,法兰克人已经具备了纵深攻击萨克森人几乎所有地区的能力。由于萨克森人与阿奎丹人在东北和西南对法兰克国家构成掎角攻击之势,对萨克森人和阿奎丹人的战斗必须并举,方可稳住局面。阿奎丹地区的尤杜(Eudo)家族祖孙三代获得独立公爵地位,与当地的教会结合,拥有很强的军事实力。到 8 世纪 60 年代,尤杜家族仍能指挥和调动强大的军事力量进攻到勃艮第腹地,并且在整个阿奎丹地区设有防守严密的城堡、要塞和城镇网络。特别是,阿奎丹拥有一支战斗力极强的巴斯克人军队,因而是一支很难对付的地方势力。从 759 年到 768 年,丕平几乎用了十年时间才征服这片公爵领地。

丕平三世继承其父查理·马特的政策,不断地用武力平息内部争斗,用武力向外战争。在他担任宫相和国王的 28 年间,率领并指挥军队连续不断地远征,与穆斯林作战,并两次与阿拉曼人(Alamans)交手,两次与巴伐利亚人(Bavarians)展开激战,两次出兵打击伦巴德人,三次攻击萨克森人,八次与阿奎丹人对决。有时,在一年中竟有两场战争爆发。例如在 745 年,丕平三世指挥部分法兰克军队与一方敌人作战的同时,他的兄弟卡拉曼率军与萨克森人战斗。在 767 年,第一场战役在 3 月份的阿奎丹打响,紧接着在 8 月份,他又在布尔日(Bourges)集结兵力发动进攻,且一直打到加伦河(Garonne)。与其先辈一样,丕平三世仍保持快节奏高频率的战争基调,连年的战争几乎没有中断。只是在 749 年与巴伐利亚人战役结束后,编年史曾记载"这片土地有两年的和平"。此外,757—758 年间,也出现一次短暂的战争停歇。② 长期不断的战争和获胜,表

① Rosamond Mckitterick, ed., *The New Cambridge Medieval History Volume II c. 700–c. 900*, p. 98.

② Philippe Contanmine, *War in the Middle Ages*, p. 22.

明法兰克人的军事实力在不断增强,也显现出统治者要根据战争的需要不断加强军队的建设。作为加洛林朝的第一代国王,丕平三世的军事实力超过其前辈以及墨洛温朝君主们,尽管他所统治的版图比起墨洛温朝强盛时期并没有更大的拓展,但其对遥远边疆地区的控制力远超过前朝,而且,在王国内各地区政治局面也更为稳固有序。这种局面的形成在很大程度上得益于从查理·马特开始的军事改革,军队在这种改革发展的大趋势中,骑兵军队不断增强,并成为最忠诚最具战斗力的部队。而且,这支精英部队为稳固加洛林朝国家政权,加强对整个国家的控制起到十分重要的作用。这方面建设在后来的查理曼时期表现得更为明显。

768 年,丕平三世死去,他的两个儿子查理曼和卡拉曼(Carloman)此前已经被封为国王,并在 14 年前便得到教皇所施的涂油礼,丕平三世精心把国家一分为二交给了两个儿子。到 771 年卡拉曼死去之前,查理曼与其兄弟联合统治法兰克国家,由于史料当中除了军事行动、教会改革和加强政府统治的内容外,缺乏详细记载,兄弟二人的关系如何,留给后人研究的材料不多。从艾因哈德的记载中可了解到,查理曼请求卡拉曼协助攻打阿奎丹时,这位兄弟并没能按照事先的诺言提供援助。①

查理曼在位 47 年,其间他把战争的规模不断扩大,他统治期间编年史中记载了大量的军事行动,而没有军事征战的年份显得十分例外,并且,这样的年份在记载中往往被刻意标出。例如,在 790 年和 792 年,编年史中写到,"这一年没有发生战役"。不仅如此,通过记载也可看出,他的战争效率也很高,对阿奎丹人一个季度的战役之后,基本平复了这里的叛乱。此后,除了 778 年在进攻西班牙途中又一次来到这里外,没有记载显示他曾再度对此地用兵。卢瓦尔河北部西部高卢地区,是墨洛温朝的纽斯特里亚旧有属地,在这里也很少见到他曾率兵讨伐的记载。通常而言,查理曼更喜欢对东部边界地区展开军事行动。774 年,查理曼应教皇的请求发兵伦巴德地区,并废除其国王而由他自己来兼任此地国王。在后来发兵对该地区贵族反叛进行镇压的过程中,查理曼任命法兰克人为该地的伯爵,加强对这一地区的统治。

① 艾因哈德、圣高尔修道院僧侣:《查理大帝传》,戚国淦译,商务印书馆 1996 年版,第 9 页。

他的征伐路线图往往依照军事需要而定,对萨克森人的战争整整延续了 30 年,即一代人的时间。对萨克森人的战争异常艰苦,"没有一次战争比萨克森战争更持久、更残酷,没有一次战争需要法兰克人付出比此更大的力量。"①对萨克森的战争,体现了查理曼对打持久战的耐心和韧劲,也反映了他所率领的核心军队快速灵活的应战能力。每当法兰克人主力部队撤离该地区转向其他战场时,萨克森人往往会大举反叛和进犯,因而查理曼必须采取快速的军事行动,尽力克服长途奔袭所遇到的种种问题。在 778 年,他被迫从西南边界的西班牙率兵赶赴东北部边界的萨克森地区,以阻击反叛者对莱茵兰地区的侵犯。② 在查理曼统治时期,由国家内部,甚至家族内部的矛盾所引发的冲突,也曾威胁到政权的稳定和延续。792 年,查理曼的儿子驼背丕平的反叛,使一度顺服的萨克森人重新看到摆脱查理曼统治的希望,旋即起兵响应,造成法兰克国内出现混乱局面,而且这种局面迅速蔓延到周边地区。阿瓦尔人由于担心战火烧到自己头上,举棋观望,态度发生动摇。793 年,弗里西兰人(Frisians)与斯拉夫人联起手来发动叛乱,与此同时,地处西班牙的阿拉伯人也看到了发兵入侵的机会。面对如此复杂的政治和军事危机,查理曼首先调集一部分兵力镇压驼背丕平的反叛,毫不留情地处死了许多随之叛乱的贵族,平定了国内的混乱局面。查理曼在大肆镇压反叛贵族的同时,对始终忠于自己的贵族们大加奖赏。摆脱此次危机的下一步军事行动是对萨克森人继续打击,查理曼率军连续获得胜利,粉碎了萨克森南部的抵抗,且兵锋直抵威悉河下游和易北河下游地区。此前,法兰克军队很少到达过这里。804 年以后,法兰克人与萨克森人的战争减少,这一地区被并入法兰克人的管理体系,其政治及宗教也都被纳入统一的制度当中。③

阿瓦尔人王国一度是欧洲中部地区实力强大的国家,控制着这一地区的局面,他们的勇猛残暴曾令人畏惧。791 年,经过精心准备后,查理曼率兵侵入该地区,其手下的军队除了法兰克人外,还有萨克森人、弗里斯兰人和巴伐利亚人。查理曼此次军事行动一直打了八年才结束。在 795 年和 796 年,法兰克军队大肆掠夺了阿瓦尔人的宝库,大量财富增强了法兰克国家的实力。"截至当时为

---

① 艾因哈德、圣高尔修道院僧侣:《查理大帝传》,第 11 页。

② Rosamond Mckitterick, ed., *The New Cambridge Medieval History Volume II c. 700–c. 900*, p. 102.

③ Rosamond Mckitterick, ed., *The New Cambridge Medieval History Volume II c. 700–c. 900*, p. 104.

止,法兰克人一向被认为是个近乎贫穷的部落,但现在,在王宫里可以看到这样多的金银。"①

查理曼远征军的足迹几乎踏遍帝国遥远的边境地区。根据艾因哈德的记载,法兰克人还征服了住在极西端、大西洋沿岸的不列颠人,不列颠人曾经表示不服,查理曼派远征军讨伐,迫使他们交纳人质,并且答应此后遵从他的命令。②此外,在801年他再度用兵西班牙,805—806年又一次攻击斯拉夫人,不久又奔赴日德兰半岛打击丹麦人。总之,查理曼的一生最主要的经历用在了军事征战方面,马不停蹄地征战是这位君主为政的头等大事,他一生最辉煌的业绩也是在马背上创造的。从基佐著作中所列查理曼主要的远征表中可见,从他即位的第二年到逝世的前一年,几乎逐年列满了出征的记录。排除小规模战争,在53次较大规模的远征中,1次对阿奎丹人,18次对萨克森人,5次对伦巴德人,7次对西班牙的阿拉伯人,1次对图林根人,4次对阿瓦尔人,2次对布列塔尼人,1次对巴伐利亚人,4次对易北河彼岸的斯拉沃尼亚人,5次对意大利的撒拉逊人,3次对丹麦人,2次对希腊人。③

西方有些学者由于不同意骑士出现于加洛林朝的说法,有意无意地回避骑兵的作用,也不顾当时战争对骑兵的迫切需要情况。从上述查理·马特、丕平三世、查理曼时期的战争状况可见,其祖孙三代在战争中连连获胜,且军事规模不断扩大,不发展骑兵军队几乎是难以想象的。查理曼统治的47年间,法兰克国家的版图几乎扩大了一倍。④ 他独自控制了奥斯特拉西亚,成功再获取纽斯特里亚并使阿奎坦大片地区控制在自己势力范围内,还使统治范围扩大到丹麦半岛南部,控制了萨勒河(Saale)与易北河以西的所有地区,从而进入卡林西亚(Carinthia),夺取了意大利半岛,并占领了西班牙地区的巴塞罗那(Barcelona)和潘普洛纳(Pamplona)。甚至,其政治势力已经超出这些行政区的界限,扩大到索布人(Sorbs)、摩拉维亚人(Moravians)、阿瓦尔人(Avars)和克罗地亚人(Croats),也包括贝尼温托(Benevento)直辖领以及西班牙边区与埃布罗河(Ebro)之

---

① 艾因哈德、圣高尔修道院僧侣:《查理大帝传》,第17页。
② 艾因哈德、圣高尔修道院僧侣:《查理大帝传》,第14页。
③ 基佐:《法国文明史》(第二卷),沅芷译,商务印书馆1999年版,第105—106页。
④ 艾因哈德、圣高尔修道院僧侣:《查理大帝传》,第18页。

间的地区。很显然,这些征服是在高强度、高频率、远距离的军事行动中,年复一年,一次次战争,一场场战役打下来的,归根到底是军事实力对决的结果。在如此幅员辽阔的领土上频繁地发动战争并获得胜利,没有一支专业化、快速高效的骑兵军队则难以实现。从786到787年间查理曼率领军队行程3500公里进行征战的情况看①,其军队中一定会有为数不少的骑兵作为主力部队。

800年查理曼由教皇加冕称帝,标志着加洛林军事帝国建立起来。然而,主要靠马不停蹄的战争建立起来的帝国,在他814年死后,仍难以改变持续不断的战争局面。查理曼的继承者虔诚者路易及其后代统治时期,帝国内部和边境地区战争频发。818—825年,路易对易北河区域的奥波德利特人(Obodrites)发动了持续性的战争。与此同时,在820—822年发动了对克罗地亚人(Crotians)的战争,并且在818年、822年、824年和825年与布里吞人作战。② 在对外作战的同时,周边民族和国家也没有停止对帝国的进犯。827年和829年的保加利亚人(Bulgar)入侵边境。826—827年阿拉伯人(Saracens)进入西班牙边区并挺进到科西嘉岛、撒丁岛(意大利在地中海上的岛屿)和巴利阿里群岛(西班牙东部),且经过几年的连续战争攻占了西西里岛。840年以后,阿拉伯人增加了他们在地中海上的攻击力度。意大利半岛遭到来自各方的打击,一些沿海城市陷入穆斯林之手,而且有些地方被占领很长时间。846年,罗退尔率军对意大利的阿拉伯人进行了强有力的打击。此后,在866年,路易二世(Louis II)远征贝尼温托,并在871年夺回意大利东南部的巴里(Bari)。然而,意大利南部,在885年后又遭到拜占庭有计划的军事攻击。③

在9世纪最后一些年,马扎尔人开始在帝国东部兴起,这支来自罗斯草原马背上的民族,具有令人生畏的攻击速度和高超使用弓箭的能力。他们曾驰骋于多瑙河流域,攻击巴伐利亚,劫掠萨克森和图林根地区,并且曾向西打到法兰西的兰斯。其势力直到955年才被东法兰克王国的奥托一世所击溃。

最为严重的威胁来自维京人,他们侵扰到帝国的心脏地区。在虔诚者路易

---

① Rosamond Mckitterick, ed., *The New Cambridge Medieval History Volume II c. 700-c. 900*, p. 106.

② 罗伯特·福西耶主编:《剑桥插图中世纪史350—950年》,陈志强等译,山东画报出版社,第397页。

③ Philippe Contanmine, *War in the Middle Ages*, p. 28.

的儿子秃头查理统治的前 20 年,维京人取得了较大的成功,夺取了大量的战利品。后来,由于遇到有组织的抵抗,维京人不仅改变了战术,也改变了战略目的。他们改变以往大肆掠夺的行为,开始有些收敛地剥削被征服者,并且把认为合适的地方变成永久居住地。维京人之所以能屡屡得手,原因有多方面,但主要是他们行动快速和机动灵活。他们之所以能做到这点,主要借助两种工具,一是他们的船只,二是注重从敌人手中获得战马,从而使他们能够从水陆两方面快速攻击敌人。经过一段"半海盗"似的进犯后,维京人走向定居,他们修建营帐,通过土木结构建立堡垒,最大限度地保护自己,储存食物、武器和掠夺来的物品。他们的作战能力,令当时的法兰克人恐慌,他们组建的社会更具原始野蛮性。他们以掠夺财富起家,社会组织带有深厚的军事性,每个男人从年轻到死亡都永远与武器在一起,且具有残忍、狡诈的习性。

维京人军事行动的展开与法兰克人国家当时的政治局势有关,从 840 年到大约 865 年间,法兰克人政治上的无能和军队的软弱,使其无法在军事方面组织有效的抵御和进攻。许多主教和伯爵们抛弃与他们命运相关的百姓而逃亡,国家陷入困苦和动荡的战争之中。对此,统治者们时常通过缴纳大量的赔偿金来获得暂时的和平。总之,无论怎样提振士气,整个国家仍处于失序的混乱状态。这样的局面导致地方贵族加强军事防御系统,从卢瓦尔河河谷到莱茵河流域,一些交通咽喉和重要的桥梁等军事要地修建了城堡(castella and castra),一些城市的城墙得以加固,修道院也注重建造军事防御系统。9 世纪,中世纪城堡兴起是当时社会政治和军事状况的一种写照,城堡对西欧封建社会的政治产生了重要影响。①

法兰克人与维京人之间军事冲突和较量的记载并不十分清楚。在 879—887 年,维京人再度入侵,法兰克人似乎没有比从前更好的应对办法,还经常通过送给大量礼物求得维京人撤离。不过,被称为诺曼人的维京人在高卢地区永久性地居留下来。911 年,西法兰克国王单纯者查理(Charles the Simple)与诺曼人首领罗洛(Rollo)达成协议,查理把塞纳河口地区的土地交给了罗洛,后来又扩大到整个诺曼底地区。作为回报条件,罗洛改信了正统基督教,并成为法兰西

---

① Philippe Contanmine, *War in the Middle Ages*, p. 28.

国王名义上的附庸。此举对法兰克人借助维京人的力量抵御维京人的入侵起到了一定作用。

外来者的入侵与国内权力之争交织在一起,使战争连绵不断。虔诚者路易统治时期,帝国内部的矛盾和争端很快暴露出来。817 年,虔诚者路易草拟了《皇帝法令》(*Ordinatio Imperii*),力图规范和实现国家继承者必须维护帝国统一的原则。然而,法兰克人的传统习惯是多子继承,路易为维护帝国政治统一,在分封时利益偏向长子罗退尔,从而激起了其余儿子们以及一些大贵族的不满。818 年,阿奎丹伯爵贝尔纳举兵反叛,被虔诚者路易镇压下去。然而,许多对虔诚者路易统治不满的大贵族们,纷纷挑起事端。一些人利用路易儿子间的矛盾,借题发挥,组织反叛。830 年代早期和 840 年代早期,两次大规模内部战争在虔诚者路易带领罗退尔与其他儿子们之间持续展开。840 年,路易死去,他的两个小儿子秃头查理和日耳曼路易联合起来,反对其哥哥罗退尔。841 年 6 月 25 日,双方在封特努瓦(Fontenoy)展开激烈的战争,虽然此次战争没有直接的军事结果,但兄弟三人已经接受坐下来谈判的建议。经过长时间艰难的沟通和讨价还价,在 120 位大贵族的仲裁下,最终在 843 年 8 月三方在凡尔登签署了协议,帝国按照均等原则,一分为三。长兄罗退尔承袭了皇帝的头衔,拥有从北海到意大利的所谓"中间王国",其西部为秃头查理的西法兰克王国,东部为日耳曼路易的东法兰克王国。罗退尔的"中间王国"最不稳定,855 年罗退尔死后,他三个儿子对其王国又一分为三,从而也为东、西法兰克王国的叔叔们插手这一地区事务提供了借口和便利条件。869 年,罗退尔二世死后,秃头查理和日耳曼路易在870 年 8 月 8 日签署墨尔森(Meersen)协议,把罗退尔二世所属的洛林基亚地区瓜分。从此,这一地区便埋下了法兰西和德意志领土纷争的种子,且一直持续到第一次世界大战。[①]"中间王国"瓦解不久,加洛林家族在东法兰克的统治到 991 年;在西法兰克的统治到 887 年。此后,加洛林家族和卡佩家族的人轮流掌控法兰西王位,又延续了一个多世纪。

纵观加洛林朝的军事史,此时的西欧几乎是一个庞大的战场,其中不仅有加洛林家族内部的争斗,也有这一家族与地方大贵族间的战争,更有法兰克人与周

---

① 罗伯特·福西耶主编:《剑桥插图中世纪史 350—950 年》,第 402 页。

边不断进犯和不断涌现的各骁勇善战民族的长期征战。频繁、广泛的战争局面只能靠坚定不移的战争来应对,只有打赢战争,不断取得胜利才不至于被消灭,才能站稳脚跟,才能巩固政权。长时间频繁战争,恰似熔炉一样把这片土地上的国家锻造成适应战争的机器,其政权结构、国家体制和军队建设都极度适应发动和应对战争。打赢战争的关键是军队,拥有同时代超强的军队,是打败各路强敌,不断夺取胜利的根本。骑士组建的军队是这个时代的精锐部队,在战争中能发挥至关重要的作用。

(三)骑士军队规模

到 8 世纪 40 年代以后,西欧中世纪的文字材料多了一些,其中包括特许状、法律文献、政府命令,也有教会改革、宗教规则和道德等方面文献,还有编年史等材料。尽管这些材料能帮助了解加洛林朝的社会、军事和战争情况,但详细材料的缺乏,对深入了解骑士问题造成很大困难。有研究加洛林朝军事史的学者考察后认为,关于 8、9、10 世纪的战争内容的文献并不算少,如加洛林朝半官方的历史著作《法兰克王室编年史》(*Royal Frankish Annals*),9 世纪更为"私人"的记载,如 *Annals of Xanten* 以及 *Annals of Saint-Vaast* 等,对战役都有大量记述,特别是 10 和 11 世纪早期的历史著作,对战争都有许多描述。但是,这方面的记录让今天人们认识当时战争情况仍很困难,甚至,当时亲历者对某次战役的记录,也看不到具体内容。[1] 即便如此,通过现有条件可对加洛林王朝军事建设有大体了解。

骑士部队是中世纪军队的精锐,建立强大的骑士军队是军队建设的核心,也是迅速调动军队打赢战争的关键。加洛林朝的骑兵是早期的骑士,关于这一时期的骑兵军队情况,现有直接记载的材料较少,有些材料也较为模糊,但是,通过梳理仍能看到其发展的大体线索。骑士产生的时间问题,在上述内容中已有所陈述,关于其身份特征,以及与传统骑兵的区别等内容,笔者也已做过考察。[2]大体看来,日耳曼人入侵西罗马帝国之初,擅长使用骑兵的部族并不多,较为突出的是伦巴德人,据拜占庭的历史学家记载,伦巴德人的骑兵技艺高超,战斗力

---

① M. Keen, *Chivalry*, London, 1984, pp. 18-19.
② 倪世光:《中世纪骑士制度探究》,第 26—69 页。

强,曾令拜占庭的军队畏惧。而早期的法兰克人军队,更擅长步兵作战,直到733 年普瓦提埃战役与阿拉伯人交战,仍没见有大规模骑兵军队出现。不过,即便反对骑士产生于查理·马特时期的学者也不得不承认,此时法兰克军队中一定有骑兵存在。保罗·福瑞克尔也承认:"不是说骑兵在普瓦提埃战役中没起到作用,也不是在查理·马特时代的其他战役中没有骑兵战斗。问题很简单,没有足够的证据表明,在法兰克人的战斗中以及征集军队的过程中,存在决定战争胜负的骑兵军队。"①然而,随着加洛林朝战争规模的不断扩大,有关骑士军队的记载越来越多。

首先,有学者注意到,查理曼在 774 年征服意大利北部后,把伦巴德人骑兵部队纳入他的军队之中。伦巴德人的骑兵最为优秀,这部分人成为法兰克骑士军队的组成部分。其次,由于查理曼把骑马穿着铠甲的战士视为部队的精锐,并且尽可能增加他们的数量。因而,他曾多次颁布法令禁止铠甲和武器出口外卖,并鼓励国内大力生产这类铠甲。再次,查理曼建立帝国后,相应的军事系统得以建立。一些关于臣属履行军事服役义务的法律得以完善,特别是关于骑兵的装备等都有特殊的规定。② 最后,随着日耳曼人不断基督教化,教会干预改变了他们的随葬习惯,到加洛林时期,比起墨洛温朝的武器等随葬品数量明显减少,今天通过考古方面的材料考察当时军事状况受到限制。然而,从 9 世纪下半叶以后,手稿画和艺术雕刻作品中反映骑士的内容越来越多。但是由于受到拜占庭手工彩绘和象牙雕刻艺术的影响,许多骑士图像表现的是罗马晚期的装备,如宽边的圆顶头盔,仿肌肉形状的皮质胸甲和圆形盾牌等,都带有前一时代的特征。③ 此外,9 世纪以后,拉丁文 caballarius(骑马的士兵)一词,衍化出法语的chevalier(骑士)一词,并在当时的官方文件中越来越多地使用。

高效快速的骑士军队,正是在加洛林朝几代统治者应对西部诺曼人、南部阿拉伯人、东部马扎人等一系列快速反应的军事行动中发展壮大起来的。尽管加洛林时期骑士部队的存在能够得到证明,但其数量即便是到了查理曼时期也仍不是很清楚。只是从查理曼历年所颁布的法令集中,可看到一些迹象。在 805

① Paul Fouracre, *The Age of Charles Martel*, p. 149.

② R. Rudorff, *Knight and the Age of Chivalry*, p. 19.

③ A. V. B. Norman, *The Medieval Soldier*, p. 34.

年法令中写到："关于军队装备的规定,我们在前面所颁发的一个法规中已经作了说明,在此附加的内容是,每个拥有 12 曼希(manses)土地的人将装备一副锁子甲;任何有锁子甲而不穿着者,其所有采邑将同锁子甲一起被罚没。"①这条法令中提到的军事服役者所拥有的 12 曼希土地,大体相当于 360 英亩的土地,而这个数目的土地量正是装备一名全副武装骑士的经济支持标准。②

查理曼拥有伦巴德人组成的大规模骑兵军队的证据,从当时的法令中可看到,其中规定,凡向查理曼做效忠宣誓的伦巴德人都应穿戴盔甲骑战马服役。查理曼的儿子丕平和弗留利(Friuli)的埃里克(Erick)公爵,是率领这支伦巴德人骑兵军队的统帅,这支军队最终彻底打败了阿瓦尔人(Avars)的轻骑兵部队。③在 806 年,查理曼对弗兰西亚(Frisia)战争令中,对征召的军人明确提出拥有王室土地的附庸以及被称为骑兵(caballarii)的人。这部分骑兵与生活富裕、骑马服役的自由身份者相似。此外,在征兵令中征召有附庸身份的人参战较为普遍,如 807 年在塞纳河和卢瓦尔河之间的战役,征召那些拥有土地的附庸参战;在 808 年,征召所有拥有土地的附庸以及拥有至少 4 曼希土地的人都要参战;在 818—819 年,虔诚者路易发布命令,要求所有附庸都要参战。④ 而且,从这些法令中还可看到,征招的军队除了皇室的直接附庸外,也包括皇室附庸们的附庸。在亚琛(Aachen)法令中要求,主教、伯爵或修道院长们必须重视手下人的装备问题。他们要装备长矛、盾牌、带有两根弦的弓、12 支箭,他们必须备有铠甲和头盔。从查理曼及其后代的法令中,既可看到附庸与军事服役之间的联系,还可看到 9 世纪以后,附庸的术语也往往仅用于配备战马、长矛、盾牌和剑的军人。而且,拉丁文 miles 一词也出现并被用于指代附庸身份的军人,此词被各国语言翻译为"骑士"。

到秃头查理统治时期,法兰克人骑兵的数量更为增加,他曾颁布法令要求所有受到庇护的法兰克人,凡拥有马匹者,或能够得到马匹者,应该与他们的伙伴

---

① H. R. Loyn and John Percival, ed., *The Reign of Charlemagne :documents on Carolingian government and administration*, London:Arnold,1975, p. 88.

② 倪世光:《中世纪骑士制度探究》,第 126—127 页。

③ A. V. B. Norman *The Medieval Soldier*, pp. 30-31.

④ F. L. Ganshof, *Frankish Institutions under Charlemagne*, New York: W. W. Norton & Company, Inc., 1970, p. 60.

组成军队。此外,马匹的饲养和品种的改良情况也有改善,一些更强壮、奔跑速度更快的战马得到引进和饲养。还有,马蹄铁在 9 世纪后期传入西欧,使奔跑在潮湿泥泞和杂石道路上的战马的马蹄能得到很好的保护。①

然而,加洛林朝鼎盛时期军队总的规模有多大,骑兵有多少,各家的说法相差很大。沃布鲁真(Verbruggen)等学者认为,当时一支大规模军队,骑兵 2500—3000 人,步兵 6000—10000 人。另有学者认为,这个问题令历史学家难以做出精确回答,材料中给出的数字大都不可靠,往往是大约数字,甚至是强调军队规模的一个模糊符号。人们通常从军队召集的法令中估算数字,但这样的做法已经引起广泛分歧。尽管战役的伤亡数目也可作为一个考察线索,但也很难解决实际问题。880 年,在萨克森地区抵御一支诺曼人入侵的战役中,死亡的名单为:2 名公爵,2 名主教,18 名王室附庸。显然,这场战役很重要,但材料中没有说明这支军队是否被歼灭,人数究竟是多少。从当时的道路情况以及军队在行军和战争的给养能力等方面看,一支军队的规模不超过 2000—3000 人,而其中骑兵数量有限。②

更多学者将此问题放入更宽阔范围做考察。沃纳(K. F. Werner)认为,查理曼从非常辽阔的帝国区域召集军队,有两种统计线索,尽管依据不同,但其结论得到一些学者的接受。第一种统计表明,加洛林帝国中央直接调遣和指挥的军队数量是:宫廷豢养 200 人,国库(fisci)支付费用的 600 人,修道院(abbates)出资的 500 人,这其中的 200 人直接依附于国王,城市和教区资助 189 人,这其中至少有 140 人驻守军事要塞。由此看来,皇室直接统辖的附庸军人有 1500 余人。不过,此估计并没有加上这些人自己的附庸人数。还有统计结果认为,整个帝国范围内包括至少 700 个辖区(pagi),其中的 500 个辖区有伯爵作为首领。即便是每个辖区仅有 50 名骑兵,整个帝国也该有 35000 名骑兵。第二种统计线索是从查理曼所拥有的直属附庸人数着手,统计认为,帝国拥有 100 个主教,大约 200 个修道院长,500 个伯爵和大约 1000 个皇室附庸,一共是 1800 人。如果他们每人从其自己的附庸中召集 20 名骑兵,那么帝国的骑兵数量便是 36000

① Philip Sidnell, *Warhorse: Caval in Ancient Warfare*, p. 76.

② 参见 M. Keen, *Chivalry*, pp. 28-30。

人。而 20 名骑兵,对于地方大贵族来说并不是很大的数目。在虔诚者路易统治时期,科维(Corvey)修道院有 30 个附庸作为自己的军队,他们是王室以外的骑士。从许多事例中可见,一些伯爵拥有 30 个附庸的情况是很平常的事情。由上可见,依照沃纳等人的统计,在 800 年到 840 年间,加洛林帝国至少能提供大约 35000 名装备精良的骑兵,而如此规模的骑兵必须要配备大量的步兵和其他辅助兵种,这个数目大约为 100000 人。需要说明的是,这些数量的军队是帝国所具备征召的潜在军事资源,在某次战役中往往达不到这个规模。例如,在 796 年对阿瓦尔人的战争中,查理曼所投入的骑兵数量在 15000 到 20000 名之间。①从加洛林帝国的战争版图和当时的军事状况来考虑,笔者认为此项推算更接近实际。

综上所述,战争频仍、疆域辽阔促进了加洛林时代的骑兵军队建设和发展,这也是西欧封建社会的一个重要特征。其中,骑士在这一时期的数量及其在封建社会后来的数量问题尽管重要,但并不是最重要的,考察这一群体对封建社会的影响程度,关键在于这一群体的社会地位及其影响力,而这些需要看骑士在社会中的人际关系状况。

---

① Philippe Contanmine, *War in the Middle Ages*, p. 25. 承认查理曼时代骑士数量约为 35000 人的,还可见 Philip Sidnell, *Warhorse: Caval in Ancient Warfare*, p. 305。

第四章　骑士与封建关系

社会是由人组成的,某一历史阶段的社会人际关系是如何组合的,是通过什么方式组合的,对考察这段社会特征很重要。通过这部分内容,我们可捕捉到社会经济利益的分配方式和理由,也可看到国家政治权力运作方式及其内在机理。我们以往更多注意的是封建主与农奴之间的关系。实际上,西欧封建社会关系有着更为复杂的内容,除了领主与农奴的关系,各等级领主之间的关系、教俗两界人们的关系、城市居民与农民的关系等,都是封建社会人际关系的组成部分,都可从不同侧面反映当时的社会现象和内容。骑士作为社会群体,具有贯穿贵族各等级的特点,并且,也包括部分自由民,甚至一些出身农奴者。通过考察这个群体人员之间的关系,可进一步揭示西欧封建社会重要的人际关系,即领主—附庸关系的结构和性质。骑士们之间构成的关系自然带有明显军事色彩,军队的上下级组织关系与贵族等级以及国家政治、经济制度融为一体。

一、领主—附庸关系

骑士并非是中世纪领主—附庸关系的创造者,6—7世纪普遍的"委身"现象,既基于早期日耳曼人军事首领与亲兵的关系传统,也源于罗马帝国后期的战乱和政治失序等原因所导致的依附习惯。Vassus(附庸)一词出现于6世纪,随着骑士的兴起和采邑的分封,领主附庸关系内容得到发展,材料中关于"附庸"一词的使用也多了起来,到10世纪以后此词的使用逐渐减少,被其他词汇所代替。加洛林时期除了这个词外,被解释为"附庸"的词还有vassallus、homo、fidelis

和 miles,而 miles 一词即为"骑士"。从而可见,骑士与附庸身份具有重合性。到 11 至 12 世纪早期,miles 一词被使用得更为普遍。中世纪记载"领主"的词汇通常是 senior,另一个词 dominus 也有"领主"之意,但此词用于"骑士"意思则较少。在方言中 seigneur(领主)被习惯地用于具有某些神圣意思的表达。suzerain(领主、宗主)一词的出现要稍晚些。到了近代 seigneur 和 suzerain 成为同义词。

领主与附庸关系最基本内容,从 8 世纪中叶前后的一份委身文献中可看到:"把自己委身于另一个有权势的人。

对高贵的领主(A),我(B)。众所周知,由于本人缺少衣食,我已请求您的怜悯,您已恩慈地接纳了我,容许我委身于您的庇护(mundoburdus)之下。我之所以这样做,是依照习惯,您承担了我的衣食所需,与此同时,我也承担为您服役并尽我所能为您效力。而且只要我活着,我会像一个自由人应该做的那样,服侍您、尊敬您。并且,在我有生之年,我没有权利擅自脱离您的权威和庇护,相反,我必须把我的余生寄于您的权力和保护之下。而且,由于这样的举动,我们中如果有一方试图改变此协定的一些条款,他必须付(罚金)×索里达给对方,而此协定本身仍然有效。据此,双方所关心的内容应该草拟并确认两份相同要旨的文本,这似乎对我们都有利,而且他们已经这样做了。"①从材料中,我们看到了主从关系的契约内容和规则,但是,这当中并没有明确规定委身者必须承担军事义务的内容。

西方有学者把领主与附庸关系单纯解释为军事组织关系,附庸的主要义务就是服骑兵兵役。实际上,从当初的委身情况看,领主为委身者提供生活必需品和人身安全保护,委身者为领主服役,但具体承担何种义务要因人而异。当然,军事服役是最为重要的义务,而领主其他方面的事务也需要有人来做,因而,附庸之中除了服役的骑士,还有像管家、官员、教士、委托人、工匠等类人员,这部分人基本不承担军事义务,而是凭借自身特长为领主效力。封建社会早期的委身现象具有普遍性,在委身的自由民群体中,一些人承担的是农业生产劳动,即通过这种方式使许多自由民变成了领主的依附农民。从而可见,西欧封建关系中

① F. L. Ganshof,*Feudalism*,pp. 69-70. 类似的委身记录还可见 Edward P. Cheyney,ed.,*Original Sources of European History*,Vol. Ⅳ.,Philadelphia:University of Pennsylvania Press,1900,pp. 3-4。

存在从上而下一贯到底的依附性,并且,双方以契约的方式定立主从关系。在此需要区别的是,封建社会处于社会底层的广大依附农民与从领主手中获得采邑承担军事等义务者应区别开来,后者与领主间的关系通常被称为领主—附庸关系,它与领主—农奴关系尽管都有依附与被依附的特征,都可被称为"主—从"关系,但两组关系中的人员身份自由度、社会地位、职业性质等都存在明显差异。本文所探讨的是领主—附庸关系中承担骑兵兵役者与领主之间的关系,当然,这是领主—附庸关系中最主要部分。

主—从关系是西欧经济发展程度和以战争为主旋律的政治局势等社会条件下的必然结果,它成为当时社会人们之间建立联系的一种普遍方式,弱者通常要依附于强者,通过这种方式使整个国家建立起人际关系网络。国家政治秩序的建立、政令的贯彻和执行皆可通过此网络运行,统治者们也注重完善此网络的建设和维护。847 年,罗退尔、路易和秃头查理颁发的一份法令规定,所有身份自由者都必须选择一位领主。

"此外,我们命令王国中每一个自由民要从我们当中或我们所信任的人中,选择一位自己喜欢者作为领主。

我们命令任何人没正当理由不得离开其领主,否则,除了按照我们祖先的习惯处理,任何人不得接纳他。"

接下来,此法令申明了这样做的主要目的:在王国各地的每个人要同其领主一道抵御入侵者,使整个国家团结一致打击敌人。①

从理论上讲,领主—附庸关系体系除了最顶层国王以及最底层的骑士,整个等级链条中的每个人几乎都具有领主和附庸的双重身份,领主—附庸关系在社会制度中得到普遍编织。尽管附庸群体中人员成分并非单一,但具有骑士身份者是这一群体的主角,且占大多数。

有关什么样的人是骑士的问题,笔者已经做过考察,在此不再赘述。由于采邑主要分封给承担军事服役者,层层分封,形成以骑士为主的等级系统。国王手下地位最高者,是直接被分予大量土地和高职位的附庸们,这部分人包括公爵、伯爵、大贵族、大主教、大修道院长等权贵,被称为"国王的附庸"(the vassi domi-

---

① Edward P. Cheyney, ed., *Original Sources of European History*, Vol. IV., p. 5.

nici),由于他们地位很高也十分受尊敬,文献中也时常用 honor 一词指代他们的头衔,以示尊敬。这个层次的附庸中,有些也并非都是国王直接把一片领地封给他们的,对有些归顺的大贵族们,为了安抚、利用他们,国王会把他们原来所拥有的土地以采邑的形式交给他们,使他们成为附庸。丕平三世和查理曼在征服阿奎丹、意大利和巴伐利亚等地方后,便采取过这种措施。查理大帝的继承者们也遵循了这一范例。

通常,在理解大主教和修道院院长等宗教界人士时,我们容易与世俗贵族分开放到教会系统做考虑,在前面内容中已经看到,加洛林时代教会首领接受君主受封的现象较为普遍,君主们也习惯于封这些人为自己的附庸。实际上,封建主从关系贯穿并融合于俗、教两界,此现象在 12 世纪时仍十分明显,而且,地方大贵族也同国王一样封教会人士为自己的附庸。香槟伯爵亨利曾把一片采邑分封给博韦主教及其继承人,作为回报,此主教要为亨利提供骑士服役和法律审判等义务。①

国王直属附庸中,有另一部分是获得采邑的王室骑士,包括国王的贴身随从、王宫大臣和护卫等。此外,王室还豢养着一批没获得采邑的附庸,他们的主体也是骑士。这部分人被称为"更贫困的附庸(pauperiores vassos)",如果他们表现出色,有了机会也可被分予采邑。

依据土地采邑所持有的规模和重要性来看,附庸大致可被划为四个等级:1. 直接从国王手中获得采邑的大附庸以及王室附庸,他们成为国王之下的高级贵族。2. 拥有可提供一组骑士军队的领主,所持采邑被称为"方旗采邑"(banner-fiefs),或者拥有指挥一组军队权力的人。3. 拥有盔甲采邑的骑士,(hauberk-fiefs)所持的采邑可满足一名全副武装的骑士服役。4. 拥有较小采邑,仅能满足扈从装备的军人。②

国王的附庸们为了完成服役义务,需要组建相应数量的骑士军队,从而他们也成为领主,组成次级领主—附庸关系。在地方领主的附庸群体中也包括各种

---

① Frederic Austin Ogg, ed., *A Source Book of Medieval History*, New York: American Book Company 1907, p. 215.

② Andrew Bell, *A History of Feudalism*, British and Continental, London: Longman, Green, 1863, p. 211.

不同成分,有被豢养在领主家中担任守护的附庸,也有担任管家等职务的管理人员,更有获得采邑承担骑士义务的附庸。采邑的层层下分,伴随层层向上提供兵役,而且,各级领主本人通常要披挂上阵,与手下的骑士一道履行军事义务。从王室到地方,作为附庸的骑士们形成层层组织建制,骑士军队的上下级组织结构中,领主—附庸关系在任务执行过程中起到控制和润滑作用。当然,这样的封建关系体系只是一种大致的存在,现实社会中封建关系要复杂和零乱得多。

骑士集团的出现和发展使附庸的身份地位得到提高,这种现象能从附庸词汇含义的变化中看到。在 10 世纪以前,指代附庸使用较多的词汇是 Vassus,它最初是指奴隶和仆人,源于凯尔特语的 gwas 一词,意为一名年轻的男子或仆人,被拉丁文接受后改变为 Vassus。在整个墨洛温王朝时期,Vassus 意为一名仆人,而且这个含义已经被 6 世纪初萨利克继承法所证明,直到 8 世纪这种含义仍没有完全消失。然而,8 世纪初期,这个术语已经可以用于指代依附于领主的自由民。① 词义的这种变化与骑士军队的建设和发展有关联。由于战争需要更多数量的骑兵军队,8 世纪初期以后,加洛林家族统治者们为发展这类精锐部队投入了大量财产,使这部分军人地位提高。而且,人们对依附于某位领主并为其服役的观念也发生了变化,臣服已经不被视为是卑贱的事情,附庸行列中贵族成员比例也不断提高。附庸成了令人垂涎的身份,也成了一种荣誉标志。

西方许多学者认为,封建社会盛期附庸的身份是贵族,即领主与附庸的关系是平等的。另有些学者反对这种观点,认为封建社会是具有明确等级的社会,无论从采邑的封授或经济资助,还是双方义务的履行都存在明显的不平等。笔者以为,尽管领主—附庸关系建立在貌似平等的契约基础上,但在现实中他们的地位、责任和义务,以及忠诚的要求等方面不可能平等。不过,身份自由的附庸与领主的关系在理论和法律上则具有平等性,而且,这种平等意识能够得到附庸们的坚持。此现象对西欧封建社会后来的人际关系以及政治、法律等方面的走向都起到了重要作用。

领主—附庸关系随着骑士军队规模的扩大而得到发展。在 8 世纪后半叶和整个 9 世纪,附庸在全部自由民中的比例有稳定的增长。由于统治者希望所

---

① F. L. Ganshof, *Feudalism*, p. 5.

有自由民都成为他的附庸或他下属的附庸,伴随法兰克国家骑兵军队建设,附庸的数量不断增加。在卢瓦尔河和莱茵河地区,以及缅因、图林根、阿奎丹、阿勒曼尼、巴伐利亚、意大利部分地区,臣服现象得到迅速发展。国王们需要增加骑士的数量,而且直属附庸们获采邑后也继续扩大骑兵军队,以满足战争的需要。此外,骑士数量的增加不仅仅局限在采邑层层分封的框架内,从国王而下的各级封建领主只要有足够实力,都会在自己宫廷和城堡中豢养护卫队,这些身为骑士的护卫队成员与其领主结成臣属关系。还有,内外战争不断,造成许多小土地所有者为安全考虑希望得到有势力者的保护,同时,也尽力避免使自己沦落于种田人的行列,争取晋升为骑士,成为一名军事附庸。10 世纪以后,附庸称呼的变化和文字记载的增加是社会中有这类身份者数量增加且较为活跃的一种表现。

从 10 世纪到 13 世纪,臣服制度得以进一步发展和蔓延,从加洛林帝国瓦解后生成的法国、德国、意大利,以及勃艮第等国家和地区,臣服成为人际关系中的重要内容。而且,伴随战争的扩大,领主与附庸关系制度和规则向其他地区传播。1066 年诺曼征服英格兰后,以建设重装骑兵为依托的领主—附庸关系在那里得到迅速传播和发展。此后,通过"再征服运动",这种领主—附庸关系传到了西班牙地区。而且,随着德国皇帝和贵族们不断对东部征服和扩张,法兰克式的领主—附庸制也被带到斯拉夫人地区,影响到当地的人际关系。在十字军东征过程中,西方封建主们把这种关系也带到了地中海东部耶路撒冷王国以及叙利亚地区,并且,在第四次十字军东征后又带入拜占庭短命的"拉丁帝国"中。尽管领主—附庸制度在上述各地区的传播有不同的变异和表现,但随着各地区军事行动的展开和骑士军队的发展,纳入此关系中的人数不断增加,成为封建关系的重要组成部分。

骑士集团的存在使西欧领主—附庸关系具有许多特征,这些特征表现在他们之间相互交往的各个方面,从而形成明显的社会现象。

领主—附庸关系之间具有明确的经济关系。无论是豢养还是授予采邑,附庸与领主间关系都是建立在经济联系基础上的。对这种已经司空见惯的问题,在此提出或许会引起一些人的不解。然而,如果进一步分析两者间的经济关系,能使我们更加注意经济在人际关系中的表现和作用。领主为骑士附庸提供经济支持,主要是为了使其能够承担起军事服役,这种经济支持方式主要有三:一是豢养,二是封与采邑,三是提供其他军事和生活物质方面的支持。其中最重要的是土地采邑,被豢养和获得其他物质支撑的骑士也大都希望能得到土地采邑。从获得采邑的附庸与领主的经济关系看,这种关系并非停留在封授采邑获得附庸的军事服役方面,附庸在必要的情况下也必须为领主提供经济帮助,如领主的长子受封骑士、长女出嫁、领主参加十字军或在战场上被俘等情况,附庸都要为领主承担经济责任。此外,土地是有限的,不会无限地被分封,随着经济、军事的发展,"货币采邑"越来越普遍地被用来满足附庸们的需要,附庸与领主通过土地采邑建立的相互关系,与双方通过"货币采邑"建立的关系有明显不同,领主对附庸经济支付方式的不同,相互关系也会有差别。而且获得土地采邑的附庸与被豢养和获得其他物质支持的附庸与领主间的关系也是有差别的。通常而言,被豢养在宫廷或家庭城堡中的骑士附庸与领主间的个人私属关系和情感更为密切。而获得少量采邑以及少量物资的骑士,对领主服役的份额也会相应减少。① 再有,随着商品货币经济的发展,满足骑士服役各项需求的物品都可通过货币得以实现,骑士以钱代役,国王和领主征收"军役免除税"等现象,既改变了双方的经济关系,也使双方其他关系,如依附程度等发生了深刻变化。领主授予骑士附庸采邑由于具有直接的军事目的,故西欧封建社会的经济制度具有明显的军事性质。

　　西欧封建社会领主—附庸关系贯穿于政权结构之中,因而,主从关系间往往会带有国家各级行政权力的上级统辖和下级隶属特征。笼统地从采邑分封系统看,国王(皇帝)把采邑向下封给其直属附庸,这些公爵和伯爵等同时也往往成为某地方的统治者,而他们手下的附庸们有些也会成为更下一级权力机构的管理者,直到最基层庄园中的权力持有,大体形成从中央到地方直至最基层的附庸执掌权力的系统。他们承担各级政府的职责,包括征调军队、筹集物资和经费、派发劳役、维护社会治安、修建公路桥梁等,权力的运作和执行在很大程度上借助于领主与附庸关系,从上而下的官僚机构包含着领主与附庸的层层隶属。此外,从国王和各级领主在宫廷和城堡中豢养的附庸情况看,一些附庸被领主选用

---

　　① John L. LaMonte, *The World of the Middle Ages*, New York: Appleton–Century–Crofts, 1949, p. 217.

执掌各种权力,王室最初的管家、马夫、随从等角色后来逐渐发展为执掌军事、行政、司法、经济等方面权力的高官现象,显现了西欧封建官员选用的特征,此种情况一度也表现在法国地方贵族对官员的选用方式上。选用自己信得过的附庸担任手下官员是每个领主出于自身利益考虑的必然做法。

西欧中世纪国家政权与司法体系合为一体,从王室法庭到地方贵族法庭再到庄园法庭,是各级封建领主对所辖领地司法权力实际控制的重要机构,从中央到地方各级法庭的隶属关系存在着领主与附庸关系因素。王室法庭在理论上是国家最高司法机关,各级领主法庭控制着地方的法律事务。获得土地采邑的附庸,在获得经济支持的同时也得到了对这片领地的统治和司法权力,他们不仅对自己的附庸有司法权,也对所属居民有审判权。附庸如果对领主的审判不服,有权向更高一层领主法庭申诉。① 在领主与附庸的法律关系中,由于双方都具有骑士身份,使这种关系具有强烈的军人争诉特征,骑士们极为好斗的习性使司法裁判伴随暴力冲突。

日耳曼人早期家族首领通常也是军事统帅,军队中具有血缘关系,这种情况在中世纪的骑士队伍中仍有一定程度的保留,许多领主与附庸间的关系也是私人关系。在一些地方的习惯法中,领主的亲属和附庸都被划为领主的家族内部成员。此外,国王和封建领主们都会尽力招纳和笼络忠诚勇敢的骑士作为保护自己和家人的亲兵护卫,这些骑士与领主及其家人有着亲近的私属关系。领主与骑士的私人关系也由于附庸把自己年幼的孩子托付给领主养育的习惯而得到加强,从小在领主家长大并受到领主及家人培养教育的骑士与领主会结成更亲近的关系。再有,骑士军队中存在着较普遍的子承父业、父子同时效忠于一个领主、父亲是领主儿子是其附庸等现象,其中的私人关系尤为明显。还有,在骑士军队中有些团队是由某个部落或家族成员组成的,其中骑士间都有血缘关系,这样的军队更具战斗力。②

领主—附庸关系中,由于附庸把采邑再分封给自己的下属,形成主从关系体系中领主与次属附庸的关系,这也成为依附关系的一种特征。臣服所建立的相

---

① John L. LaMonte, *The World of the Middle Ages*, New York: Appleton-Century-Crofts, 1949, pp. 221-222.

② 倪世光:《中世纪骑士制度探究》,第 172—177 页。

互责任具有私人性质,除了契约双方间的联系,原则上不影响其他人,领主与次属附庸之间没有建立法律关系。① 在法国,"我的附庸的附庸不是我的附庸"规则有着长期延续和发展的脉络。附庸可以被要求率领部分或全部附庸为领主服役,但是,后者对他们的宗主(suzerain)没有直接责任,法国直到封建社会末期,此条款仍发挥着作用。不过,在一般规则中仍有例外,由于财产因素的影响形成一种习惯,即当领主死时没有明确的继承人,其附庸们通常被认为是领主的领主的附庸。从另一方面讲,领主对附庸采邑的权利在自己死后没有继承人的情况下,必须返回给最终拥有这些采邑所有权的领主。② 然而,领主与次属附庸的这种关系特征在各地区并非一致,最明显的是英国,1066 年诺曼征服后,威廉一世把法国的骑士制度带到那里,且附庸的附庸们也要求向国王宣誓效忠,直接听从其调遣和指挥。领主与次属附庸的关系对中世纪欧洲王权及政治有重要影响。

多重臣服也是西欧领主—附庸关系的特征。尽管多重臣服与采邑分封之初建立的原则相违背,但是由于领主们都希望把天下英雄召到自己麾下,而骑士们也都愿意获得更多的采邑,双方的愿望在经济关系上得以实现,从而造成"多重臣服"现象泛滥。③ 一个附庸从几个领主处获得采邑的现象在查理曼时代便有迹象,但仍不明显。到 11 世纪以后,此现象已成为寻常的事情,13 世纪最后数年间,一位德国男爵成为 20 位领主的授田附庸,另一位男爵则有 43 位领主。④ 多重臣服使附庸与领主间的经济关系变得复杂起来,也导致附庸在面对自己的领主们相互交战时,不得不按契约规则走过场。多重臣服现象是主从双方各自利益追求的结果,它导致采邑分封初始规则的破坏和领主—附庸关系逐渐走向破裂,使新的人际关系从中得以建立。

总之,西欧封建社会的领主—附庸关系具有复合性特征,为满足军事需要建立的骑士军队使附庸现象与采邑相结合,以采邑分封为核心形成的领主—附庸关系从而具有鲜明军事特征,骑士军队的组织和统领结构很大程度上与这种关系相互依托。而且,对骑士军事装备和各项所需的经济支撑,连接起领主与附

---

① Edward P. Cheyney, ed., *Original Sources of European History*, Vol. IV., p. 32.

② F. L. Ganshof, *Feudalism*, pp. 97−98.

③ Edward P. Cheyney, ed., *Original Sources of European History*, Vol. IV., p. 15.

④ 马克·布洛赫:《封建社会》(上卷),第 343 页。

庸间的经济关系,这种关系随社会经济的发展变化而变化,并可导致领主与附庸间多重关系的变化,商品货币经济的发展最终使封建关系走向解体。与军事、经济关系相结合,领主—附庸关系也贯穿在国家政权结构和权力运作过程中,从中央到地方各级掌权者大体与采邑分封所形成的领主—附庸等级相关联。因而,政治权力和上下级隶属现象存在于领主与附庸关系之中。与此同时,社会司法权的掌控等也与领主—附庸关系连在一起。具有私属性的领主—附庸关系,对增强军事战斗力,运行国家政治和司法权力都可发挥作用。西欧封建领主—附庸关系的各项特征相互关联,并对整个社会产生影响。

领主—附庸成为西欧封建社会的重要人际关系,当初以建立骑兵军队为主要目的的采邑制度构建起上至君主下到底层骑士的人际关系框架体系,尽管这个框架体系不足以完全罩住西欧封建社会统治阶层的全部关系,但它一定是其中的核心和主体。由于战争不断,商品货币经济并不发达,人们之间通过建立主从关系以求得自身安全和生存,这也成为以国王为首的国家管理和统治的方式,更是组建和召集军队的手段。值得注意的是,这套方式不仅在领主与附庸间运行,而且在领主与农奴间也适用,身为骑士的领主和附庸们成为职业军人,从事物质生产劳动的广大民众,则以依附者身份为他们提供所需要的各项物资。因而,对领主的依附关系构成西欧封建社会从国王到农奴的人际关系网络。

二、关系纽带

连接领主—附庸关系的根本纽带是经济利益,这也是骑士作为附庸之所以依附于领主的根本条件和原因,同时,也是领主控制和联系骑士附庸的主要手段。以经济利益建立人际关系,是阶级社会以来直至今日仍存在的普遍现象,由于社会发展阶段不同,用来维系双方关系的经济手段也不同,关系内容也会有变化。穷人对富人、弱者对强者、百姓对官僚、臣民对国王、官吏对皇帝、工人对资本家、员工对老板等等关系,无不需要经济利益作为纽带。领主—附庸关系是西欧封建社会人际关系中的重要组成部分,建立和维护这种关系的方式反映出那个时代的诸多特征。

领主—附庸关系纽带可大体归纳为两方面,一是包括豢养在内的直接提供各项物资;一是封予采邑。关于这方面内容在前面已有简单陈述,在此需进一步集中和充实。

为手下亲兵提供生活和战斗物资是日耳曼人军事首领的传统习惯,到封建时代,部分委身者生活在主人家中并提供各种服役。除了管家、厨师等家中服务人员,人数更多的是负责保护领主及其家人安全的军人。早期法兰克国家,国王所豢养的护卫队(antrustiones)即是这部分人。加洛林朝时期,这部分军人的武器装备最为先进,引领潮流,成为早期骑士军队的组成部分。除了国王在宫廷中豢养骑士,各级封建主凭借自己所持有的采邑规模和财力也在自己的城堡和家中养着数量不等的附庸军队。这部分骑士的衣、食、住、行,以及各项军事装备通常都由领主提供。加洛林朝时期的法律已经规定,某人一旦从领主处得到价值1 先令的东西,便禁止其离开领主。对所豢养骑士们的装备,领主通常以实物形式提供,这种情况在封建社会盛期也仍如此。到 13 世纪,英国王室豢养骑士,要为之提供头盔、锁子甲长衫、软铠甲、护腿甲、铁甲手套、战马、各种马具、罩衣、帐篷等。此外,随着货币经济的发展,王室对这部分骑士所提供的装备有时以货币形式支付。①

被领主养在家中的骑士许多是少有或没有财产的贵族子弟,也有从国外来效力或者从领主敌对方投奔而来的骑士,另有些是来自社会下层的人。② 被豢养的"私家"附庸与接受封地的附庸代表着两种截然不同的类型。从领主观念看,两类附庸服务于不同目的,常在领主身边服侍的私家附庸,有可能为领主承担更为私密的任务,他们往往承担宫廷或家内高级事务。两类附庸之间并非是接续发展的,领主家中的亲兵代表一种更古老的关系,他们在很长时间内继续存在,与后来新型的被授予采邑的依附者同时并存。在领主身边的附庸一段时间后获得一份采邑,另一个人会填补其空缺,列入领主的亲兵行列。被领主豢养的附庸,通常食宿无忧,此身份往往会得到中小贵族子弟们的青睐,他们会恳求领

---

① Fddirique Lachaud,"Armour and Military Dress in Thirteenth and Early Fourteenth-Century England",in *Armies*,*Chivalry and Warfare in Medieval Britain and France*,ed.,by M. Strickland,Stamford: Paul Watkins,1998,pp. 346-350.

② Fddirique Lachaud,"Armour and Military Dress in Thirteenth and Early Fourteenth-Century England",in *Armies*,*Chivalry and Warfare in Medieval Britain and France*,ed.,by M. Strickland,Stamford: Paul Watkins,1998,p. 346.

主以此种方式接纳他们。①

养骑士并不是国王和世俗贵族们的专利,许多主教和修道院院长也喜欢在领地内为骑士提供食宿和各种物资需要,而不是授予他们采邑。对于教会权贵来说,这样的做法是最佳选择,它表面上保持了教会地产的完整无损。然而,英国许多教会权贵很快便被迫放弃了看似颇为适合的制度,改为分给骑士们采邑。因为一些由教会和修道院直接豢养的军事附庸,经常与食品管理人员吵闹抱怨,令神职人员讨厌至极,难以忍受。这或许是高卢地区教会私家附庸人数很早就迅速减少的部分原因。9 世纪初期前后,一些修道院中所豢养的附庸数量仍很多,修道士们养成了一种习惯,为骑士们生产和保留一份特殊的面包,比为其他人准备的质量要好。然而,为附庸提供大量给养是个沉重的负担,一些教会和修道院为此也会出现饥荒。因而,分给骑士采邑,使他们通过采邑获得各项需求,成为解决这类问题的一种办法。

13 世纪以后,由于货币采邑较普遍实施,家中养骑士的方式也随之发生变化——支付货币部分地取代豢养和提供物资,从而使纯粹的私家豢养附庸数量明显减少。②

采邑是领主—附庸关系最重要和最普遍的经济纽带。领主授予骑士一份土地作为采邑,即为附庸提供了合法维护自身利益的方式,也使附庸有能力为领主提供规定的服役。采邑是骑士集团最主要的报酬形式,中世纪有"采邑是付与骑士的报酬(fee)"之说。③ 把土地分给手下人的做法,在古罗马和中世纪初期的教、俗地产分配中便已存在。④ 但是,到加洛林朝时期,由于军事需要,土地分配原则发生变化,强化了以服骑兵兵役为条件的土地分封及其后续所承担的义务,并且更加明确了授予者和接受者之间的责、权、利,强调了土地持有的时间和主从关系,土地由此而成为"采邑"。

作为采邑的土地,规模大小不等,从数千英亩到几英亩,甚至几杆(perch)的

---

① 马克·布洛赫:《封建社会》(上卷),第 283 页。

② 马克·布洛赫:《封建社会》(上卷),第 286—291 页。

③ R. Barber,*The Knight and Chivalry*,p. 25;马克·布洛赫:《封建社会》(上卷),第 282 页。

④ J. S. Critchley, *Feudalism*,pp. 18-19.

土地都有。① 土地采邑规模的巨大差距,在采邑制度形成之初即有表现。它可能由一个村庄构成,也有可能是几村庄的规模,还有可能是某个村庄的一部分。从前面的内容可见,在加洛林朝时,采邑的规模通常用"曼希"(mansi)计算,一份采邑可能是几个曼希的土地。查理曼时期,满足一名全副武装重装骑士的服役需要大约为 12 曼希的土地,而国王直属附庸的采邑规模至少在 30 曼希以上,有证据显示有 50、100、200 甚至更多曼希采邑的情况。②

除了由国王授予其直属附庸采邑,其附庸再向下分封,形成自上而下的层层分封系统外,各地方领主也会把自己拥有的"自主地"以采邑形式私自分配给手下的人。因而,采邑在实际的分封过程中,其源头并非都出自国王之手。

正如前面所述,早期采邑的一个重要来源是教会和修道院的土地。这类采邑的分封起初是最高统治者的行为,目的是发展和扩充骑士军队。丕平三世和卡拉曼统治时期颁布的法令,显现出当时已经把教会土地分给战士们的情况:

"由于战争的威胁和我们边境某些部族的进攻,经上帝的准许及神职人员和广大人民的支持,我们已经做出决定,在一段时间内占用部分教会财产维持我们的军队。这些土地将以恳请地的形式被持有,缴纳一种固定地租;每年将付给教会或修道院每份田产一个索里达,或 12 个 denarii(便士,古罗马货币)。当土地持有者死去之后,所持有的全部财产将归还给教会。然而,如果在危急时期有需要,这位诸侯的继承者可以重新获得这份恳请地,并且教会要再次授予他。然而,这是有前提条件的,教会和修道院授出恳请地不应遭受苦难和贫困。如果导致教会贫困,所授出的全部财产应该归还给教会。"③在实际过程中,把教会土地变成采邑的方式有多种,一是把教会和修道院的一部分土地作为王室财产分给附庸;一是国王命令某教会或修道院把一些地产授予国王所指定的人;还有国王把大主教或修道院院长接纳为自己的附庸或派自己的附庸担任主教或修道院院长。由此,教会和修道院可直接分封采邑给骑士,形成在教会地产上的世俗等级关系。国王把教会和修道院地产用于军事目的,引发了许多教会首领的不满和

---

① Perch 为用来测量土地的单位,面积合 25.29 平方米。

② F. L. Ganshof, *Feudalism*, p. 37.

③ Oliver J. Thatcher and Edgar Holmes McNeal, eds., *A Source Book for Medieval History*, New York: Charles Scribner's sons, 1905, pp. 352–353.

痛斥,激化了教俗间的矛盾。此外,依照国王的指令,教会授予骑士们的采邑要向教会再缴纳第二个"什一税",即所谓"九分之一"税。这项规则尽管在查理曼和虔诚者路易统治时期仍然存在,但已经不大普遍。① 为了缓和与教会的矛盾,有些地方在分封教会地产时便明确教会对该领地的所有权,也执行了持有这类采邑者每年向教会缴纳少量租税的规则。

世俗附庸们获得教会财产现象不仅在土地财产(包括森林)方面,他们还能获得某个修道院、教区教堂或小教堂等,把这类宗教机构作为采邑,并从中获利。教区民众在宗教节日的捐献,平日所缴纳的财物,特别是"什一税",都成了许多世俗附庸追逐的收入。这种现象到10和11世纪已经十分普遍,君主和地方各级有实力的封建主,如果有可能都会把这类对象作为采邑分给手下的附庸,有些教会财产甚至被世俗领主们多次转封,数易其手。

把教会和修道院土地及其机构作为采邑分给世俗附庸的现象,到11世纪得到限制,随着格里高利教会改革运动的开展,从教廷到各地方教会,对财产和机构的采邑化现象加以废止。尽管改革取得了明显成效,许多教会地产和机构得以归还,但各国或各地区情况不尽相同,此现象并没有彻底解决,其过程也并非一帆风顺,有的采邑通过教会人士坚持不懈的努力,最终得到协商解决,有的则导致公开暴力冲突。到13世纪,仍有个别地区的伯爵把教会的"什一税"作为采邑收入。②

如前所述,采邑不单是土地形式,实际上几乎一切可以带来经济收益的东西都可作为采邑,成为建立领主—附庸关系的纽带。它有可能是收取费用的桥梁、渡口、一段交通要道等,也有可能是可获得出租收入的房屋,以及能带来经济效益的矿山、收费市场等。还有,一些军事设施,如城堡、要塞、堡垒等也都可以作为采邑分封给手下的附庸。③

采邑除了实物财产外,还可以指以服役为条件每年获得的固定货币收入,即所谓的"采邑年金"。它是定期获得一定数量的货币。此方式出现于11世纪,

---

① F. L. Ganshof, *Feudalism*, p. 38.

② G. Fourquin, *Lordship and Feudalism in the Middle Ages*, p. 134.

③ Theodore Evergates, ed., *Feudal Society in Medieval France:Documents from the County of Champagne*, p. 8; G. Fourquin, *Lordship and Feudalism in the Middle Ages*, p. 133.

1087 年佛兰德斯的一份材料中记载有两个兄弟从 Saint-Bertin 修道院获得一分采邑，为他们支付了 4 个银马克的津贴。这个记录清楚地表明，两个世俗人士以这个数量的报酬而成为附庸："通过双手(仪式)已经成为我们的附庸，你们每年获得一份采邑，每人两马克。"然而，这种"金钱采邑"并不总是付给货币，它不一定必须是由领主"财库支付的年金"，它可能从领主提供的能获得收入来源的某个项目中获得。在 12 世纪的尼德兰地区，领主们常会把某项税收或某个收费站征收权以货币采邑形式，作为支付附庸的报酬。① 它还可以用相当于一定货币价值的农副产品代替。此类采邑在法国、德国和低地国家，以及在英国诺曼王朝和金雀花王朝时期的都得到实施。②

"采邑年金"与封建社会中期后出现的"年金"(rente)不同，前者仍保留主从关系特征和一些封建义务，而"年金"起初主要指文职人员和城市从业者的年收入。采邑年金不一定是骑士军事服役的全部报酬，其主要功能是建立领主—附庸关系并明确双方的责任和义务。战争期间，骑士的服役薪俸、战马及装备损失补贴等要另行支付。西方有学者纠正了以往有人把采邑年金当成骑士军事服役全部薪俸的观点，并认为它与服役期间的薪俸是两回事情。③ 由于身份等级、服役时间和地区的不同，骑士所获采邑年金的数量有很大差别。即便是同一个领主，对其手下骑士授予的采邑年金也差别很大，法王腓利三世授予骑士的采邑年金中有:300 镑采邑授予 10 名骑士;300 镑授予 60 名骑士;800 镑授予 107 名骑士;14000 镑授予 300 名骑士等，数额不统一也不规律。除此而外，战争期间的报酬则依据具体情况而定，骑士等级不同，所获薪俸数量各异。百年战争期间，英国的伯爵们每日 13 先令 4 便士;方旗骑士 8 先令;一般骑士 4 先令。从英王约翰付与他骑士们的采邑年金、服役薪俸和酬劳对照表中可更清楚看到骑士收入的差别。④ 14 世纪后半期，采邑年金普遍出现衰落迹象，到 15 世纪后半期

① G. Fourquin, *Lordship and Feudalism in the Middle Ages*, p. 135.

② Bryce D. Lyon, *From Fief to Indenture: The Transition from Feudal to Non-Feudal Contract in Western Europe*, p. 5.

③ Bryce D. Lyon, *From Fief to Indenture: The Transition from Feudal to Non-Feudal Contract in Western Europe*, pp. 234-236, 243.

④ Bryce D. Lyon, *From Fief to Indenture: The Transition from Feudal to Non-Feudal Contract in Western Europe*, pp. 236-239.

基本被废止。尽管采邑年金延续了土地采邑所具有的一些封建内容,但在此之上的领主—附庸关系已趋于松弛,它是介于土地采邑与雇佣薪金之间的一种报酬形式。

采邑年金的实施在各地区并不一样,有些地方不承认这是一种采邑,特别在德国的封建法中,对这种新现象接受得非常迟缓,社会上对其抵制的现象也较为普遍,从而使此类采邑形式在当地很难得到广泛推广。导致德国此种情况的主要原因是,领主与附庸们的观念仍然守旧,认为采邑应是实物财产,即便领主授予附庸采邑年薪其方式仍须是授予一片土地上的货币年产出。德国的"法律文书"(law-books)中对用货币来定义采邑似乎也不支持,在当地法理学家眼中,为一处采邑提供一份完整的担保,只有它是一处实际的不动产才会有效。皇帝和各级领主也不习惯从自己的财库中拨款做这类采邑。德国的这种情况也与商品经济发展较为缓慢和落后有关。① 在佛兰德斯和下洛林基亚地区,采邑年金在12世纪末只被当作"期待采邑"(fiefs of expectation),国王或公侯们对这种采邑类型并没有形成持久性的实施习惯。在英国诺曼王朝和金雀花王朝时期,这种货币采邑则得到广泛和系统的使用。目前所知较早的例子之一是英国亨利一世国王授予法兰德斯的罗伯特二世伯爵一份货币采邑,数量是每年500英镑。在12和13世纪,英国君主们通过这种采邑授予方式造就了许多实力更加强大的附庸,其中包括少量法国、德国,特别是低地一些国家中的贵族。在法国,路易七世在1155—1156年授予货币采邑给其附庸,而且他的后继者们在货币资源允许的情况下经常采取这种分封方式。② 可以看出,商品货币经济的发展是货币采邑能得到普遍实施的基本条件,而领主与附庸们对这类支付方式的接受度,也是其能否得到广泛实施的重要原因。

采邑还可以是某些权力或职务。在法国的一些地方,有些诸侯的头衔即是采邑,国王在授予这类采邑时并非是授予土地,而是授予职位。在德国,也有类似情况。这种现象在文字中也有体现,honor一词在一些特许状中也是一种采邑概念,意为授出的某项官职。③ 在法国,这个词的使用有含义区别,在10和11

① G. Fouquin, *Lordship and Feudalism in the Middle Ages*, p. 136.

② F. L. Ganshof, *Feudalism*, pp. 115–116.

③ Edward P. Cheyney, ed., *Original Sources of European History*, Vol. IV., p. 14.

世纪朗格多克的一些特许状中,它的含义为赠予某项公共的或非公共官职,而且似乎也有一种被广泛占有的采邑含义。在 12 和 13 世纪,这个词被用于指代各种类型的领主权,甚至包括自主地的领主权。在 11 世纪的法国西部,有时它还指以"恩地"形式持有的某个郡。作为一般规则,这个词在法语文本中并不比同义词 feudum 多,它还经常被用于指代某些重要的采邑。①

在德国,一些"职务采邑"(functional fief)仍同加洛林时代一样,被称为 honor 或 honor publicus,而且到 12 世纪,这种用法更为普遍,公爵、伯爵、边地侯、主教和皇室大修道院长等总是对这种职位头衔很关心,他们以此臣服于皇室,实际上所获得的不仅仅是一项职位,也包括在此职位上的经济来源。这类采邑掌握在世俗贵族手中,后来变成世袭权力和地位。在 12 世纪,腓特烈·巴巴罗萨统治时期,这种与职务息息相关的采邑使封建附庸身份等级关系更为清晰,公爵、边地侯和大主教们直接从皇帝那里获得采邑,而伯爵们则持有各郡权力,成为皇帝的次级附庸。② 在英国,诺曼征服后的时代,这个词并不是 fief 的同义词,特别在 12 和 13 世纪,honour 这个词有特定的意思,它往往被用于指代大规模的采邑集合体,并且由最高级别的贵族们持有,这些人成为王国的主承租人(tenants-in-chief of the crown)。此外,honour 还带有某些特别重要的军事责任之意。

采邑持有者所承担的义务有时依照具体情况而定,并不统一。所谓"自由采邑",具有明显的"免责"特征。还有一些采邑明确规定了具体服役责任,如"铠甲采邑"(feodum loricae),要求服役者穿着质地精良的铠甲作战。在德国的"城堡采邑",其持有者的责任是在领主城堡中承担守卫义务。此外,还有一种采邑被称为"再持有的采邑"(fief de reprise),它在 10 和 12 世纪已较普遍地存在。这类采邑形成的方式是,一份自主地的所有者放弃对这片土地的自主权,通过一项庄重的仪式,把之转让给他人,然后成为他人的附庸。通过宣誓臣服效忠,领主再把这份土地作为采邑授给这位土地的原持有者。造成放弃自主地所有权现象的原因非常不同,有人在某种压力下被迫放弃自己的自主地;也有自愿

---

① F. L. Ganshof, *Feudalism*, p. 118.

② G. Fourquin, *Lordship and Feudalism in the Middle Ages*, p. 133.

放弃自主地给其他人以便获得保护;还有同意卖出这片自主地的所有权,并把这片土地作为自己持有的采邑。这种现象并非仅限于骑士范围,马克·布洛赫把加洛林朝及后来一段时期,由于委身行为所导致的土地所有权转移的现象称之为"献地运动",且规模较大。由于委身者献地的规模和身份不同,结果有很大差异,一部分地位低下的农民依附于领主后,向领主缴纳地租,成为依附农民。而地位较高且尚武者,则向领主服兵役,成为专门承担军事义务者。①

与这类采邑相关联的另一种采邑是,领主把所获得的这份采邑再度转手授予另一个人,从而使最初的持有者成为后者的直属附庸并持有这份采邑。这样便形成一种包括三方利益联系,契约中要明确三方在经济、政治等方面的权力(利)和义务。另有一种采邑类型是由于债务抵押而形成的,特别是在中世纪后期,这类采邑经常出现。当一个债务人为了偿还其债权人的债务,会把一份有产出收益的财产以采邑的形式封给债权人作为抵押品。这份抵押品有可能是自主地,也可能是次级分封的一份采邑。因而,这类采邑使以往的债务人变成债权人的领主。作为债务人的领主如果支付了已经是他附庸的债权人的债务,这位债权人必须交还此采邑给这位原债务人。②

王室与其附庸间的经济联系还有一种与采邑相似的形式,被称为"租用地"(tenement),这类土地只在塞蒂马尼亚(Septimania)和西班牙边区(the Spanish March)可看到,其通常为荒地或半耕地。持有这类土地的王室附庸在土地上的权力与采邑上一样,只是起初这类土地的持有权可以世袭。如果持有者对王室不忠,国王有权收回。此外,当授予附庸这类土地的国王死去,国王的继承人似乎也要重新履行封授仪式。然而,这类地产很容易被附庸变成其完全私有财产。在加洛林时期,把采邑变成私有财产是附庸们处心积虑的事情,一些附庸往往借助战乱和宫廷矛盾等机会,改变采邑性质。即便是在查理曼统治时期,这种情况也在所难免。这位帝王曾颁发法令,禁止任何人以各种不正当方式,包括发伪誓、诱导、欺骗等手段占有王室的土地。③ 特别是9世纪后半叶,法兰克西部地区由于政局动荡,这种现象更为明显。土地采邑是领主与附庸利益的核心,为此

---

① 马克·布洛赫:《封建社会》(上卷),第286页。

② F. L. Ganshof, *Feudalism*, pp. 123–124.

③ Frederic Austin Ogg, *A Source Book of Medieval History*, pp. 137–138.

双方发生争夺和冲突难以避免,由于附庸具有的骑士身份,有的还拥有自己的军队,这种矛盾冲突会在社会政治现象中有突出表现。

　　总之,作为领主—附庸关系的纽带,采邑具有多种类型,从采邑来源看,既有来自王室的土地,也有教会的地产,还有各级领主们的自主地等。从财产转变为采邑的渠道看,有各级领主进行分封的,也有君主要求教会和修道院对世俗附庸们的分封,还有把自主地交与领主,然后再作为采邑返还使用的。采邑的形式也多种多样,土地采邑是其基本形态,此外,还有各种实物财产、军事要塞、各种职权、教堂收入、货币等,凡能有经济产出的财产及收入,几乎都可作为采邑进行分封。到封建社会鼎盛时期,西欧的采邑名目繁多,有人研究后列举出来的数量竟多达 88 种,即便如此,还有人认为这个数字仍不足实际数量的四分之一。①

　　采邑制的出现与骑士制度的产生大体同步,然而,用采邑形式作为土地分配方式并非突然出现,有其历史铺垫。在罗马帝国后期和整个墨洛温朝时期,西欧实行一种所谓"租用地"(tenement)形式,它是一片规模大小不等的土地,由所有者授予另一个人,这个人即为"承租人"(tenant)。承租人对这片土地有持有权和使用权,同时,他对这片土地也有直接的管理和控制权。由此,承租人已经获得了对这片土地的所谓"物权",而其所有权则属于土地的真正所有者。在墨洛温王朝时期,是否存在国王或其他统治者授予手下的人全部所有权的土地,尚未发现有文献明确记载,但西方学界以往的观点认为,这种情况无疑是存在的。不过,民间租用地的方式在墨洛温王朝时期已广泛存在。此类租地通常由隶农或奴隶耕种,他们要为土地的主人提供固定地租和劳役作为回报,租地可基本满足租地者的生活所需,并且在现实生活中这类租地通常可以世袭。②

　　与此同时,租地的方式还有一种被称为 beneficium(恩地),其特征是以非常优惠的条件承租,承租者不服劳役,地租额也较低,甚至有的根本不付地租,土地所有者出于某种原因把一份土地授予另一个人。③ 此类土地具有所有者对承租者的恩惠和慷慨施予特征,获得土地者也往往对土地的主人感恩戴德。在墨洛温朝时期,这类土地有时出现在法律文献中。用 beneficium 一词所表示的地产

①　Frederic Austin Ogg, *A Source Book of Medieval History*, p. 214.

②　John L. LaMonte, *The World of the Middle Ages*, pp. 208−213.

③　John L. LaMonte, *The World of the Middle Ages*, p. 37.

形式存在较长时间,在 8 世纪晚期 feudum 一词出现后,该词仍然被较普遍使用,且在文献中可以被 feudum 一词替换或翻译。由此看来,它具有授予附庸地产的意思,西方学术界如今仍把该词翻译为 fief(采邑)。beneficium 一词反映的现象在加洛林朝时期大量出现,其含义也变得复杂,此词除了有授予附庸采邑的意思外,还具有临时持有的土地所有权的意思,也有为较低端的服役提供土地持有权的含义,以及教会"圣俸"的意思,其表达的含义要通过文献上下内容方能确认。其中,它在多大比例上是指代领主授予附庸的采邑,西方学界并没有明确说法,争议也颇大。到 1100 年前后,法国和意大利仍在使用这个词表示附庸的土地。在封建制度发展较为缓慢的德国,到 12 世纪 beneficium 得到普遍使用。该词在传播和使用的过程中,在不同国家和地区的不同时期,含义有明显差别,而且其用于指代采邑含义的结束时间也不同。①

与 Beneficium 意思相近的一个词是 precaria(恳求地),后者更经常被用于出租和租用契约中,它也是古典罗马法所使用的词汇。用这一词在契约中所表达的是,获得租地的一方有首先自愿提出请求的意思,也有出租方接受请求的意思。而 Beneficium 的意思则比较体面,不具恳求、恳请的含义,因而它更受到人们的偏爱。据布洛赫考察,促成这两个词语含义明显区分的主要事件是,从查理·马特开始,加洛林朝的君主们没收和掠夺教会财产并分配给他们的附庸,附庸对教会而言,这份地产在法律上是"恳求地",而附庸对国王来说,则是获得了一份"恩地"。② Precaria 通常是一定规模的租用地(tenement),起初通常是为了生活所授予,以一种较低的租税或根本没有租税的方式出租,也主要是教会出租。后来,有时也有国王或大的世俗领主采取此种方式出租土地。以此方式出租土地理由较多,有的可能是为了刺激人们耕种荒废的土地;有的可能是土地所有者被迫把一处地产交给有势力者,然后此地产再以有时限的"恳求地"方式返还当初的土地所有者使用。总之,采取这种方式分配的土地原因较多。

从上可见,在战争成为国家头等要务的局势下,建立和发展战斗力强劲的精锐部队,对君主和统治者们来说是需要下大成本的事情。为建立和发展高效的

---

① G. Fourquin, *Lordship and Feudalism in the Middle Ages*, p. 130.
② 马克·布洛赫:《封建社会》(上卷),第 277 页。

骑兵军队,国王和各级领主不惜下大成本,或者在宫廷和家中豢养骑士,或者分封土地招纳他们。无论是提供物质支持还是分封土地,君主和各级封建主都围绕以骑士为核心的军队建设形成自上而下的巨大利益共同体,同时,也形成保护他们自身利益的强大军事体系。

三、学术问题

领主—附庸关系是西方狭义封建制度理论的核心内容,围绕这种关系,近些年西方有学者做了批评并提出一些问题,所针对的主要矛头是:教科书中,特别是大量美国教科书中所详细描述的所谓"封建制度",整齐规范的"封建等级关系"并不切合实际,而且这种关系现象也仅限于部分地区,绝没有普遍存在于西欧各国和各个地区。[1]持这类批判观点的学者中,苏珊·雷诺兹具有代表性,在此不妨对其相关观点做简要梳理,以利于国内学界对此方面问题有进一步了解和认识,同时,也有助于增强本课题的问题意识。

传统封建制度理论中,有关附庸和采邑结合的理论遭到质疑。冈绍夫等人认为,在加洛林时期早已存在的"委身"和"恩地"(采邑) 现象得以结合。对此,雷诺兹承认,vassi(附庸)一词在查理·马特及其后代统治时期的材料中比从前使用得多,而且,在加洛林时代 vassi 一词比以前更多出现在宫廷护卫队和管理者方面。但是,这个词汇所指代的人员身份并不明确和单纯,早期材料中关于行臣服礼的程序中既不清楚也不确定是否指 vassi 而言。[2]她认为对此词的解释很大程度受到布伦纳观点的影响,造成了对加洛林朝有关"附庸身份"的传统解释。然而,这些解释所依据的是零星的证据,有些证据由法律条目构成,而这些法律条目又非常不像是正常情况的反映。此外,采邑的早期表述形式 beneficium(恩地)所表达的意思很不明确和全面,其反映的财产类型也各有不同。不是所有的 vassi 都获得了恩地,获得它们的比例也不清楚。在留存下来的材料中,有些"恩地"掌握在并不被称为 vassi 的人手里,或者即便他们是附庸,

---

① 　Sidney R. Packard, *12th Century Europe*, Amherst:The University of Massachusetts Press,1973, pp. 29-30.

② 　S. Reynolds, *Fiefs and Vassals*, Oxford:Oxford University Press,1994, p. 86.

也似乎是非常不同类型的人,有不同的责任,与王室附庸身份也不相同。没有证据表明 vassi 具有今天所解释的采邑持有者的意思。她最终认为,"把'附庸和采邑结合'的观点作为'古典封建制度'时代的介绍,顶多具有些简化性作用,但却是无价值的表达"①。

其次,雷诺兹认为,以往对附庸身份的研究很不深入,且存在误解。传统观点认为,"附庸"群体中的人员成分都一样,似乎所有领主与他们附庸的关系都是相同的。实际上,这个群体中既有地位极高的大人物,也有仆人、受庇护人、随从等,他们经常被称为 vassi 或 vassalli。然而,我们通常所看到和关注的大多数证据是关于王室附庸的情况,而王室附庸所履行的责任与其他附庸是不同的,并且国王或皇帝与其服役者们的关系也不同于其他领主与其附庸的关系。此外,国王或皇帝会制定法律,限制其他领主与其附庸们的关系,规定他们如有一方违反规则,正义的一方可终止其义务。她还对 vassi 或 vassalli 概念问题做了梳理,认为这个词语在中世纪的材料中并不像我们今天阅读现代人的历史著作所用的"附庸"一词那样普遍。起初,它经常出现在加洛林朝的材料中,并被法兰克的征服者们传到意大利和德国,而此时在英国则较少使用。10 世纪以后,这两个拉丁词继续在意大利使用,而在法国和德国则逐渐不被使用,由于法学家们在学院法律中保留了这两个词汇,才使其从意大利返回上述地区重新使用。从 13 世纪法国和德国的政府文件和法律条文中,显示出"附庸"在契约文献中受学院法律影响的进展。在英国,尽管也受到学院法教育的影响,但很少见其在整个中世纪时期一直都存在。同时,从文学方面的文本判断,此概念在法国通过方言的过滤,并没有领主与土地关系的必然内涵。在《罗兰之歌》中,它似乎经常表达着"英勇的附庸"之意,而且相同类型的意思在其他文本中亦可见到。需要强调的是,当"附庸"概念在北欧大约 1000—1300 年的历史著作中被提到时,或对当时材料的翻译中,以及文本编辑的注释和索引中,几乎总是使用一些不承担义务的代名词,或者像 fideles 或 homines 一类的词汇,而这两个词在某些场合被使用,其意思与历史学家们解释的附庸(vassal)一词的意思很相同,但两者有其他一

---

① S. Reynolds, *Fiefs and Vassals*, Oxford: Oxford University Press, 1994, p. 33.

些用法,而且是非承担义务的用法,这种情况在当时的材料中也能被找到。① 总之,这个概念所指代的人员身份在不同地区和不同场合是不同的,其含义也是多方面的。

再有,对领主与附庸关系在国家政治中的地位问题,雷诺兹反对以往观点中对其重要性的评价,认为不仅在加洛林王国时期,而且到了加洛林帝国时期,凝聚整个社会关系的功能不是人与人之间的契约关系。伯爵们作为附庸的职责与王室服役的所有其他成员一致,是负责维护对国王的忠诚和其他各色人对国王的服从的。被称为国王的 fideles 的那些人,在留下的材料中无疑也是相对重要的,他们之所以能被载入材料记述中,是因为他们在王宫中效力,或至少与国王有某种联系。然而,国王所有的臣属被设想为是忠诚于国王的,infideles 一词所表示的是对国王的反叛者,他们将受到处罚。他们与国王的 fideles 之间没有中间群体的例证。这或许是由于对国王的效忠宣誓从 789 年之前的某个时间被中断造成的。但是,从 789 年开始,所有年过 12 岁的男子被要求对国王及后来的皇帝宣誓效忠。在 802 年,对皇帝的忠诚宣誓与作为一个男人应该对其领主所做的宣誓一样。②

雷诺兹承认,她的观点并不否定国王和世俗贵族们有扈从和经常称之为 vassi 的仆从,也不排除他们经常授予土地给那些或多或少与这一称呼有关的那些人作为服兵役的条件。但是,除了国王对王室土地的采邑法令外,有关这方面的证据非常少,不足以解释这种关系已经具有对全社会的支配性。尽管中世纪的人们被培养成具有服从和忠诚的美德,这对理解他们的社会关系很重要,但这并不意味着社会真正只是依靠私人的、双重的人际关系和情感关系的群体来维持。原始材料中一些君主的规则需要分析,因为有些规则并没有记录,有些规则也总是被违背,单纯从规则中不可能表现出重大事情的全部范畴和标准特征。③

针对以往观点认为附庸身份是日耳曼社会结构及其演进的结果,雷诺兹提出一系列问题。认为塔西佗所记述的日耳曼人的社会情况与现代人类学家们的认识非常不同,古代晚期和中世纪早期的学者们对日耳曼人早期的社会情况做

---

① S. Reynolds, *Fiefs and Vassals*, Oxford: Oxford University Press, 1994, pp. 22—23.

② S. Reynolds, *Fiefs and Vassals*, Oxford: Oxford University Press, 1994, p. 89.

③ S. Reynolds, *Fiefs and Vassals*, Oxford: Oxford University Press, 1994, p. 28.

了修改，从而造成对该社会封建制度的认识发生改变。罗马帝国边境蛮族人的政治组织已经通过与罗马人的战争以及吸纳罗马人的政策等受到改变，许多后来入侵罗马帝国境内的部落和团队或许已经是两种文化的混合者，与他们以往的政治并不连贯，他们是没有根基的游击队。如果日耳曼人的社会和政治结构是连贯的，没有受到罗马文化的影响，他们的传统社会是不会习惯于农业社会生活的。这些入侵者的发源地以及他们在皈依基督教之前在罗马帝国境外的兴起等政治情况，我们所知甚少，蛮族社会中难道只有举行祭典的国王和军队的统帅才是权威人物吗？这些都是问题。另外，蛮族社会组织是排外的，或近乎排外，因而，认为附庸的兴起是因为血缘关系的衰落，似乎也不合适，血缘关系和贵族身份很少相互排斥。传统观点认为，附庸制的兴起是国家公权力的削弱和丧失所造成的，对此她指出，对早期中世纪社会公共和私人之间关系和义务区别的讨论是非常混乱的，部分是由于采纳罗马法的分级法，而这种分级法并不是在每个地方都合适，另一部分是由于某种"国家"观念，这种观念对于蛮族人来说过于理智和进步，而中世纪时期这方面的观念有个逐渐发展的过程。罗马的官僚体制和交通的瓦解改变了罗马境内的统治者和臣民之间道德关系，而加洛林帝国的官僚体制和交通状况在某些方面造成了这一地区更大的无序。然而，没有证据表明公益意识在这两个阶段已经消失。①

在其论述中，她甚至还认为对中世纪人际关系的考察应该摆脱"附庸"概念的限制，"附庸"概念隐藏在许多不同的需要澄清的关系类型当中。他们包括统治者、臣民、庇护人、委托人、领主和佃户、雇主和雇员、将军（或少数的指挥官）和战士，另外，也有地方豪强或恶棍及其追随者等。还需要澄清为了薪俸，或者为了保持自己的地位，或者只是希望得到好处而服役的那些人之间的区别，而且，被认为是受庇护者或受雇者之间的区分也需要搞清楚。

雷诺兹还讲到，否定附庸身份结构的复杂性及其在中世纪早期所存在的价值是愚蠢的，领主与他们随从之间的相互忠诚显然是重要的，并且在大量的事例中，下属的财产应受到领主的控制或约束。但是，我们应该更深入观察社会其他关系范围中的上下级之间的关系和价值，这些关系不仅是个人间的而且还有集

---

① S. Reynolds, *Fiefs and Vassals*, Oxford：Oxford University Press, 1994, p. 25.

体的。对此，首先应摆脱附庸（vassal）一词，特别是在材料中没有使用它的地方，而不是对它做拙劣的定义，或者由于增加含糊的假象来回避问题。以往被纳入"附庸"一词中的人际关系需要考察、辨析和改进，真正弄清楚被称为"附庸"的那部分人身份关系和实际所指，而不是从以往的定论中做逻辑推断。"附庸和附庸身份的词汇带有概念化的黑洞，这个黑洞湮没了各种关于对它们进行探讨的历史学识。"①

出于上述认识，雷诺兹提出，中世纪社会的人可笼统划分为三个范围，即三重分级。这种三分法并非是延续中世纪传统的"三个等级"（three orders）的划分法。第一等级为顶端范围，由贵族们组成，他们中的世俗者是那些佩剑、骑马、崇尚军事的人，他们不种地却靠种地人的劳动而生活。这部分人也包括高级神职人员，他们也是靠劳动者而生存，但没有佩剑。第三等级为底层范围，由农民及更广泛的劳动者组成，他们靠体力劳动为顶层社会提供租税和服务。在上述两个范围之间的为第二等级，其中包括相当大比例的人口。这些人并不都是自己耕种土地，但是他们比第一个范围的人更密切关注自己的生活收入和条件，并且更直接地管理自己的农民。他们中的许多人向第一个范围中的人纳税和服役。但是，他们的租税和劳役比底层的人要轻些，地位也不像底层人那么低。同时，他们中的一些人骑马，并且所有人可能都拥有武器，他们不被要求为战争进行军事培养和训练，他们的马匹不及第个一范围的人优良，他们的武器威力小，价格也低。生活在这个范围的人绝不该被称为贵族，但他们中的许多人在不同时期被称为自由民。在残留的材料中，无论把他们称为什么，他们中的许多人所拥有的自由程度都足以能签订协议，他们为土地提供服役的契约如果不平等，可以向不由他们领主控制的法庭抱怨和申诉。在三个范围中，特别是顶层和中层包含的人员非常宽泛，而且各个范围的人们之间，界限非常模糊。中世纪社会的层次关系如果用蛋糕和特来福甜点做比较的话，更像是后者，它的层次是模糊的。在中世纪早期，用法律和政治条件对贵族和自由民身份的任何定义都是不可能的。②

①　S. Reynolds, *Fiefs and Vassals*, Oxford：Oxford University Press, 1994, pp. 32-34.

②　S. Reynolds, *Fiefs and Vassals*, Oxford：Oxford University Press, 1994, pp. 39-40.

对社会阶层和人际关系做了重新构建后,她认为,有些贵族和自由民对其统治者的关系属于臣民对统治者的关系,像所有的朝臣、仆人和扈从一样在不同时期可能必须向其领主宣誓,并且举行象征性仪式以表示他们的附属地位或他们对职务和恩惠的接受。无论这些仪式是否相同,所有这些不同臣民对统治者的关系都是不同的。除了他们与其领主的关系,他们仍都与其他个人以及团体有其他的关系,如与他们的家庭和亲属,他们的邻居以及同事和在工作、社交中的伙伴的关系。我们需要研究的是统治者与臣民的关系、上级与下级的关系,而不是领主与附庸的关系。①

对雷诺兹的观点,笔者无力做全面评价。从总体情况看,她是力争要摆脱传统"领主与附庸"概念的束缚,从一种全新的视角和框架看中世纪的社会关系。其中有两个问题由于与本课题有关,需要提出。一是战争是西欧中世纪社会极为重要的现象,特别是在战争连续不断、社会动荡、人人自危的环境中,人际关系的组建及其特征一定会与之有密切关联,并且也会明显地反映出来。人们会寻求建立更为亲近、更为可靠安全的人际关系,这样的关系离不开军事。骑士和骑士制度的出现既是当时军事发展的需要,在很大程度也是人际关系与军事结合,向军事庇护方向靠拢的表现。从战争需要和军事状况以及当时社会经济发展程度看,利用分封土地建立开销巨大的骑士军队,使世俗贵族们在这样的军事集团中结成多重内容的人际关系,且构成他们相互保护的屏障,还能满足自己及家人的经济生活需要。统治者对军队建设所采取的措施和实施的政策,必然出于他们自身利益考虑,举整个国家之力建立装备精良的骑士军队,也使他们成为特权群体,这个群体内部的相互关系在整个社会关系中占有重要地位。因而,探讨领主—附庸关系及其特征,不可忽视骑士及骑士制度问题。然而,可能是由于注意力主要聚焦在对传统理论的"附庸"词义及其所含成分的批判之中,雷诺兹回避了对骑士问题的研究,她讲到:"'骑士的兴起'可能与我的题目有极密切的关系。尽管如此,我的计划几乎是完全绕开它,使我密切注意考察自由民和贵族掌握其土地的权利和义务问题。"②出于此种考虑,她即便对骑士现象有所提及,由

---

① S. Reynolds, *Fiefs and Vassals*, Oxford: Oxford University Press, 1994, pp. 46-47.

② S. Reynolds, *Fiefs and Vassals*, Oxford: Oxford University Press, 1994, p. 45.

于主要关注统治者与臣民、贵族与自由民问题而脱离对骑士群体及其内部组建关系的讨论,这与我们所要解决的问题有明显不同的视角和路径。

另一个需要提出的问题是,尽管雷诺兹试图彻底推翻传统领主—附庸关系理论,认为它是对学术发展的桎梏,但仔细观察,她并没有彻底否定这种关系的存在,只是这种存在并非像某些著作和教科书中讲的那么普遍、那么规整。她认为"采邑—附庸制度的概念和现象绝没有在任何地方集中存在过是不正确的,不过,它们是过于不连贯,过于松散,而且过于不完善地反映在被作为塑造中世纪概念类型的证据中"[1]。对此,笔者认为,历史中的许多现象并非是一刀切似的整齐划一,无论是"附庸""采邑"现象,还是领主—附庸关系,绝不可能在某个精确的时间,在加洛林国家的所有地区迅速而全面地出现。从查理·马特到查理曼,即便采邑分封现象越来越多,也远没有成为唯一的土地分配形式,而且也不是所有的附庸都能获得采邑。[2]获得采邑者也不一定都服兵役,附庸群体成分复杂是肯定的。然而,判断领主—附庸关系是否重要,是否应作为当时人际关系的一个重要方面来考察,关键不在于考察清楚当时材料中各种词汇及其概念关于附庸身份的细节差异,以及这种身份者的数量规模,更重要的在于这种关系是不是存在,以及当时社会环境是否存在使这种关系成为重要关系的条件。从骑士军队兴起的社会条件看,这个群体所处的军事地位、所掌握的政治权利、所占有的经济资源等无不居于社会上层强势位置,那么,他们之间所形成的关系在整个社会的重要性就不宜被低估,更不能被忽视。

---

① S. Reynolds, *Fiefs and Vassals*, Oxford: Oxford University Press, 1994, p. 11.

② F. L. Ganshof, *Feudalism*, p. 19.

第五章 骑士与封建政治

　　骑士制度的形成和发展使西欧封建国家的政治格局和政权结构等呈现相应的现象和特征。然而,在考察这方面问题时,骑士身份大多隐藏在封建贵族背后,文献中所记载的国家和地方各部门权力掌控者的身份往往是具有某种爵位头衔的贵族,这对通过骑士制度阐述西欧各国封建政权及法律体系中的骑士制度特征造成极大障碍,使研究政治和社会制度的历史学家们难以获取具有骑士制度特征的原始材料。为此,西方有学者早在一个世纪前就曾指出,以往历史学家们在梳理文献记载中很少提及骑士制度,他们已经成功地描绘了一幅中世纪画卷,其中经济和社会方面的观点占居如此支配地位,以致人们往往会忘记,骑士制度仅次于宗教是那个时代的人们思想和内心中最强劲的观念。① 由于材料方面的特点,国内学界在认识西欧封建政治及权力等方面问题时也容易忽略骑士制度的作用。例如,我们在了解中世纪英格兰宪政史过程中,经常遇到的 barons(国内通常把之翻译为"男爵")群体,给我最直接的印象是,这部分人是世俗贵族,在英格兰政治舞台上曾扮演了重要角色。然而,对这部分人需要注意的是,他们是国王的直属附庸,对国王承担军事义务。② 他们的身份使国王在遇到重大事务时要召集他们开会,需要他们支持并协助做出决策,也需要他们在各级权力结构中对国王的政令予以执行和落实,这也是他们作为附庸所必须承担的义务。这些人尽管获得采邑的规模不同,在贵族群体中的地位高低有别,但他们大多是军人,是骑

---

① Nigel Saul, *Chivalry in Medieval England*, Massachusetts:Harvard University Press,2011, p. 4.
② Sidney Painter, *The Rise of the Feudal Monarchies*, Ithaca,NY:Cornell University Press,1964,p. 47.

士群体中的成员,骑士身份会使他们在参与国家政治活动中显露出相应现象。在 14 世纪以前,包括国王在内的封建贵族们所具有的骑士身份成为西欧封建政治画面的一种底色,打开这幅画卷,人们会看到或体会到其中的政治特色。

一、加洛林帝国分裂后的状况

加洛林帝国是靠军事手段建立起来的政权体制,帝国内部各地封建主所辖区域隐藏着分裂和军事动乱的势头,而采邑分封制度以及与之联系在一起的骑士制度直接促进了加洛林帝国的分裂。法兰克国家政治版图的扩大是伴随着征服和合并其他日耳曼部族及其他民族地区实现的,像勃艮第王国、阿奎丹王国等转变为伯爵领地,加斯科尼、阿拉曼尼等公国转为公爵领地都隐伏着与中央的分庭抗礼。虔诚者路易继承查理曼权力后,由于其个人统治能力不及其父亲,封建政权体系中潜在的削弱和分裂中央权力的机能进一步显现出来。查理曼统治期间,加洛林帝国的版图从东北地区易北河延伸到西南地区的西班牙埃布罗河;从北面的北海伸展到南部意大利的卡拉布里亚。他力争建立起以皇帝为最高统治者,并实施中央一统制度。虔诚者路易即位后在教会势力的帮助下,更加重视皇权的威望和国家统一,817 年他曾颁布一项法令,坚定而明确地宣告帝国的统一和不可分割性。而且,为了避免延续法兰克人传统的多子继承习惯,防止帝国在多子继承中分裂,他将三个儿子中的长者罗退尔提升为皇储,成为皇位唯一继承人。然而,虔诚者路易无力彻底改变日耳曼人的传统观念和法兰克国家采邑分封制度给地方势力带来的权利。他为满足儿子们的欲望,缓解矛盾冲突,还是使用了分割领土的方式。这样的做法与维护帝国的统一、加强皇权的愿望适得其反,一些地区,如伦巴德、阿奎丹、奥斯特拉西亚、巴伐利亚等地区,尽管掌控在与皇室有血缘关系的人手中,但实际上已经依仗自己附庸们的支持日益疏远与皇帝的关系。当虔诚者路易还在世时,他的儿子们便举兵反叛。840 年 6 月虔诚者路易死后,帝国陷入内战泥潭,中央政权已经瘫痪。由于大量的土地分封,皇室经济衰败,已经无法维持帝国的一统局面。①

---

①　Victor Duruy,*The History of the Middle Ages*,New York:H. Holt And Co,1891,pp. 142~147.

以家族兄弟为首的争斗在 843 年有了结果,《凡尔登条约》把帝国一分为三。随后,获得西法兰克王国的秃头查理与获得东法兰克王国的路易对他们享有皇帝称号的兄长罗退尔的"中部王国"多次进犯,蚕食其领土,并在 870 年通过《墨尔森条约》实现了这方面的愿望。秃头查理在其长兄罗退尔的儿子路易死后,率兵入意大利并获得教皇的加冕称帝。当其兄日耳曼路易死后,他又乘势进兵东法兰克王国,但遭到日耳曼路易之子萨克森公爵路易的反抗,秃头查理被打败。与此同时,日耳曼路易的另一个儿子巴伐利亚公爵卡拉曼率兵攻入意大利,驱逐了秃头查理的势力,并自立为意大利王。秃头查理被迫返回意大利与卡拉曼作战,但当行至阿尔卑斯山时暴病身亡。秃头查理有四个儿子,为了防止日后的王位纠纷,他生前促使两个儿子进入宗教界,并为此捐献了大量财产给教会。在俗界的两个儿子是查理和路易,其中查理先其父而亡,从而路易承袭了西法兰克的王统。由于其说话口吃,故被称为"结巴路易"。路易在位不久便死去,其有三子,长子路易被封为纽斯特里亚公爵,次子卡拉曼被封为阿奎丹公爵,三子查理由于年幼没分得领地。然而,由于纽斯特里亚的路易和阿奎丹的卡拉曼不久便相继死去,西法兰克的教俗贵族们便在 884 年推举东法兰克的胖子查理为国王,从而使往日的加洛林帝国似乎又在胖子查理的统治下再度实现了统一。① 而实际上,这只是暂时的名誉上的统一,帝国由刚分裂时的三个王国增加到七个:西法兰克王国、纳瓦尔王国(Navarre)、普罗旺斯王国、外朱拉勃艮第王国、洛林基亚王国、东法兰克王国、意大利王国。888 年,胖子查理的逝世通常被认为是加洛林帝国的最终结束。

然而,加洛林家族在东、西法兰克王国的王统此时并没结束,但其分裂却越来越严重。西法兰克王国内部在 843 年的时候还只有阿奎丹和布列塔尼与秃头查理的王室公开抗衡。到了 888 年,这种状况进一步严重,各级附庸和地方权贵都在竭尽全力把自己所持有的领地变成独立世袭的小王国。此局面不单是各阶层封建主们所追求的结果,也是君主们被迫遵照土地分封传统行事的后遗症。秃头查理在临终前曾明文规定:有伯爵和附庸逝世,如果他们的儿子亲近我们,我们将把财产和爵位授予他。从中可见,无论是土地还是官职都成为可以世袭

---

① Ephraim Emerton, *Medieval Europe(814-1300)*, Boston:Ginn & Company,1894,pp. 84-90.

的财产和权利,不这么做似乎成了侵权和不公正的行为。到 9 世纪末,西法兰克国家有 29 个郡和一些地区建立了小规模的邦国,昔日身为附庸的公爵、伯爵、子爵等官员在其自己的辖区内俨然成为握有各种权力的君主。这样的分裂并没有停止,到 10 世纪末期前后,小王国的数量增加到了 55 个之多。① 这些国家的重要程度不同,它们的独立性也不完全一样,有的与王室保持着较频繁的交往,有的则处于更强大的邻国保护之下,但这并没有改变它们各自独立的特征,它们是在牺牲了中央权力情况下形成的地区性统治,而且它们的政治生命力都较为长远,并非是偶然短暂的存在。这种局面与采邑的世袭以及与之相伴随的军事功能息息相关。

在西法兰克内部不断分裂的同时,北方的诺曼人连年不断地大举进犯。早在查理曼时代,诺曼人即已成为经常劫掠和骚扰法兰克国家的劲旅。查理曼死后,诺曼人的进犯更为频繁。起初,他们借助船只沿河流和海岸烧杀抢掠,流动作战。840 年曾劫掠焚烧卢昂、南特、波尔多等地。846 年曾侵犯巴黎,迫使秃头查理缴纳重金后才得以解围,但他们后来的侵略和劫掠并没有停止。胖子查理统治时期,诺曼人再度围攻巴黎城,这位能力欠佳的皇帝竟不顾法兰克贵族们的反对,与诺曼人签订了屈辱的协议。愤怒的西法兰克贵族们召开会议,不承认胖子查理的皇帝地位,888 年拥立巴黎伯爵奥多(Odo)为西法兰克国王。而东法兰克贵族则拥立日耳曼路易之孙阿努夫为东法兰克国王。奥多对诺曼人的入侵没有良策,而且国内的诸侯势力也难以驾驭,更为严重的是地方贵族又在 893 年推举结巴路易之子查理为王。由于此查理年少无知且生性率直,故被称为“单纯者查理”。此后,奥多便与单纯者查理为争夺王位展开斗争。奥多在位十年后死去,单纯者查理成为西法兰克独立的国王。此后,西法兰克国王或出自加洛林家族或出自巴黎的奥多家族。987 年,西法兰克王国最后一位加洛林家族的国王路易五世在位一年便死去,奥多的甥孙休·卡佩(Hugh Capet)被贵族们推举为国王,开始了法兰西历史的新王朝。②

诺曼人对西法兰克王国的军事进攻到其首领罗洛(Rollo)时期达到一个新

---

① 基佐:《法国文明史·二卷》,沅芷等译,商务印书馆 1998 年版,第 210,213—214 页。

② John L. LaMonte, *The World of the Middle Ages*, pp. 164-168.

的阶段,他以卢昂城为根据地,四处出击,攻伐劫掠,势不可当。911 年,"单纯者"查理派使臣与之谈判,以封授土地并将女儿嫁给他为条件,诱使罗洛接受臣服,成为附庸,从而有了诺曼公爵及其领地。由于诺曼人强悍的军事实力,这一公爵领地的军事贵族们不仅对法国,而且对后来的英国、意大利等地的军事、政治都产生了重要影响。

东法兰克国王日耳曼路易也有三个儿子,且也为领土争夺时常兵戎相见。为平息纠纷,日耳曼路易在世时便分封领地:长子路易封得萨克森地区,并成为该地公爵;次子卡尔曼获得巴伐利亚地区,称巴伐利亚公爵;三子查理得到奥斯特拉西亚地区,并为此地公爵。由于两个哥哥相继死去,奥斯特拉西亚公爵查理获得了两个哥哥的权利,此人即是"胖子"查理。胖子查理被东法兰克贵族们废除后,887 年加洛林家族日耳曼路易之孙阿努夫(卡拉曼之子)被推举为国王,他把更大的注意力集中在对意大利的战争上,然而,国家内部的分裂状态使其无法在意大利建立长久稳固的统治,不久后他便撤离意大利。在萨克森人、维京人,以及西斯拉夫人等东部外族人的不断打击下,东法兰克王国内部的公爵、伯爵、主教和修道院长们各自加强守护,扩大势力范围,加洛林帝国时期的地方职权变成了独立的辖区,成为地方领主的自主领地,而地方势力与软弱的皇室关系若即若离。阿努夫死后权力传给其子"孩儿"路易(Louis the Child),路易在位不久死去,家族男性继承者断绝。王国的主要地区,如法兰克尼亚、洛林基亚、萨克森、巴伐利亚、士瓦本等地的诸侯们凭借自己的实力,雄心勃勃地盘踞一方,乐于皇权软弱或空位。然而,东部民族,特别是马扎尔人的进犯又迫使这些诸侯们不得不依靠统一领导,落实一致的行动。他们达成协议,推选出与查理曼家族女系血统有联系,但实力并不很强的法兰克尼亚公爵康拉德为国王(911—918 年)。这位国王在强化中央权力、促进王国政治统一方面没有明显成效,在其临终前,指定萨克森公爵捕鸟者亨利为东法兰克王国的王位继承人。东法兰克王国进入亨利一世(919—936 年)统治的萨克森王朝时期。[①]

获得东、西法兰克之间土地的罗退尔(一世)也是按照传统习惯把国家分给其三个儿子。长子路易(二世)为意大利国王,领有北部意大利大片地区,并承

---

① John L. LaMonte, *The World of the Middle Ages*, pp. 170–172.

袭帝号;次子罗退尔获得洛林基亚;三子查理获得普罗旺斯地区。当罗退尔一世死后,秃头查理和其哥哥日耳曼路易瓜分了处于他们两国之间的一片北方地区,使该地区成为法、德两国后来长期矛盾冲突的一个焦点。胖子查死后,此国家基本控制在地方势力手中,而其南部仍臣服于拜占庭帝国,且经常受到阿拉伯人从海上的攻击。阿努夫侵入意大利,打败北部和中部的地方势力。当他从意大利撤离后,意大利以及罗马的反日耳曼势力重新获得权利,贝伦加尔被推举为国王,后来又加冕称皇帝。但勃艮第的路易对其不满,出兵夺取了皇帝称号,但却难以施行真正的皇帝权威。此时,在意大利内部没有出现一位真正能够统一整个国家,并实施强力统治的国王。教皇也不希望看到意大利出现势力强大且能控制整个国家的君主,教皇往往借助能够为国王加冕称帝的权利,玩弄各种手段,按照自己的意图拉帮结伙,挑拨离间,使该地区的政治分裂局面更为严重。这样的政治局面为德国的历代君主和诸侯们对该地区进行长期不断的入侵和占领提供了便利条件。951 年,德国君主奥托率领军队进攻意大利,并使当地的国王成为其附庸。当奥托再度率军进入意大利后,不仅给自己加上了意大利国王的头衔,还于 962 年在罗马由教皇加冕称为皇帝。①

　　纵观加洛林帝国瓦解后的西欧政治局面,分裂、战乱可谓是主旋律。如果仔细分析其原因,固然能列出许多条,但其中最需要重视的是,土地分封与精良军队建设的结合,导致各个领地之上以军事力量为核心,形成具有强大战斗力的各自分离的政权系统。并且,采邑分封促成国家政治分裂的同时,使社会成员更加依赖领主—附庸关系的保护,国家处于无政府状态,而各地方则凭借更为直接的领主—附庸关系维护着区域的和平及权力的运转。地方政权由于传统习惯和契约规则而相对独立且具有合法性,并受到统治者们的普遍承认和执行。在这样的权力系统中,领主与附庸在追求安全和利益的过程中,形成与土地结为一体并具有浓重私人情感色彩的利益共同体,他们不仅凭借领地的实力,也凭借与土地联系在一起的每个成员的军人角色争取安全和利益的最大化。面对国家政治分裂和战乱局面,国王或皇帝们自然很不甘心,但却一时难以改变现状。君主们改变这种局面并彻底翻身的关键是,如何从根本上破解军队建设与土地的直接联

---

① 　John L. LaMonte, *The World of the Middle Ages*, pp. 173-175.

系,并建立由自己真正直接指挥的超强军事力量。这有待于借助商品货币经济发展的杠杆。

二、法兰西王权

(一)卡佩王朝初期状况

卡佩王朝初期,法国的政治状况可谓是加洛林朝制度的延续。987 年,休·卡佩被大贵族们推选为国王,正式开始了法国历史的卡佩王朝时代(987—1328 年)。卡佩能被推举为法兰西国王,反映了当时国家政治权力的基本状态:采邑分封所形成的拥有军事实力的地方诸侯们左右着国家权力,也决定国王的任免;领主—附庸关系构建的封建系统,不能没有国王,封建等级制度的金字塔如果缺少了顶端的国王,各方的利益将难以协调。然而,各路诸侯在希望有国王这个角色为他们的利益诉求,以及协同抵御外部势力入侵等方面发挥作用的同时,不希望这个角色的实力过于强大并控制他们。而此时的国王所希望的是,在保住自己王位不丧失,并且王位在家族内部传承的同时,尽力增强实力,扩大直辖领地范围,从而实现对整个国家的控制。国王与地方封建主之间围绕权力和利益的博弈,成为法兰西封建政治进程的主线。

休·卡佩即位之初,王室只领有以巴黎为中心的"法兰西岛"(Isle de France)一片狭小的地区,其势力远不及一些地方领主。国家政治格局主要表现在地方大封建主势力,佛兰德斯伯爵、诺曼公爵、勃艮第公爵、阿奎丹公爵、图鲁兹伯爵等,无论在领地面积,还是在政治、经济及军事实力方面都可与王室抗衡。休·卡佩实际上仍被这些地方诸侯们视为法兰西公爵,是他们联盟中的一个成员,只是被他们推举为首领,是名誉上的国王。除了上述大诸侯外,其他一些地方势力也逐渐壮大,布列塔尼、安茹等地区的势力日益发展,成为不可小觑的诸侯。再有,一些郡级势力崛起,图尔(Tours)、布卢瓦(Blois)、沙特尔(Chartres)、莫(Meaux)、普罗万(Provins)等都发展成为政治独立的地区。在法兰西国家土地上获得世袭的独立领地大大小小多达 50 余个,这个国家与我们今天的国家概念相去甚远,与其说它是一个国家,到不如说是大伙共同承认某人为国王,各自独立的松散联合体。①

　　休·卡佩意识到要在各大诸侯中间保持自己家族的地位,并居于各路诸侯之上,首先必须保住王权,使王权在自己家族中得到传承。即位不久,他便要求贵族们同意其长子帮助他共同治理国家,从而开创了卡佩王朝维护王权的一种惯例:国王在位时便可在高级贵族认可条件下任命自己的长子辅助执掌王权,从而使自己儿子继承王位成为既成事实,国王逝世之前便确定通常是长子的王位继承权。这项规则一直延续到 1227 年,它使法国的王位世袭得到整个社会的承认,也意味着卡佩家族后来的庞大产业不可分割继承,而且,此家族的私人领地转变成了王室领地。王室领地向民族国家版图的发展转变,是王权逐渐加强、王室领地不断扩大的过程,也是铲除和平复地方封建势力,实现国家政治统一的进程。而这一过程较为漫长,也充满坎坷。②

　　休·卡佩王室的直辖领地,主要在巴黎、奥尔良和德勒(Dreux)几个郡,这些地区的庄园为卡佩王室提供各种物资并维持直属军队的开销。卡佩王室除了上述地区外,还成功控制了布列塔尼周围地区的一些主教和修道院的土地,并从中获取物资支持。③ 国王在其直辖领地除了获得生活资源外,也像其他领主一样拥有其领地上的各种特权,以及这片土地上的最高统治权和司法权等。作为国王,依靠这片领地既可为自己实施各种权力提供场所,也可凭借这片领地集聚力量向外扩张,实现对整个王国的真正统治。然而,在卡佩王朝之初,王室不仅无法控制整个国家,甚至连王室领地内的事情也难以搞定。从休·卡佩,到其儿子虔诚者罗伯特二世、孙子亨利一世、曾孙腓力一世期间(即 987—1108 年间),王室领地内动荡不安,大小封建主和行政官吏往往把所管辖领地作为自己势力范围且世袭占有,有的在其控制区建造城堡,实行军事管制,甚至国王自己通行都受到限制。

　　卡佩王室领地内起初各项管理机构仍具有日耳曼人早期家臣和附庸制特征,同时也具有骑士制度的军事色彩。所设"管家"(Seneschal,该词最初是指"老仆人")一职主要负责王室寝宫事务,以及国王的私人财产及贵重物品,包括

　　①　J. R. Moreton Macdonald, *A History of France*, Vol. I, New York, 1915, pp. 97-99.

　　②　W. Scott Haine, *The History of France*, Greenwood Press, 2000, pp. 38-39.

　　③　Sidney Painter, *The Rise of the Feudal Monarchies*, Cornell University Press, 1951, p. 12.

金银财宝、衣物用具等,同时也负责寝宫内的安全,除国王和王后外凡接近或进入寝宫者,皆受其询问和盘查。此职务后来发展为军事指挥官。宫廷"总管"(Constable)起初指马厩倌,与管理马匹的职务有关,后来成为军事统帅。"司令官"(Marshal)最初是"马夫"之意,后来演变为军事将领。此外,像宫廷中负责管理膳食的伙食管理员(Steward),主管酒类的 Butler,配菜员 Dispenser 等职务,后来或成为军队指挥官,或成为司法管理者,或成为军事物资和后勤供给官员。卡佩朝早期的宫廷已经没有了加洛林帝国时期那种召集各路诸侯举行大型会议商讨国家重大事务的现象,而是举行更具家族特征的会议,参会者为王族亲属、王室直辖领地的附庸、地方管理者和家庭仆人等,这种会议类似加洛林朝时期附庸为领主提供建议,帮助领主商议重大事务的政务会,只是关注和讨论的内容基本限于王室领地之内。此外,王室的宗教事务和政务管理中草拟文件,为国王写信函等事项,都由教会人士担任,起到宫廷秘书的作用。①

　　然而,尽管卡佩王朝早期王权势力软弱,政局分裂严重,但王室却没有丧失王位,也没有被其他诸侯吞并。其中的原因有多个方面,其主要方面与大封建主的利益追求所形成的相互牵制有关。没有人愿意推翻现有王朝而背上背叛领主篡夺王位的罪名。各路封建主更愿意保留这个理论上的君主,特别是在这个君主没有实力干预他们各自行动的时候。此外,各大封建主也不能容忍他们中间的任何一位夺取王权,打破现有的平衡局面。再有,在卡佩王朝这段困难时期,教会一直支持国王,尽管教会无力阻止这个国家内部的战争,但却希望基督教社会能保持最基本的秩序,维护国王的权威与这种目的相顺应。虽然卡佩王朝的国王们与教会偶尔也会有些矛盾冲突,但总的看,借助教会支持与各路封建主周旋是王室的长期策略。教会所宣扬的国王及其机构的神圣不可侵犯性,与封建理论中附庸不得侵犯其领主的主张相契合,从而帮助了卡佩家族王统的延续。

　　(二)国王与封建主的斗争

　　采邑分封与骑士制度的结合是领地与精英军队建设的结合,而这些军事精英又是各自领地中的领主,许多拥有一方土地的领主也拥有属于自己的军事下

----

① Andrew Bell, *A History of Feudalism, British and Continental*, pp. 220-235.

属,各级领主自己所持有的土地以及在其之上的各种权力是他们的利益核心,他们的军事、政治、经济、司法等政策的制定和实施基本立足于此。身为军事精英的封建主与其属下附庸所构建的关系对于国王权力有不可避免的威胁。中世纪法国国王在与各路封建主的长期斗争中权力逐渐加强。

　　1108 年路易六世成功接替其父王腓力一世的王位,开启了卡佩朝国王与各地封建主斗争的新历程。路易六世身材魁梧、精力旺盛,崇尚武功和骑士精神。他即位之初,王室统辖范围仍大体局限在祖传的领地中。即便在王室领地内,王权的运作也不顺畅,地方势力对国王多有冒犯。在巴黎与埃坦普之间的蒙累阿雷(Monreale),在巴黎与奥尔良之间的普西(Pusee),在巴黎北部的蒙摩隆西(Montmorency)等地区,当地的封建主修建起坚固的城堡,凭借各自的军事力量与国王分庭抗礼。对此,路易六世采用法律和军事两种强硬手段,为约束王室领地内贵族们的行为,他延用传统方式,分别召见他们,令他们在国王法庭上处理和回答一些治安和暴力方面的案件和问题。然后,国王做出裁决,令其回去执行。如有不服或反抗,路易会借助教会力量开除其教籍,甚至调动军队镇压,迫使其真正臣服。经十年左右的努力,路易摧毁了他们的城堡,没收了叛乱者的采邑,从而基本铲除了王室领地内的地方分裂势力,建立起稳定的秩序。在这个过程中,他也扶植了一批死心塌地效忠于他的附庸,其中一部分人及其后代成为王权加强过程中的核心成员。直辖领地成为法国国王向外扩张王权的根据地。[1]

　　路易六世加强王权的最大劲敌是诺曼底公爵和英国国王,威廉公爵征服英国后,英国国王或王室成员往往身兼法国国王附庸的角色,值得注意的是,英国历届国王对这样的关系或明或暗都予以承认。两国关系由此变得十分复杂,关于领土等方面的利益纠纷长期积怨,并结成世仇,为后来"百年战争"留下隐患。路易六世对诸侯们的基本态度已经令他们感受到王室的威严和国王的实力。威廉一世的小儿子亨利一世在位期间,由于囚禁其兄长诺曼底公爵罗伯特并直接控制了这片领地,这为路易六世发难找到口实,他以诺曼底公爵是其附庸为由插手该领地继承权,说使罗伯特的儿子与亨利一世抗争,并在 1119 年出兵与英国开战,但结果被英军打败,后经教皇调解得以平复。1124 年两国再度动兵,英王

---

　　① 　J. R. Moreton Macdonald,*A History of France*,Vol. I.,pp. 113–115.

联合德国皇帝亨利五世,采取南北夹击之势,试图置路易于死地。在整个法国面临危机,各路诸侯利益受到威胁之际,路易的威望和凝聚力得到提升,甚至一些平日与之有隔阂的封建主们也放弃前嫌,表示要在国王的率领下精诚效力,抵御入侵者。此时,封建领主—附庸关系机制发挥了作用。地方封建主们积极响应国王的召唤,纷纷发兵,集成 20 余万人的军队支持路易六世。在如此强大声势面前,亨利五世中途而返,放弃了攻打法国的计划。除此之外,路易六世对阿奎丹公爵领和佛兰德斯伯爵领等地也曾出兵干预,他的强势态度和行为赢得了一些地方诸侯的敬畏,并向其示好和靠拢,阿奎丹公爵临终前把拥有广袤地产继承权的女儿埃莉诺托付给路易,这为他经略法国南部地区提供了方便。路易安排埃莉诺与自己的儿子路易结婚。1137 年,年轻的路易与埃莉诺结婚并获得阿奎丹公爵头衔,是年年底继承王位,为路易七世。[1]

1180 年腓力二世接替其能力欠佳的父亲路易七世的王位后,励精图治,加强王权统治,并取得明显成效,被后人誉为"奥古斯都"。他即位后,所采取的政策仍是以军事实力为后盾,坚持用战争解决根本问题。1181 年之后的 5 年中,他断断续续与佛兰德尔、艾诺、布洛瓦、勃艮第伯爵等进行战争,且合并了威尔曼图瓦伯爵领地和亚眠。即位之初他便清醒地认识到,他的最大敌人是英格兰国王。当时英国金雀花王朝在法国占据着诺曼底、布列塔尼、曼恩、安茹和阿奎丹等地,由于路易七世与埃莉诺婚姻变故,阿奎丹领地划归英国王室后,英国在法国的领地规模超过法国王室领地的数倍,不仅成为法国政治统一的最大敌人,也是国家安全的最大威胁。腓力二世的对手是英王亨利二世、狮心王理查、失地王约翰三任国王,在与他们的不断斗争中法国王室领地逐渐扩大。[2]

面对强大的亨利二世,腓力二世在与之动兵的同时,继续沿用其先辈的策略,挑拨亨利二世与其四个儿子,以及四个儿子之间的矛盾,造成其家族内部的矛盾冲突,从而削弱其力量。1187 年和 1189 年腓力二世与亨利二世的两次战争都获得胜利,并迫使亨利二世让出一些土地。狮心王理查十分崇尚暴力,并被誉为"骑士之花",这使腓力二世感到他比其父亨利二世更具威胁。两人在参加

---

[1]　J. R. Moreton Macdonald, *A History of France*, Vol. I., pp. 116-119.

[2]　J. R. Moreton Macdonald, *A History of France*, Vol. I., pp. 132-133.

第三次十字军东征期间争吵不休。1191 年,腓力借口身体有病提前回国,并借狮心王理查留在东方征战之机,与理查的兄弟约翰结盟,以扶助约翰获得英国王位为条件,换取英国王室在法国的领地。

约翰继承英国王位后,腓力继续使用挑拨离间的手段,先是支持约翰王的侄子布列塔尼公爵阿瑟与其争斗,随后借阿瑟被约翰所杀的传言发动几次小规模战争,赢得阿瑟附庸们的支持,并获得当地几处领地的直辖权。不久,腓力二世又指责约翰与伊莎贝拉的婚姻问题,要求其出庭接受审判,1202 年腓力二世对约翰实行缺席审判,以约翰作为附庸对法王不忠的罪名,剥夺其在法国领地的持有权,并发兵进攻诺曼底。1204 年至 1208 年间,约翰与腓力二世的交战连遭惨败,结果腓力把诺曼底、缅因、安茹等英王在法国的绝大多数领地收到自己手中。约翰对此并不甘心,纠集其侄子德国皇帝奥托四世以及法国境内的一些诸侯,在 1214 年从西部和东北部两面进攻腓力二世的军队,结果又失败,英国在法国的势力被彻底摧毁,腓力二世成为法国北部地区真正拥有实力的君主。对南方领土的收复,腓力二世主要借助教皇发动对阿尔比教派镇压之机,向前推动。他派遣其儿子路易以及其他臣属参加对南方的十字军行动,为后来最终把南方纳入王室领地铺垫了道路。腓力二世在法国王权加强的过程中打败了最大的敌人,领地迅速扩大,王室实力倍增。至此,法国国王也成为令其他国家敬畏的君主。①

路易九世在位统治时期(1226—1270 年),法国的王权进一步加强。他信仰虔诚,努力用基督教道德观念约束自己,尽力做到慷慨地对人,公正地处事,赢得了法国各阶层人的普遍尊敬和拥戴,死后被封为"圣徒"。他的执政方针在很大程度体现了有别于其他君主的风范,显得有些"超凡脱俗"。然而,路易九世并非是沉溺于虔诚信仰的教徒,他作为优秀君主所具有的勇敢品格体现在对各类敌人既能毫无畏惧地予以迎击,还能义无反顾地两次参加十字军东征,并死在了东征途中。他对法国王权加强的贡献,主要表现在对地方领主的控制和维护国内政治稳定方面。同时,他进一步完善了中央权力建设,明显增强了国王对国家

---

① J. R. Moreton Macdonald, *A History of France*, Vol. I., pp. 134–153.

军事、行政、司法、经济等全方位的掌控力。①

到腓力四世统治时期（1285—1314 年），他致力于把整个法国更牢固地控制在王权之下。他利用婚姻和继承关系等手段吞并了香槟、那瓦尔等地。发动战争与英国争夺加斯科尼，对佛兰德尔地区出兵以图掌控该地区。更重要的是，他的权力已经增强到可以与教皇叫板并获得胜利的程度。在他的运作下，教皇的驻节地迁至法国，且扶植起傀儡教皇。此外，他还使用强制手段消除了圣殿骑士团在法国的势力。由他开始召集的法国三级会议，已经表明法国的君主能够驾驭各主要利益集团，并使他们为王室服务。至此，王权已经构建起在市民、教会、贵族三方的相互牵制中得到支持的运作机制。②

法国王权与封建领主间所形成的斗争过程在很大程度上是采邑分封与骑士制度结合的必然结果，也是中世纪法国和其他主要封建国家政治的一大特征。在双方斗争中，王权的加强也有借助领主—附庸关系的一面，附庸必须承认国王作为领主的名分。尽管在王权加强过程中，国王不乏通过联姻、继承权、协商、购买等手段扩大王室领地。但是，凭借军事实力扩大王室统治范围是强化王权最根本的途径。每个国王都兼具骑士身份，他们不仅是军队的最高指挥官，在战场上他们也要身先士卒，是一名真正的战士。国王兼具骑士身份能促使他在扩大领地增强权力的过程中更倾向于动用武力，而其他一切貌似和平的行为都立足于军事实力基础之上。

（三）权力结构

如上所述，卡佩王朝早期国王的政权机构非常简单，王室的一些家内附庸便是掌管国家事务的官吏。这些人后来发展演变为重要的官员和军事将领。到13 世纪初，王室管理者们的职务已经与家庭事务分离，转变为高级官员，类似于宫廷大臣（Chancellor）。当国王有重要的事务需要处理时，便召集他们和一些亲近的附庸共同商议。国王法庭有重大案件需要审理，也需要这部分人听证和审定。在王室直辖领地上，设有一些"督察官"（Provost）进行管理，这类官员的权

---

① John L. LaMonte, *The World of the Middle Ages*, pp. 460-463.
② John L. LaMonte, *The World of the Middle Ages*, pp. 464-470.

力世袭，他们每年向王室缴纳固定数额款项，起初在经济不发达之时，依照规则以缴纳实物为主。国王率领他手下附庸在各个领地间巡游办案，同时也消费这些领地上所缴纳的物品。随着王室法庭处理案件的增多和范围扩大，到路易六世和路易七世时期，提拔了一些受过法律教育的人组成小规模的办事员团队，他们成为政权管理机构的新型管理者。这些人与王室官员以及国王的附庸们共同听审一些重大案件，而且许多较小案件往往会交给这些办事员审理。①

　　随着王权增强，腓力二世为了加强王室的权力，一方面选择自己的亲信担任总管、管家等职务，另一方面经常变更他们的权限，使他们所掌握的职权并不十分明确。此外，他还大力任用中等阶层的贵族，甚至是出身"卑微"的人担任王室职务，一些小贵族和王室骑士们担任外交官、法官、律师、执行官等。在地方，他不愿意再任命世袭的督察官，而是把新扩张的领地划分为管辖区，安排中小贵族出身者担任行政法官（baillis），并直接由国王任免。国王经常把他们在各地调换，防止其在某一地区形成势力。他们为王室征税和审理法律案件。无论是王室的官员还是地方官都有下属人员帮助他们处理各项事务，从而以王室为核心形成一批由国王直接任命和指使的官员。②到路易九世时期，宫廷和地方官员的薪酬一部分已经通过货币采邑来支付，这类报酬来源一部分出自王室财库，一部分出自地方督察官税收。对官员薪酬支付方式的变化，表明国王在加强权力的过程中逐渐摆脱领主—附庸关系所建立的政权体系和权力运作方式。

　　传统的议政会依然发挥着作用，并且国王还保留着传统的附庸聚集大会，国王利用这类会议为自己提供建议和咨询，对重大法律案件做裁决。国王在需要的时候召开这类会议，参加者是国王选择的亲信，包括王室家族成员、大贵族和中小骑士等。这类会议召开的次数和时间不确定，参加的人数和人员也不固定。1205 年腓力二世在希农（Chinon）召开议政会，召集贵族们商讨反对教皇不公正要求的问题，得到了参会者们的支持。1213 年在苏瓦松，1216 年在默伦（Melun），也召开这种会议商定对英国征战问题。总之，召集这种会议往往是国

①　Arthur Tilley, *Medieval France*, *A Companion to French Studies*, Cambridge: Cambridge University Press, 1922, pp. 38-42.

②　Ch. Petit-Dutaillis, *The Feudal Monarchy in France and England*, *from the Tenth to the Thirteenth Century*, New York: Barnes & Noble, Inc, 1964, pp. 235-236.

王遇到了重大事情。城市发展起来后,有市民代表被选拔参会。路易九世时期,每当王室需要货币支持的时候,便把注意力转向市民,与他们商议税收问题。1263 年召开的会议中,参加者有 3 名巴黎市民代表,3 名普罗万的代表,2 名奥尔良的代表,2 名桑斯(Sens)的代表和 2 名拉昂的代表。①市民的力量特别是他们的货币支持对王权加强发挥了重要作用,为国王摆脱传统的用人制度起到积极作用。1302 年,腓力四世在与教皇发生严重冲突时,召开由教会、贵族、城市代表参加的具有新型意义的"三级会议"。这次会议的召开既体现了国王在遇到重大事件时仍召集自己亲信帮助解决问题的传统,也反映了只有得到各方支持,国王才能顺利有效运作权力的政治体制。三级会议是传统议政会的改造和发展,国王所寻求的支持由当初的附庸向臣民层面扩大。三级会议起初对王权起到极大支持作用,成为国王落实各项政策的工具。随着社会关系及力量对比的变化,三级会议后来演变成了限制王权的机构。

王室领地的扩大促使王室权力细分。重大司法审判逐渐从附庸聚会的讨论中彻底分离开来,形成专门的司法机构。"最高法庭"(Court of Parliament)成为国家最高法律机关,国王担任首席法官,掌握最高司法审判权。王室"最高法庭"在理论上高于其他封建主法庭,下级附庸有权越过其领主法庭向最高法庭申诉。随着案件审理数量的增加,路易九世改变以往原始的巡游流动办案方式,在巴黎设立固定法庭并定期开庭办案。腓力四世时期最高法庭分为几个部门:"申诉厅"负责接收申诉状并决定可否予以受理;"调查厅"负责司法调查;"审判厅"负责审理案件。国王法庭审理权限扩及法国全境,接受来自各方的上诉。王权的强大使王室法庭的地位提高,影响力增强,成为覆盖整个国家的中央法庭。②

王室财政管理机构随王权增强而得以发展。地方行政司法官和王室总管的一项重要的职责是为国王敛财。腓力二世统治时期王室税收得到明显增加,这不仅由于实施了新型有序的公共税收政策,而且与王室领地不断扩大有关。国王从领地内的城市和教会收取赋税的同时,还尽可能通过传统方式从各地封建

---

① Ch. Petit-Dutaillis, *The Feudal Monarchy in France and England, from the Tenth to the Thirteenth Century*, New York: Barnes & Noble, Inc, 1964, p. 238.

② John L. LaMonte, *The World of the Middle Ages*, pp. 467-469.

主身上获利,使王室经济实力超过其他封建领主。从督察官上缴的账目中可看到王室收入的增加。1202 年,督察官们所缴纳的货币数量是 31782 巴黎镑,而到了这个世纪中叶数目增加到 50000 巴黎镑。以往国王通过巡游吸纳附庸财物的习惯,改变为货币税收的方式。路易八世时期,1223 年在这个名目下的税额是 1815 镑,而且国王借此名目尽力扩大税收。①

财政管理制度随税收扩大日趋完善。腓力四世为了对圣殿骑士团的财政加强监督,组织人对其账目进行年度审计,在此基础上形成"审计厅",专门审理和监管财务,并且在卢浮宫设立国库,任命专职官员管理。②

法国王权加强与国家政权机构建设同步,此过程也伴随着与地方封建领主们的争斗和博弈。采邑分封和骑士制度曾经对君主凝聚力量、发动战争起到重大作用,但其自身带有分散国家权力的因素,与王权加强形成矛盾,国王如何利用领主—附庸关系的有利之处,克服其不利方面,成为法国王权加强过程中的重要内容。法国国王一方面大力发展军队,兼并地方封建领地,另一方面要破解封建主们集骑士、领主和官员于一身的状况。以扩大税收为支撑,建立由国王直接招募和指挥的军队,组建直接听命于国王的官僚机构,是王权加强的必经之路。由于领主—附庸关系的存在,国王在与地方领主的斗争中,封建规则发挥着重要作用,在附庸必须臣服于领主的规则面纱下,国王竭力使扩大权力成为名正言顺的事情。

三、英格兰政权构建

同是日耳曼民族,盎格鲁—撒克逊人所建立的国家与法兰克国家早期的建制有相似之处。在国王之下,由王公贵族、地方领主和高级神职人员组成议事会,其成员需得到国王的认可。国王有权招募每个成年人当兵服役,他手下也拥有一些所谓的"领主"(thanes),这些人从国王手中获得土地并以服兵役作为回报。王室经济由分散在各地的直辖领地庄园提供。地方权力掌握在郡长、伯爵

---

① Ch. Petit-Dutaillis, *The Feudal Monarchy in France and England, from the Tenth to the Thirteenth Century*, p. 249.

② John L. LaMonte, *The World of the Middle Ages*, pp. 465–466.

和主教们手中,这些地方官员都是国王的亲信,掌管地方的宗教、法律和税收等事务,他们也往往是国王议事会成员。郡长是国王选派的地方官。较为集中的政权结构将对英格兰后来王权状况产生影响。在威廉征服之前,英国还没有西欧大陆那样的骑士军队建设和相应的制度。征服者威廉入主英国后,把较完整的骑士制度带到那里,从而也影响到这个国家的政治特征。[①]

(一)威廉一世的政策

此前英国的军队主要由民兵(fyrd)组成,他们通常从所有自由民中招集,每5个海德征召一人。在丹麦法中是每6个卡勒凯特。[②] 5个海德中的每海德出资4先令作为战士两个月的薪酬。这类战士可从普通农民中选拔,也可从为王室效力的地方贵族和教会贵族中征召。其人数最多可达到20000人左右,且主要是步兵。[③]即便有些贵族也备有马匹,但在战场上通常是步兵作战。威廉公爵在哈斯丁斯战役的胜利,证明了以骑士为核心的军队,战斗力超过以步兵为主的英国军队。

威廉夺取英格兰政权后,首先面对的是盎格鲁—撒克逊贵族在各地的反叛,同时,西部边境的威尔士人,北部边境的苏格兰人,以及来自斯堪的纳维亚人入侵的压力,使他面临的最重要任务是如何加强和完善军队建设以应对困难局面。为此,他对来自周边威胁势力,以采邑分封形式把边境地区的土地分封给自己的亲信,建立伯爵领地,形成抵御外部入侵的屏障。此外,他为扩大精英部队,直接分封了5000—6000名骑士。在战争期间,他们每年要为国王提供两个月的服役,在和平时期每年服役40天,而且,这些义务不包括守卫城堡。威廉召集参战的骑士数量,有人估计是60000名,此数目包括各地方贵族手下的骑士。[④] 支撑这部分骑士的经济来源,一部分是采邑,另一部分是提供各种物资或豢养,还有一部分是付给货币。英国也不乏占用教会和修道院土地增加骑士数量的现

---

① John Richard Green, *A Short History of English People*, American Book Company 1916, pp. 79–85.

② 海德(hide),能够养活一家人的土地面积单位,相当于60—120英亩。卡勒凯特(carucate),中世纪英国的土地丈量和估税单位,约合100英亩,但常依据土质而单位不同。

③ Philippe Contanmine, *War in the Middle Ages*, p. 51.

④ Philippe Contanmine, *War in the Middle Ages*, pp. 53–54.

象。骑士组成的军队为威廉一世维护政权稳定起到了至关重要的作用。

威廉一世及其伙伴们起初似乎对英国的土地和地理状况不十分熟悉,因而,分封土地的过程一方面依据盎格鲁—撒克逊时期所建立的区域划分,另一方面是利用撒克逊人的土地分封格局,把没收的土地分封给自己的亲信。同时,也对部分地方归顺贵族的土地予以保留,并以采邑形式分封给他们。由于采邑分封随威廉的军事征服展开,再加上盎格鲁—撒克逊贵族所占土地极为分散和混杂,使他分给每个附庸的采邑难以形成集中连片的规模。威廉一世的采邑分封,避免了像法国那样形成集中占有大规模土地的大封建主群体。规模的限制和细碎分散的领有采邑,使封建主们难以形成与王室抗衡的势力。此外,对于一些具有重大战略意义的地区,威廉一世采取集中管制的原则。苏格兰通往英格兰最便捷的战略通道诺森伯里亚(Northumbria),作为采邑分封给他的亲信守卫。靠近威尔士边境地区的一些郡,如柴郡(Cheshire)、什罗普郡(Shropshire)、赫里福郡(Herefordshire),都以同样方式分封给了他的亲信附庸。整个肯特郡分给了威廉一世同父异母的兄弟,同时他还身兼贝叶主教。苏塞克斯的领地则大多分给了随他而来的诺曼贵族。①

被国王授予采邑的人通常被称为 barons(封建贵族)②,每位从国王手中获得采邑的贵族,依据其采邑规模为国王提供相应数量的骑兵服役,并承担附庸的一般责任。为保证对国王提供相应数量的骑士,与法国相似,贵族们或者在家内豢养,或者是通过分封采邑的方式。大贵族由于拥有骑士的数量较多,必然要采取分封土地的方式招集一些骑士,而拥有 10 名以下骑士的中小贵族则尽可能避免把手中的土地再分封。每个骑士也都希望领主授予他们土地采邑。贵族把从国王手中获得的土地再次分封所形成的次属附庸,成为国王的后备军事力量。有些次属附庸的采邑规模也较大,可提供十余名服役骑士的需求供给。采邑分封形成与欧洲大陆类似的封建军事等级体系,英国国王成为领主—附庸体系的

---

① Sidney Painter, *The Rise of the Feudal Monarchies*, p. 46.

② barons,如将此词翻译为"男爵",难以体现英格兰封建贵族内部层次。在一些领主私人文献中,barons 一词可指从某个领主处直接获得土地的人,有时还用于指次属附庸,即附庸的附庸。Peter Coss, *The Knight in Medieval England*, p. 30.

顶头，也是最高军事首领。①

当发动战争时，大的直属附庸亲自带领手下的附庸们听从国王的指挥，小的直属附庸也直接听从国王的调遣，或者跟随郡长出征，郡长也直接听从国王的命令。为了克服欧洲大陆主从关系中"我的附庸的附庸不是我的附庸"的弊病，威廉一世在 1086 年召开有次属附庸参加的全国规模的大会，要求所有附庸直接向国王宣誓效忠，即所有持有采邑者都要听命于国王的直接指挥。威廉一世通过采邑分封建立起他所熟悉的军事精英队伍，同时也把英国大量土地掌控在自己手中，使其财力、物力、军事力量远远超过其他封建贵族。再加上在建立领主—附庸体系的同时，把权力运作一贯到底，使最基层的骑士也要听从国王直接指挥，从而使英格兰避免了法国式的王权从弱逐渐到强的发展道路，王权在较强的态势下得以运作和执行。

威廉一世的直属附庸并非只承担军事义务，其中一部分人还要承担从中央到地方的各级职务。与法兰克人传统的军人聚会商定重大事务相似，盎格鲁—撒克逊时期，由"智者"（witan）组成的咨议会（witenagemot）经过威廉一世的改造，成为由亲近的附庸组成的"聚会"（Assembly）。因而，与之相关联的古老拉丁词 Curia（库里亚）较之从前有了更复杂的内涵，既有国王所设 Council（政务会、咨议会）的意思，也有 Court（法庭）之意。当时的文秘官使用 Curia 一词时并不对两者做区分，这与此机构当初的功能没有明确区分为行政、法律、军事事务有关。②

从而可见，威廉一世通过采邑分封建立起主从关系体系，被国王选择参加王室"库里亚"政务会者原则上是其直属附庸，他的直属附庸不仅有高级神职人员，也有领得大片土地的大封建主，还有大量直接从国王处获得一份采邑的骑士。威廉一世每年举行三次这类会议，而且参会者身份地位的差别影响到后世上议院和下议院的成分组成。③王室政务会解决和处理国家重大事项，包括军

---

① Sidney Painter, *The Rise of the Feudal Monarchies*, p. 48.

② Ch. Petit-Dutaillis, *The Feudal Monarchy in France and England, from the Tenth to the Thirteenth Century*, p. 66. 由于西方学者通用 Court 一词表达这两种含义，国内不很熟悉西方这段历史的人理解起来可能会比较模糊。

③ 梅特兰：《英国宪政史》，李红海译，中国政法大学出版社 2010 年版，第 42 页。

事、经济、法律、行政等各方面。国王是这个会议的召集者,他所选择的参会者自然是听从他旨意的人,设置此会议的目的也是为了使他的政策得以顺利执行和落实。这种带有日耳曼人原始议事特征的权力机构,承担的职责十分庞杂,随着国家事务增加和权力增长,其中的军事、司法、财务、行政等事务逐渐分离并归属各自独立部门。除了政务会,国王身边还形成了一个小规模的核心团体,其成员有宫廷内部人员和挑选的教士等,负责执行王室日常各项具体事务,属于常设的小议政会。

由威廉一世分封的地方大贵族们,各自领地也有类似的政务会(curia),其职能与王室政务会类似,只是级别不同,负责本辖区内的行政、司法等方面事务,参会者是大贵族的下属附庸们。大贵族与其附庸们之间的关系和事务通过自己的政务会得以处理。①此外,威廉一世把各地方郡长大都换成诺曼人担任,这些人往往是国王在此郡最有实力者。并且,按照法国的习惯,郡级法庭与教会法庭分开,改变了盎格鲁—撒克逊时期郡长与主教在一起同时办案的传统。此外,他延续了英格兰国王以往的做法,严格控制主教和修道院长们的选举,没有他的同意教皇使臣不得插手此事。他把教会职务也作为自己统治机构的重要组成部分,其政令也往往通过主教和郡长们执行。

财政收入是威廉一世极为重视的部门。土地是财富的依托,也是财政收入的主要来源。他组织编撰《末日审判书》就是为了掌控全国的土地情况并从中获取最大利益。他取得了征收土地税的大量份额,《末日审判书》列举的农业收入总计大约在七万三千镑,是这些土地财产的七分之一。此外,在大小不等的王室领地上,每年可获得一万一千镑的收入。威廉的这项收入超过以前忏悔者爱德华时期收入的两倍。②还有,威廉一世仍然延续了以往丹麦金的征收。与此同时,财政管理机构得到加强。王室融合诺曼人和盎格鲁—撒克逊人的制度,设立金库(Treasury)和税务庭(Exchequer)。与加洛林时期的君主们一样,诺曼公爵曾把财物藏在寝室中,而衣柜便成为存放宝物的地方。随领主各处征战和巡游的寝室管理仆人或管家,负责掌管主人的钱包、珍宝和账目。诺曼征服后,存

---

① Sidney Painter, *The Rise of the Feudal Monarchies*, p. 48.

② Ch. Petit-Dutaillis, *The Feudal Monarchy in France and England from the Tenth to the Thirteenth Century*, p. 62.

放和管理财物的"公库"(Public Treasury)从寝宫中分离并设在温彻斯特,而王室的财务庭(Chamber)仅保留国王个人的财务。不过,在温彻斯特的"公库"一度并没有掌管各地方财物的权力,而是委托王室政务会的一个部门——税务庭掌管。各郡的郡长则负责所辖地区税收,并上缴至王室税务庭。①威廉一世的财政收入为维护各项军费开支提供了有力支撑。②

随征服者威廉出征英格兰的部队主力是骑马作战的军人,夺取政权后所进行的采邑分封使这部分军人的地位得到巩固和提高,他们中的许多人获得了各种权力。在领主—附庸体制下,国王作为最高宗主,形成以有骑士身份者为主体的世俗政权结构,世俗权力主要掌握在军事精英手中,政权结构具有强有力的平复国内反叛、抵御周边势力进犯的功能。拥有骑士身份的官员对国王的首要义务是服兵役,参与各级政务会或法庭事务是次属义务,特别对一些中小骑士,这方面义务是项苦差事,负担较重,他们并非心甘情愿地乐意承担。③这与我国古代取得朝廷官职即可直接获利的运作体系是不同的。

(二)王权走势

威廉一世对英格兰领主—附庸关系和军事政权体制的改造,尽管使王权避免了法国那样一度非常软弱的情况,但是,王权也要面对领主—附庸关系的军事化所带来的问题,国王与军事附庸之间既有矛盾冲突,又有相互合作和妥协,斗争与互利交织在一起。国王在利用附庸们不断增加自己权力的同时,也受到封建附庸们的抵抗和制约。

威廉二世(1087—1100年)即位后,也同样崇尚武力,注重对附庸们的控制,加强王权建设。他把许多著名的骑士网罗到宫廷中,并且为此倾注了大量钱财以赢得他们的效忠和支持。此外,他不惜代价发动战争,稳固自己的权力和地位。为此,他扩大税收,对包括附庸在内的犯罪者加大经济处罚力度,对那些所

---

① Ch. Petit-Dutaillis, *The Feudal Monarchy in France and England from the Tenth to the Thirteenth Century*, p. 63.

② J. O. Prestwich, "War and Finance in the Anglo-Norman State", *Medieval Warfare 1000-1300*, edited by John France, London: Ashgate Publishing Limited, 2006. p. 24.

③ 梅特兰:《英格兰宪政史》,第 43 页。

有权有争议的动产和没有明确继承人的土地实施严格征税,并利用封建规则对附庸进行搜刮。他大力征收采邑继承费,导致继承人们几乎难以承受,其目的是迫使继承者重新购买土地的持有权。如果采邑的继承人尚未成年,他会利用监护权从中敛财。附庸死后其妻子的再嫁,其孩子们的婚姻,都成为他收费的理由。为了扩大经费来源他还把一些职务变成采邑,分封下去。①威廉二世在加强军事力量的同时,还强化各级附庸履行军事义务的责任,不容许封建领主之间的私人战争,从而减少了附庸们的军事损耗。

把教会和修道院的土地视为自己的领地是诺曼公爵向来的习惯,威廉二世对英格兰教会土地的态度也不例外,他从教会空闲的土地和王室修道院的土地上攫取利益,把这些土地当成王室采邑,并苛刻地对待神职人员,向高级神职人员收取钱财。发动战争成为威廉二世向教会索取大量钱财的借口。②他大肆敛财的行为引起教、俗附庸们的极大不满,并举兵反叛。在1088年和1095年,地方封建领主们曾数次举行暴动。

1100年8月,威廉二世狩猎时身亡,随后其弟亨利在长兄诺曼底公爵罗伯特没做出决策之前便迅速取得王位。为了赢得封建领主们的支持,亨利收敛自己的行为,明确并规范了附庸们的义务,从而约束了自己的权力。他的执政风格被其继任者斯蒂芬评价道:"他是一位杰出的骑士,但在其他方面几乎是个傻瓜。"③亨利一世在加冕典礼时,由三位主教、三位伯爵和五位男爵见证,颁布了"第一部英格兰权利规章"(the first Charter of English liberties)。这部规章的基本内容是为了表明他要按照传统的规则行事,其主要内容包括:恢复教会的自由,教会职务空缺时其土地不得由国王剥夺;废除威廉二世所实施的"不公正的压制行为";维护和平环境,重新恢复威廉一世推行的法律。规章中还列举出对封建习惯的各种滥用以及对其修正的详细条目,从而使封建义务"公正和适度"。附庸在女儿出嫁和家中其他女性结婚时不必缴纳费用;寡妇可以保持单身;对未成年继承者的监护权归其亲属,而不是国王;附庸死后其家庭成员自愿

---

① 　Austin Lane Poole, *From Domesday Book to Magna Carta 1087-1216*, Oxford: Oxford University Press. p. 106, pp. 110-112.

② 　Frank Barlow, *The Feudal Kingdom of England 1042-1216*, London: Longman, 1988, p. 149.

③ 　Frank Barlow, *The Feudal Kingdom of England 1042-1216*, London: Longman, 1988, p. 170.

决定动产的保留和分配。各项罚款按照威廉一世以前的习惯做。由此可见,亨利一世是对威廉二世的政策做了否定和调整,对附庸们做出了让步和妥协。而且,他还命令直属附庸们要以上述规则对待他们自己的附庸,以缓解社会矛盾和冲突。①

对于亨利一世的《权利规章》,西方学界评价不一,有人对其评价很低,认为它是由三位主教和几个神职人员主持签署的,并不是英格兰当时政治现象的真实反映,甚至歪曲了历史事实。② 还有一些学者在著作中对此现象则是避而不谈或数语带过。不过,另有些学者则认为,此章程是历史上著名的法律文件,也是后来失地王约翰《自由大宪章》的前身,对英格兰宪政具有重要意义。今天看来,亨利一世《权利规章》的出现有其历史和社会原因。亨利是在十分匆忙中即位的。8月2日威廉二世中箭身亡,亨利第一时间得知消息后,没有按照常理立即收拾其亡兄的尸体并妥善安葬,而是首先急速赶到温彻斯特获取了王室的财宝,紧接着返回伦敦,在8月5日加冕即位。在3天时间里,做出如此系列重大举动,自然是由于担心手握兵权的各路附庸们能否立即承认和支持他。为此,他必须迅速向世人亮明规则,做出让步。还有,亨利一世匆忙即位,很大程度是为了在长兄罗伯特做出反应之前造成法定事实。此时,罗伯特正在东方参加十字军战争,得知消息后便立即返回,他早在其父亲威廉一世把王位传给弟弟威廉二世时就极为不满,对亨利的如此举动他自然更不会心甘情愿,如此罢休。更何况无论在诺曼底还是在英格兰,有许多封建主更倾向支持罗伯特继承王位。故此,亨利能否在短时间内赢得更多附庸们的支持是获取并坐稳王位的关键。再有,亨利在威廉一世的财产继承遗嘱中只获得了货币和财物,并没获得封地,因而手下附庸的人数远不能与其两个兄长相比,他必须在最短时间内赢得更多附庸的拥护和支持。③还有,面对英国王位的突然变故,以英格兰国王的领主自居的法国国王认为有了获利的机会,支持诺曼底公爵罗伯特反对亨利,激化英格兰贵族与亨利的矛盾。另外,旧有的盎格鲁—撒克逊大贵族潜在的敌对势力,也使

---

① Frank Barlow, *The Feudal Kingdom of England 1042-1216*, London: Longman, 1988, p. 172.

② Ch. Petit-Dutaillis, *The Feudal Monarchy in France and England, from the Tenth to the Thirteenth Century*, p. 74.

③ Austin Lane Poole, *From Domesday Book to Magna Carta 1087-1216*, p. 114.

亨利一世感受到外界的巨大压力,这也是其《权利规章》中部分地恢复爱德华时期法规的主要原因。然而,亨利一世对附庸们的权利让步并不意味着他是真心愿意放弃手中这部分权力,这种做法既是为了当初站稳脚跟控制局面,也是为了缓和威廉二世的经济搜刮所激化的王室与附庸们的矛盾。当他保住位置后,并没有严格遵照规章的条文执行,而且对那些敢于反抗和觊觎其权力的人进行坚决打击。以长兄罗伯特为首的贵族持续叛乱被亨利一世镇压后,许多贵族采邑被没收并遭到流放,罗伯特被囚禁在威尔士的卡迪夫一座城堡中长达 28 年,最终含恨忧愤而亡。

亨利一世在如何选用王室和地方各部门的人才方面,继承了威廉二世的政策,注意从地位较低的小贵族或非贵族出身者中提拔,以削弱一些地方郡长和直属附庸的势力。在司法和财政机构建设方面,他建立起新的王室司法部门(judiciary),审理王室法庭中有关王室财产和违反国王和平的案件。此项制度建设基于巡回审判制度,巡回法庭的法官代表国土对案件进行审理。在进一步健全司法体系的同时,培育了一批与政权管理相关的司法人才,这些人或调查、监督地方郡守们的行为,或成为王室的重要官员,像王室财务司法官(bailiffs)等职位,即由这类人员担任。为了加强财务管理,他还建立了新的统管财务的机构"财税署",有专门财务员计算和管理王室财产。作为王室官员的郡长们,每年要两次对国王的财务做清算,到"财税署"缴纳他们征收的税款。①尽管亨利一世对封建附庸们做出了明显让步,但其底线仍是按照传统的领主—附庸关系规则行事,他并没有放弃作为国家最高领主的基本原则,他坐稳国王宝座后所实施的政策是,在不激怒附庸们联合反叛的基础上,尽力加强王室的实力和国王的权力。

在金雀花王朝早期,英格兰王权在与封建领主们的博弈中进一步增强。1154 年,亨利二世即位后,面对斯蒂芬留下的王权积弱,地方领主势力膨胀的无序状态,他首先以坚决的态度恢复王室收入和领地规模,摧毁没有经过国王批准的"非法城堡",稳定各地方秩序。在战争频发的边境地区,王室的城堡得到重建。经过一年多的努力,亨利二世使英格兰境内基本达到和平安定的局面。随

---

① Robert S. Hoyt, Stanley Chodorow, *Europe in the Middle Ages*, New York: Harcourt, 1985, p. 339.

后,他把注意力转向欧洲大陆,实现对诺曼底、安茹和阿奎丹的控制,为建立领土辽阔的金雀花王朝展开多方努力。

在英格兰本土,亨利二世恢复财税署半年一次的收税活动,有规律地通过各郡和各王室法庭征税,特别是额外增加了对封建附庸义务的税收,并且加重了那些不顺从的附庸们的军事义务负担。此外,他把王室的巡回法官制度规范化,且成为其统治的一项特征。与此同时,他还开始在整个英格兰推行普通法,从而使王室法官们的审判通行于整个国家,摆脱了地方领主法庭各自习惯法的约束,增加了国王对司法权力的控制范围。亨利二世对郡长们采取稳健的制约政策,这些人不仅掌管地方事务,而且在斯蒂芬统治时期获得了高度自治权。1170 年,当他感到有足够力量对付这部分人的时候,便大肆声称这些郡长和官员们随意勒索钱财、玩忽职守,并借此进行大规模的问询,罢免了一些人的职务,此举即为"郡长问询"(Inquest of Sheriffs)。这是带有半司法调查性质的举措,其调查的范围并非仅限于郡长们,一些附庸和其他官员也在其列,目的是整顿官员,加强王权控制。[①]

为了削弱贵族附庸在军事方面的地位和实力,亨利二世即位之初便注意依靠雇佣军,轻视传统的封建征兵制。他认识到雇佣军的诸多好处,首先,雇佣军不像传统骑士组成的军队每年服役时间受到限制,雇佣军可按照付给他们薪酬的多少掌握他们服役时间的长短,从而为在欧洲大陆发动战争提供了有利条件。其次,雇佣军的战士可根据战争需要组建更为有利于作战的团队,国王能够高效地控制和指挥他们。为此,他鼓励封建贵族们通过缴纳"盾牌钱"代替服兵役,此举对转变传统骑士附庸的身份特征,化解他们对王权的威胁具有深远意义。1166 年,他命令调查各大封建主手下拥有采邑的骑士数量,从而把次属附庸们也纳入他征收"盾牌钱"的范围。此外,他还向新兴城市征税,各地区的城市也作为他的采邑,缴纳兵役免除税。[②]总之,亨利二世时期,英格兰在政权体制建设、税收、司法审判和军队改造等方面为王权加强做出了明显的成绩。此外,王权加强也反映在与教会关系方面,有关教、俗权力之争的情况,将在后面内容中

---

① John Richard Green, *A Short History of English People*, pp. 105–111.

② Robert S. Hoyt, Stanley Chodorow, *Europe in the Middle Ages*, p. 347.

有所陈述。

1199 年,失地王约翰即位后,英格兰王权再度受到封建主的威胁。这与约翰本人的能力及其所实施的政策有关,也与当时国内外的具体情况有关。他获得王位后便使用非法监禁和秘密杀害的方式,处置了他的王位继承的竞争对手——年仅 14 岁的侄子亚瑟。此事不胫而走,在民间广为流传,引起一些贵族的极大不满。更为严重的是,一些居住在法国布列塔尼和安茹地区的贵族骑士们向法王腓力二世请愿,以求为亚瑟之死主持公道,从而使事态变得更为复杂。腓力二世早已对英格兰不满并垂涎其在法国的大片领土,借此机会他传唤英王约翰到庭接受审判,否则,法国国王将以领主的身份没收约翰在大陆上的全部领地。约翰断然拒绝传讯,腓力二世便以缺席审判的方式开庭,判处约翰谋杀其侄子亚瑟,依照封建法规没收英格兰在欧洲大陆的全部领地。随后,发兵进入英属领地,许多地区的领主纷纷向法王表示臣服。到 1204 年年底,诺曼底、布列塔尼、安茹、曼恩等地并入法国王室版图。特别是英格兰王室祖先发家之地诺曼底的丧失,使约翰的威信极度下降,人们以"失地王"绰号把他钉在了历史的耻辱柱上。①

约翰并不甘心丧失大片领土,试图通过战争从法王手中夺回失地。由于缺乏战争经费,他便大肆敛财,他除了收缴"盾牌钱"等以往的税款外,还向臣民征收"狮心王"理查被俘后曾征收的税种,结果引起全社会极大不满。更为严重的是,作为君王,约翰无论是个人的武功,还是军事统帅才能都很欠缺,这在西欧中世纪战争频发的时代对国家实力的发展极为不利。并且,约翰与德国皇帝联合出兵进攻法国的军事行动也以失败告终。

约翰与教皇的关系搞得也非常紧张。由于约翰对教会也课以重税,再加上坎特伯雷大主教的人选问题惹怒了当时声名显赫的教皇英诺森三世。教皇一方面颁布破门律对约翰施加压力,另一方面挑动包括法国国王腓力二世在内的其他国家出兵讨伐。同时,号召英格兰国内的封建领主们反叛,结果迫使约翰屈服,跪在教皇使臣的脚下表示悔过。

约翰对所有失败都不服气,并且也不缓和与其附庸们的紧张关系,导致他们

---

① John L. LaMonte, *The World of the Middle Ages*, pp. 456–457.

发动武装暴动,占领了伦敦,并在1215年迫使约翰在他们事先拟好的文件《贵族条款》(*Articles of the Barons*)上加盖印玺。随后,在此基础上进一步修改完善,形成了举世瞩目的《大宪章》(*Magna Carta*)。①

从《大宪章》条款中明显可见,其核心是国王对封建贵族们做出妥协,用封建法和习惯约束国王。《大宪章》的签订,是诺曼征服以来英格兰王权与军事附庸间权力博弈的结果。在以往研究中,学界更多注意"贵族"与国王的冲突,从而忽视了英格兰贵族中的骑士身份,此时正是骑士制度鼎盛时期。"贵族"是一个被普遍使用的群体概念,它几乎可以指代世界各个不同地区,甚至不同时代的某个群体,具有极其笼统的含义。如果单纯用"贵族"身份理解国王与附庸的关系,难以清楚地认识西欧王权演进的内在机理和特征。正是由于具有骑士身份的贵族存在,才能真正约束英格兰国王的任性。他们是《大宪章》产生的最主要推动者,而教会人士和市民等其他阶层所起到的作用则在其次。②

约翰和后来的一些国王都不甘心遵守《大宪章》,贵族骑士们便通过不断的暴力手段迫使国王遵守规则。到亨利三世统治时期,由于高额税收等原因,双方又起冲突。1258年,以西蒙·德·孟福尔为首的反抗者迫使亨利及其太子爱德华在《牛津条例》上签字,目的仍是约束国王遵守《大宪章》规则。事后,亨利三世还是无意遵守条例,双方的斗争衍化成战争,国王兵败被俘。西蒙·德·孟福尔尽管掌控国家权力的时间很短,但在1265年召开的由各方代表组成的议事会,把英格兰政治向宪政道路推进了一大步。当1295年爱德华一世为战争筹款准备征税时,为了防止反叛事件再度发生,模仿孟福尔议事会的做法,召开国会,即所谓的"模范会议"。爱德华一世的亲身经历已经使他清楚地认识到,在首先保证国家政治稳定和统治集团内部基本和谐的前提下,方可逐渐加强王权。他召开的"模范会议"是在权力受限局面下,因势利导,使这个会议成为政权平稳运行的工具。至此,英格兰政权体制走上了宪政道路。骑士制度在英格兰宪政建设道路上起到了重要的推动作用。

① John L. LaMonte, *The World of the Middle Ages*, pp. 472–474.
② John Richard Green, *A Short History of English People*, pp. 126–129.

四、德国政治局面

德国的封建政治特征与英、法明显不同,这不仅表现在君主权力有其自身特征,也表现为国家政治别具一格。造成德国政治特征与英法不同的原因有多个方面,而骑士集团状况是其中的一个方面。

(一)骑士状况

德国地区(东法兰克王国)除了洛林和法兰克尼亚地区在墨洛温朝时期已经纳入法兰克国家版图,其余大部分地区,如巴伐利亚、士瓦本、图林根和萨克森地区,从加洛林朝早期才开始陆续并入法兰克国家,其中的萨克森地区则经过查理·马特到查理曼祖孙三代的不断征伐过程。骑士制度在这些地区随着加洛林朝的不断征伐得到传入和发展。总体看,德国封建早期的军队组建更明显受到部落血缘关系的影响,地方公爵和豪强势力,往往由本地区部落军事首领衍变而来,他们的军队主要来自当地部族较为原始的组织,具有日耳曼人早期服兵役者可获得土地的特征。随着军事发展和战争规模的扩大,公爵和诸侯们的军队中骑士数量不断增加。骑士不仅是职业军人,他们也随时为领主处理司法方面的案件,执行官方事务。这些装备精良的骑士有的是从领主手中分得采邑,有的是被领主养在家中,成为国王(皇帝)以及各路诸侯及主教们维护政治地位的核心力量。德国早期的骑士受加洛林朝军制的影响,大多出身于自由民,且地位较高,通常被称为 ritter。由于德国教会势力较强,大主教们也都组建骑士军队。在 981 年,增援奥托二世在意大利作战的大约 2000 名全副武装的骑士,即是由教会和世俗大贵族们联合派送的。[①] 然而,由于材料所限,早期身份自由的骑士情况学术界至今了解不多。到 11 世纪,地位较低且没有自由身份的"骑士"(ministeriales)大量出现,到 12 世纪他们在政治和军事方面形成强大影响力。在德国永无休止的战争环境中,充分显现出这部分军人的活跃。德国的骑士群体与英法有区别。

---

① B. Arnold, *German Knighthood 1050-1300*, Oxford: Oxford University Press, 1985, p. 17.

11 世纪以后,ministeriales 成为德国军事和政治舞台上的重要角色。他们身份地位很低,大都出身于农奴阶层。他们成为骑士有个过程,起初,他们似乎是农奴中地位较高者,为领主提供各种服役,其中有些人为领主从事经营和管理方面的事务。789 年,查理曼曾颁布命令规定,ministeriales 要提供军事服役。由于德国贵族经常不断地对意大利等地发动远途战争,这类骑士数量增加很快。到 11 世纪中叶,文献中关于他们的记载多了起来。这种现象与当时德国土地扩张以及国内大规模殖民有关,许多大领主从中获利并借机增强自己的军事实力。他们用更多的采邑发展骑兵军队,需要那些能打仗的人帮助他们统治和守卫扩张的领地。到 12 世纪,这类骑士十分活跃,当皇帝、公爵、大主教们出行时,身边经常伴随这类人,数量有时多达 500—600 名。① 而且,其地位不断提高,一些人进入宫廷和各级领主的政权机构,掌握各方面权力,成为德国社会举足轻重的阶层。与此同时,这类骑士与身份自由的传统骑士已经难以区分,他们相互通婚,融为一体。

出身于农奴的骑士,与他们领主间的关系更具有私属性,也更加密切,在经济方面他们对领主的依赖程度更高,而且,法律上也确定了他们对领主的依附地位。他们的身份是农奴,归领主所拥有。德国骑士较强的私属性,有利于各阶层领主组建更听命于自己的精英军队,从而便于建立独立的地方统治。身为农奴的骑士对直属领主更加忠诚和恪尽职守。德国骑士集团的特征对皇权状况和整个帝国的政治格局都产生了重要影响。

这类骑士不像传统骑士那样受每年 40 天服役时间的限制,他们能够较长期在国外参加战斗,从他们的军事装备也可看到这方面的情况。为了长途行军作战,他们配备一些相应的装备,如翻越阿尔卑斯山所需要的羊皮御寒服装,以及长途行军马匹驮载物品所需的包裹,备用的马蹄铁等。由于少受传统服役时间限制,他们可经常随领主远赴国外作战,为德国长期对意大利用兵,不断向东进攻斯拉夫人地区以及参加十字军远征等提供了便利。②

再有,农奴变成骑士,使他们中的一部分人拥有了采邑,也提升了社会地位,

---

① B. Arnold, *German Knighthood 1050-1300*, Oxford: Oxford University Press, 1985, p. 23.

② A. V. B. Norman, *The Medieval Soldier*, p. 109.

这些人自然成为其领地内和平及秩序的维护者,对德国国内一定区域的政治稳定起到作用。而土地的有限和他们对土地渴望的无限会使他们把目光更多地盯向国外,发动对外战争。

在 12 和 13 世纪,当出身农奴的骑士势力强盛之时,有些统治者受到英、法军队建制的影响,曾试图用雇佣兵代替这类骑士,但并没奏效。到 14 世纪,这类骑士发生明显分化,大部分人失去土地,生活贫困,有的甚至沦为拦路抢劫者,有些则为生存和利益打仗,成为大诸侯们发动战争的工具,而少部分人则成为地位显赫的贵族,依靠他们的地位和实力,更多地使用军事手段获取利益,参与并影响着德国政治。[①]

(二)皇权与帝国

962 年,奥托一世凭借军事实力加冕称帝。奥托一世所建立的"罗马帝国",既不是古罗马帝国的版图,也不是古罗马政治的延续,更不是近代概念的帝国形态,它实际上是一种被想象的对"罗马帝国"的恢复,是对混乱的德国和意大利等地区的世俗领主及教会势力宽泛的联合,也是对查理曼帝国的效仿。加洛林帝国衰落后,从奥托一世开始,自认为是罗马帝国继承者的德国君主们,建立罗马帝国的情结直到近代都没有间断。然而,从"大空位"到宗教改革时期,各路封建诸侯势力不断壮大,神圣罗马帝国便已名存实亡。"三十年战争"后,威斯特伐利亚和约规定各封建诸侯独立,只是皇帝的牌位还保留着。到 19 世纪初,拿破仑称帝后迫使哈布斯堡家族最后一位皇帝在 1806 年退位。自奥托一世到此,神圣罗马帝国名号断断续续延绵了 844 年。[②] 此处主要探讨 14 世纪以前的帝国政治状况。

奥托一世开创的帝国,是在战争不断的环境中建立起来的松散军事联合体。他的父亲亨利一世以萨克森公爵身份被其他公爵和主教们推举为国王,并且建立起一支规模庞大的骑兵军队。在父王基业之上,奥托一世通过对斯拉夫人、马扎尔人以及意大利等地区的战争和胜利,缓解并转移了与国内各大诸侯的冲突。

①　B. Arnold, *German Knighthood 1050-1300*, pp. 253-254.

②　Ernest F. Henderson, *A History of Germany in the Middle Ages*, London: G. Bell & Sons., 1894, p. 137.

此外,奥托一世对国内局面的平复还得益于对传统规则的利用,他不仅成功地从教会的授权中使自己的行为具有神圣合法性,而且还巧妙地利用东法兰克时期公爵领地继承权规则,以达到获取皇位的目的。938 年,奥托粉碎了包括法兰克尼亚公爵在内的诸侯反叛,使该公爵死在沙场,奥托利用封建规则先是令法兰克尼亚公爵位置空缺,随后控制了这一地区,并最终获得此公爵的头衔。地方公爵是皇帝在国内最强劲的对手,奥托一世为了巩固自己的地位,采取逐渐削弱士瓦本和巴伐利亚公爵权力的政策,收回被公爵们掠夺的皇室土地,并把土地分配给伯爵们,使他们成为直接隶属于皇室的附庸,培植他们与公爵们形成抗衡之势。然而,伯爵们最关心的也是自己领地内的利益,随着政治局势的变化,他们也依照自己的利益需求决定对皇帝的态度。此外,奥托一世还充分利用教会扩大自己势力,他自己选择亲信担任主教和修道院长,并慷慨地赠予他们土地和权力,使他们拥有骑兵军队,并获得参与世俗事务的权力,从而削弱和瓦解各诸侯领地内的力量。由于主教和修道院长职位不得世袭,更便于他安插亲信。中世纪德国主教和修道院长势力较之英、法国家要强大得多,有些主教后来发展成与世俗公爵地位相当的豪强,干预帝国的政治事务,这与早期皇帝们的政策有关。与英、法君主对地方权力的态度不同,奥托以及后来的皇帝们都没有寻求走彻底摧毁地方传统权力结构的道路,他们对那些原则上拥护自己的诸侯,基本采取不侵害其根本利益的政策,从而使地方诸侯们几乎能够完全自主地统治和管理领地内的事务。①

君主对地方势力的如此态度是德国历史和社会条件使然,因而,地方诸侯与皇帝间的冲突难以避免,几乎成为中世纪德国政治的常态,地方封建诸侯们不断增强自己的实力,他们是当时权力结构强有力的维护者,他们的联合既可严重威胁某个王朝的安全,也同样可使某个王朝保持稳定。对于任何一位皇帝来说,内心深处都有铲除地方诸侯势力的想法,成为统治整个帝国的真正皇帝。但是,历史流传下来的土生土长的地方势力和稳固的权力结构,使帝王们对此状况无能为力。更有一点是,在中世纪德国不仅政治思想领域没有形成铲除地方势力的强烈呼声,而且皇帝们自身也往往是这种地方分裂局面的产物,他们习惯于保留

---

① Ernest F. Henderson, *A History of Germany in the Middle Ages*, pp. 123-127.

各地方的权力,并没有形成把地方权力统统收归中央的坚强意愿,更何况包括奥托一世在内的一些皇帝正是在地方大诸侯们的推举下登上宝座的,一些诸侯为皇帝立下了汗马功劳,双方间也存在多重利益关系。

从上可见,德国皇帝在很大程度是一种荣耀头衔,他更像是各地公爵们的代表,也不时是某一地区诸侯地位的提升。从德国王朝更迭的情况看,奥托皇帝及其家族后继者主要从萨克森地区起家,实际是萨克森公爵实力和地位的提升。而亨利二世(1002—1024年)尽管继承的是萨克森家族的王位,但其所依靠的根据地则是巴伐利亚,他从巴伐利亚公爵而升任君主。康拉德二世从法兰克尼亚起家开创了萨利安王朝(1024—1125年)。罗退尔(1125—1137年在位)被诸侯们推举为君主也是基于萨克森地区的势力。而霍亨斯陶芬家族的兴起最初是在士瓦本公爵领地。[①] 从公爵变成为皇帝(国王)通常最重要的是凭借祖传领地上的实力,并获得帝国国库的财力,从而达到能召集各方公爵议政的程度。

德国皇帝对地方诸侯的妥协态度,也不能简单地被认为是他们个人的软弱无能,与英、法两国的君主们类似,作为皇帝首先应该是最高的军事指挥官和武艺高强者,从奥托一世到康拉德二世,再到腓特烈·巴巴罗萨等都具有能征善战的军人品格,且个人的武功也十分出众,这方面的能力是他们赢得威信,获得最高权力的重要条件。而大力建设和发展军队,自然也是他们最重视的职责和使命。

(三)争斗与征伐

德国的皇权(王权)、地方权力结构、军事组织等,长期影响到这个国家的政治。其中最重要的现象是:对内,尽管皇帝与地方大诸侯之间相互通常采取妥协态度,但他们的明争暗斗不断;对外,他们联起手来持续性地发动远征。对外发动战争可以为皇帝带来丰厚的利益,也能更好地张扬威望,还能缓解与地方诸侯间的冲突。对外战争也容易赢得教俗两界诸侯的支持,也能给他们带来实惠。因此,皇帝和大诸侯们在国内的利益之争,以及对外展开长期的战争,是德国政

---

① H. E. Marshall, *A History of Germany*, London: H. Frowde and Hodder & Stoughton, 1913, pp. 103-123,142-158,191-194.

治局面的基本特征。

公爵们之间以及公爵与皇帝之间的争斗不曾间断。奥托一世获得皇冠的过程伴随镇压一些公爵和地方领主的反叛。他继位不久便遭到其兄弟们的军事反抗,地方诸侯也纷纷响应。奥托杀掉了异母兄长坦克马尔(Thankmar),又打败其兄弟亨利和法兰克尼亚公爵、洛林公爵等,方使自己的地位稳固。1024 年,萨利安王朝的开创者康拉德二世与勃艮第贵族发生军事冲突,并获得胜利。为了加强军队建设,康拉德也曾大力提拔农奴出身者为骑士。[①] 1137 年,当霍亨斯陶芬家族的康拉德三世被推举为德意志国王后,遭到韦尔夫家族反对,双方战争持续不断,使德国一度陷入混乱局面。

腓特烈·巴巴罗萨掌握政权后,面对的是国内新的困难局面,萨克森和萨利安的大部分土地已经无法控制在他手中,而地方诸侯则借助混乱局面扩充了各自的实力,他只能更多地依靠士瓦本地区的力量稳定局势。腓特烈并不满足自己的德意志国王身份,他希望自己能成为基督教世界的神圣皇帝。然而,他并没有着力铲除地方势力,建立统一集权的专制国家,而是把目光转向国外,力图通过对外征战来维护帝国的声望。但是,由于国内的矛盾得不到解决,使得军事冲突日趋激化。萨克森及巴伐利亚公爵狮子亨利与腓特烈的冲突,最终只好借助教会的力量予以平复。[②]

到霍亨斯陶芬家族末期,德国诸侯们由于意见分歧,竟推选出两个皇帝,使内部矛盾进一步升级,并且还出现了德国历史上的一段"皇位虚悬时期"(1254—1273 年)。1273 年,诸侯们选出实力较弱的哈布斯堡伯爵鲁道夫为国王,国王成为各大诸侯名誉上的盟主,国家的权力分散在各地方诸侯手中。

德国内在的政治结构使其具有强大的对外战争倾向,而当时周边地区和国家状况也为德国向外大肆地征战提供了条件。奥托一世即位后,延续其父亨利一世的政策,对其公爵领地东部边界的斯拉夫人各部落展开战争,迫使斯拉夫人承认他为最高领主,并向其纳贡。他曾在易北河和奥德河之间下令修建守卫森严的城堡。对这片征服区,奥托一世或直接派代理人管理,或分封给亲信附庸。

---

① Sidney Painter, *The Rise of the Feudal Monarchies*, p. 96.

② Sidney Painter, *The Rise of the Feudal Monarchies*, p. 113.

同时,建立教会,迫使当地人缴纳什一税。德国征服者对当地居民贪婪、野蛮的搜刮和残酷的屠杀,不断激发斯拉夫人的反抗。当奥托一世出征意大利无暇顾及此地时,斯拉夫人曾全面反叛,驱逐德国人,捣毁城堡和教堂。德国对这一地区的征服和殖民一直延续到 12 世纪。除了征伐斯拉夫人地区,萨克森王朝统治者既担心南方士瓦本和巴伐利亚公爵反叛,也垂涎意大利地区的丰腴。奥托趁意大利和勃艮第王位继承引发内乱之机,抢在士瓦本和巴伐利亚公爵之前把勃艮第纳入自己的势力范围,并在 951 年率兵侵入意大利,自任伦巴德国王。962年,奥托率兵侵入罗马,他之所以热衷于获得"罗马皇帝"的头衔,也有为对外战争寻求依据的考虑,意大利、勃艮第和洛林等地区都属于原来罗退尔的领地,是查理曼"罗马帝国"的组成部分,他如今的征服行动即是罗马皇帝的使命。①奥托一世入侵意大利后便与南方拜占庭帝国势力发生冲突,经过一段时间的战争,双方媾和。此时双方存在着共同的敌人,即居于西西里的阿拉伯人。

腓特烈·巴巴罗萨对意人利的战争更为频繁,他曾六次率兵侵入意大利。第一次进攻意大利先是在北部地区获得伦巴德国王称号,随即发兵罗马,教皇哈德里安为其加冕称"神圣罗马帝国皇帝"。与以往不同,此头衔加上了"神圣"字样。德国骑士在意大利的胡作非为,遭到教皇以及各城市联盟的强烈反抗,这位皇帝也曾一度兵败,并被迫向教皇屈服。腓特烈把大部分精力都用在了对外战争和平复各地叛乱上,并且死在了第三次十字军东征的途中。其儿子亨利六世即位后占领了西西里,成为包括德国、勃艮第、意大利和西西里在内,地域辽阔的帝国统治者。此后,哈布斯堡王朝开创者鲁道夫一世也是能征善战的皇帝,除了对内用兵镇压反叛,对外也积极扩张,兼并了瑞士、阿尔萨斯等地区。②

德国皇帝对外扩张的胃口绝不限于上述地区,按照腓特烈·巴巴罗萨的意图,他权力所及还应包括当时臣属于帝国以及承认皇帝至高无上地位的那些地区和国家③,即那些曾为罗马帝国所辖的地区都有被征服的理由,他们对外扩张的铁蹄已经踏遍了意大利、勃艮第、易北河以东的斯拉夫人地区、匈牙利、波希米亚和波兰等地区。德国内外充满战争的历史,原因很多,但其中军队的组织建设

---

① Ernest F. Henderson, *A History of Germany in the Middle Ages*, pp. 124, 129, 137.

② Ernest F. Henderson, *A History of Germany in the Middle Ages*, pp. 291–303.

③ 詹姆斯·布赖斯:《神圣罗马帝国》,孙秉莹等译,商务印书馆 2000 年版,第 159 页。

和军人成分,特别是作为军队中最具战斗力的骑士群体,对通过战争获利具有无限的渴望是其中一个重要原因,他们是支持皇帝和诸侯们长期发动战争的坚实力量。

五、教皇的世俗权

在西欧封建社会政治舞台上,以教皇为首的基督教会形成相对独立的组织关系和权力运作体系,并对世俗权力进行渗透和参与。导致西欧政治如此状况的原因,既与自罗马帝国衰亡以来的政治、军事等发展演变的历史有关,也与基督教组织自身特征有关,这是一个较为复杂的大问题,它是西欧封建政治的一个重要特征。在此,仅就骑士制度与此现象的关系谈些认识,旨在提出问题,引起关注。

(一)教皇政治地位

教皇是教会的首脑,教会在西欧封建社会中的政治地位是个值得研究的问题。笼统地看,教会势力很强,权力很大,而教会的宗教权力与其在世俗政治中的权力是既有联系又可分开的问题。与中世纪阿拉伯世界政教合一的情况不同,最高宗教领袖即为国家君主;与我国古代的情况也不同,皇帝是"真龙天子",各路宗教皆为其手中工具,或存或废大都由皇帝视其对王朝统治是否有利而定。

教皇在西欧世俗社会政治中的地位,如果只强调基督教从古代罗马传下来的深厚根基来讨论其在中世纪的至尊地位显然是不够的,从古罗马延续下来的拜占庭帝国,教会的牧首基本被皇帝所控制。从而可见,西欧中世纪基督教会的状况与起初日耳曼人入侵所引发的一系列社会变革有关,也与后来日耳曼人国家政治、军事等发展状况有密切联系。以国王为首的军事政权与以罗马教皇为首的教会组织,形成了相互关联又相对独立的两个系统。克洛维当年率领3000亲兵接受洗礼,不仅为法兰克国家未来发展开拓了广阔空间,也为罗马基督教会介入世俗政治打开了通道。同时,也开启了西欧中世纪以君主为首的世俗政权体系与罗马教皇为首的教会系统的权力分配格局。

打着上帝在尘世间的代表和代言人的旗号,以教皇为首的教会对世俗君主来说有着巨大的利益诉求,当加洛林朝的开创者矮子丕平要夺取墨洛温家族王位时,他需要教皇为其行为涂上神意的色彩,似乎他成为国王就像《圣经》中的大卫等人一样,肩负着上帝的使命。矮子丕平接受主教的涂油礼并成为法兰克国家君主的这一历史事件,对教、俗两界影响深远。首先,君权神授的理论在日耳曼君王身上得到了实践,以教皇为首的教会有了干预任免国王的依据和信心。其次,由于教皇斯特凡二世在圣德尼修道院教堂重新为丕平举行祝圣礼时,也同时为他的两个儿子查理(后来的查理曼)和卡拉曼祝圣,并表示禁止任何人从其他血统中挑选国王,否则将受到革除教籍的处罚。①这意味着,大贵族们如果企图谋反篡位,会遇到舆论和精神方面的强大压力,也必须要通过教会这一关。再有,“丕平献土”充分体现出双方的互惠关系,教皇借此不仅巩固了在宗教界的权力和地位,也为教皇国家的建立奠定了基础,教皇的世俗权力有了直接展示的舞台。800 年圣诞节,教皇在罗马为查理加冕,称其为“罗马帝国皇帝”,此举使日耳曼人的“蛮族”形象得到粉饰,起码在名声上成了罗马帝国的正统和延续,教皇从中也使自己的地位和角色更加不同凡响。君主与教皇之间的互惠关系,在西欧封建社会的政治舞台上得到反复上演,但两者间的矛盾冲突也难以避免。②

加洛林帝国瓦解后,意大利地区的战乱和教廷自身的腐败,使教皇权力一度软弱无力,成为大贵族和君主们争权夺利,赢得声望的工具。甚至出现君王依仗自己的实力任免教皇的情况,教皇和教会的威望极为低落。随着 10 世纪克吕尼运动的展开及 11 世纪教皇倡导宗教改革运动,教会内部的腐败得到整治,以禁欲和清廉为原则规范了教会的章程。教会及神职人员在社会中的威望显著提高,教皇在世俗界的权力得到逐渐攀升。1059 年,教皇尼古拉二世颁布法令,改变了罗马贵族和德国皇帝对教皇选任的干预,此权由罗马教会枢机主教们执掌。不仅如此,格里高利七世曾颁布法令,规定世俗君主没有任命主教和修道院长的权力,并且,教皇有废黜君主的权力。他的法令得到执行,德国皇帝亨利四世在

---

① 乔治·杜比主编:《法国史》(上卷),吕一民等译,中国出版集团 2010 年版,第 235 页。

② John L. LaMonte, *The World of the Middle Ages*, pp. 155-158.

1076 年 12 月到卡诺莎卑贱地向他屈服,证明了教皇此时的政治权力和地位的崇高。然而,世俗君主们绝不会甘心受制于教皇权威,双方的斗争没有中断。到了英诺森三世在位期间(1198—1216 年),教皇的权力达到顶峰。他依据教皇有权任免君主的规则,插手德国皇位争斗,先是支持并扶植他认为听话的韦尔夫家族的奥托登上皇位,但事后发现奥托并不履行诺言,与教皇旨意背道而行,于是愤然开除奥托教籍,宣布废掉他的皇帝头衔,转而把年幼的西西里国王腓特烈(二世)推上德意志皇位。在英国,英诺森三世与"失地王"约翰围绕坎特伯雷大主教的人选展开斗争,最终约翰失败,无条件地同意教皇选任的主教,并表示臣服。英诺森三世也时刻关注法国的情况,针对腓力二世的婚姻问题,他运用强硬手段迫使其按照教会法行事。除上述三个主要国家,英诺森三世还通过各种手段使波兰、匈牙利、丹麦、葡萄牙等国家臣服。此外,他发动了第四次十字军东征,并组织镇压了法国南部的阿尔比教派,其政治地位及影响力,在当时西欧无人能敌。①

英诺森三世在世俗界所达到的权力运行高度,固然与其自身的能力有关,但是这种情况是 11 世纪中叶以后,历届教皇坚持倡导教会改革并坚持不懈地扩大权力的结果,也是西欧各国政权组织结构的必然。西欧各国政权结构中君主与其附庸骑士群体的关系及其矛盾冲突,给了教皇更多的机会。

(二)干预世俗权的条件

教会能够插手和干预世俗政治,从其自身功能来讲主要依靠两方面,一是宗教功能,人们一旦信仰了基督教,教会神职人员便有了干预国家权力的可能,有了进入政权体制参与国家管理的条件。二是它的世俗功能,中世纪基督教起初所承担的知识传播功能,以及上层神职人员所具有的知识技能,使他们有了进入权力机关参与统治和管理的能力。教会所具有的许多功能只有通过世俗权力的接受方能发挥作用,从国王到底层官员们的身份特点为接纳教会参与政治提供了便利。首先,西欧封建社会的君主都是基督教徒,有些还是虔诚的基督教徒,基督教并非只是他们用来统治人民的工具,他们自己对此也深信不疑。各阶层

---

① John L. LaMonte, *The World of the Middle Ages*, pp. 391-394.

封建主也都是基督教徒,这自然为教会能够参与世俗政治开了方便之门。其次,由于军事附庸缺乏文化知识,这为有文化知识的神职人员留下了任职空间。崇尚暴力的骑士们所构建的政权结构,使教会人士担任某些政治职务成为必然。[①]

加洛林朝时期,君主们延续了墨洛温王朝使用神职人员担任一些职务的政策,随着骑士制度的产生以及领主—附庸关系的建立,教会、君主、附庸三角政治关系也建立起来。在前面章节中我们看到,查理·马特把教会土地作为采邑分封给附庸的过程中,使一些主教和修道院长实际上成了他的附庸,尽管他们中有人不亲自参加战斗,但仍须为领主提供军队,也要为领主承担事务性工作。国王召开的“政务会”都有主教和修道院长们参加,国王对他们有任免权。国王私人教堂的主教及其他神职人员,由于受过教育,时常为国王代写各种法令和信函,成为宫廷文秘大臣。各地方的主教和修道院长往往也成为国王在该地区的统治者。此种情况在封建社会后来的历史中得以延续。特别在德意志,皇帝为削弱和牵制公爵们,在各地区大力扶植主教和修道院长的势力。除此而外,神职人员在军事方面的作用也十分重要,平日为骑士们组织礼拜活动,为他们的武器和盔甲祷告;在战时随军出征,为军人们举行宗教活动等。[②]神职人员不仅是君主们不可缺少的统治支柱,而且由于封建等级中各级领主的权力组织结构相仿,各级领主都有自己的教会附庸,也利用神职人员管理领地内事务,从而神职人员对世俗权力的参与从上至下,贯穿整个权力体系。

英王威廉一世曾重用坎特伯雷大主教兰佛朗克(Lanfranc)帮助加强国家的统治。法国卡佩王朝路易六世曾重用圣丹尼修道院院长叙热(Suger),这位修道院长对路易六世忠心耿耿,通过他使更多的神职人员参与到王室事务之中。路易六世临逝世前把儿子路易七世托付于他,路易七世参加十字军东征期间,特任命这位老臣为王室摄政,帮助主持国家各项事务。当然,君主也会与神职官员发生冲突。托马斯·贝克特(Thomas Beket)起初作为英王亨利二世的附庸,深得国王信任,被委以宫廷中的重任,后经亨利二世鼎力帮助成为坎特伯雷大主教。然而,成为主教后,他便坚决维护教会利益,反对亨利二世在1164年召集大会所

---

① George Burton Adams, *Civilization during the Middle Ages*, *Especially in Relation to Modern Civilization*, New York: Charles Scribner's sons, 1922, p. 140, pp. 151-165.

② M. Keen, *Chivalry*, pp. 45-57.

颁布的《克拉林顿宪章》(*Constitutions of Clarendon*),此宪章主要是限定教权范围,削减神职人员的权力,神职的任免权归国王所有,教会人士犯法要依据王室法律审判。为此,双方冲突升级,封建诸侯们大都支持国王,而罗马教皇和英国教会人士支持托马斯。斗争中,托马斯及其追随者们被迫流亡法国,寻求法国国王的支持,并宣布开除亨利二世的教籍。亨利二世无奈,被迫向托马斯屈服,以保住王位。随后不久,亨利以暗示手法促使手下四名骑士将托马斯刺死在坎特伯雷大教堂。此事件的后果是,托马斯·贝克特被教皇封为"圣徒",亨利二世被迫放弃《克拉林顿宪章》,并同意英国教会法庭有权向罗马教廷上诉,英国教会更进一步受到教皇的制约。①

　　教皇对各国政治的干预在很大程度是借助附庸与国王间的矛盾而实现的。格利高里七世与德国国王亨利四世的权力之争即是一例。1075 年格利高里在罗马召开宗教大会,针对职务任免颁布法令,规定只有教皇有任命主教与修道院长的权力,皇帝无权干预。而亨利四世此时毫不示弱,也召开由德意志主教和修道院长们参加的宗教会议对教皇予以还击。愤怒的教皇便使出撒手锏,宣布破门律,开除亨利四世的教籍并罢免其王权。亨利对教皇如此招术的严重性起初显然是估计不足,他依仗军事实力并不买教皇的账。但是,令他出乎意料的是,国内大诸侯们借机反叛和独立,这是迫使他不得不向教皇屈服的一个重要原因。面对国内严重局面,作为政治家,他只好放下架子厚着脸皮到卡诺萨受辱。②英诺森三世对英国"失地王"约翰关于坎特伯雷大主教续任权之争的最后获胜,也是利用了英国贵族骑士与约翰的矛盾。由于约翰坚决不同意教皇对主教的任命,并派兵占领了坎特伯雷大教堂,驱逐反对派教士,没收教区财产,对此,英诺森也同样以开除教籍,废除其王权为手段,唤起对约翰不满的贵族骑士们的反叛。约翰最终不得不屈服。此外,从英诺森三世两次成功任免德国国王的情况看,挑拨和利用德国诸侯与国王的关系是他一贯的手段。③教皇自身并没有足够军事力量对抗任何一个君主,但他却能做到令各国君主屈服,除了宗教信仰方面

---

　　①　John Richard Green,*A Short History of English People*,pp. 105-109.

　　②　Frederic Austin Ogg, ed., *A Source Book of Medieval History*, New York:American Book Company 1907,pp. 262-275.

　　③　Sidney Painter, *The Rise of the Feudal Monarchies*,pp. 117-119.

的原因,他们充分利用了骑士制度造成的政治结构中的军事反抗这一条件,如果没有这样的条件存在,作为非政教合一的国家,教会能在一段时期内普遍强力干预君主权力是很难的事情。

教会干预世俗权力还表现在对骑士们行为的大肆干预上,对骑士军事行动的干预尤为突出。从较为野蛮的日耳曼军人发展而来的骑士,许多人成了领主和统治者,他们的行为对社会秩序和稳定有至关重要的影响力,他们任何不守规则的行动都会引发社会暴力冲突。而与之相对应的是,社会存在着教会体系,神职人员对骑士群体的行为起到了限制和引导作用。从西欧封建社会总体情况看,教会对骑士行为锲而不舍的长期干预取得了较明显成效。

教会对骑士行为的影响和干预伴随每个骑士的一生。从骑士儿童时期开始接受的思想观念和道德教育,到骑士受封的誓词和神甫对其武器和盔甲等军用物品的祷告;从骑士行为的具体规则,到骑士为宗教而战的信念等,都离不开神职人员的教诲、引导和帮助。基督教的一些规则成了衡量和评价优秀骑士的重要标准。不仅如此,教会对骑士的军事行为竭力限制和引导。针对社会普遍的暴力问题,教会有计划地在基督教世界倡导和平运动,在法国许多地区,教会组织召开和平教务会议并举行具有宗教色彩的和平宣誓仪式,这种所谓"上帝的和平"运动在法国社会秩序混乱的地区开展得尤为明显,教会的指导思想是禁止基督教徒之间的流血和杀戮,他们所采取的方式是借上帝名义诅咒和惩罚胆敢违反者。这样的运动正如乔治·杜比所分析的,并不是针对人民大众的,而是"针对骑士的"[①]。在这场运动中,教会对骑士军事行为有时间上的限制,如禁止在宗教节日期间,以及每周的星期三到下周的星期一期间发动战争;也有地点的限制,在教堂内及其周边不得实行暴力;还有对象的限制,骑士不得攻击非武装人员,包括神职人员、农民、商人、妇女等。甚至还规定,凡攻击基督教徒的行为都是有罪的,因为杀害基督教徒所流的血是基督的血。显然,教会是想把骑士们的暴力和军事行动有意引向异端和异教徒身上。教皇组织十字军对法国南部阿尔比教派的残酷镇压,以及在教皇号召和组织下进行的大规模的十字军东征等,都是教会引导骑士行为的具体表现。十字军东征过程中的"骑士团"现象,使教

---

① 乔治·杜比主编《法国史》(上卷),第344页。

会全面干预骑士行为的做法达到了极致,从而形成骑士僧侣化、僧侣骑士化的军事团体。基督教思想及教会观念控制了骑士们的行为,这是基督教会对骑士行为长期干预的结果。

以罗马教皇为首的教会能够以相对独立的形式存在,并且曾一度强烈干预世俗权力,也与以君主为首的世俗政权结构及其组织成分有关。世俗政权结构的核心主要由具有骑士身份的军人组成,而国家的其他职能,如信仰传播、道德教化、文化传承等,当时大都由教会人员承担。作为军事发展需要所形成的骑士制度与政权结合构建起的世俗系统,一时间离不开教会系统,两个相互依存又相互矛盾的体系有各自鲜明的功能和侧重。这与我国古代社会的情况有明显区别,单就构建起政权结构核心成员的文人士大夫而言,他们在世俗权力系统中除了是职业官僚外,也是知识分子,还是道德和传统观念的传承者,他们身上部分地承担着西方神职人员的某些职责,从而使权力运作用不着宗教人士的参与。这样的政权结构,难以在社会上形成能与之抗衡的权力系统,由此而表现出的皇权状况、国家政治发展方向等都与西欧有明显区别。

总之,西欧封建社会的政治由于有骑士制度的存在而表现出诸多特征,首先,暴力冲突不断,由于军事权力的分散,使国王与附庸间、附庸与附庸间、国王与国王间的利益之争此起彼伏。其次,君主权力受到贵族骑士们的制约,法国王权存在着与封建领主争斗中逐渐增强的过程。英格兰尽管在诺曼征服后国王集权程度较高,但也经历了不断与封建贵族军事博弈过程。经过这样的过程两国政治走向代议制道路。德国皇权与诸侯们的势力相互牵制过程中,皇帝只是各路大诸侯的代表,国家长期处于诸侯各自为政的分裂局面。再次,教会既可借助贵族骑士们的军事力量约束某个国家君主,又可借助国王的力量引导贵族骑士们的行动。教皇之所以能一度在西欧政治舞台上呼风唤雨,与封建政权结构中骑士制度的存在有密切关系,西欧教皇权力达到鼎盛之时也正是骑士制度处于兴盛的时期。

第六章　骑士制度与法律

骑士制度的存在对西欧封建社会的法律建设产生了明显影响。孟德斯鸠在阐述人类法律产生的根本原因时指出，"每个个别的社会都感觉到自己的力量，这就产生了国与国之间的战争状况。每一个社会中的个人开始感觉到自己的力量，他们企图将这个社会的主要利益掠夺来自己享受，这就产生了个人之间的战争状态"。"这两种战争状态使人与人之间的法律建立了起来。"①骑士集团由军事精英组成，他们是各种战争的积极发动者，由于他们的存在，造成当时社会的战争频繁，暴力冲突不断，从而促进了封建法律的发展。骑士集团的核心成员也是统治者，他们既是某些法律的参与制定者，也是法律的执行者。西欧封建社会的法律，从立法到司法的各个方面有着极为丰富的内容。从法律体系而言，除了教会法之外，世俗法包括封建法、罗马法、庄园法、商法、城市法等，在各种法律体系中，与骑士制度最为密切的是封建法。

一、封建法

任何法律都有其形成和发展的过程，而一部法律的形成也并非是单项条件促成的，它往往是社会多方面原因的结果。西欧封建法的形成与采邑分封及骑士制度有密切关联，也与日耳曼人早期的法律及相关的思想观念有内在联系，通过日耳曼人的法律状况可了解到封建法早期的一些内容和特征。

---

① 孟德斯鸠:《论法的精神》(上册)，许明龙译，商务印书馆 2004 年版，第 6 页。

(一)日耳曼人的法律

骑士制度主要从日耳曼人早期军事习惯和制度发展而来。在日耳曼人民族大迁徙过程中西罗马帝国的政权瓦解,这段历史过程也是日耳曼各部落不停征战,西欧社会极度混乱的时期。在这样的社会条件中,日耳曼各主要部落都不断地发展自己的法律,法律发展的过程伴随着迁徙和征服。起初,日耳曼人的法律通常由全体自由民大会制定,法律的主要来源是传统习惯。各日耳曼部落不断使自己古老的习惯法律化,这项工作通常由本部族年高德昭的智者来做,他们负责收集本部落的习惯和规则,然后经民众大会通过,法律由此得到不断补充。随着国王权力的增加,国王授意颁布法律并干预法律起草内容的现象越来越明显。由于各部落都有自己的法律,随着战争和不断迁徙,处于文化落后的蛮族人为了防止自己的法律和习俗被先进地区的罗马法所取代,力争把原来口传的不成文法写成文字。留下来的日耳曼法较多,例如,《狄奥多里克法》《西哥特法》《勃艮第法》《帕比安法》《阿拉曼尼法》《巴伐利亚法》《弗兰西亚法》《图林根法》《撒克逊法》《伦巴德法》《萨利克法》《里普阿尔法》等,这些法律的产生,与当时日耳曼人各部落的需要有关。入主西罗马帝国区域的日耳曼人,自然希望他们自己的法律占居主导地位,面对高度完善的罗马法和教会法,他们无法也无意予以禁止,保留当地法律也是他们安抚被征服者的一种方式,而且,罗马法和教会法也促进了日耳曼法的发展完善。①

日耳曼人刚刚入主所征服地区时,他们的法律大都没有文字,成文法的出现大体是与当地罗马人接触后开始的。伦巴德人侵占意大利部分地区后,经过几代人努力使自己的习惯法变成文字。伦巴德人的习惯法不断发展的过程,也是不断修改并且容纳先进的罗马法和教会法要素的过程,在这一过程中,此法律逐渐适应意大利当地的现实需要。此外,像东哥特人、西哥特人、勃艮第人都曾在当地对罗马人颁布法律,其中自然也采纳了许多罗马法中的内容。日耳曼法大多用中世纪拉丁文记录,其中也夹杂一些日耳曼人自己的文字,这种情况一定程

---

① Jean Brissaud, *A History of French Public Law*, Boston: Little, Brown and Company, 1915, pp. 61–67.

度上也证明了罗马法对日耳曼法的影响。①随着国家的发展,国王权力的增强,日耳曼法,特别是法兰克人的法律建设,当初由民众大会商量立法的方式发生改变,由于各种权力逐渐集中于国王,国王成为国家权力的代表,同时,也对法律的制定和颁布起到主导作用。在罗马法和教会法中蕴含着与这种权力变化相适应的思想。罗马法强调的立法原则是,最高统治者是法律的制定者。而教会法的规则主张,经上帝选派由教会加冕的君主,承担着制定法律,维护和平和公正,保护人民的责任。由于这两部法律的思想与君主政治发展趋势大致适应,促进了日耳曼法对它们的吸收和接纳。与此同时,罗马法和教会法在西欧封建社会也具有了封建君主予以支持的理由和根基,并使它们充满了活力。

　　随着法兰克国家的壮大,日耳曼人各部落的法律并没有被刻意禁止和取消,而是加以保留。在加洛林朝时期,日耳曼法的属人特征明显地表现出来。所谓法律的"属人"(personality of law),与法律的"属地"相对而言,即法律的审判依照受审对象个人原属部族法或原属地法执行,任何种族的人,无论他居住在何处,遵守自己种族的法律即可,不必遵守居住地的法律。因而,每个人的血统和身份成为他所接受法律的依据。这一点在《里普阿尔法》中有明确记录:"兹决定,无论是法兰克人、勃艮第人、阿拉曼尼人,还是在其他邦国中居住之人,只要在利普里安国受到指控的,均应按其出生地法来应诉。如罪名成立,需按照其本国的法律而非利普里安法来承担损失。"②从而可见,日耳曼法自身带有宽容性,而这种宽容的形成与诸多社会现象有内在联系。不过,无论从以往的罗马法还是原始日耳曼法中都难以寻到这种特征的明显根脉。③民族大迁徙过程中,日耳曼各部对自己法律的重视,以及法兰克人的军事征服及其政治统治的需要等,都与法律属人特征的出现有关。法律属人原则在古罗马时代难以存在,罗马法所具有的绝对普遍性和至高无上的地位,没有了其他法律发展的空间。在古代中国,秦统一六国也意味着法律的一统,其他各国的法律被废止,唯秦法独尊。日耳曼法的这种特征对西欧法律状态产生了多重影响,法律的属人性使法律具有

---

　　①　梅特兰:《欧陆法律史概览》,屈文生等译,上海人民出版社 2008 年版,第 40 页。

　　②　爱德华·甄克斯:《中世纪的法律与政治》,屈文生等译,中国政法大学出版社 2010 年版,第 11 页。

　　③　梅特兰:《欧陆法律史概览》,第 50—51 页。

了威严中的人性色彩,为法律在审理和判决过程中对当事人自身状况的关注留有余地。再有,作为统治者的法律具有如此宽容度,为西欧封建社会多重法律并存和发展保留了空间。不仅罗马法、教会法可大行其道,也为庄园法、城市法、封建法等法律体系的形成和完善提供了条件。还有,属人法对调解法兰克人与国内其他民族和部落间的冲突起到了积极作用。西欧封建社会法律体系的多重性,在社会各个领域建立起较为周全的法规网络,对社会各领域各阶层人们的行为形成较全面、具体的制约。社会各领域,甚至各不同行业法律体系的建立,可促进生活在其中的人们养成运用法律保护自己、维护自身权益的习惯,而这种情况是中国古代法律建设过程中所缺乏的。

日耳曼法也并非完全都是属人的,特别是当违反了教会法和国家制度时,对当事人的处罚往往不会用属人法。教会法对所有教徒都有限制力,无论犯法者出生地在哪里,血统如何,教会法庭的裁判往往是统一的。此外,国王或皇帝颁发的法令对所有人都具有统一性,也同样不受种族和血缘的限制。

到加洛林王朝时期,随着国王权威的提升,由王室颁发的"法令"(Capituli)大量出现,此类法令通常表现为国王的政令与教会的法规相结合,这与当时国王召集"政务会"由世俗和教会附庸共同商议事项并颁发法令的情况相一致。加洛林王室所颁发的这类法令内容十分广泛,涵盖教俗两界,包括军事、行政、司法、财产、税务、外交、商业、教育等,其中也包括采邑分封以及附庸为领主提供军事服役等方面的法令。① 由于领主与附庸间的关系及相互义务都具有日耳曼人传统习惯特征,从而封建法的早期规则与日耳曼法一道实施于加洛林朝国家中,而且,早期封建法的一些内容,也与日耳曼人的早期法律现象一样,只是口口相传、约定俗成的。

此外,法兰克国家的法令编辑还有一个很重要的特点是私人编辑法令。由于法令庞杂数量众多,官方对此编修和整理不够,使私人编辑法令成为习惯,有些私人编辑的法律更加完整、全面,远远超过王室对法律的保存和整理。故此,一些君主,如虔诚者路易和秃头查理等也曾不得不从私人法令汇编中查找以往

---

① Edward P. Cheyney, ed., *Original Sources of European History*, Vol. IV., p. 5.

的法律依据。①这种民间编辑法律的习惯也为封建法典籍化起到了推动作用，同时，也显现出西欧民间对法律的重视程度，当然，此处的"民间"是指封建贵族们。

（二）封建法典的编辑

封建法被编成典籍是在 12 世纪中叶前后，其中的主要内容是对此前各种习俗、法令、规则、案例以及相关论著的汇编。在现实生活中，许多传统都具有法律意义，这与西欧中世纪的法律观念相一致，即"法律应该是古老的"②。早已出现的委身和分予依附者土地的两种现象，随着骑士制度的产生和发展普遍结合在一起，并且，与此相关的现象便成为封建法律的核心内容，其中包括日耳曼人以往并不成文的习惯以及国王或皇帝的法令等。根据冈绍夫的研究，委身行为与忠诚宣誓的结合最迟在 757 年出现，这一年有关于巴伐利亚公爵塔希洛三世（Tassilo III）向法兰克国王丕平三世的臣服情况有记载："巴伐利亚公爵塔希洛到达那里（Compiegne），并且通过自己的双手委托成为附庸，他宣誓许多次并做了无数次的许诺，把手放在圣徒遗物上，承诺忠实于丕平国王以及他的儿子们，未来的领主查理和卡拉曼，正像附庸应该忠诚且全身心地履行法律那样，承担对领主各项职责"。此记载成为 802 年查理曼要求所有臣民向他宣誓效忠的模本，并被保留在法令集中："我宣誓承诺效忠于领主查理，这位最虔诚的皇帝，国王丕平和贝莎（Bertha）的儿子，为了他王国和权力稳固，作为一名附庸应该忠诚地对待领主。而且，从今日起，凭借上帝，这位天地的创造者，以及这些神圣遗物的帮助，我将永远遵守正如我所知和所理解的誓言。"③在加洛林时代，关于忠诚的观念更多强调的是对所承担义务的严格履行。

加洛林朝的法令和规则构成封建法的基本内容。查理·马特及以后的加洛林朝君主为发展骑士军队进行土地分封，从而关于采邑的法令和文件逐渐多了起来。在 837 年，虔诚者路易安排其最年幼的儿子查理为佛兰西亚与塞纳河之间地区的国王时，规定居住在这一地区的主教、伯爵和王室附庸们"在这一地区

---

① 梅特兰:《欧陆法律史概览》，第 35—36 页。

② Fritz Kern, *Kingship and Law in the Middle Ages*, Oxford 1970, pp. 149-151.

③ F. L. Ganshof, *Feudalism*, pp. 29-30.

获得采邑的人","委身于查理并向他宣誓效忠"①。9世纪后期和10世纪初,勃艮第南部地区的一些特许状,已经较多地反映出采邑内容。加洛林朝留下了大量的法令集(Capitularies),其中重要的部分从矮子丕平,经查理曼、虔诚者路易、秃头查理、结巴路易、卡拉曼、厄德及单纯者查理颁布,多达152种,所涉及内容十分广泛,单从查理曼的法令集中可见,包括道德、政治、军事、刑事、民事、宗教、税收、家庭法规以及临时性法规等诸多方面。②对于封建法形成和发展的过程,由于内容分散模糊,难以彻底了解,对此,基佐认为最重要的是要抓住编年史线索,其中的各种社会现象,如战争、谈判、入侵,以及各个时期所发生的各种事件和法令等,是考察法律发展过程的重要依据。③因而,加洛林时期的许多习惯、规章和国王法令等都是封建法的重要内容。

11世纪中叶后,随着文化的复兴,特别是对罗马法研究的复兴,关于采邑及其相关的契约、文书、法令等相关内容受到专门的重视并得到编辑、整理和研究。12世纪中期前后,《采邑全书》(*Libri Feudorum*)有了雏形。卡尔·莱曼把此前一个多世纪过程中,在伦巴德地区、意大利北部一些城市和加洛林王朝时期关于采邑的法规、习惯、案例、注释、论述等内容结集起来,编辑形成《采邑全书》的最初版本。其最后编入部分是由米兰的一位法官奥波特斯·德·奥尔托完成的,他把罗马法的某些内容纳入其中,且在文字的专业化以及法律细节和案例处理的明确程度方面都有所提高。经过他的工作,《采邑全书》发展到一个新的阶段。④由此可见,《采邑全书》形成之初,实际是把此前已经存在的相关材料,包括加洛林朝时期关于采邑的各方面文件加以整理、汇编、注释和研究的结果。尽管参与编撰者有的具有官方身份,但从总体看仍属于私人法律编修的性质。

《采邑全书》亦被称为《伦巴德封建法》(*Lombard Feudal Laws*),它是把采邑作为财产形式而设定的法律,是专门的采邑法,与欧洲其他法律体系有明显区别。其基本内容包括采邑的产生、保有、世袭、转让、罚没等一系列现象和规则,

① Hunt Janin,*Medieval Justice:Cases and Laws in France,England and Germany,500-1500*,London:McFarland & Company,2009,p. 56.

② 基佐:《法国文明史》(第二卷),第131—150页。

③ 基佐:《法国文明史》(第二卷),第227页。

④ S. Reynolds,*Fiefs and Vassals*,pp. 215-217. 有学者认为《采邑全书》由奥波特斯编著,而另有些学者则认为《采邑全书》的形成应是意大利北部许多法学家共同参与编撰和整理的结果。

以及相应的解释、评判和处理。其核心规则是：某人 X 把一片土地交给另一个人 Y，条件是 Y 为他提供服役。这片土地即为采邑。通常，这片采邑可被最初受封人 Y 的任何一个男性后代继承，并且承担的服役也要对最初封者 X 的继承者负责。如果不能提供服役义务，或 Y 没有任何继承人，X 可收回采邑。正是这种似乎非常简单的规则，由于现实社会的复杂性，最终被衍化和解释得异常繁杂，结成了规模庞大的法律文书和法学系统。①

到 13 世纪下半叶，波伦亚的法学家乌戈利诺把《采邑全书》与《罗马法大全》编辑在一起，罗马法极大地提高了《采邑全书》的法律地位。在波伦亚大学，《采邑全书》成为法学教授们研究、注释的对象和教材，这种情况随后蔓延到其他一些大学。起初，《采邑全书》尽管在大学中受到重视，但在欧洲各地方法庭及法律执行过程中并没有得到普遍使用，其主要原因一方面是采邑现象在各国、各地区的情况不一致，有些地区表现明显，有些地区则表现模糊，与采邑法出入较大。另一方面是各地区大都有自己的封建习惯法，法官在处理有关采邑案件时更多使用习惯法，只有在习惯法缺乏合适的规则或在裁决中遇到困难时才借助这部法律，它被视为是处理棘手案例的依据。不过，随着大学法律专业毕业生担任各地法官和从事法律方面的职业，扩大了采邑法的使用范围和影响力。

另一部较重要的封建法汇编是《耶路撒冷法令集》(*Assizes of Jerusalem*)。此法典是第一次十字军东征建立耶路撒冷王国后，由国王组织颁布的，其目的是为了在东方新建立的国家中实施西欧的封建法律。此法典编撰更为规范，其基本内容也主要是封建习惯和法令汇编。这部法律的颁布也意味着在耶路撒冷王国中，西方各国人有了共同的法律，条规中把拥有采邑与没有采邑的人分为两个等级，法律执行过程中对这两个不同等级分开审理，对两者的审判依据和执行部门也有区分，故出现了"高等法院"和"低等法院"的机构和概念。《耶路撒冷法令集》是十字军把西欧的法律加以整理后搬到了东方，此法典的命运与十字军运动同步，随着十字军在东方战场的节节败退，它的影响力也逐渐减弱和消失。②

① 　J. S. Critchley, *Feudalism*, p. 11.
② 　梅特兰：《欧陆法律史概览》，第 62 页。

12世纪以后,除了上述专门封建法典籍得到编撰,各地方法院的法律文件中也包含大量与采邑相关的封建法内容,而且一些国王和地方法院也会根据实际情况使用与采邑制有关的地方法规。封建法随着社会的发展得以变化,从《采邑大全》的编撰情况看,此前散在的原始封建法规,主要强调的是政治和军事方面的内容,而编辑后的法典则更加强调财产、婚姻、继承、家庭方面的权利,这种情况与意大利北部的经济和政治环境特征有关,也与社会发展对法律的新需要有关。相比之下,《耶路撒冷法令集》更多保留了法兰克人封建法的早期特征,这与耶路撒冷王国的军事和战争需要相一致。

封建法作为西欧封建社会的一套完整法律体系,在具体运用过程中并不是独立地执行。在法国、英格兰、诺曼底、德意志、佛兰德斯、西班牙和西西里等国家和地区,封建土地法与王室的法律体系结合在一起,形成了具有当地特征的封建法。大约在1200年,有关诺曼人习惯的法律著作《诺曼底古代习惯》中,包含了这一地区有关封建法的内容。1221年前后,一位叫艾克·封·雷普高(Eike von Repgow)的德国骑士编写出《萨克森明镜》(Sachenspiegel),这是德国法律的奠基性文献,其中既有日耳曼习惯法内容,也有封建法内容。此外,12世纪末,英格兰国王亨利二世、法国腓力·奥古斯都和德国的红胡子腓特烈都颁布过处理各种封建事务的重要法律。13、14世纪,西欧一些重要的罗马法学家撰写了许多有关罗马法的著作。13世纪上半期,布拉克顿写出了有关英格兰封建法方面的重要著作。在1283年,博马努瓦尔撰写了法国著名的《博韦人习惯法》。①

有关封建法的编辑和实施在西欧各国的具体情况不尽相同,法国和英格兰封建法与国家法合并在一起,封建法并非是独立体系,人们不可能在封建法和非封建法之间做出区别。而在德国,封建法则作为单独体系,其规则仅适用于拥有一定财产或一定身份的人,且由专门法院实施。从而可见,尽管在11世纪中叶以后,关于封建法的编撰显现出有别于其他法律系统的特性,但是,它并不是在其他法律体系之外独立运作的,而是与其他世俗法,如庄园法、商法、城市法、王

---

① 哈罗德·J.伯尔曼:《法律与革命》,贺卫方等译,中国大百科全书出版社1993年版,第380页。

室(普通)法相互交叉在一起实施的。当然,每个法律体系仍具有它自身的特征和原则。①

二、封建法中的骑士规则

封建法主要是围绕采邑以及领主与附庸关系而建立的法律,其中许多内容与骑士制度密切相关。

(一)臣服仪式中的法律

较为古老的"委身式"随着骑士制度的发展而得到规范。西欧中世纪的"臣服仪式"(hominium)体现了采邑分封所建立的领主—附庸关系原则,其中相互的责任和义务以具有法律性质的仪式表现出来。由于分封采邑最重要的目的是获得军事服役,此项仪式也是建立军事关系的重要环节。

看似经济方面的采邑分封,实际上更具军事意义。领主把采邑授予附庸,附庸以服骑兵义务作为回报。如此习惯现象,在实际生活中对于领主和附庸双方来说是极为重要的事情,非举行仪式来强调其重要性不可。这种强调并非只是让周围的人都知道这件事情,更重要的是使当事双方确立各自的地位和相互的责任及义务,从而各自依照早已熟知的规则行事。仪式中的每个环节都多少带有法律的内涵和功效。

采邑制的实施具有国家政治特征,因而,其中的规则在一开始便具有法律效益,不过,起初双方的规则更多是通过仪式或口头承诺约定的。随采邑制发展,文字方面的契约文献逐渐增多,但原始的仪式和口头宣誓等程序并没有取消。从11世纪后,臣服仪式得到不断发展和完善,程序也得到规范。通常,此仪式大体有三项程序:一是双方以双手结合并以亲吻的方式建立主从关系;二是臣服者诚恳明确地表示臣服并宣誓效忠,领主则表示接受此臣服和誓言;三是领主授予臣服者封地或其他财产或权利等。臣服仪式各环节的法律和契约规则可从日耳

---

① Rudolf Huebner, *A History of Germanic Private Law*, Boston: Little, Brown and Company, 1918, pp. 334-341.

曼人早期的图尔斯规则(Tours formula)和马科夫仪典(formulary of Marculf)中看到。在此仪式中,双方通过身体的姿势、手势以及口头表达方式形成契约。这样的做法具有明显的传统习俗特征。①

首先,将要获得采邑的臣服者跪在领主面前,通常要不佩带武器、不披斗篷、不带踢马刺、不戴帽子,以示顺从和臣服。他双手合十,放在领主双手之间,领主的手包住臣服者的双手。双方用手的动作表达一种重要意思:对臣服者而言,是"把双手递给某人","进入某人的掌控中",对领主而言,是"用双手接纳某人",通过双手的结合使某人成为自己的附庸,即象征着领主—附庸关系的建立。从此,这个臣服者便成为这位领主的"人"。在某些地区,仪式中主从双方肢体的接触还有亲吻(osculum),这一举动既可加深人们对仪式的印象,又可表示双方相互关系的确定,从此后臣服者便成为领主"嘴和手的人",即听从领主的命令,为领主效力。②

在臣服仪式中,臣服者首先要表示臣服,之后还要表示效忠,这两项内容在仪式过程中有时会融合在一起。效忠宣誓是西欧中世纪社会较为普遍的行为,附庸对领主可能会进行反复多次的宣誓效忠,领主也可能会根据情况不断要求附庸宣誓效忠,而臣服仪式对主从双方来说原则上只举行一次。效忠宣誓与委身臣服仪式结合在一起的记载最迟出现于8世纪中叶,其基本理念是,作为一名自由人成为另一个自由人的附庸,其身份不同于奴隶,奴隶需要棍棒的惩罚才能迫使其对主人效力,而身份自由者则是通过忠诚的誓言,建立对领主的承诺并督促履行承诺。这样的仪式行为不仅是为了给当事者和周围人留下深刻印象,不致被忘记,也昭示了凡违背誓约者,即是把自己置于发伪誓的犯罪境地,这不仅是下贱的,也是一种不可饶恕的重罪。在西欧封建社会,对于每个人来说诚信与否是关系到声名和尊严的大事,也是能否被周围人接受和尊敬的重要条件,它也关系到一个人的前途和命运。此外,在宣誓过程中,为了强调宣誓的真诚和日后履行诺言的诚意,仪式中的一个重要环节是附庸把一只手放在《圣经》或盛放圣徒遗物的匣子上,以示在上帝和圣徒的监视下做出宣誓和承诺。③ 此举也体现

---

① F. L. Ganshof, *Feudalism*, p. 8.

② B. A. Broughton, *Dictionary of Medieval Knighthood and Chivalry*, Greenwood 1986, pp. 248-249.

③ Frederic Austin Ogg, ed., *A Source Book of Medieval History*, pp. 216-217.

出基督教在封建法则的建立和执行过程中有不可缺少的作用。在世俗的封建法中实际上也蕴含着基督教的思想观念。

仪式中附庸的誓言不尽相同，德意志波希米亚的勃里提斯拉夫公爵一世（Duke Bretislav I of Bohemia）在 1041 年对君主亨利三世的臣服仪式上所做的忠诚誓言记载到："作为一名附庸要忠诚地对待这位君主，正如一个附庸对他的领主所做的那样，而且，他将是这位领主所有朋友的朋友，所有敌人的敌人。" 1236 年，一份法国附庸的忠诚宣誓如下："从这一刻起，我承诺不会抓获你本人，也不伤害你的生命和肢体；我自己不做这样的事，我也不会劝说或鼓动任何男人或女人做这类事情。"还有一份誓言讲到："在此，我的领主，请相信我，我会忠实于您，按照您授予我土地时所宣布的誓言，遵循各项规则，忠实地为您服役，上帝和圣徒会帮助我。"①

宣誓过后，领主对附庸授予采邑或其他财产或某项权利通常是以象征物来完成的。采邑的种类不同，象征物也不统一，或取自所授采邑的一包泥土、一个树枝，或是一面旗帜、一个十字架、一把钥匙等，以示采邑封授的执行。

通过臣服仪式，领主与附庸订立起契约关系，在法律上意味着双方平等和各自身份自由。当然，臣服于领主即意味着臣服者的地位实际上是与领主有差距的。在德国，身为农奴的骑士 ministeriales 在身份上依附于领主，他们之间当初并不举行臣服仪式，其主要原因是相互间法律地位的不平等。到了 12 世纪以后，由于 ministeriales 身份地位提高，摆脱了农奴身份，臣服仪式对主从双方才具有了实效和意义。

臣服仪式中双方双手的动作建立起法律契约关系，除了领主或附庸一方死去，单独一方不可放弃或废止此约定。查理曼统治时期曾颁布法令规定，在领主做出一些极端恶劣的事情后，附庸可以放弃忠诚约定。其中包括：领主试图杀掉附庸或用棒子打他；领主试图强暴附庸的妻子或与附庸的妻子通奸；领主试图强暴附庸的女儿或勾引附庸的女儿；领主剥夺了附庸的祖传遗产；领主试图把附庸沦为奴隶；领主用剑突然袭击他；领主在应该出手保护附庸时却没有那么做等。

---

① Frederic Austin Ogg, ed., *A Source Book of Medieval History*, p. 218. F. L. Ganshof, *Feudalism*, pp. 76—77.

此外,关于不经过领主同意,附庸不得放弃对领主的义务方面的规则,在查理曼以后的帝王法令中得到不断的重复和强调。到 11 世纪末,附庸可以放弃对领主的宣誓承诺而投靠另一位领主的现象得到法律承认,但其前提条件是,附庸"必须妥善地解除他的第一个契约",即放弃原来领主授予他的采邑,并且也要得到对方的同意。而领主解除与附庸的契约关系,最重要的理由是附庸违背了忠诚诺言,特别是不能尽职履行封建义务。领主对这种附庸最终的制裁方式是没收其采邑。此制裁方式在加洛林朝时期得到反复强调。对此,附庸有权向领主上一级领主的法庭提出诉讼,以维护自己的权益。在实际情况中,领主与附庸双方的冲突也会导致战争爆发,使领主的法律判决难以落实。①

特别在中世纪早期,口头和肢体语言建立契约关系的方式极为普遍,也具有很强的实效,其主要原因与日耳曼人视习惯为法律有关,也与热衷于军事征伐的日耳曼贵族文化水平普遍低下有关。然而,少量特别的臣服行为中也有文字契约,这类记录在案的契约除了记载特殊的要求外,也记录通常臣服仪式的各个环节和誓言。

(二)封建义务法规

领主与附庸在臣服仪式中定立的契约存在着双方都非常熟悉的责任和义务,这些具体规则许多是约定俗成的,有些则随时代变化而变化,也有的是由于地区不同而内容相异。采邑分封的军事目的使封建法规中有关骑士的义务十分明显。

契约是当事双方为保护各自利益而做的共同约定,领主在其中自然占居主导地位,但这并不意味着他不承担或少承担责任和义务。相对于附庸义务,领主的义务并不那样详细,但也有对应的项目。首先,领主要为附庸提供经济资助,从采邑分封最初的情况看,是为了使附庸能够承担起骑兵兵役。经济方面的支持正如前面章节所述,有多种形式,而土地采邑则是附庸们追求的最重要经济形式,附庸拥有一片采邑是合法的事情。为附庸提供基本经济来源,是领主的责任,也是附庸之所以依附于他的前提条件。其次,领主对附庸有保护的责任,当

---

① Frederic Austin Ogg, ed., *A Source Book of Medieval History*, pp. 220-222.

附庸受到不公正的对待和受到攻击时,领主要挺身而出为其提供保护。这种保护可能有不同形式,有时可能会帮助附庸调解与敌对者的冲突,有时可能会发兵投入战斗。对附庸的保护既有人身安全方面的,也有财产方面的,附庸的采邑、城堡、要塞等财产和设施在遭到其他人威胁和攻击时,出兵援助是领主的责任。实际上,自附庸成为领主的"人"之日起,附庸及其财产在很大程度上已经成为领主利益的组成部分。对附庸的保护方式还包括司法方面,当附庸遇到司法纠纷时,领主有义务出庭为自己的附庸申辩。①再次,领主也有义务友善、公正地为附庸提供各方面的建议,帮助附庸处理好一些棘手事务。当附庸死后,领主有对其财产、妻子和子女的保护、安置和监护等义务和权利。不仅如此,领主自己不得以任何方式伤害附庸的肢体和生命,也不得损害附庸的荣誉,不得剥夺附庸的自有财产。总之,领主在承担对附庸的责任和义务时,也要秉承诚实的原则。

附庸对领主授予采邑做出回报的最重要义务是提供兵役。军事服役的种类大体可分为守护宫廷或领主居住的首府,奔赴战场参加战斗,守卫城堡和要塞,驻守边疆等。到11世纪,法国附庸军事服役天数通常为40天,超出此时段的服役,领主应以付给薪俸的方式加以补偿。其中的一些具体做法经常是主从双方私下协商解决,明确一些详细条款,如增加服役的时间以及所获报酬的多少,附庸违约以及领主违背承诺的处罚和措施等。② 军事服役所承担的义务,从单甲骑士到可提供上千名骑士的各级附庸,大体按照获得采邑的规模而定。附庸承担军事服役的份额在执行过程中由于国情和具体情况不同,并非整齐划一。在法国和德国,当服役协定出现争议时,附庸服役份额通常由主从双方详细协议确定。在英国,附庸的服役更多受国王的控制和安排,而且领主只有在为国王服役时,才有权力召集其手下的附庸参加军事行动。

除了军事义务,附庸还要为领主承担经济方面的义务,通常包括领主被俘后的赎金;长子受封骑士所需要的经济开销;长女出嫁的花费;参加十字军东征的部分经费等。附庸的这种经济支持也被称为对领主的"援助"(Aids),具有附庸支付"人头税"的特征。③在英格兰,这方面的义务由于国王的不断巧立名目而引

---

①　Hunt Janin, *Medieval Justice: Cases and Laws in France, England and Germany, 500-1500*, p. 43.

②　Frederic Austin Ogg, ed., *A Source Book of Medieval History*, pp. 223-224.

③　Frederic Austin Ogg, ed., *A Source Book of Medieval History*, pp. 222-223.

发附庸们的不满,甚至发动军事反叛。

除上述义务外,附庸的另一项重要义务是为领主提供建议,商定一些重大事务。当领主需要时,附庸要应召承担这项责任。在战争期间或和平时期,特别是重大节日里,领主会召集附庸聚会,商讨各方面事务,领主希望借此听取和了解附庸们的意见,从而使这项活动具有"御前会议"和"商议"的特征。此外,这样的会议也具有法庭特征,一些重要的案件,领主可能通过附庸们的商议做出判决。领主召集下属附庸们聚会,既可彰显领主的实力,又可增强领主与附庸之间的感情和凝聚力。

附庸在实际生活中对领主的义务远非如此,附庸不仅绝对不可攻击其领主以及领主居住的城堡,而且,在语言方面也不可对领主进行"攻击"。此外,附庸不得诱惑和奸淫领主的妻子及其女儿、养女和姐妹等。再有,附庸要及时通告所听到的任何对领主不利的阴谋和消息。还有,在战场上,附庸绝不可放弃领主,在必要时应把自己的战马交给领主,使其脱离险境,宁可牺牲自己也要保证领主的安全。①

关于附庸如何履行封建责任和义务的众多解释中,11世纪前半叶沙特尔的富伯特主教(Bishop Fulbert of Chartres)所做的阐释对后世具有较大影响。他指出,对领主宣誓效忠的人应该铭记六个词:"安全可靠""值得信赖""诚实""有益""便利""尽力"(safe and sound,sure,honest,useful,easy,possible)。对附庸而言,"安全可靠"是必须要保证绝不以任何方式伤害领主的身体。"值得信赖"是指附庸不可泄露领主的秘密、放弃领主的城堡,做出损害领主利益和威胁领主安全的事情。"诚实"要求附庸对领主要诚实、正直,保护领主的司法权力及所有其他特权。"有益"指附庸不能做有害领主的事,要多做对领主有益的事。"便利"是要求附庸不能对领主正在做的事情制造麻烦和障碍。"尽力"是指附庸必须为领主的计划尽心竭力地提供帮助。②此六词忠诚原则,要求附庸落实到具体的各项义务上。

主要以保证骑士服役为目的的采邑分封,与实际的军事需要联系在一起。

---

① J. S. Critchley, *Feudalism*, p. 31.

② F. L. Ganshof, *Feudalism*, p. 83.

附庸的军事才能不一定必然传给其后代,因而采邑的分封最初的持有只能限其一身,不允许继承。然而,现实社会的复杂情况和附庸对既得利益的不舍,使采邑制在创建之初便隐藏着世袭继承的可能。到 9 世纪后半期,领主对附庸采邑的收回和再分封规则已显得软弱无力,与此同时,拥有后代的附庸们几乎都希望死后采邑仍能留在自己的后代手中。877 年,秃头查理死后,他儿子口吃者路易试图实施重新分封采邑政策,但遭到大贵族们的普遍反抗,使他被迫放弃了这一企图。①此外,由于连年不断的战争,一些领主也乐于让附庸的儿子委身于自己,并授予其父亲曾占有的采邑。甚至,在附庸仍活着的时候,领主就可能与之商定儿子的继承问题。再有,当附庸受伤或年老体衰不能继续战斗时,他儿子最有可能代替其父亲承担军役,使继承采邑成为预先的事实。还有,臣服者把祖传的自主地交给领主,并以附庸身份接受领主授予这片土地的时候,领主可能已经承诺此采邑一定传给这位附庸的儿子。另外,领主如果执意要在附庸死后把采邑授给别人,附庸的忠诚度可能会大打折扣,这是一件更为严峻的事情,正如休·卡佩时期的一位教士所讲:剥夺孩子的权利将使所有“循规蹈矩的人”绝望。在加洛林朝晚期和卡佩王朝早期,子承父业的仪式已经成为普遍现象。到 12 世纪时,长子继承制差不多在各处建立起来。多子继承原则由于承担封建兵役的规则限制逐渐不被采用。至少从 12 世纪以后,采邑的出卖或转让几乎没有任何限制,采邑已经根深蒂固地变成了附庸的世袭财产。此后,领主要想重新取得这份法律上属于自己的财产,需要付出与其他购买者同样的价钱。②

西欧中世纪封建法是围绕采邑及领主与附庸关系建立起来的法律,而采邑分封与骑士军队建设的密切关系,使封建法中充满了骑士制度特征。

三、机构与司法

从上我们看到,西欧早期封建立法来源既有传统习惯,也有贵族“政务会”的商讨决定,还有国王颁布的“法令”等,而法律的执行和落实则需要相应的机

---

① 　F. L. Ganshof, *Feudalism*, p. 45.

② 　马克·布洛赫:《封建社会》(上卷),第 327—314 页。

构,西欧封建社会的法律机构存在着从军事、行政、立法等浑然一体中逐渐分离的过程。

(一)法律机构

从上一章内容中,我们已经对国家政权有关法律机构的设置有些了解,但此方面现象尚需较为系统的梳理。加洛林朝的政权结构和设置对后来的封建社会有重要影响,从查理曼时期中央到地方的政权结构中,我们可较清晰地看到西欧封建社会早期法律机构及其功能状况。

直到查理曼统治的晚年,他才改变以往法兰克君主不设固定宫廷,在各地巡游治理国家的习惯,并在亚亨的宫中大致定居下来。法兰克君主巡游习惯细究起来原因很多,其中重要的原因是经济水平低下,交通运输不便,各处领地的物资需要王室的流动来消耗。此外,中央政权机构的简单,特别是以国王为首的权力结构所具有的浓厚军事特征,可大体解决境内所巡行地区的司法纠纷和叛乱。当然,这种巡行方式也是日耳曼人传统的政治统治和管理习惯。围绕国王及其家庭成员,也包括王宫内各项服务人员和机构,形成封建社会早期的"中央机关"。因而,各类家内仆从,逐渐成为掌管各部门权力的宫廷大臣。国王是王室法庭的最高执掌者,宫廷中设有一位专门负责法庭的高级官员,在国王缺席时主持法庭事务。[1]此外,法兰克人每年召集的全体自由民大会上,对一些重大法律事务也有处理权。

在地方,加洛林帝国的官员大体可分为两部分,一部分由公爵、伯爵、郡长等构成,他们属于地方的常驻官员,负责该地方招募军队、维护秩序、征收赋税、司法审判等。公爵、伯爵以及郡级政权机构设有法庭,负责本地方的司法审判,而地方领主手下的附庸则成为领主法庭的官员。[2] 在郡级机构中,另一部分是皇帝派往地方的巡查官,通常由皇帝直属附庸担任,负责监管各地方事务,也包括法律方面的事务。[3]

---

[1] 乔治·杜比主编:《法国史》(上卷),第252页。

[2] Francois Louis Ganshof, *Fankish Institutions under Charlemagne*, New York: W. W. Norton & Company, Inc., 1968. pp. 75-76.

[3] 基佐:《法国文明史》(第二卷),第110—111页。

从 9 世纪到 11 世纪,法国的立法发生新变化,这种变化与封建制度发展同步,其主要表现在两个方面。一是根据种族的立法已经让位于地方情况的立法,即属人法让位于属地法。二是中央立法权力,特别是政策的统一立法权已经消失,即由于地方势力膨胀中央失去统一立法权。大量地方诸侯领地形同独立王国,法国的立法和执法分散于包括王室狭小领地在内的各诸侯领地之中。在卡佩王朝时期,特别是在此王朝前半段,王权较弱,国王与地方各级封建主都有自己的附庸集会,即所谓的"库里亚"会议,商讨和处理各自重要事务,也包括立法和司法事务。国家法律机构建设和发展与王权加强紧密相关,路易九世在位统治时期,法律机构出现明显变化,由于案件量的不断增加,以往随国王巡游的王室法庭已无法满足办案需要,因而在巴黎设立定期开庭且地址固定的法庭,该法庭成为国家最高法庭,鼓励各地方封建主的附庸们越过其领主向王室法庭上诉,从而使附庸可越级上诉的规则得到落实和推广。与此同时,国王法庭加强对各地方封建领主法庭事务的干预,并尽力限制地方领主的司法权力。

关于地方封建主的法庭状况,乔治·杜比对 10 — 11 世纪勃艮第南部地区的公爵和伯爵法庭做了考察。此地的法庭从加洛林朝时期发展而来,法庭的官员是公爵的亲信贵族,在当地的地位较高。伯爵法庭带有非常明显的私属性,并且伯爵家庭成员也可能成为法庭官员。主要审理所辖地区居民的祖传财产、家庭财产等诉讼。伯爵法庭的审判区域,实际上并没有明确限定,常根据伯爵个人能力扩大和缩小。伯爵办案有时在某座城堡,有时在某个村庄的大树下。伯爵法庭更多是处理其手下附庸间的法律争讼,但提起诉讼的人并非仅限于伯爵属下的人。①

由于英国王权在诺曼征服后的强势地位,王室法律机构比法国建设得完善。在法庭设置方面大体有四种类型:一是国王的王室法庭。其基本功能是对难以裁决,争议很大的案件做最终判决,并对国王直属附庸案件进行审判,而且还有权对关系到王室特殊利益的案件加以裁定。二是国王巡回法庭。此法庭由国王的巡回法官主持,在全国各地巡行办案,既可维护王室经济利益,又可稳定地方

---

① Georges Duby, *The Chivalrous Society*, London: Edward Arnold (Publishers) Ltd., 1977, pp. 20-23.

秩序。三是郡和百户区法庭。此项法庭的设置可追溯到诺曼征服以前,最初由当地身份自由者组成。随着王权加强,国王尽力控制郡级法庭权力,但一些法庭仍控制在地方贵族手中。四是封建领主法庭。此类法庭是采邑分封后领主在所辖领地内拥有司法权的结果,其中包括封建主在庄园中设立的法庭。主持者往往是某等级领主的附庸或管家等。① 英格兰法律建设在亨利二世统治时期有明显发展。为了扩大王室法庭权力并通过审判增加经济收入,他采取了一系列增加司法权力的措施。例如,每 100 人中选出 12 人为检举人,他们检举的犯罪嫌疑人可以经过王室法庭进行审判,从而扩大了王室法庭的办案数量,也开创了"大陪审团"制度。为加强王室法庭权力并提高国王的法律地位,亨利二世使英格兰的普通法(Common Law)得到普及发展。②普通法也是王室法庭之法,随着王权的强大,王室法庭的法律迅速成为整个国家的共同普通法,它几乎摆平了各地方和部落的法律差异。普通法也是王国法和习惯法,它不仅是属地法,也是英格兰国家的最高法。③在关于土地法方面,英格兰的土地法与德国的不同,德国存在普通土地法和封建土地法两套法律,分别处理自主地等非采邑土地和采邑土地的法律事务。英格兰的普通土地法基本是封建法,所有有关土地的法律差不多都与封建土地的保有有关,但普通土地法不止适用于拥有采邑者,而是土地权利的一般性法律。④法国的情况与英国相仿,不存在独立于领主与附庸习惯法之外专门的封建法体系,国家法与封建法是合并的。

随着《大宪章》的签署,英格兰法律机构向更具有协商性立法方向发展,法律约束包括国王在内的所有人。在亨利二世时期,还可看到王室财政署和法庭的官员仍是一班人马,王室大臣和国王随从有的既担任财务官员又担任法官,这种现象逐渐向各自专门独立的部门转化,官员们的职业分工也日益明确。1295年,爱德华一世召开"模范会议",由乡村、城市代表以及教会代表和封建领主共同参加,在这次会议中所涉及的内容,包括批准赋税、制定政策、建立法律等,同时也处理许多日常法律事务,国家议会中法律事务占头等重要地位。在议会中

①　梅特兰:《英国宪政史》,李红海译,中国政法大学出版社 2010 年版,第 70—71 页。
②　Marion Gibbs, *Feudal Order*, London: Cobbett Press, 1949, p. 112.
③　爱德华·甄克斯:《中世纪的法律与政治》,第 25—26 页。
④　梅特兰:《英格兰宪政史》,第 103 页。

尽管国王对于立法有着至高的影响力,但是国王的权力受到法律约束,一旦法律颁布,未经过制定者们的同意,任何人不得擅自更改。爱德华一世时期,法律机构的发展还表现在中央具体负责法律事务的法庭一分为三,即王座法庭、王室民事法庭和财税法庭,各法庭分别设立首席法官。王座法庭是由国王亲自参与开庭的法律机构,其历史源于一度随国王巡游办案的王室法庭,法庭官员随国王一同开庭。14世纪后,国王已经很少亲自办案,但仍要亲临现场。此法庭是受理国王诉讼的中央法庭,直接审理与国王利益有关的案件,并且对王室所有官员、郡长等有监督权力,且受理针对他们的指控。另外,它还特别对武力威胁和破坏国王和平秩序的行为进行审判,此外,还尽力参与对一些民事案件的审理。王室民事法庭主要负责对广大普通民众案件的审理,法庭设在威斯敏斯特。财税法庭的职能较上述两个法庭有些模糊,它既是一个法律机构又是行政机关,它既要参与审理王室财务方面的案件,也要负责收税和支出。此法庭后来又逐渐分离,分为由财政大臣掌管,负责征收税金的财务部门和由首席财务法官掌管,负责财务案件判决的法庭。① 至此,英格兰的法律机构已经发展到近代早期的边缘。

封建法主要是用来调解领主与附庸间土地利益关系的,而用来调解领主与农民关系的是庄园法,庄园法是西欧封建社会另一部重要的世俗法,它与封建法有密切关系。庄园法与封建法一样,基本是由传统习惯发展而来,其不仅包括处理作为统治者的领主与被统治者的农奴之间的利益冲突,也处理庄园中农奴之间,农奴与自由民之间的利益纠纷。庄园法庭由领主的管家,或领主的代理,或领主本人主持,开庭时也有庄园中的成员参与审判,庄户们作为旁听者也都可参加。开庭时地点不固定,有时在户内,有时在户外。各庄园法庭开庭办案的时间并不一致,但各自都有大体开庭的时间节奏,或三周一次,或一年一次不等。在13世纪,陪审员制度出现在庄园法庭中。庄园法及其法庭与其说是领主的统治和管理工具,不如说是领主与农奴关系的调节器,主要依照传统习惯办案,有陪审团和农户参加的审判,在一定程度上可维护农奴的某些利益,也可部分地缓解领主与农奴间的矛盾冲突。

总之,从法律机构设置和发展情况看,由于政权结构中具有骑士身份者居主

---

① 梅特兰:《英格兰宪政史》,第88—89页。

导地位,政权中的军事功能影响到中央到地方法律机构的建设,法律部门的官员很大部分是具有骑士身份的附庸,王室法庭和地方领主法庭也主要由他们的附庸承担具体事务。法律是社会的强制力量,法律机构中的骑士军人成分更容易使法律与地方的行政、军事、税收等事务结合在一起,从而体现了日耳曼人早期国家法律制定和执行的状况。随着王权加强,法律作为增强国王权势、扩大王室收入的重要手段,君主们自然会注重法律建设,法律机构也逐渐从其他管理部门分离开,成为专门组织。而且,在欧洲后来的历史中,围绕立法和司法,各职能部门会进一步完善,像警察、狱警等具有暴力色彩的职业也随着骑士制度的衰落而得到专门建设。

(二)司法特征

法律及司法手段与国家状况及其文化密切相关,由于西欧封建社会浓厚的暴力倾向和骑士制度所带来的军事色彩,其法律规则和司法过程更具有武力强制性。

日耳曼人早期的司法方式反映在血亲复仇和神明裁判方面。血亲复仇较之更原始的不加区别地报复的行为有了些进步,起码缩小了为报仇而滥杀无辜的范围。处于原始部落阶段的日耳曼人,内部组织关系靠血缘关系联结,外来者侵害家族利益将遭到亲属们共同的制裁,而制裁的方式往往是"以牙还牙,以眼还眼",亲属们会依照被伤害者受伤的部位和程度,对伤人者或其亲属致以同样的伤害。随着法律的发展,这种肢体的伤害逐渐与经济的处罚相联结。在《萨利克法》中详细列出了各种身体伤害以及赔偿金的数量。比如:试图杀害某人,但没成功,其赔偿金是多少;某人用弓箭伤害另一个人需缴纳多少赔偿金;一个人伤害另一个人致使其血流到地上需要赔偿多少钱;伤害别人的手和脚需要赔偿多少钱;失去一支拇指、食指、中指、无名指、小指各赔偿多少钱;杀害身份自由的法兰克人以及国王信任的人各需赔偿多少钱,都有详细规定。此外,按照死者的身份不同,亲属们也会索取不同数额的赎杀金。①骑士制度产生后,这种司法判决方式得以延续,由伤人一方的亲属赔偿受害者亲属金钱的处罚方式在 12 世纪

---

① Oliver J. Thatcher, *A Source Book for Medieval History*, pp. 17-19.

之前成为欧洲各国司法行为的显著特征，并且，直至今天我们仍能从西方的司法中看到这种判决方式的蛛丝马迹。

对犯罪的判定是司法过程的重要一环，日耳曼人早期的"神明裁判"主要基于对火的神明和水的神明的信奉，且认为使用火的裁判适用于地位较高的人，而水的裁判适用于普通人。被用火裁判的人，通常被蒙上眼睛，光着脚走过烧红的犁头，或用手传送燃烧的铁，如果他的伤口事后很好地愈合就证明其无罪。用水裁判通常分冷水或热水两种方式，在冷水中，如果嫌犯的身体漂在水面，说明水不接受他，可判决其有罪，因为经过神职人员祝圣过的水是神圣洁净的，不会容纳罪恶。在热水中，把嫌犯裸露的胳膊和腿放进滚烫的水中，能够不受伤地拿出来，会被判定无罪。此外，还有所谓的"吞噬审"，受审者要在规定时间内吞下一盘司重的面包或乳酪。审讯者会郑重地向神祈求，如果此人有罪，其喉咙会被这种食物哽住。1215 年以后，由于"神明裁判"受到教会禁止，审判手段转向陪审团制度以及酷刑和饥饿方式。①

决斗更能体现西欧封建司法中的军人特征，此项裁决方式被西方一些学者认为是"神明裁判"的一种形式，由诺曼人传到英格兰。当同一领主的两名骑士为土地归属权争执不下时，法庭可能会通过武力格斗的方式做出裁决。作为案件的原告，可以不必自己参加决斗，他可指令一位武功高强的手下骑士承担此任。② 在英格兰，亨利二世曾提出一种可以回避双方决斗的方式，被告如果不接受原告的决斗挑战，可以向国王法庭申请一份文书令，由此，审判庭可召集 24 名骑士参加判决，他们首先向上帝发誓，随后陈述审判的理由和结果。

宣誓是另一种裁判形式，即所谓的"宣誓裁判"。此方法与人们普遍的宗教信仰联系在一起。有时它与神明裁判相结合，原告和被告之间的争讼由向神明宣誓开始。为了赢得判决，宣誓双方会召集若干人共同宣誓，以支持各自一方获得胜利，宣誓往往以固定套路进行。所有誓言都必须无懈可击，语言要通畅流利，且要充分运用诗歌体，合辙押韵，富有表演力。只有如此这般，方有获胜的可能。③

---

① Jean Brissaud, *A History of French Public Law*, pp. 122–123.

② Jean Brissaud, *A History of French Public Law*, pp. 123–125.

③ 哈罗德·J. 伯尔曼：《法律与革命》，第67—69页。

陪审团制度的出现是欧洲司法史上的里程碑,这项制度最早的迹象可从法兰克人国王为了证实某片土地的所有权,命令官员选择当地居民通过宣誓做出证明的做法中寻到些迹象。此制度后来在英格兰发展起来,又传回到法国。陪审团分为大陪审团和小陪审团,两者作用有区别。当某人 A 向另一人 B 要求一片土地的权利时,B 不准备选择决斗的方式,而是要求国王的大陪审团审判。双方会就此选出 4 名骑士,由这 4 名骑士另选 12 名陪审员到王室法官面前证实究竟是 A 还是 B 拥有对这片土地更大的权利。不过,此时的陪审员并非是听审证据的法官,而只是出庭的证人。小陪审团的作用是,某人被从所占有的土地上驱逐,或土地占有权利被剥夺,他可从国王处获得一纸令状,要求郡长召集 12 个知情的邻居作为证人,而不是像大陪审员由 4 名骑士来选择,这 12 人在王室法官面前查证是否有侵夺行为。小陪审团成员所面对的是双方是否有侵夺财产的行为,而大陪审团所处理的是某片土地谁该拥有更大的权利。①陪审员大都是受审者的同等级的人和邻居,他们通过发誓后所做的证言,对客观断案具有积极作用,也在一定程度上对被告人起到保护作用。如果被告人不信任陪审团,他可要求决斗,让上帝在双方决斗中做出公正判决。如果被告没提出让陪审团审理案件,陪审团的意见不得作为定罪的依据。然而,如果被告既不选择决斗,也不选择陪审团审判,可能会遭到法庭酷刑的折磨或被活活饿死。陪审团制度由于诉讼者需要从国王处购买实行陪审的权利,故此成为国王收入的一条渠道。此外,陪审团制度对加强王权,限制封建领主们的司法权力起到了积极作用。

采邑与军事、财产、法律和行政的关联,使土地权利显得尤为重要,这种重要性充分地反映在封建法对土地权利详细的划分方面。与罗马法中纯粹的个人财产"所有权"概念相比,封建土地所有权显得并不是唯一的重要,甚至在司法裁判中退居次要位置。对某片土地的权利,在法律上可分为所有权和占有权(或持有权、保有权),由于封建等级的从属性和领主—附庸关系的多重性,导致其所有权和占有权复杂地交织在一起。某个附庸从其领主处分得的土地,又被他以领主身份分给手下附庸,此片土地在层层分封直至耕作的佃农手中,都贯穿着所有权和占有权的划分问题。因而,西欧的封建土地财产本身便蕴含着权力纷

---

① 梅特兰:《英格兰宪政史》,第 82 页。

争,而封建法对其所做的细致解读和司法判决,在一定程度表现出暴力冲突对法律条文清晰和细化的促进作用。

采邑主要是以建立骑兵军队、承担军事义务而实施和发展的,它所具有的军事与土地结合的特征,使其与政治也有紧密联系,具有骑士身份的领主也获得了领地上的司法权力。法律体系的运作由于骑士制度的存在,自然带有军事强制性,司法与军事结合是西欧封建司法的显著特征。

领主法庭执法的基本范围是所辖领地的附庸和居民,由于领主与附庸大多具有骑士身份,法庭审判充满军事和暴力色彩。为了各自利益,领主与附庸间,附庸与附庸间的冲突通过法庭的裁判可能会得到解决,但也容易引发暴力行为。领主与附庸之间责、权、利的约定,使身为军人的附庸有了争讼的依据和底气,西欧封建社会贵族间喜好争讼的风气与骑士制度以及相关的法律规则相一致,争讼成了为获得司法公正的一种带有暴力色彩的手段。有西方学者把法庭上言辞激烈的辩论称为“语言暴力”,在语言暴力难以解决问题之后,是决斗裁判和其他暴力手段。而且,领主与附庸各自拥有军队的封建体制,会使司法纠纷向武力冲突和战争演变。英格兰《大宪章》的签署是这类事例的典型。领主和附庸双方各自所具有的军事力量,为维护司法公正起到了相互约束的作用。

为了司法公正,缓解附庸与领主的法律纠纷所引发的暴力冲突,附庸有权向领主的上级领主法院提起诉讼,这种上诉尽管并不经常发生,但附庸拥有这种权利和渠道与没有这种权利和渠道大不相同。上诉要按照等级阶梯逐级进行,不得越级上诉。司法程序中的这项规则,在封建等级制度中开辟了一条限定司法审判要大致沿着平等和公正方向运行的通道,也体现出骑士集团内部领主与附庸间法律地位的平等原则。在整个封建等级关系中,自国王、公爵、伯爵到下层骑士,在这套法律体系中存在着可以要求用统一的法律规则进行审判的机制,而且领主有可能也是附庸,附庸也可能是领主的封建等级体制,使这种司法规则存在支持和维护的条件——整个封建法规能够成为约束不同等级人的大体统一的标准。

附庸的暴力反抗并非可以随意发动,骑士的公正意识,以及个人的独立意志和主见等,对非正义的判决具有一定程度的限制作用,基佐通过《圣·路易的法制》所展示的情况使我们对这方面的问题能有进一步体会:

如果这个封建领主对他的附庸说："跟我走，我要同我的领主国王打仗，他拒绝我批评他的朝廷"，这个附庸就得这样回答他的封建领主："大人，我要到国王那里去了解一下，情况是否像您告诉我的那样。"于是他来到国王那里并对他说："陛下，老爷说您拒绝他批评您的朝廷，因此我到您这里来了解一下真相，因为老爷已经召唤我对您作战"。如果国王对他说他不愿让人对他的朝廷品头论足，那么这个附庸必须立即到他自己的领主那里去，帮助他并承担军事义务，如果他不到他领主那里去，那么，按理他会丧失封地。但如果国王回答说："我乐意在我宫廷里公平对待你的老爷"，那么，这个附庸必须到他自己的领主那里去说："老爷，国王对我说，他乐意在他宫廷里公平对待您"。如果这位领主说："我不愿走进他的宫里去，但需要你像我叫你做的那样跟我走"。这时，这个附庸可以说："我不愿跟你走"。因为做这样的拒绝，按理他既不会丧失他的封地，也不会丧失任何其他东西。①由此可见，西欧封建社会的骑士个体所具有的自主意识和按规则行事的主张，也是封建法律能够在较长时间里正常运转的一项保障。而且，附庸的骑士身份所具有的反抗能力，为其人格独立和坚持规则提供了一定保障，使其不至于陷入低三下四唯命是从的奴才境地，从而也为司法过程留出了伸张正义的空间。

骑士制度是认识和理解西欧封建法律特征的重要途径。为建立骑兵军队开展的采邑分封所建立起的领主与附庸间的责任和义务关系，构成了封建法的核心内容。领主为支持附庸提供兵役所授出的采邑，是附庸承担军事义务的条件。双方通过臣服仪式订立契约，明确各自应该和不应该承担的责任和义务。契约的遵守和执行是封建法律的根本，封建法的细密规则是社会现实情况的具体反映。由于骑士身份贯穿于上自国王，经由公爵、伯爵直至下层骑士的整个封建等级体系中，法庭的法官和执行官员大多由这部分人担任，法律机构与军事团队融为一体，在法律审判和执行过程中必然显现出暴力和战争倾向。西欧中世纪私人战争的频发往往是法律纠纷的升级，当"神明裁判"和司法决斗难以解决问题时，骑士制度带给领主与附庸、附庸与附庸们的军事力量便成为各自维护权益的手段，而且往往是具有实效的终极手段。在暴力和战争成为社会解决法律纠纷

---

① 基佐:《法国文明史》第三卷，第214—215页。

的手段时,封建法庭上的原告和被告,也包括主持审判的法官和每一个参与审判者,都不得不顾及法律的公正性,任何不公正的审判,都有可能成为受害者的指控对象,并卷入以命抵命的暴力裁决中,其信念是:"让上帝做最终判决"。附庸所具有的反抗领主侵权的军事能力和社会对反抗权的认可,为西欧的法律向真正的法律面前人人平等的方向开辟了道路。任何人,无论其地位有多高,权力有多重,均不得对别人的利益加以侵犯,否则对方就有拒绝,甚至反抗的权利。而且,在共同的法律面前,每个涉案者都要按同样的司法程序审判。

第七章　骑士与战争

骑士是军事精英,他们对封建社会的军事和战争有重要影响。他们中许多人的官员身份,使西欧封建社会的政权具有明显军事性质。这是西欧封建社会内部战争频繁,且能掀起大规模对外战争的一个重要原因。

一、战争机制

产生骑士制度的加洛林时代,对西欧封建社会后来的历史有重大影响,分析这一时期骑士的军事地位和作用,可看到这一群体对国家战争机制的建立所起到的作用。

前面内容中,我们看到了加洛林朝连续不断的战争现象,以及骑士的产生等情况。长期的战争,使军事在加洛林时代的法兰克国家政治中占居头等重要地位,不断的战争使其政权运作更适应战争的需要,从而造成政治军事化、军事与政治交融的体制。骑士群体的存在是导致这种政权体制的关键所在。

法兰克人国家的军队情况,笼统地看,主要来自自由民,原则上规定凡自由民皆为兵,每个成年男性自由民都有应召入伍当兵打仗的义务。而军队的组成,大体有四方面:1. 国王或皇帝的护卫以及王室军队;2. 大贵族及其军队,包括公爵、伯爵、大主教、修道院长及其直接统领的军队;3. 被征召的军队;4. 从其他王国调集的军队。[1]这些军队的兵种可划分为骑兵、步兵、攻城兵、后勤兵等(查

---

[1]　M. Keen, *Chivalry*, p. 25.

理曼时期有关于建设海军的记载),其中骑兵与步兵是部队的主体。由于骑兵装备精良,作战能力强于步兵,而昂贵的装备又使骑兵军事和社会地位远高于步兵。骑兵军队中主要包括国王的护卫和王室军队,以及公爵、伯爵及其手下附庸们。这部分人中有些是军队的各级统帅,他们共同构成军队的核心力量,对发动和应对战争最有积极性,他们的切身利益及愿望和行为规则对军事行动有着至关重要的影响力。

在此,需要简单说明的是,作为军事史和军事学中的"骑兵",与社会史中的"骑士"概念是有区别的,后者更多是着眼于骑马作战者的综合性社会角色而界定的,严格意义上讲,他们与中世纪一般意义的"骑兵"无论在装备、社会地位或准入程序等方面都有区别。骑马作战的骑兵并非都是骑士,骑士是骑兵军队中的核心和精英。多数研究骑士制度的西方学者,对中世纪的"骑兵"与"骑士"概念并不做专门剥离,而研究军事史者则笼统地用"骑士"或"骑兵"概念做阐述。为考察军事和战争问题的方便,本文对两者也不做刻意的区分。

以领主—附庸关系组建的骑士军队,起初便拥有某些特权。依附于国王,为国王而战的扈从们,地位自然要高出其他战士。法兰克人早期围绕在国王身边的护卫队战士 antrustiones,被视为是国王的军事伙伴,而且与这个称呼相关联的词 Antrustio 具有"三倍罚金"的意思。如果这类人被杀害,凶手必须付给死者家属超出其他自由民三倍的罚金。他们的身价之所以高,一是因为他们与国王的密切关系,二是他们的军事精英身份,这是普通的自由民所不及的。①

随着骑兵在战争中作用的增强,国王和大贵族手下的精锐部队都由配备战马和精良武器装备的骑士们组成。他们在经济方面通常要有较高且稳定的收入,这既是维持昂贵的军事装备和军事行动的需要,也是凝聚这部分人心,使其忠诚效力服役的动力之源。

作为军事精英,骑士中的部分人成为社会各级政权机构的统治者,为国家发动战争建立了高效的权力运作机制。加洛林朝的统治者们在积极建设军队,大力发动战争的同时,逐渐把整个国家引向为战争服务的轨道,政权结构的设置具有明显军事特征。

---

① F. L. Ganshof, *Feudalism*, pp. 4–5.

以土地为主的财产层层分封方式所建立的领主—附庸体系,既是封建等级制度的核心环节,又是国家政权结构从上至下的基本框架。国王通过臣服制度把公爵、伯爵、大主教、修道院长等纳入附庸系统,而这些人又通过分封采邑建立与下属的主从关系,层层分封使各级领主成为所辖领地的统治者,拥有军事调遣、司法审判和征集赋税等权力。

这样的政治体系也是军队的组织和调动系统,调动军队和发动战争既是军事行动也是行政部署。至少从 790 年起,加洛林朝军队调动和征召要经过两个步骤。第一步,国王或皇帝的军事命令通过特使传达到地方首领公爵、伯爵、主教、修道院长、重要的王室附庸等所在之处。这些人要立即编出自己的附庸和所辖地区的自由民谁参加战斗,谁提供给养的清单,同时筹备所需物资并清查武器装备的质量等。第二步,当参战的命令下达后,所有人要做好迅速出发的准备,根据虔诚者路易的命令,从收到出发令到出发不得超过 12 个小时。①在查理曼统治末年,特别是虔诚者路易统治时,为了加快动员和召集军队的速度,王室巡查官(missi dominici)的重要任务之一就是要迅速传达皇帝的军事命令。可见,地方行政首领公爵、伯爵、主教、巡查使等也是军事统领或重要军事职责的承担者,国家各级官员的军事角色,使发动和应对战争成为非常便利的事情。

骑士军队的建立使军队召集方式和效率提高。法兰克人传统的、节奏较慢的三月份军队集结改在五月份,随后,军队可直接投入大多在春、夏、秋季展开的战争,大大缩小了军队集结的时间。然而,随着军事行动的快捷,"五月校场"并非年年都举行,在丕平三世统治的 756—768 年的 12 年间,这种校场共有 6 次;在查理曼统治时代,769—813 年的 44 年间,则仅有 17 次;而到虔诚者路易统治时,此项行动基本上停止。②从而可见,军事命令的传达和军队的集结都随着军队建设的发展和权力运作效率的提高得到改进。

军事附庸成为地方政权机构重要成员的同时,王室军事随从中的部分成员也担任宫廷和国家的行政职务,有领主—附庸关系贯穿其中的政权机构所具有的军事功能对在全国范围内调动军队提供了保证。起初,法兰克人所有自由民

---

① Philippe Contanmine, *War in the Middle Ages*, p. 27.

② F. L. Ganshof, *Frankish Institutions under Charlemagne*, p. 62.

都要出征作战,后来逐渐变为每一个家庭应有一名成年男子入伍,儿子要自愿承担其父亲在战场上的责任。服役时间,通常在农业春播结束后到收割期开始之间的三个月。当然这只是一般的规则,实际情况视战争而定。①

政治军事化也表现在整个国家的自由民都要承担军事义务。从 9 世纪初期的情况看,无论是自己拥有土地的自由民还是从国王、主教、修道院长、伯爵等领主处得到土地的附庸,都应该严格履行服兵役的职责。807 年的一份备忘录规定,“塞纳河以外的所有人都应为其领主服兵役。首先,已获得采邑的人必须参军。每一个拥有 5 曼希(manses)土地的自由民要参军,而有 4 曼希的人和拥有 3 曼希土地的人也要义务当兵。2 个人各自拥有 2 曼希土地,则一个应该帮助另一个,两人中体力强的一个应该去当兵。至于只有半曼希土地的那些人,5 个人装备另一个人,即第 6 个人当兵”。而且在这一年的法令中还明确规定,持有采邑的伯爵和附庸以及所有骑马作战者都要准备投入战争。②在罗退尔二世统治时,这样的军队召集方式传到了意大利地区。以财产数量作为征调军队的依据,从中也可看到装备精良的骑士所需的土地占有标准。冈绍夫考察认为,拥有 12 曼希采邑的附庸,在服役时必须全副武装,包括穿质量上乘的铠甲,戴头盔和金属护腿,而且也要骑战马,成为装甲骑士。③由上可知,加洛林朝从普通的成年自由民男子到伯爵、公爵,甚至国王,几乎都要直接或间接参与到战争之中。当然,一般的农民要根据战争发生地的需要而征调,但作为贵族骑士则成了专门的职业军人,他们要终其一生服兵役,出征打仗是他们的职责。

为有效落实服兵役的责任和义务,加洛林朝在法律方面做了一系列详细的规定。一名法兰克自由民如果拒绝应召参军或拒绝提供辅助支持义务,罚款 60 个索里达。这是非常高的惩罚数额,在当时大体相当于 6 匹马的价格。此外,对于一个罗马人,或教会的附庸,罚款是 30 个索里达。法令还规定,对开小差者要处以死刑并没收其全部财产,但这种死亡判决在具体执行过程中有时会打折扣。

---

① A. V. B. Norman, *The Medieval Soldier*, p. 23.

② Oliver J. Thatcher, *A Source Book for Medieval History*, p. 359; Philippe Contanmine, *War in the Middle Ages*, pp. 24-25.

③ 在查理曼时期,骑士的战马和其他武器装备大体上为 36 或 40 先令,这相当于 18 或 20 头母牛的价格。F. L. Ganshof, *Frankish Institutions under Charlemagne*, p. 66; 另可见拙著《中世纪骑士制度探究》,第 126—129 页。

还有,在军营中醉酒,违反军规等都有具体的处罚规定。当然,凡领有采邑的附庸不听从领主调遣,拒不出兵打仗,要将其采邑全部收回,这个规则在主从关系建立之初就已明确,此规定也适用于对拒绝防守某个要塞,拒不出征边疆等附庸的处罚。①在此,国家的法律和法令与军事联系在一起,成为组织和发动战争的手段。

为了战争,一些物资方面的规则和法令得以颁布,战争离不开经济支撑,经济政策也卷入军事制度之中。我们从上述对违反军令的罚款规则中能看到借此填补军事需要的意图。地方官的一项责任便是收缴那些违反军规者的罚款。当时军事对经济的要求大多在物资方面,而物资主要靠出征者自己筹备。对这方面工作的监督责任在各级领主身上。物资不仅包括上前线的人所需的行军和战争物资,也包括提供拉载这些物资的大车以及拉车的牛、马等。在大约 806 年,查理曼给修道院长福瑞德(Fulrad)的信中指明了这个附庸率部集结的地点和时间;骑士的装备标准;应提供的车辆数量;各种工具和满足 3 个月需要的食物;半年所需的武器和衣物等。②对于持有王室领地的那些附庸,这方面的要求会更高些,车的型号应该更大些,而且要配有皮革顶棚以及便于渡河的防水装置等。从一些法令规定中,有些物资似乎由地方领主负担提供,一份来自查理曼统治末年的法令表明,每个伯爵应该储备其郡中三分之二的牧草以保证军队之需。③查理曼在 9 世纪初所颁发的几个法令专门规定,在几场战役地点之间,建立物资储备库,储备衣物、武器、马具(设备)等军需物资,并且组建负责保护这些物资和保障运输的护卫队等。实际上,这些物资也主要是由地方公爵、伯爵、宗教和世俗领主以及各级附庸们提供。另外,王室领地也要提供军需物资。④行军和战争过程中的物资需求量非常大,按照传统习惯,每个战士通常要带足 3 个月的口粮,以及维持 6 个月的衣物和武器装备。3 个月的口粮是从到达边境服役开始算起,这意味着还要有包括行军到边境过程中所需的食品。食品包括面粉、葡萄酒、

---

① A. V. B. Norman, *The Medieval Soldier*, pp. 23 – 29, F. L. Ganshof, *Frankish Institutions under Charlemagne*, p. 68.

② Frederic Austin Ogg, ed., *A Source Book of Medieval History*, pp. 141–143.

③ Philippe Contamine, *War in the Middle Ages*, p. 26.

④ F. L. Ganshof, *Frankish Institutions under Charlemagne*, p. 67.

猪肉、羊肉等，以及拉载这些物品的大车和牲畜。必须带的物品还有磨粉机，斧子、铁铲、帐篷及固定帐篷的木桩、攻城器械等。①

　　西欧封建社会早期，频繁的战争是最重要的社会政治现象，军事成为国家政治的核心，政权结构很大程度必然围绕军事和战争组建。骑士军队的建立是欧洲军事发展史的一个重要阶段，也对政权性质产生重要影响。骑士的出现，军队结构发生变化，改变了法兰克人所有成年男子皆为兵的习惯。骑士成为职业军人，他们的社会地位明显高于普通自由民，成为特权阶层。与此同时，传统的自由民身份进一步分化，他们亦农亦兵的业余军人角色使他们在军队中的地位下降，经常性的战争也会使他们由于对土地经营不善而加速沦为农奴。骑士由于占有维持军事行动的采邑而成为领主，采邑的世袭使许多骑士的贵族身份在家族中得以延续。居于社会强势地位的骑士们对国家政治和政策直接产生影响，使国家易于发动和应对战争。而且，他们对整个国家，包括下层民众的战争观念都有引导和带动作用。

二、战争状况

　　加洛林朝把土地与建设精锐部队捆绑在一起所实施的采邑分封，成为最终导致帝国瓦解的一个重要原因。成就了加洛林帝国伟业的骑士军队，由于采邑分封与生俱来的争执性，为这个帝国的分裂瓦解又起到了推动作用，而且，其作用在后来的社会中长期持续地影响着战争状况。从加洛林帝国分裂出来的三个国家以及诺曼征服后的英格兰，都是战争接连不断，有各国间的战争，也有各国内部的战争；有家族间的战争，也有家族内部的战争等，层出不穷。此外，对外扩张性战争也呈现全方位的多发势头。对西班牙地区的再征服运动、对东部斯拉夫人地区的军事行动、持续两个世纪之久的十字军东征等，充分显现了西欧封建社会崇尚军事和暴力的特征。导致西欧战争频发的原因有很多，但其根本在于世俗统治集团的利益追求以及他们自身所拥有的军事能力，而且封建政权结构为发动战争建立起高效机制。骑士制度是这种机制的关键所在，也是我们理解

————————————

① A. V. B. Norman, *The Medieval Soldier*, p. 33.

西欧 11—14 世纪封建社会战争问题的一条线索。

(一)内战

加洛林帝国瓦解后,欧陆陷入政治分裂,出现地方势力发展壮大的政治局面。公爵、边地侯、伯爵、男爵以及各地方的领主们依仗所辖领地,随封建制度的发展使各自区域的政治、经济、军事等功能一体化,建立形同君主统治的相对独立的王国。他们各自为政,铸造起善于发动战争和防护守卫的军政体系,从而使西欧地区和国家中的内战和私人战争数量繁多,记载战争几乎成为当时编年史家和年代纪作者们每天的日常工作。[①] 战争有各种类型,包括攻城战、突袭站、遭遇战、阵地战等。

采邑分封以及土地与骑士军队建设的结合,为封建领主之间的相互战争埋下了种子。与拉丁文采邑一词相关联的 feud(世仇、争斗)一词,意思中也透露出采邑自身所蕴含的纷争特质。土地是有限的,而封建领主对土地的需求是无限的,土地除了可以满足物资需求和享乐,也是扩充骑士军队,壮大力量的根本。特别是采邑与所承担军事服役义务相挂钩,促成长子或单一继承制的流行,贵族骑士的其余后代没有祖传土地可继承,土地成了更为紧缺的争夺对象。骑士群体的存在为利用战争手段攫取土地提供了便利条件。

内战通常指封建国家内部的战争,由于采邑分封所形成的领主—附庸关系的复杂性,西欧主要国家间的领土和权力之争实际上也是封建制度下的战争,如英、法之间的战争,德、意之间的战争,法、德之间的战争等,常与领土和权力的归属有关。内战也包括私人战争,这类战争主要是由家族或个人之间的私属利益引发的暴力冲突。通常,国王或地方大封建主们为了所辖地区的秩序反对私战,教会也是反对私战的积极倡导者。然而,西欧封建社会的内战和私战难以避免。在王权强大到足以控制住各路地方封建势力之前,私人战争曾一度成为解决家族间利益纠纷的手段之一,以暴制暴成为当时封建领主们的信条。

家族间的暴力冲突,会使身为附庸的骑士对如何遵守主从关系原则感到为难,当骑士所在家族与自己的领主发生私战时,他最初的选择往往是忠实领主,

---

① Philippe Contanmine, *War in the Middle Ages*, p. 31.

为领主效力,但实际情况可能并不这么简单。武功歌《罗欧·德·坎伯拉》中,领主罗欧(Raoul)发动了对赫波特(Herbert)家族的战争,罗欧手下随从勃涅尔(Bernier)是赫波特家族的人,其母亲曾劝说儿子勃涅尔放弃对罗欧的效忠,但遭到儿子的拒绝,他对母亲回答说:即使罗欧比犹大还坏,但他是我的领主,为我提供了经济支持,我不能背叛他。后来,由于看到母亲被罗欧所杀,并且自己也遭到领主的愚弄和嘲笑才愤然离去。①社会中强大的领主—附庸关系,以及附庸必须忠实于领主的规则和观念,对私人战争起到了推波助澜的作用。

私人战争在耕地较为匮乏的地区更易发生。在人口密度较大的佛兰德斯伯爵领地,许多大贵族家庭的子弟,由于土地缺乏使他们大都没有多少发展前途,生活不如意使他们对那些富有的人充满嫉恨,甚至,他们也可能对自己的兄长下手。在著名的骑士普尼菲古斯(Bonifacius)身上发生的事件,在当时并非稀奇,他被两个兄弟驱逐出自己的城堡,而且他年轻的妻子和襁褓中的儿子也惨遭杀害。他凭借大无畏的精神杀掉了其中的一个兄弟,另一个则畏罪逃亡。此外,佛里斯兰的罗伯特伯爵手下的野蛮随从们,在帮助他废黜其侄子的爵位后,由于他的冷酷行为引起贵族们的义愤,并策划军事行动由另一位性情温和的王侯任伯爵,换掉了这个残忍者。1060 年,在雨果(Hugo of Blaringhem)手下附庸间的一场谋杀案,几乎引起谋杀者家族成员与雨果附庸之间的一场激战。在布鲁日地区,一些贵族家族间频繁发动战争,为此他们不惜投入巨资,对参与杀戮的凶手们支付的酬金高达 10000 马克。②

封建主间的争斗在某些情况下更为激烈,特别是当地方某个公爵或伯爵个人能力较弱,军事实力不强的情况下,争夺土地的战争更容易爆发。在诺曼底,1035 年高贵者罗伯特公爵统治时期,由于自己实力不足,引发了诺曼底各势力家族争夺权利的大规模战争。在战争中,许多骑士死去。为了给对方造成更大伤亡,交战双方不顾教会禁令,使用杀伤力强大的弓箭和投掷武器。在围城战中,攻守双方的伤亡更为严重。在英格兰,当王权软弱时,地方家族争斗和私战会更加激烈。斯蒂芬(Stephen)统治时期,地方私战的规模扩大并升级,在林肯、

---

① L. Gautier, *Chivalry*, New York 1968, p. 70.

② J. F. Verbruggen, *The Art of Warfare in Western Europe During the Middle Ages*, New York: North-Holland Publishing Company, 1979, pp. 30-31.

温彻斯特和威尔顿郡围绕王位之争展开了广泛的战争。①

西欧各国内战和私战的情况不尽相同。在法国,由于王权相对软弱,在腓力二世之前,卡佩王朝的国王们所持的政治和战争政策并没有更高的理想和抱负,他们不得不花费大量时间和精力为维护自身领地的安全而战斗。路易六世(1108—1137 年)的生平充分体现了当时法国国王作为一个封建领主为维护其地位在军事方面穷于应付的角色。早在其父王腓利一世在位时,他便承担军事首领和领土守护的职责。从 16 岁开始,他率领军队与英格兰国王兼诺曼底公爵威廉·鲁弗斯进行战争,并发动对贝里(Berry)、奥弗涅(Auvergne)、勃艮第等地的多次进攻,一直到死去前两年,他还在指挥作战,其一生大部分时间是在战争中度过的。② 法国王室与英国王室间的复杂封建关系,使两国之间的战争不断,相互间成为宿敌,且酿成了后来长达一个多世纪之久的"百年战争"。法国的历届国王与英格兰和德国的君主一样,自身都必须具备较强的战斗能力,不仅要娴熟地掌握骑士的各项战斗技能,还要具备军事指挥能力。君主个人军事能力的高低,直接关系到国家在欧洲的国际地位和声望,而且对国内政治秩序的稳定也能起到至关重要的作用。

1066 年威廉一世夺取英格兰王权后,开始了这个国家政治和军事史的新篇章。威廉一世掌权后的头等要务是依靠武力镇压盎格鲁—撒克逊贵族在各地的反抗,以军事平息社会混乱局面。尽管此后英格兰王权由于相对强大,为减少地方封建领主间的私人战争起到了一定作用,但是英格兰对苏格兰、威尔士和爱尔兰等地区的战争和冲突时有发生。特别是,英格兰与法国的战争断断续续,成为持久性的态势。1214 年,法王腓力二世对失地王约翰的胜利,使双方的战争达到一个新阶段。实际上,大宪章签署过程也是封建贵族与国王间的利益争夺战。国家内部的战争,使政权结构和权力分配发生变化。

通过德国的情况,可以对中世纪德国和意大利等地区的战争状况有大概的了解。在前面章节,对德国政治的考察中已经看到了这个国家基本的战争政策和状况。意大利地区由于经历过伦巴德人的攻占和加洛林朝的法兰克化,罗马

---

① Matthew Strickland, *War and Chivalry*, Cambridge: Cambridge University Press, 1996, p. 139.

② Philippe Contanmine, *War in the Middle Ages*, pp. 41-42.

的政治传统遭到涤荡,法兰克人的统治通过伯爵们的权力构建得到实施。从伦巴德法律可见,加洛林王朝结束后,意大利地区采邑分封制度得到推行,各地的伯爵和官员成为意大利国王的附庸,而且各地的主教也都逐渐成为所在地区的封建领主。国王和伯爵以及地方领主们在自己所辖领地内建造城堡,各自为政,发展起来的城市也纷纷形成地方势力,这种分散的政权局面为德国军队入侵提供了便利条件,德国皇帝们把对意大利的侵略作为长期基本国策。通常在每年的 8、9 月份,或者在早春,德国军队便在奥格斯堡或雷格斯堡等地集结,然后越过勃伦纳(Brenner)山口,侵入意大利地区,而且,有时出动的兵力规模很大。①

西欧各国内部的频繁战争使城堡建造大为兴盛,城堡的星罗棋布是战争需要的结果,也是土地分封制度的必然产物。随着封建制度的发展,到 10—11 世纪以后,城堡的建造规模、结构、样式和使用材料等都有新的变化,西欧城堡的历史也与封建社会的历史一道进入鼎盛期。有些城堡建造在军事要地,镇守某片地区、某处要塞、渡口和交通要道等,完全出于军事目的而建造。有些城堡的建造则更多考虑政治统治目的,其中有的是地方领主为了更好地控制自己所辖领地而建造的。领地的层层分封使城堡也具有了封建等级属性,各阶层的领主纷纷建造自己的城堡。一些城堡成了某一地区的政治统治中心,集军事防守、行政管理、司法审判于一体。有些城堡也担负着居住功能,是领主及其家人、骑士、护卫、仆人等居住的场所。城堡是战争频发的社会环境中封建领主们的安全保护地。西欧的城堡是采邑分封与骑士制度结合导致的一种结果。

西欧各封建国家内部的普遍战争使教会推出一系列有关战争的政策和主张,禁止在基督教徒之间发动战争。"上帝的和平""上帝的休战"是对这种频繁争斗加以限制的措施。国王是国家秩序的维护者,他有责任和义务平息境内各种形式的暴力冲突。国王维护国家和平的责任和义务也是他能够得到教会支持的依据之一。然而,骑士制度蕴含着难以抑制的暴力和战争动力,以教皇为首的教会为此做了坚持不懈的努力,不断鼓励和引导骑士们与异教徒和异端进行所谓"正义"的战争,力图把战争引向基督教世界之外。

---

① Philippe Contanmine,*War in the Middle Ages*,p. 37.

(二)对外战争

西欧封建国家建立在不断战争和征服基础之上,在古罗马帝国西部版图上,残酷的战争改变了这片土地上的政治形态,新建立的国家和社会在持续不断的战争中得以演变发展。从严格意义上讲,日耳曼人的对外扩张从其起家之初便开始了,各日耳曼部落在西罗马帝国境内建立国家的过程,也是各自向外征战扩张的过程。法兰克人国家的发展壮大也主要是通过不断地对内对外战争而实现的。骑士制度产生后为持续不断的战争注入了高能量动力。加洛林帝国的建立是伴随着连续不断的对内平定暴乱,对周边民族和国家强力实施征战的结果。加洛林帝国瓦解后,其内部各国间、各地方势力间,经过一个多世纪的冲突和战争的磨合,使对外扩张的势头进一步增强。11 世纪以后,对外大肆的军事扩张全面展开。导致这种现象的原因有多方面,社会经济恢复和发展、城市兴起、人口不断增加都为对外战争提供了条件,此外,宗教改革运动使教会的威望和号召力增强且使基督教世界内部形成共识观念,也有助于把战争矛头指向外部地区。特别是这一时期也是骑士制度进入鼎盛之时,为西欧发动大规模对外战争起到了核心性推动作用。

伊斯兰教徒对军事日益强大的西方国家统称为"法兰克"(有时也称他们为希腊人和凯尔特人),11 世纪以后随着西欧军事扩张实力的增强,伊斯兰教徒们把其称为"法兰克帝国的崛起"。①西欧封建国家之所以能给东方人留下如此强烈的印象,是他们这一时期大力展开对外扩张的反映。在 11 世纪初,法国诺曼底地区的骑士们便由于土地缺乏纷纷向外寻找机会,由于他们作战勇敢,乐于争斗,成为向外战争的重要力量。一些拥有大量采邑的领主,豢养着数量众多的骑士,在领主的率领下形成极具战斗力的私人武装,这些私人军队为获得土地和财富甘于冒险,并且其他地方同样怀揣发财梦的骑士们也纷纷踊跃投入其中,形成一股不可小觑的军事力量。一些队伍越过比利牛斯山,进入西班牙半岛与伊斯兰教徒进行战争;另一部分人则跋山涉水远赴拜占庭,成为那里炙手可热的雇佣

---

① John Gillingham,"An Age of Expansion C. 1020-1204", in *Medieval Warfare*, Edited by Maurice Keen, Oxford: Oxford University Press, 1999, p. 59.

军;还有部分人到意大利地区当兵打仗寻求发展。在意大利地区的诺曼骑士,凶猛残暴,贪婪成性,诡计多端,不久便在意大利南部和西西里地区形成军事和政治气候。在 11 世纪初,南部意大利和西西里被四个相互敌对的民族所控制,他们是拜占庭的希腊人、意大利伦巴德人、罗马拉丁人、西西里的穆斯林。有两个传统故事讲述了最初到达意大利南部的诺曼骑士开始在此创业的经历,其中不乏对他们的行为的溢美之意。一个故事讲,一队从耶路撒冷朝圣回来的诺曼骑士,在意大利南部登陆后拜访了著名的圣麦克尔(Saint Michael)岩石神殿,在那里他们遇到一位伦巴德贵族,这位贵族迫切请求这些诺曼人帮助他驱逐当地的拜占庭人。此请求得到同意,随后诺曼人组织更大规模的军队占领了该地区。另一个故事讲,一伙由 40 名骑士组成的朝圣者在意大利南部港口城市萨勒诺(Salerno)停留,该城被伊斯兰军队围困,迫其缴纳贡金。这些诺曼军人接受了该城统治者的恳求,随后组织大规模军队返回,解救了这座城市。而实际上,起初诺曼骑士们在此地大多以附庸者身份作战,目的是获得金钱,后来逐渐转变成为土地而战,以占据领地为目的。意大利南部那不勒斯附近的阿沃萨(Aversa)成为诺曼人占领的永久居留地,从法国来的诺曼骑士们纷纷来到这里,以实现自己的愿望。在诺曼骑士中,最有声望的是小领主坦克瑞德·德·霍特维尔(Tancred de Hauteville)的 12 个儿子中的几位,其中"铁臂"威廉、德洛格(Drogo)和"狡猾者"罗伯特(Guiscard)是佼佼者,他们能征善战,先后打败了撒拉逊人(伊斯兰教徒)、拜占庭人和伦巴德人的军队。1043 年,"铁臂"威廉被推举为阿普利亚伯爵,随后,"狡猾者"罗伯特在意大利南部征伐也大获成效,并控制了整个南部意大利。与此同时,其兄弟罗杰入侵西西里,并在后来彻底征服了这一地区,建立起"西西里王国"。这一家族及其后代以西西里为基地,最终建立起一度较为强大的中央集权国家。①

　　向西南部的扩张主要在伊比利亚半岛,此方面战争被西方人称为"收复失地运动"(Reconquista),意思为从穆斯林占领中收回这一地区。711 年,伊斯兰教徒侵入西班牙半岛,打败占据在那里的西哥特人,并在科尔多瓦定都建立国家。半岛上一些基督教徒退居西北部,建立起阿斯图里亚王国。720 年,伊斯兰

---

① R. Rudorff, *Knight and the Age of Chivalry*, pp. 31–46.

军队越过比利牛斯山向西欧内陆进犯。732 年,在普瓦提埃被查理·马特率领的法兰克军队打败,迫使其退回到比利牛斯山以南。然而,西班牙半岛并非完全被伊斯兰教徒占领。在 10 世纪末 11 世纪初,西班牙半岛政治版图北部仍有信奉基督教的莱昂王国、卡斯提王国、那瓦尔王国,以及稍晚些的阿拉贡王国等。大量来自西欧内陆国家的骑士们正是以这些基督教国家为基地向南部扩张。11 世纪前半期,主要由法国的大领主们率领自己的军队到此远征,11 世纪后半期则主要由西班牙基督教王国的君主,联合西欧其他国家的封建主们共同对南部伊斯兰国家发动攻击,且不断取得胜利。西班牙基督教国家君主对穆斯林除了从军事上进行打击外,更主要是为了掠夺财富、获得战利品并迫使对方纳贡。1090 年代,莱昂—卡斯提君主阿方索六世在战役中打败了穆斯林军队后,对敌方首领声调柔和地说道:"除了每年 10000 米库(mitqals)的货币,我不愿意向你征收其他更多的贡物了,不过,如果你每年不按时如数缴纳此货币,我的外交官会拜访你,那时候你会发现接待他的费用是非常昂贵的。"这位穆斯林艾米尔立即表示接受,他深知,为了安全,支付货币总比领地被摧毁要好得多。①

12 世纪前期,阿拉贡王国征服了伊斯兰教国家萨拉哥撒,并且合并了巴塞罗那,国势日隆。卡斯提和莱昂国家则攻入伊斯兰教徒占据的南部地区,并夺取了南方科尔多瓦等城市。与此同时,葡萄牙从隶属于莱昂的一个郡发展为独立国家,并在后来得到迅速发展。到 1117 年,整个西班牙半岛的政治版图被重新划分,基督教与伊斯兰教国家在半岛上几乎平分秋色,最主要的基督教国家有卡斯提、阿拉贡和葡萄牙。②然而,双方势力僵持的局面并没有持续多久,1212 年以卡斯提国王阿方索八世为首的基督教各国联军与伊斯兰教徒的联合部队,在西班牙南部的那瓦斯·德·多罗萨(Navas de Tolosa)展开了一场大规模的战役,结果穆斯林军队失败,从此一蹶不振,日见衰落。到 13 世纪中叶,除了格拉纳达之外,穆斯林已经失去了半岛的其他地区。到 15 世纪中叶,该地区也被基督教徒占领,漫长的"再征服运动"得以结束。伊比利亚半岛合并演变成西班牙和葡萄牙两大王国。

---

① John Gillingham, "An Age of Expansion C. 1020–1204", in *Medieval Warfare*, p. 62.

② John Gillingham, "An Age of Expansion C. 1020–1204", in *Medieval Warfare*, p. 63.

向东部扩张主要有两个方向,一是以皇帝为首的德国封建领主向东部异族以及斯拉夫人的战争,一是对伊斯兰教徒国家的十字军东征。对德国东部的扩张我们从前面内容中已有所了解。萨克森王朝的创业者亨利一世在其东部边界修建防御工事和城堡,作为对易北河对岸斯拉夫人进攻的基地,同时也大力打击马扎尔人的势力。奥托大帝执政,继续坚持向东部扩张的政策,保持对马扎尔人的军事高压态势,迫使其退至匈牙利地区。尽管后来的德国皇帝们注意力更多集中在意大利和伊斯兰教徒所在地东方,但在帝国各地,封建领主对东部地区的蚕食一直没有真正断绝。随着十字军运动在东方的失败,以德国骑士为主体组建的条顿骑士团,把目光转向帝国东北部由异教徒占领的普鲁士地区。时任骑士团长的赫尔曼·封·萨尔查通过与德国皇帝腓特烈二世的密切关系,获得威斯瓦河、德雷文茨河、俄萨河之间的一片土地,由此奠定了普鲁士骑士团国家的基础。萨尔查获得此领地后,大肆展开对外军事扩张,1231 年,条顿骑士团越过威斯杜拉河,通过一系列的战争,占领了普鲁士东部的一些地区。1283 年,骑士团军队又相继占领了莎老恩、纳德劳恩和苏道恩等地,结束了对整个普鲁士地区的军事征服。普鲁士骑士团国家的建立,充分体现了骑士制度在西方历史中的重要作用,这个国家依仗骑士及其战马、长矛、长剑的威力得以建立,又借助封建制度和基督教加以管理和统治,向外扩张是这个国家的核心政策。[①] 普鲁士的社会特征对德国后来的历史有着深远的影响,而德国的战争理念和行为对近代以来的整个欧洲乃至世界都带来了严重后果。

有西方学者把诺曼人征服英格兰视为西欧封建时代向外扩张的一个重要方面,我们在上述内容中则把之归为西欧内部的战争。然而,在不列颠地区的战争并没有在诺曼征服后终止,英格兰对爱尔兰、苏格兰和威尔士地区的战争亦是领土和利益争夺的具体表现。总体上看,英格兰对上述地区的征伐和经略可分为两个阶段,在失地王约翰之前,由于英格兰王室与法国的领土纠纷,历任君主的注意力更多集中在与法国王室的斗争上。当欧陆领土丧失后,英格兰王室对整个不列颠的控制有了高度重视。征服者威廉在获得英格兰王权的同时,便面临

---

① Harry G. Plum, *The Teutonic Order and Its Secularization*, Iowa: The University Iowa City, 1906, pp. 3-10.

北部苏格兰和西部威尔士的威胁,为了稳定边疆地区的局面,在与苏格兰接壤处他设置诺森伯兰郡和达勒姆郡,任命自己的亲信为当地伯爵和最高统治者,形成抗击苏格兰人的屏障。在邻近威尔士边境一线,威廉一世设立三个直接隶属于王室的伯爵领地,以防御对方的进犯。这些边境领地,成为英格兰王室对外防御和扩张的前沿阵地。在诺曼王朝时期,对周边政策主要是防御,但地方的局部冲突经常发生。到亨利二世统治时期,爱尔兰岛各地方势力经过长期纷争形成五个小王国,导致其政局混乱。在接受其中一个国王的请求后,他派手下附庸彭布罗科伯爵等人率领军队乘机攻入该地区,逐一打败各小王国,征服了爱尔兰岛的大部分地区。1171 年,亨利二世亲自率领部队登陆爱尔兰,当地的贵族向他宣誓效忠,并拥戴他为爱尔兰国王。亨利二世随即召开宗教大会,把当地教会归属坎特伯雷大主教管理。然而,当亨利二世返回英格兰不久,爱尔兰贵族纷纷倒戈,战乱又起。①

在西部山区,主要由凯尔特人组建的威尔士国家一直与英格兰明争暗斗,并没有真正臣服于势力强大的英格兰。爱德华一世统治时期对威尔士采取坚定的武力征服政策,他曾两度出兵,打败威尔士军队并杀掉其国王。1284 年,他命令威尔士贵族向其出生不久的小王子爱德华宣誓效忠,并封小王子为威尔士国王。此后,英格兰王室形成定例,凡是王储亦被封为威尔士亲王。合并威尔士后,爱德华一世腾出手来解决苏格兰问题,他利用当地贵族争夺王位之机,分化瓦解他们的势力,并征服了苏格兰大部分领土。苏格兰人并不甘心失败,拥立威廉·华莱士为王,几乎把英格兰军队完全驱除出境。但是,在 1298 年的弗卡科(Falkark)战役中,华莱士兵败被俘,随后被处死,苏格兰重新被英格兰征服。到爱德华一世晚年,苏格兰人又重新拥立新国王,再燃摆脱英格兰统治的战火。1314 年,爱德华二世统治时期,苏格兰再度驱逐英格兰人而独立。在不列颠,以英格兰国家为主角的战争几乎贯穿整个封建时代。②

值得强调的是,西欧封建时代的向外扩张,大体是从法兰克人国家核心区域向外蔓延的,加洛林帝国的瓦解、分裂并没有阻止这一核心区域的向外扩张势

---

① John Richard Green, *A Short History of English People*, pp. 109-110.

② John Richard Green, *A Short History of English People*, pp. 211-216.

头,相反,却更加增强了后来各国向外扩张的内在动力。此后,没有任何一个外来民族或持有其他信仰和文化的国家能够侵略并入主这一地区,相反,这一区域的国家则不断向四面八方扩张,而且势头长期不减,一直持续到第二次世界大战。即便此势头在二战后得到抑制,也大致是西方列强之间相互战争的结果,而非外族的强力作用。与历史上靠军事力量辉煌一时的帝国不同,西方国家军事扩张跨时代的长期性,与封建时代以骑士制度为核心,把整个社会各项功能熔于一炉进行军事锻造有直接关系。

三、十字军东征

十字军东征是欧洲封建时代的重大历史事件,也是人类历史上西方基督教世界与东方伊斯兰教世界矛盾冲突中影响深远的战争“运动”。基督教世界向外战争行动在西班牙半岛、西西里以及地中海上的巴利阿里群岛、科西嘉岛、撒丁岛等地都大体是针对穆斯林展开的。如果认为这些地区逐一被基督教徒夺取,是在其家门口作战的必然结果,那么,十字军东征则是渡海跨界的远征,其艰难程度要大得多。西欧封建时代能出现持续两个世纪,大规模军事行动多达八次的战争运动,足以说明西欧社会内部所蕴含的深厚战争动力和欲望。十字军东征持续的过程,也正是西方骑士制度鼎盛时期。细究十字军东征在西方社会的根源,可谓是多方面的,经济的发展、人口的增加、城市兴起所激发的对外商贸需求、连年的自然灾害、教会对收复圣地和征服异教徒的欲望等等,都可列入这场大规模运动的原因之中。然而,十字军东征的实质是军事行动,它的核心是西方人通过战争方式对东方进行侵略,其发生的根源关键在于西欧封建社会内部的军事体系和发动战争的内在动力。从骑士制度存在的角度看十字军东征,能够更多注意这场运动的军事及战争的内容。

(一)持久战

十字军东征是一场持久战。教皇乌尔班二世在克勒芒召开的宗教大会上,鼓动基督教徒到东方去解救主的坟墓的第二年,即 1096 年春天,隐者彼得急不可待地率领一群民众匆匆上路。从此开始算起,到 1291 年十字军在东方占领的最后一座城市——亚克城被穆斯林攻陷,历时195年,可谓是人类历史上一场极具韧性的旷日持久战。其中,不计当初隐者彼得的率众出征和1212年以法国和德国为主的"儿童十字军"等不入流的行动,规模较大的东征共举行八次,每次东征的时间从1—2年到5—6年不等。然而,这期间敌对双方围绕保住每次战役后的成果或夺回战争中的损失而展开的各种军事行动连续不断,使双方在200来年的时间里,几乎一直处于交战状态。①

曾身为法国骑士的隐者彼得,凭借其高超和极具感染力的演讲赢得了威望,在他和另一名法国穷骑士沃尔特(Walter the Penniless)的率领下,一群以农民为主的十字军最先踏上了东征的旅途。这支勉强可以被称为军队的群体,自发组成,既没有任何军事训练,也没有后勤补给和钱财支持,更没有像样的军事装备。他们中的许多人天真地认为,既然是去东方解救主的陵墓,那么就会向《圣经》中所描述的情景那样,饿了会有食物,穿山越岭无阻挡,甚至海水也会为他们分开道路,他们将所向无敌,战无不胜。然而,沿途他们只能靠馈赠和抢劫为生,当所剩不多的人渡过海峡到了小亚细亚后,很快被土耳其人消灭。对农民十字军现象的评价,不宜一味地为之开脱责任,过多强调贫困和饥荒的原因,西欧当时全社会崇尚战争的风气,是激励他们投入此项战争的不可忽略的原因。

在农民十字军出发的同时,贵族骑士们积极做着东征的准备。他们从三个地区组织集结,第一路,主要由法国北部和德国的骑士组成,首领是布隆伯爵高弗雷(Godfrey of Boullon)。第二路,主要由法国南部的骑士组成,首领是图鲁斯伯爵雷蒙(Raymond)。第三路,主要由英、法、西西里骑士组成,由诺曼底公爵罗伯特等大贵族统领。三路分头出发,约定1097年春季在君士坦丁堡会合。关于这支军队的人数和组成成分,学术界并不十分清楚,较早的观点认为总数有60余万人,其中骑兵10余万人。但有研究者认为,此数据并不可信,当时西欧难以一次性招集如此规模的精良部队,这支军队能有2.5万到3万人就很可观了,其中骑兵有3000—5000人。

十字军在君士坦丁堡集结后侵入亚洲,用了50余天,于1097年6月攻下尼西亚城。1098年6月,经过7个多月围攻,占领阿提拉城。1099年7月15日,

① Frederic Austin Ogg,ed., *A Source Book of Medieval History*,pp. 282-288.

经 35 个昼夜疯狂围攻后,耶路撒冷城陷落,城中军民惨遭屠杀,死伤无数,血流成河。第一次东征是整个十字军东征过程中从穆斯林手中获利最丰的一次,在所征服的土地上,西方侵略者建立起四个十字军国家,其中爱德萨伯国、的黎波里伯国、安条克公国在名义上隶属于耶路撒冷王国。而后来的东征几乎都是在维护和追寻第一次的成果。①

1144 年 12 月,爱德萨伯国的领土被穆斯林军队收复,耶路撒冷王国危机四伏,消息传到西方后,教皇委托圣徒伯纳德在法国和德国巡游鼓动,法王路易七世和德国君主康拉德三世积极相应,1147 年率领部队赶赴东方。由于十字军内部不和,特别是耶路撒冷王国的军队与刚刚到来的十字军的利益纠纷,没有对穆斯林军队构成实质性威胁,经过一年多的征战无功而返,损失和消耗十分惨重。第二次征战失利,使圣徒伯纳德事先的激情承诺遭到西方社会的指责和唾弃。

萨拉丁(Saladin)在埃及创建的阿尤布王朝势力崛起,并迅速向外征战扩张,1187 年 10 月,耶路撒冷城被萨拉丁率领的穆斯林军队占领,这成为第三次十字军东征的直接起因。第三次东征的阵容强大,英、法、德三国君主率领各自军队参战,但最终以失败收场。德国军队在腓特烈一世(巴巴罗萨)率领下进入西里西亚,在渡河时溺水身亡。余部在其儿子腓特烈率领下继续向巴勒斯坦进发,在一次攻城战中这位皇子也不幸阵亡,许多军人返回德国,余下者已经没有了战斗力。法王腓力二世率部参战,但他与同样率军参战的英王狮心王理查素来不合,纠纷不断,腓力二世中途愤然返回法国。尽管狮心王理查一路攻城略地,夺回了不少地区,但由于英格兰国内政局在法王挑拨下动荡不安,他无心恋战,没有攻下耶路撒冷城便匆匆踏上归途。在返程途中,狮心王理查又运气不佳最终落入德皇手中,迫使英国缴纳巨额赎金才得以释放。第三次东征并没达到预期目的。②

1202—1204 年的第四次东征,是由中世纪最具影响力的教皇英诺森三世倡导和发动的,但此次东征最终却攻占了同是信仰基督教的拜占庭,与解救主的陵墓而战的高尚目标背道而驰,从而为十字军运动的侵略和掠夺性质提供了充足

① August C. Krey,*The First Crusade*,Oxford:Oxford University Press,1921,pp. 242-281.

② John L. LaMonte,*The World of the Middle Ages*,pp. 357-361.

证据。能在较短时间内攻下防备森严的君士坦丁堡也显示了西方十字军的战斗力,西方侵略者在这座古城中大肆抢劫所获得的贵重战利品数量之多,史无前例。不仅如此,他们还在拜占庭国土上建立起"拉丁帝国",且统治延续了60年。

第五次十字军主要在匈牙利国王安德烈二世率领下展开,参加者还有来自德国和佛兰德斯的骑士军队。1217—1221年间,先是进攻叙利亚,后又转攻埃及,尽管也攻下某些城池和地区,但最终还是不得不放弃,无功而返。由于此次东征的主帅是匈牙利国王,故又被称为"匈牙利十字军东征"。也正因如此,一些西方学者的著作中常把这次东征排除在十字军东征运动之外。

第六次东征由德皇腓特烈二世于1228年组织发动,他率军深入到巴勒斯坦地区,最终借助外交手段从穆斯林手中获得了耶路撒冷城,且成为耶路撒冷国王,并对穆斯林采取和睦政策,允许他们自由出入圣城。这次东征具有通过和平外交手段达到目的的特征。

腓特烈二世获得耶路撒冷城后仅15年,由于受到蒙古人西征的冲击,该城失守,从而成为法王路易九世组织东征的重要理由。1248年,路易九世率军进攻埃及,在攻打开罗途中的曼苏拉城附近惨遭失败,被俘后用重金赎出。第七次十字军东征无果而终。圣徒般的路易九世并不甘心此次东征的失败,于是在1270年又组织发动了第八次东征,进攻北非的突尼斯,并把其划归西西里王国统治之下。由于路易九世及许多法国骑士死于军中流行的瘟疫,第八次东征也随之不了了之。① 1291年,穆斯林军队攻下十字军占领的最后一个据点阿克城,标志耶路撒冷王国灭亡和十字军东征运动的结束。

通过十字军东征的基本过程和发生的基本情况,可以看到长达两个世纪西欧社会对外战争的基本态度。间歇性地发动相当规模的战争对当时西欧似乎成了习惯性的举动,其中不仅教皇能发动十字军东征,君王也能发动,甚至,地方大封建领主也可以发动。而且,在第一次十字军东征后,西方年轻的骑士们经常有三五成群者为实现发财梦想,到东方闯荡,他们是十字军运动能长期持续的人力和动力源泉。对异教徒地区发动战争几乎成为许多年轻人,特别是年轻骑士们

---

① John L. LaMonte, *The World of the Middle Ages*, pp. 507-513.

改变命运的常态追求。社会内在机制激励人们向外扩张侵略，导致人类历史出现这样一场漫长的战争，同时也充分展示了西欧基督教世界热衷于对外战争的历史证据。

（二）骑士团

十字军东征过程中产生了许多骑士团，它们是西方向东方战争过程中军事、宗教、政治等方面需要的结果。骑士团现象是西欧封建社会骑士制度发展到鼎盛阶段的一种特殊表现，是两大社会势力即基督教会与骑士集团在组织和观念上高度结合的产物。骑士修道化，修道士军事化是骑士团的重要特征。由于军队与宗教相结合，骑士团对欧洲、西亚乃至整个地中海世界产生了重要影响。

第一次十字军东征后不久，为了保护基督教徒在东方的胜利成果，西欧各国相继组建了一些骑士团。其中最具代表性、影响较大的是圣殿骑士团、医护骑士团和条顿骑士团。三大骑士团成员通常从贵族子弟中选拔，其成员受修道士的规则约束，平日过类似修道士的生活，除了在战场上参加战斗，几乎与外界隔绝。第一次十字军东征建立耶路撒冷王国后，地中海东岸的政治局势并不平静，社会秩序仍很混乱，特别是从西方赴东方的朝圣者安全很难保证，沿途强盗抢劫，小股穆斯林军队袭击时有发生。1115 年前后，法国骑士休·德·佩恩（Hugh de Payens）组织一伙骑士，自愿保护朝圣路上朝拜者的安全，从而有了圣殿骑士团的雏形。随后，耶路撒冷国王鲍德温一世把王室宫庭的侧殿分给这些骑士居住，此宫殿原为所罗门神殿，该骑士团由此而得名。当他们在耶路撒冷大主教面前宣誓的时候，承诺采取的生活方式是遵守普通修道士的规则，即清贫、服从和虔诚，骑士制度与修道士规则结为一体。在东方战场，基督教传统观念发生着变化和调整，"靠刀剑而活者将亡于刀剑"的基督教古训被"神圣战争"观念所掩盖。为了解救主的坟墓发动对东方的战争，促进了这种观念的流行，并且也成为后来西方国家向海外探险和殖民扩张的一种信念。

由于打出保护圣地、保护朝圣者，痛击伊斯兰教徒的旗号，圣殿骑士团在欧洲和拉丁东方很快赢得很高的声望和特权。特别是第一次东征后，十字军运动的节节受挫，西方社会把对东方战争的希望寄托在具有修道特征的骑士团身上，许多骑士纷纷加入到骑士团队伍中来。由于队伍迅速扩大，大约在 1124 年，休·德·佩恩返回欧洲寻求组织规则,并鼓动再次发动十字军东征。他的行动取得成效,特别是他会见了当时声望极高的西多修道院长克莱沃的伯纳德(Bernard of Clairvaux)。伯纳德是骑士团组织的积极支持者,其修道思想和教规对圣殿骑士团规则产生直接影响。而且,他使基督教修道思想与对穆斯林的战斗观念结合在了一起。他认为,这种宗教骑士与其他骑士相比,发动战争对上帝的护卫更有效力,他们正义的屠杀和暴力更具有信仰的意义。他们不必担心杀戮敌人会犯罪,也不必顾及自己的死亡,因为对上帝而言,死亡既是磨难也是重生,他们没有罪恶的污点,却具有伟大的荣耀。①

由于大力接受修道规则,圣殿骑士团受到教皇的高度重视,1139 年教皇英诺森二世授予其独立的主教特权,骑士团可以拥有自己的神职人员,可按照自己的需要建立属于自己的教会。骑士团直接隶属于教皇。圣殿骑士团的声望迅速提高,并在欧洲得到各国国王和大贵族纷纷捐赠的土地和财物,尽管其总部设在耶路撒冷,而势力则遍布西欧大部分地区。

圣殿骑士团内部的领导结构既有军事特征又有修道组织因素。大团长享有广泛权力,他可依照自己的想法处理各类细小的事情,包括拥有自己的金库。一些重大事务,比如接受社会各界对骑士团赠送土地、颁布法令、接收新团员等,以及外交事务、签署和平协议、宣战、发动战争等重要事项,需要高层团务会(Grand Chapter)商议。高层团务会由上层指挥官组成,其成员通常各自都拥有下属骑士团组织,是各地区骑士团的头目。各地方的骑士团也组建团务会,地方团务会成员由地方各路统帅组成,其首领为地区骑士团团长。除了大团长,骑士团顶层还有总管(Seneschal),其职责是代表大团长处理一些事务;司令(Marshal)负责军事和指挥战斗。各大区域的指挥官也属于骑士团的上层,他们也负责掌管圣殿骑士团在各自地区的财务。骑士团在各区域中的权力基本掌控在当地有势力的家族手中。修道规则与军事规则结合,军事行动与区域管理结合,成为圣殿骑士团的组织结构特征。②

圣殿骑士团内部规则十分严格,入选团员有明确标准,必须独身、不得身负

① R. Rudorff, *Knight and the Age of Chivalry*, p. 119.
② R. Barber, *The Knight and Chivalry*, Totowa, N. J.: Rowman and Littlefleld, 1975, p. 228.

债务、没有慢性疾病、由合法婚姻所生，并且是世俗教徒。在正式录取之前，骑士团首领便告诫他，要面对极大的困难，要绝对服从指挥。他本人也必须反复宣誓，要恪守谦卑、虔诚、清贫的宗旨；严格遵守规则；支持圣地的征服行动；不经允许不得脱离骑士团；绝不可以不公正地对待基督教徒。成为团员后，这名骑士要过修道士般的生活，但要时刻保持战斗状态。按照西多修会的规则，骑士团员像修士一样穿着衬衫和马裤睡在硬板床上；像修士一样献身和投入所从事的事业；在平日像修士一样戴罩帽，战时披斗篷；要经常保持修道士似的沉默寡言，艰苦朴素并全神贯注，但是不可过于禁食，要为战斗保持充沛的体力。此外，在平日修道、祈祷的日子里，以及在战争期间，物质配给有严格规定，每名骑士配有三匹马和一名配备马匹的扈从，但是骑士的所有军事装备、衣物等生活用品都属于骑士团所有。圣殿骑士的娱乐活动也有严格限制，允许进行射箭竞赛，但不许进行涉及钱财的赌博游戏；各种狩猎活动都被严格禁止，除非是猎杀狮子这类威胁基督教徒生命的猛兽。①

　　骑士团员最重要的职责是战斗，他们在战场上的规则和纪律也有严格规定。扈从要把骑士的其余马匹牵到战场，帮助骑士做战前准备，战役打响后他们退出战场。骑士在作战中要按照规定的队列作战，没有准许不得冲破队形，否则将受到严厉处罚。骑士们要按照编队冲锋，且要遵守命令。逃跑、叛变、胆怯等都属于严重的不端行为，将受到严厉惩罚。

　　在圣殿骑士团迅速发展壮大的同时，另一个重要军事——宗教组织也得到发展，医护骑士团或被称为圣约翰骑士团（Order of St John the Baptist）成为地中海世界举足轻重的军事宗教团体。此骑士团起源于圣地附近为朝圣者服务的一所医院，它是在第一次十字军东征前由一些来自阿马非沿岸地区的意大利商人们组建的，并宣称为救济者圣约翰而献身。该骑士团主要从事对穷人的救助，为朝圣途中的患病者提供医疗等方面服务。在第一次十字军东征期间，他们没有间断这方面的工作。戈弗雷·德·布林（Godfrey de Bouillon）担任耶路撒冷统帅后曾访问过此骑士团，看到其成员生活条件极为艰苦，戈弗雷当即赠给他们一些土地和特权，首领杰拉德成为骑士团的团长，组建兄弟修会和姊妹修会，并建立

---

①　C. G. Addison, *The Knights Templars*, New York: Masonic Publishing Co., 1875, pp. 149-151.

了自己的教会,改奉地位更高的施洗者约翰。同圣殿骑士团一样,医护骑士团很快得到欧洲各地大量的财物和土地捐赠,势力日益发达,在西欧和东方的许多地区建立起组织机构。杰拉德死后,其兄弟雷蒙德任团长,把骑士团改造成充满军事性质的组织。① 医护骑士团一方面通过大量的财富在西欧和东方广建救助机构和医院,形成具有教会性质的慈善救助网络,另一方面其成员承担保护圣地的职责,具有修道士特征的骑士也要宣誓,甘于清贫、谦卑、纯洁。该骑士团内部形成等级,并分为骑士、神父和从事服务性工作的兄弟组织,重大决策由上层团务会成员商量决定。

在东方战场上,发挥重要军事作用的主要是圣殿骑士团和医护骑士团,两者比较,军事行动更为活跃的是圣殿骑士团。而另一大骑士团,条顿骑士团的军事行动更多是在欧洲北部,在那里他们也是打着十字军旗号对异教徒进行征服和领土扩张。而其他一些小规模的骑士团,如圣拉扎勒斯医护骑士团(Hospitallers of St Lazarus)、芒乔伊的圣母骑士团(Knights of Our Lady of Mountjoy)等,军事能力都很有限。

圣殿骑士团和医护骑士团在圣地参加各种类型的战争,承担着保护东方基督教徒各方面利益的职责,甚至在战争中有时能起到主导和决定性的作用。1147 年基督教徒在爱德萨惨败后震惊欧洲,并触发了第二次十字军东征。此次东征中德国皇帝率领的军队横扫小亚细亚,而由路易七世率领的法国军队则遭到穆斯林军队持续猛烈攻击,连连失败,法王最终不得不把指挥权交给圣殿骑士团长,从而使这支十字军转危为安。12 世纪后半期,这两大骑士团的军事力量更为强大,其所拥有的骑士数量几乎达到耶路撒冷王国骑士数量的一半。他们平日驻守在一些军事要塞和城堡中。骑士团的骑士以勇敢无畏、能征善战而享有很高声望,但这也使他们目空一切,做出一些不计后果的鲁莽军事行动。1187年 5 月,仅由 90 名圣殿骑士和 40 名其他骑士组成的军队,遇到了一支由 7000 名轻骑兵组成的穆斯林军队,圣殿骑士团长杰拉德下令展开攻击,130 名骑士冲入庞大的穆斯林军队中,结果他们纷纷死在了穆斯林军队的弓箭、刀剑和马蹄之

---

① W. K. R. Bedford, *The Order of the Hospital of St. John of Jerusalem*, London: F. E. Robinson and Co, 1902, pp. 1–15.

下,但值得称奇的是,杰拉德和另外两名骑士竟冲出了重围,没有死在这场众寡悬殊的激战当中。①

随着圣殿骑士团和医护骑士团各自势力的增长,双方为领土和利益发生不断的冲突,从而削弱了在东方对异教徒的战斗力。加之十字军东征运动走向衰落,1291年骑士团的势力被穆斯林军队驱逐出东方。他们退到西方继续活动,但军事实力和功能大为减弱,所经营的事务也发生了改变。

与前两大骑士团失去东方的领土便丧失根据地的情况不同,条顿骑士团在欧洲北部普鲁士建立起自己的国家。条顿骑士团的前身是1120年前后,生活在耶路撒冷的德国人为从德国来的骑士和朝圣者们所开设的医院。1187年耶路撒冷被萨拉丁率领的军队夺回后,这所医院停办。但是,在1191年狮心王理查围攻阿克勒(Acre)期间,在城外又重新建立了这所医院,其成员主要是来自德国的骑士,其性质也从当初的医疗慈善机构转变为军事与宗教相结合的团队,团员们遵循修道士的戒律和生活方式,与异教徒战斗是他们最重要的职责,同时,也兼顾对基督教徒的疾病和伤残的救治,最初的名称为“纯洁圣玛丽医护条顿骑士团”。最高统帅是大团长,从骑士中选举产生上层团务会成员。骑士团成员分为三类,都以兄弟相称:骑士兄弟、神父兄弟和扈从兄弟。骑士入团有明确条件限制,他必须出身于贵族家庭,必须是德意志血统,且必须是合法婚姻所生。

条顿骑士团建立后,军事行动主要在叙利亚北部地区,同时也得到德国诸侯和皇帝的大量财产赠予,并迅速发展起来,且很快得到教皇的承认。然而,尽管在阿克勒一直坚持战斗到1291年,但条顿骑士团在东方的战绩和声望不及圣殿骑士团和医护骑士团。从13世纪开始,条顿骑士团的作战目标主要在欧洲北部,以圣战的名义与那里的异教徒作战。经过对特兰西瓦尼亚地区的征服,势力抵达波罗的海南岸的普鲁士地区,并在1229年经过教皇和德国皇帝的同意,条顿骑士团对这一地区拥有完全自主的统治权,只是在名义上属于教皇领地。德国皇帝赋予他们守卫帝国边疆并向外领土扩张的权力。北部的十字军运动,较之在欧洲内部和近东地区更为残酷、血腥、激烈,条顿骑士团所面对的是自然条件十分荒蛮的地区和极为尚武的部落。这些地方的居民善于伏击战和谋杀,能

---

① R. Rudorff, *Knight and the Age of Chivalry*, pp. 122-128.

熟练地使用弓箭、标枪和战斧等武器打击入侵者。条顿骑士团建造巨大的城堡作为入侵的据点,他们穿越森林和沼泽,所到之处摧毁异教居民的村庄和居住地,屠杀所有不肯皈依基督教者,即便是妇女、儿童也不放过。与此相应,当地人一旦捕获骑士团员则进行残酷折磨,把惨不忍睹的尸体抛弃在森林中。故此,双方都使用极为无情的手段进行战斗,没有像其他地区那样有相互赎回战俘的规则。在寒冷的冬季,骑士团也会发动战争。骑士团成员像僧侣一样生活简朴而艰苦,平日祷告并举行宗教活动,时刻准备战斗,甚至睡觉时宝剑也不离手,以防敌人突然袭击。对所征服地区,条顿骑士团采取军事统治方式,有些骑士成为地方统治者,被征服且改变信仰的居民成为劳动者,同时,也把德国内地居民迁移到这里进行殖民开拓。普鲁士国家建立后,德国骑士们并没有停止对外战争,他们与立陶宛、波兰等周边国家的战争连续不断。①

　　骑士团现象是西欧封建社会的特殊产物,充分体现了西欧封建社会的某些特征。而且,骑士团现象对于解释欧洲后来组织海外医疗、救助、国际战争法的制定等现象都有着十分重要的历史依据。

　　总之,由于骑士制度作用的结果,西欧封建社会具有极为强劲和灵活的战争发动机制,这不仅使西欧内部的各类战争此起彼伏,也导致其对外战争连绵不绝。笼统地说,战争是人类历史的灾难,而具体说来,对于崇尚暴力,热衷于发动战争的民族,战争是获得巨大财富和声望的最佳途径。西方世界在中世纪以来不断地向外战争、扩张、殖民,直至引发两次世界规模的战争,都与他们在封建时代所铸造成的军事体制和战争意识有直接的联系。

---

① Harry G. Plum, *The Teutonic Order and Its Secularization*, pp. 26-35.

第八章 骑士制度作用下的经济

社会经济状况与生活在当时的人有直接关联,各社会阶层和群体对经济的需求和消费习惯等影响到经济发展走势。骑士作为社会精英群体,其经济方面的需求对封建社会经济特征有重大影响。以往我们更多关注的是生产力发展水平对封建经济的产生、发展和衰落的决定性作用,忽略了人作为社会阶层和群体对经济的影响。骑士是封建时代强势集团,他们对经济特征的影响和作用往往具有导向性,在农业经济为主体的社会,经济发展方向并非完全取决于从事生产劳动的农民们,他们的领主和统治者们的需求和意愿,在经济发展中起到重要作用。骑士们的生活和需求对当时的经济有多方面的影响。

一、庄 园

西欧封建社会以农业经济为主体,它的状况和特征影响着其他经济领域的特征及发展走势,手工业、商业、货币等经济的发展无不与农业经济紧密相关,农业经济是考察西欧封建经济的根本问题。在以往关于中世纪经济研究的著作中,我们更多看到的是对经济状况的陈述,即对某个时期经济各个方面的阐释,如生产工具、农产品种植、土地施肥、农业产量、农民的身份、地租形式、土地垦殖、人口状况等。那么,造成经济如此的原因是什么? 特别是经济发展状况与社会群体之间的关系是怎样的? 骑士群体的存在对农业经济产生哪些影响? 这些问题少有人关注。在自然经济发展阶段,东西方的农业经济状况相差并不十分明显,垦荒的手段、种植和收割农作物的工具、施肥的做法、单位面积的产量等,难以看到非常明显的差异,也难以从中看到对未来经济走向的限定。单纯从农业生产领域的些许差异考察,容易使人认为东西方经济发展能力和特征相差不多,从而忽略双方看似差不多的经济状态后面所存在的差异,而这种差异往往是影响到各自后来经济走向的重要原因。

农业是西欧封建经济的主体,而庄园则是认识农业问题的核心。西欧中世纪的庄园并非是单纯的经济生产单位,它也是西欧封建社会基层组织单位,它是一种社会综合体。对其经济状况的研究也不宜仅限于经济自身,就经济而论经济。对庄园经济产生影响的因素很多,仅从骑士制度方面考察所涉及的内容就较为广泛,在此仅就其中的重要方面做陈述。

庄园作为集生产、生活、管理等各项社会功能于一体的单位,是与西欧封建体系特别是骑士制度相配套的,可以说庄园是支撑骑士制度得以存在和发展的基础,而骑士制度也是庄园存在和发展的政治、军事保障,两者构成西欧封建社会相互协调、相互支持的体系。

西欧中世纪庄园是如何产生的,出现于何时等问题,在西方学术界仍没得到很好解决,各家说法并不一致,究其关键原因,是 8 世纪以前的相关材料匮乏,难以形成清晰的认识线索。[①]有学者把庄园现象上溯到古罗马时代,也有人认为在凯尔特人的生产和生活环境中就已经有了庄园形式。[②] 然而,这些结论仍还有待进一步的论证,从西罗马帝国结束到查理曼即位,由于战争的破坏和文化教育的荒芜,反映庄园的材料流传下来的非常少,由此做出的结论也一定会存在许多问题。古罗马的村庄(villa)是如何演变、发展的;罗马庄园与中世纪庄园的本质区别在哪里;两者间是否有内在联系;罗马时期的土地主人与中世纪庄园主身份的差异;土地上劳作者身份的区别;庄园与市场和商贸关系状况等,都是难以回答清楚的问题。[③]如果我们把庄园研究与中世纪特有的骑士制度联系在一起考察,有可能对辨析某些问题,并做出相应的解释会有些帮助。

---

① N. J. Hone, *The Manor and Manorial Records*, London: E. P. Dutton and Co. 1906, pp. 3–13; M. M. 波斯坦主编:《剑桥欧洲经济史》(第一卷),王春法等译,经济科学出版社 2002 年版,第 209 页。

② R. Latouche, *The Birth of Western Economy: Economic Aspects of the Dark Ages*, New York: Barnes & Noble, 1961, p. 73.

③ N. J. G. Pounds, *An Economic History of Medieval Europe*, London: Longman, 1974, p. 46.

包括马克·布洛赫、庞兹、汤普逊等人在内的许多学者都认为,在 9 世纪的时候,有关庄园的材料才开始明显出现和增加,其中有学者认为此时正是封建庄园产生时期,这个过程可从 6 世纪算起。① 持这种观点的学者主要从庄园中的劳动者,特别是自由农转变为农奴,土地经营管理方式的变化等方面着手而得出的结论。如果以骑士制度作为考察问题的参照,我们会看到,庄园产生的时间过程大体正是在骑士群体出现、骑士制度产生阶段,双方在此过程中时间段的重叠绝非偶然之事,其中有着内在的密切关系。

骑士制度与采邑分封联系在一起,而采邑与庄园又密不可分。庄园是土地采邑的实在形式,各级领主所获土地采邑往往以庄园作为实体,庄园是其统治、管理和生产经营的单位。庄园规模大小不等,与某个领主集中在某一地区的采邑面积有联系。当然,有些面积较小的采邑则无法单独形成庄园。英格兰庄园的规模从农户数量上看,有从 10 余户到 30 余户不等的现象。以每块租地 30 英亩计算,拥有 10 余家农户的小规模庄园,至少应有 330—550 英亩的土地,不包括草地、森林地、荒地等。② 而这一规模的领地,也大体正是维持一名全副武装骑士所需采邑的规模。另有学者考察认为,诺曼征服后,英格兰一名全副武装的骑士所需"费用"大体为 5 海德(five-hide),每海德相当于 60—120 英亩,与前者的数量大体相当。不过,在现实生活中诺曼骑士们的土地持有量大多达不到如此数目也是实情。③

采邑分封以建立骑士军队及其服役体系为主要目的,采邑的规模与支持一定数量的骑士装备需求或单个骑士的装备需求有关,这样的采邑限量必然要反映在庄园规模上,而且随着骑士制度的发展和采邑分封的推进,庄园的规模也会发生变化。在西欧中世纪庄园发展变化的过程中,庄园由大变小,大庄园分裂为小庄园的现象与骑士制度的发展并行。身为骑士的各级封建主必须把所拥有的一部分领地分封下去,才能有效地为上一级领主提供相应数量的军事服役。分

---

①　汤普逊:《中世纪经济社会史》(下册),耿淡如译,商务印书馆 1984 年版,第 373 页。

②　汤普逊:《中世纪经济社会史》(下册),耿淡如译,商务印书馆 1984 年版,第 374—375 页。

③　D. Nicholas, *The Evolution of the Medieval World*: *Society*, *Government and Thought in Europe*, 312-1500, London: Longman, 1992, pp. 218-219. 关于骑士所需采邑的规模,参见拙著《中世纪骑士制度探究》,第 125—130 页。

封意味着采邑的进一步分割,大领地分化出众多中小领地,各级封建主在自己的领地上组建或形成规模不等的庄园。

领主要不断扩大军队,骑士军队的建立和发展,从获得采邑作为支持来讲,要落实到每个骑士身上,采邑原则上应能满足每一名骑士军事装备和日常生活的基本开销。因此,庄园由于骑士制度的作用,由大庄园逐渐分出中小庄园的情况成为难以避免之势。在9世纪,这种现象非常明显,许多地产被分为两份、四份、八份、十六份等,甚至在庄园兴盛时代,这种情况也十分常见。不过,采邑不会被无限细小地分割下去,各级领主的相互吞并现象也不可避免。11世纪中叶以后,采邑数量又呈现减少的趋势。① 这种现象与商品货币经济发展起来后,货币采邑的普遍执行、"盾牌钱"的缴纳、雇佣兵制度的出现等原因有关,货币较为广泛的流通,部分地代替了分封土地发展骑士军队的做法。

骑士制度影响到庄园中农民身份的变化。庄园中劳动者成分并不单一,大体上可分为三部分:一是奴隶,但这部分人在庄园中所占数量很少,而且主要被用于贵族家庭中。二是农奴,这部分人的身份来源可追溯到罗马帝国后期的隶农,他们是庄园劳动者的主体,依附于领主并固着在土地上从事生产劳动。三是下层自由民或"贱农",尽管其法律地位高于农奴,但在庄园中也同样承担繁重的劳作。后两者是庄园中生产劳动的主体,他们的身份和社会地位随封建制度的发展也存在形成和演变的过程,骑士集团的产生和壮大直接影响到这部分人的身份变化。

笼统地看,日耳曼人入主西罗马帝国境内之初大多以自由民身份存在,当时的罗马人也有大量自由民。在后来历史中,他们的身份逐渐发生变化,许多人降级,成为依附于领主的农奴,此现象在加洛林朝时期表现得十分明显。导致这种现象的原因有许多,但军事制度的变革,骑士群体的产生和发展是其中的一个重要方面。在战争是国家头等要务的时代,所有自由民皆为战士的传统习惯给自由民阶层带来沉重负担,战争使大量自由民疲于应付服役义务,疏于土地的耕作和生产。中世纪的战争往往都在春夏两季展开,而这也正是农忙季节,沉重的兵役无疑会加速他们的破产。他们为了自己以及家人的生存和安全,会主动寻求

---

① 基佐:《法国文明史》(第三卷),第224页。

庇护,委身于某位领主,降身为农奴。战乱年代,能得到人身安全保护,对许多农民来说要比保持人身自由更为重要。获得领主的庇护,可使农奴免除国家军事服役,安居在家专门从事农业生产劳动。① 自由民群体的这种身份变化与骑士军队的建设和发展相顺应,作为终身专职的军人,骑士群体出现后,意味着他们不再参加任何生产劳动,成了纯粹的消费者。他们昂贵的军事装备,战时及平日里的消费,都需要有专门劳动者为他们提供。骑士集团的出现,不仅改变了军队的组织结构,骑士成了职业军人和军事精英,而且,也显现出自由民"业余"军人身份的逊色,从而降低了他们在国家军事和政治方面的地位。专门从事战争活动的骑士们成为军人中的强势群体,也决定了他们在社会上能够获得更多的特权。他们以采邑为纽带,从君主往下形成利益共同体,国家和地方的各种世俗权力大都控制在他们手中。骑士制度加速了西欧封建社会领主和农奴两大社会群体的形成,对封建等级和人身关系定位起到了重要作用。

　　需要说明的是,在庄园中的劳动者除了农奴外还有上述所提到的下层自由民,尽管他们的生活状况和地位与农奴难以区分,但两者身份仍有不同。在法律地位上,下层自由民尽管租种领主土地,但领主不能像对待农奴一样对待他们,不可以向他们随意增加赋税,他们能够把自己的动产传给子孙,在法律裁决过程中他们的身价要高于农奴。他们的身份地位更多是由于封建制度形成及发展使他们逐渐沦落的。实际上,有些变成领主依附农的下层自由民,当初可能还是小地主,由于各种原因,难以维护自己的地位,便把自己的土地产权交给了某个领主,尽管他仍可继续耕种这片土地,但要向领主缴纳地租并承担庄园中的一些劳役。此外,还有些下层自由民由于自己的土地较少,便租种某个领主的一块土地,与领主签订义务条款,缴纳地租并承担相应的义务。由于下层自由民的地位多少要高于农奴,因而,许多农奴争取人身自由权利的目标即是成为这类自由民,这是切合他们实际追求的。在 12—13 世纪,许多农奴从领主控制下获得自由权,得到释放,所达到的地位不过如此。② 以提供军事义务作为土地及利益分配的权重标准,使土地上劳动的农民自然处于被驱使的依附地位,他们的处境与

---

　　① G. Duby,*The Early Growth of the European Economy:Warriors and Peasants from the Seventh to the Twelfth Century*,Ithaca,NY:Cornell University Press,1978,p. 44.

　　② John L. LaMonte,*The World of the Middle Ages*,pp. 231–233.

身为骑士的领主形成对照,构成相互关系。庄园中农民状况如何在很大程度是对应领主状况而形成的。

以土地为纽带的封建主从关系,由于骑士制度的存在及军事需要更注重制定和遵守契约。领主—附庸关系、领主—农奴关系是西欧封建社会两组非常重要的人际关系。领主—附庸关系是通过采邑分封建立起来的主从关系,领主把一片土地作为采邑封给手下附庸,附庸以主要承担军事义务作为对领主的回报,此种人际关系范围大体在各阶层具有骑士身份的领主之间,他们通常在法律层面上是平等的。而领主—农奴的关系则指各个不同阶层的封建主与所属依附农民的关系,领主把一片土地交给农民耕种,农民以缴纳地租和承担劳役等作为回报,双方法律身份不平等。尽管两组人际关系性质不同,但却是从上至下一贯到底的主从关系系统,是以土地为纽带形成的一套完整依附体系。无论是从国王而下的各级贵族骑士间,还是以国王为首的各级领主与农奴间的关系,都具有主从之间依附被依附、统领被统领的共性。需要强调的是,领主—附庸与领主—农奴关系性质是不同的,没有人身自由的农奴与骑士相比,从事农业生产劳动者与专门从事军事职业者之间的社会地位不可同日而语。

骑士与领主的关系具有相互的责任和义务,与此相似,农奴与领主的关系也具有这样的规则,而这类规则更多是传统习惯。领主除了提供给农民可租种的土地外,还有保护农奴人身安全的责任,当自己的农户人身和财产遭受外来势力威胁时,领主要挺身而出对其救助。领主的城堡在战乱时期要容纳自己的农民,为他们提供避难所。领主对农奴的保护,说到底也是保护他自己的利益。农奴是他的人,也是他利益的重要组成部分,不可坐视不管。此外,领主也要对农奴遭到来自国王等领主的法律处罚负责任,领主可能被要求为其所属农奴的犯法买单。领主对农奴的经济盘剥由于各地习惯不同,差别较大。总体看,农奴的负担较重,包括地租、捐献和劳役等。一些地租按收成比例征收,但这种方式并不普遍,大部分是固定不变的,常常以实物形式支付,有的以货币支付。为领主提供劳役通常也有具体规定,包括一年提供多少天的劳动,劳动的日期,干什么活等。同国王对其封建附庸想方设法增加义务一样,领主对其农奴也是尽量搜刮,不过,由于有习惯法制约,农民往往会对超出的负担据理力争,也会向领主的领主请愿控诉,甚至,也不乏起义造反。由于大领主们通常不直接管理庄园,农奴负担的加重有些与庄园管理者或领主的管家有关。因而,西欧封建社会中农奴或下层自由民向领主控告管家,以讨公道的事例屡见不鲜。封建庄园中,领主与农民间的习惯法规有些没有落实到文字上,只限于口头流传,这在具体执行过程中伸缩性很大,领主会仗势恣意妄为。①

　　庄园中的农奴及佃户能世袭居住、劳作在领主的某块土地上的现象,值得进一步研究。子承父业,世袭耕种领主的土地为领主效力,与骑士子承父业规则有何关联,尚未见有人做研究。西欧封建体系所形成的主从关系及承担义务的原则,影响到职业和财产继承制度。由于战争职业的高技能和武器装备的异常昂贵,骑士群体形成相对稳定的内部成员组织和血缘继承系统。在较长一段时期,准入门槛较高的骑士群体把来自下层劳动者挡在门外,使其处于世代为农的地步。中世纪三个等级观念的形成和传播,从思想意识方面固化了现实社会不同等级的人们所处的地位。贵族生来就是从军打仗的,为整个社会提供军事保护,而农民生来就是从事生产劳动的,为贵族和神职人员提供物质支持。农民与贵族骑士有着相对应的社会职责和功能,这种定位由于贵族骑士化使之更加纯粹和固定。此外,还值得注意的是,农奴长子继承或单一男性继承耕地现象是否与附庸骑士长子或单一男性后代继承制有法理和习惯上的关联? 农奴和租佃农民为何也不得在后代中分割继承所持土地,是否也是需要明确承担义务者的责任? 这些都是应该进一步研究的问题。此外,农户长子继承制为经济发展提供了充满能量的劳动力贮备。除非家长有办法提供经济来源,否则,除长子外的其他子女都要被迫离开家庭的土地到外面另谋出路。这种情况是西欧封建社会垦荒移民、工商城市兴起和发展、向外殖民扩张等提供劳动力支持的源泉。而这种现象与我国古代多子继承、老守田园所造成的社会状况形成鲜明的对比。

　　作为相对独立的经济生产、社会生活和政治管理的单位,庄园需要军事护卫,骑士制度与庄园体系的联系是一种社会必然。与日本古代庄园和武士结为一体有些类似,西欧的庄园也离不开领主及其手下军事附庸的武力护卫。庄园是物质生产基地,经济利益和农民的安全需要保护;庄园作为基层的社会统治和

① 　N. J. Hone, *The Manor and Manorial Records*, pp. 45−48.

管理单位,也离不开军队,骑士的私属性为领主维护庄园经济生产和管理秩序提供了必要条件。庄园的军事需要,也表现在建筑方面。凡具有一定规模的庄园,大都建有城堡,城堡成为与庄园相配套的建筑。中世纪城堡兴起的时间,大体也是在9世纪,与记载庄园的材料大量出现的时期基本吻合。早期的城堡大多使用土木材料建成,结构简单。11世纪后期,石质城堡兴起,这不仅是封建制度进入鼎盛时期的一项标志,也标志着骑士制度的完善。一座城堡可守护周围一大片领地的安全,它是防御外敌入侵的堡垒,也是镇压地方叛乱的基地。城堡的功能不只在军事方面,还体现在对周围地区的行政、司法的管理方面。城堡是领主审理和宣判法律案件的场所,领主在此实施管辖权,维护自己的利益和公共秩序。城堡也是处理税收和各种杂事的中心,运行着各项行政职能。①当然,并非所有的庄园都建有城堡,但是,没有城堡的庄园不会没有军事防卫措施,庄园中的教堂、桥梁、栅栏、墙垛、沟渠,甚至墓地等,都可能被精心设计成军事阵地,在战争爆发之时成为御敌的壁垒。从保留至今的一些教堂建筑中,仍能看到其结构所具有的军事堡垒特征。庄园中的城堡及军事设施的建造与国家军事制度有关,在大一统皇权国家,不可能容许地方领主广泛建造城堡。西欧封建社会的庄园—城堡—骑士制度,构成相互关联的经济、行政、司法和军事体系。

二、庄园生产特征

庄园是领主的领地,通过庄园,领主及其家人和手下扈从们获得各项所需的物资,庄园大体处于自给自足的经济状态。在以往所见关于庄园经济特征的研究中,更多是介绍庄园的生产和农户生活情况,关于庄园经济生产,了解更多的是庄园的农业生产能力,包括农业生产方式、农产品产量、耕地施肥和休耕办法、手工业、畜牧业状况等。作为经济生产单位,庄园经济固然与当时的生产力水平息息相关,可以说庄园的存在是西欧经济发展程度的标志。然而,庄园生产什

---

① Geo. T. Robinson, *The Military Architecture of the Middle Ages*, London: Simpkin and Marshall, 1859, pp. 18-30; Walter Buehr, *Knights and Castles and Feudal Life*, New York: G. P. Putnam's, 1957, pp. 26-32.

么,庄园的产品结构如何,生产的最终目的是什么等问题,单靠生产力水平难以做出合理解释,这些问题更需要通过庄园领主及其家属和随从们的需求来回答。身为军人的领主,他的首要职责是参军打仗,他平日的军事训练和许多嗜好都与军事有关。因而,庄园生产既要维持人们的基本生存,也要满足军事方面的供给。对封建领主来说,庄园经济是生活需要与军事需要的结合体。

领主吃的用的基本都是自己领地上的产品,在生产条件许可的情况下,领主需要什么,喜欢什么,决定着庄园的生产规划。领主及其随从以军事为主业,庄园的生产和经营必然要有利于满足军事的需要。从查理曼的《庄园敕令》等材料可见,领主对自己所属领地上的生产经营十分在意,对一些生产和管理项目都有具体规定。特别是在封建社会早期,地位较高的领主习惯于,或者说是不得不巡游吃住于自己的各个庄园之间,各庄园为领主一行人所提供的各类消费品,既要有地方特色,又要满足领主及其随从的需要。庄园的生产经营,农产品的种类、畜牧业规模、手工产品等,都有目的性,并非是"自然"的随意行为。作为领主,查理曼对庄园中的管理、牲畜的饲养、劳动者的责任、养蜂、葡萄种植以及葡萄酒的酿制、食物的储存、树木及农作物的管理等都有明确要求和规定。

庄园中的种植产品主要是谷物,包括小麦、大麦、黑麦、燕麦等,而其中以小麦为多,用以满足对面包的需求。关于欧洲人的饮食习惯与军事的关系,很少见到有专门的研究,这是一个较为复杂的问题,一时很难说清楚。欧洲人吃面包的习惯早于中世纪,中世纪以面包为主辅以麦粥和汤水饮食成为人们最基本的食谱,也似乎是自然形成的习惯,难以引起人们提出问题。一个民族或某个地区人们的饮食习惯一定与这一地区的自然条件相适应,也与该地区和民族传统习惯相关联。那么,面包作为植物类产品的首选食物,在西欧得到长期延续,是否与这一地区经常性的战争,以及贵族们经常出兵打仗的行动有关呢?乔治·杜比研究认为,欧洲有些地区是不适合种植谷物的,可人们仍坚持这么做,他分析的原因是"农民文明是饮食习惯的奴隶",是传统的饮食习惯使然。与此同时,他还指出,10世纪欧洲农业扩展的第一个结果是农业耕作中谷物的比重大幅上升,尤其是在北海、波罗的海沿岸、英国、爱尔兰、斯堪的纳维亚、萨克森和斯拉夫人国家,一些地区已经不再种粟类作物。而且,在法国南部农业发达地区,小麦渐渐取代了裸麦和大麦的地位。①杜比在这里谈到两个重要现象,一是在农业扩张中谷物种植面积不断扩大;二是在很大程度改变了扩张地区的传统农作物比例,麦子大面积取代了当地像粟类等传统农作物的种植。然而,从中我们还可看到与他自己的主张不大一致的观点,即某一地区人们的饮食并非完全受传统习惯的控制,是"饮食习惯的奴隶",外来文化、社会的需要等,也会对饮食习惯产生重要影响,否则当地粟类植物就不存在被麦类作物取代的现象。面包除了能满足各阶层人的饮食需要,并且比较扛饿外,作为能较长时间储存且方便携带的食品,比起我们传统的馒头、面条等谷物食品,以及各类米饭等应该更有利于军事行动。中世纪欧洲并非普遍制作发酵面包,为了便于长期保存以应对军事各方面需要,查理曼时期便有了二次烘烤的面包,其质地非常干燥和坚硬,以便于长期储存。②欧洲中世纪有些领主苛求农户必须种植小麦,其中会不会有军事需要的考虑?③西欧庄园中小麦之所以成为最主要农作物,除了其他方面原因,应该与军事需要联系起来考察。另外,庄园中其他类谷物,像黑麦、燕麦等,除了人用还要考虑到战马和耕牛的饲料问题。战马与一般拉车的马不同,除了吃草还要喂谷物类精料,耕牛也需要喂些精料。这些都会反映在庄园产品种植的比例中。

如果面包是有利于战士们军事行动的谷物类食品,那么,肉类则是更适合作为从事战争和暴力活动的军人的食物。喜欢吃肉且很能吃肉,差不多是中世纪时代所有世俗贵族的普遍现象。马克·布洛赫提到一名骑士轻易"吞下一条猪后肘,两口饮下一加仑葡萄酒"的情景,在现实生活中不会是个案。④ 从骑士文学反映的情况看,英雄骑士都是能吃能喝者,食量超人。平日的军事训练和战场上的厮杀,需要高热量的扛饿食品,而肉类是首选。一名骑士一年消费多少肉、中世纪欧洲一年肉类产量是多少、军人们一年能吃掉多少肉,都属于现代人的问题,中世纪的人不会刻意留下统计数字。不过,中世纪世俗贵族有经常食肉的习

---

① 乔治·杜比:《中古农业:900—1500》,载契波拉编:《欧洲经济史〈中古篇〉》,夏伯嘉译,允晨文化实业股份有限公司1984年版,第157页。

② Paul Lacroix, *Manners, Customs, and Dress during the Middle Ages, and during the Renaissance Period*, London: Chapman and Hall, 1876, pp. 106-110.

③ N. J. G. Pounds, *An Economic History of Medieval Europe*, p. 60.

④ 马克·布洛赫:《封建社会》(下卷),第487页。

惯,且肉类的消费量很大,是可以肯定的。从中世纪贵族宴会的食谱中可见,它们主要是各种烧烤和煮炖的肉类食品。这一点从一些宫廷食品清单中也可略见一斑。①贵族经常吃肉的现象,在西方语言文字中也有所反映,meat(肉类)一词可以与"食物"一词互换使用,当人们使用这个词讲到"进食"时,很大程度是指"吃肉"。②中世纪贵族经常食肉的习惯影响到今天西方人的饮食结构,与我国历史上文人士大夫所引领的饮食风格有明显的不同。

贵族经常食用的肉类,主要是猪、绵羊和山羊、牛肉等。因此,庄园中一定要饲养这类家畜,这成为庄园生产较为重要的项目。在一定规模的庄园中,都会拥有数量较多的牛群和羊群。养牛除了食肉,母牛还可提供牛奶、黄油和乳制品原料,繁殖牛犊。③ 养羊除了食肉还可提供羊毛,特别是在中世纪后期,羊毛的价值远超过肉的价值,促使养羊业蓬勃发展。猪是专门为提供肉食而饲养的动物。猪的主要食物来源在林地中,橡子和山毛榉果实及一些植物及其根系是猪的最好饲料。因而,中世纪贵族领地中,所拥有林地的规模和价值衡量标准有一条是看能养多少头猪。在庄园财产目录中,常能见到类似"能够养活许多头猪的林地"的条目记载。在反映中世纪庄园季节劳作的手稿画插图中,也有这方面的情节,农民在11月份的一项任务是把山毛榉树和橡树上的果实敲打下来,给树下饥饿的猪群吃。④

从而可见,中世纪庄园中有较大规模的畜牧业,再加上领主及其骑士的战马和其他用途的马匹等,使庄园的生产结构形成农、牧业并举的模式。畜牧业的发展为庄园带来许多生产项目。上述提到,马匹除了吃青草和干草外还要有一定的粮食作为饲料,有的庄园大面积种植低产的燕麦,更多是为了解决马匹的饲料问题。⑤

---

① Joseph and F. Gies, *Life in a Medieval Castle*, New York : Harlper & Row, 1974, p. 101；贡特尔·希施费尔德:《欧洲饮食文化史——从石器时代至今的营养史》,吴裕康译,广西师范大学出版社2006年版,第85页。

② 尼科拉·弗莱彻:《查理大帝的桌布:一部开胃的宴会史》,第77页。

③ N. J. G. Pounds, *An Economic History of Medieval Europe*, p. 204.

④ Paul Lacroix, *Manners, Customs, and Dress during the Middle Ages, and during the Renaissance Period*, p. 119.

⑤ N. J. G. Pounds, *An Economic History of Medieval Europe*, p. 203.

牛、羊需要草场或牧场,这使庄园不可能把所有的土地都变成耕地,要有一定规模的草地。解决牲畜在冬季的饲料问题是庄园中的大事,除了准备足够量的干草,也要种植少量的豌豆以维持耕牛和奶牛的过冬补给。在庄园季节性生产程序中,每年6月24日的圣约翰节到8月1日的收获节期间,是割草季节,要专门安排农民割草晾干以备冬季牲畜食用。草地在中世纪时代的重要性远超过"今天我们的意料之外",是庄园经济的重要组成部分。①此外,也有些牲畜在森林中散养度过冬季,到春天的时候再把它们聚拢在一起。

11月份是庄园中屠宰牲畜的季节,由于饲料不足以供所有牲畜过冬,因此每年必须杀掉一部分牲畜。肉类储存的办法除了冷冻外,大多以烟熏、风干或用盐腌制处理,这也成为庄园中一项重要的手工工作。②

林地除了是养猪的理想场所,它还是其他一些经济产品的来源地。就肉类生产而言,山林也可以放牧牛羊。更为重要的是,山林是领主的狩猎场,能提供野猪、鹿等各种野生动物。在没有保鲜设备的时代,狩猎获取野生动物成为贵族骑士们乐此不疲的嗜好。林地还是提供各种浆果、坚果、菌类食物的场地,也是领主建造城堡、修造桥梁的木材来源地,更是城堡冬季取暖的燃料出产地。所以林地是附庸获得领主封予采邑时非常看重的部分,各级领主也会颁布法律对所辖林地加以保护。封建领地制度为欧洲森林的保护起到了重要作用。

西欧中世纪庄园另一项重要种植物是葡萄,在气候适合的地区,几乎每个庄园都有自己的葡萄园。把大面积土地用来种葡萄酿酒的做法,与我国传统农业种植观念有极大不同,中国古代传统农业是尽可能多地种植庄稼,先解决吃饭穿衣问题后,再考虑饮酒等带有享乐用途的植物种植。此外,葡萄的种植和管理是一项很辛苦的工作,作为藤本植物它的种植和田间管理比起种庄稼程序多,费时耗力,且前期投入大,回报周期也长。那么,西欧中世纪为什么仍有大规模葡萄园的存在,是很值得研究的现象。欧洲大面积种植葡萄的现象可上溯到古罗马时期,证明古罗马时期人们就有大量饮用葡萄酒的习惯。那么,大面积种植葡萄的现象能在中世纪仍然得以保持和发展,一定有其巨大的社会需求。葡萄酒并

---

① 汤普逊:《中世纪经济社会史》(下册),第376页。
② Joseph and F. Gies, *Life in a Medieval Castle*, p. 207.

非是价格低廉的饮料,直至今日也不是下层百姓能长期大量饮用的酒类。这种现象当然与基督教信仰和教会在宗教仪式中使用葡萄酒有关。但是,神父和修道士等神职人员不是大量饮用葡萄酒的群体,他们的饮酒量有来自教规的限制。与其他社会阶层相比,贵族骑士们有放量饮用葡萄酒的各种理由和条件,是葡萄酒的最大消费群体。在中世纪贵族举行的长达几个小时甚至十几个小时的宴会中,骑士饕餮进餐的同时,大量饮用葡萄酒是普遍现象。为此,领主的城堡中大都设有酒窖,即便如此也远不能满足他及手下军人们的需要。葡萄属于经济作物,大规模地种植并酿制成酒是农业与手工业相结合的一条重要生产渠道,两者的发展必然会促进商业的进步。庞兹在其著作中列举了 13 世纪欧洲某些地区葡萄种植及葡萄酒贸易情况:"人们不种庄稼,不收割粮食,并且也没有什么粮食装入他们的仓库。他们只需要在河岸边把葡萄酒卖到巴黎……。在这个城市,销售葡萄酒给他们带来丰厚利润,得到的钱足够购买食品和服装。"[1]大面积种植葡萄并大量地酿酒,对庄园自给自足经济所造成的冲击和破坏,是我们以往的研究所忽视的。

此外,西欧中世纪的另一种土地所有权现象值得注意,许多属于教会的土地,无论在法律上还是在具体持有权方面都是世俗的。归属某个主教名下的土地,往往仍被看作是国王附庸的土地,或是"一种特殊的男爵领",无论是教会还是国家都认为这种关系是符合常规且相互协调的。空缺的主教或修道院长的职位,都可作为采邑来看待,按照世俗附庸封授采邑的办法来处理。[2] 了解教会地产情况,对我们理解更大范围的庄园经济与骑士制度的关系很有必要。

庄园与骑士制度相得益彰、相互配套,成为西欧封建社会一项重要特征。通过骑士制度还可对庄园是什么时候解体的悬疑问题做出新的解释。庄园制瓦解的时间及其原因学界也是众说纷纭。有人从商品经济对庄园经济的冲击着手,有人强调农奴没有了生产积极性消极怠工等。笔者认为,这些原因都会对庄园的解体起到作用,但是,骑士制度的瓦解与庄园解体有内在的联系。许

---

① 　N. J. G. Pounds, *An Economic History of Medieval Europe*, p. 202.
② 　汤普逊:《中世纪经济社会史》(下册),第 275 页。

多学者认为,庄园制解体于 14—15 世纪,这也正是骑士制度衰落和瓦解的期间。庄园作为相对封闭、独立的生产和管理单位,与采邑分封及相应的军事体制联系在一起,骑士制度的衰亡使庄园失去了保护屏障和维护内部秩序的强制力量。当骑士丧失了军事强势地位后,取而代之的是国王的新型军队和法律机构。王权强大、国家一统是摧毁具有各自为政的生产和管理单元的政治力量。此外,骑士制度自身的发展,也蕴含着瓦解庄园自给自足自然经济的机制。

三、商品货币经济

骑士是职业军人,他们作为纯粹的消费群体对经济所产生的作用不可小觑。实际上,人类任何活动,包括物质生产都不是纯粹"客观""物质"的,都有人的意识参与其中,这种参与的内容十分广泛,既有生产者们的能力和智慧,也有消费者们的意愿和需求等。经济如何发展,能发展成什么样子,消费需求和消费状况起着重要作用。那么,西欧中世纪经济特征和发展状况中,消费究竟起到怎样的作用,消费的各方面特征如何,它们对经济产生什么样的影响等问题,可帮助我们从另一个角度考察西欧中世纪的经济现象,对一些问题做出新的解释。骑士集团作为重要的消费群体,他们又整体性地居于社会上层,对社会经济消费能够起到导向和引领作用,他们的需要在很大程度影响着社会经济发展的特征和走势。

贵族的军人身份和军事职责决定了他们的消费程度和特征。骑士的军事装备是极为昂贵的开销,关于装备一名全副武装骑士的价格及所需耕地和农奴数量等问题,笔者已有考察,在此不再赘述。其武器和装备的开销是当时自由民阶层家庭承受不起的。此外,骑士们在行军打仗过程中,人和马匹的物质消耗量是巨大的。再有,在非战争状态下,骑士们的吃喝玩乐等也是很大一笔开销。骑士中间讲究"慷慨"行为,鄙视吝啬行为,并视花销小气为商人的下贱行径,被他们所耻笑。领主要慷慨地对待手下的扈从,领主的慷慨程度几乎成为手下附庸对其忠诚的尺度。为此,领主会经常举行宴会款待附庸们,出手大方地赠给附庸各种物品。这种现象不仅在骑士文学作品中被反复强调,在现实生活中也是如此。

亨利三世统治期间,威斯敏斯特大厅彩色房间的墙壁上用粗体文字写道:"不付出他所拥有的,不会获取他想得到的。"①当贵族们把花销和挥霍作为生活追求的座右铭时,对整个社会经济的消费所起到的刺激作用是难以估量的。这与我国自古以来所秉持的"勤俭持家"观念,有截然不同的社会后果。中国的地主与西方的领主不同的消费理念,一定会影响到对土地经营的效果,从而使两个地区的经济有不同的发展前景。

骑士制度是对货币经济开放的军事体系,它赖以建立的核心性支撑是利益的分配,而其他像依附、义务、忠诚等内容尽管在骑士制度中也很重要,但都是围绕利益而构建的。利益中的关键是经济利益,说到底,是附庸用可能付出生命的代价为领主作战,领主要为此提供相应的经济报酬。以经济利益维护的骑士群体,经济在很大程度上决定了骑士制度的产生、发展和衰亡。反之,作为重要的社会制度,骑士制度对社会经济的特征及其发展走势也会产生重要影响。以分封土地作为支付职业军人薪酬的手段,是经济并不发达时期的一种利益支付方式。然而,在封建时代对军人报酬的支付手段可以是多种的,随着骑士制度的发展其自身会寻求更为便捷的报酬支付方式,国王和各级领主更愿意选择使用货币支付给军人。骑士的职能和组织系统对商品货币经济有促进和刺激作用,尽管商品货币经济最终能把骑士制度送上不归路,但这种客观上的促进作用是骑士制度自身所无法抑制的。从而我们应该考虑,西欧较快地从封建制度走向资本主义制度是否在以军事为核心的制度构建中就存在着瓦解自然经济的内在动力?

由于军事的常态化,国家对货币需求量巨大,正如有人对亨利二世政府以战争为中心的财政状况所做的解释那样:尽管和平时期政府对货币有需求,但在战争时期这种需求大为增加。"战争中,金钱被倾泻到修建城堡、战士的薪酬以及各种数不清的用途上面。"②这大体能反映出英国王室当年为军队和战争所投入巨大货币量。随着骑士制度的发展,领主们已经不愿意再把分封土地作为扩大军队建设的手段,每分封一片土地便意味着领主实力的削弱,土地的不可再生性

---

① Richard W. Kaeuper,*Chivalry and Violence in Medieval Europe*,Oxford:Oxford University Press,1999,p. 197.

② Maurice Keen,ed., *Medieval Warfare*,p. 109.

使通过分封土地发展军队的方式受到局限。实际上,在骑士制度早期,各级领主就以其他一些支付方式缓解土地与扩大骑士军队规模的矛盾。包括国王在内的许多领主,宁愿为骑士提供各项物品或货币,也不愿为他们割让土地。

"货币采邑"(purse-fiefs 或 pension-fiefs)最早见于 11 世纪文献记载中,佛兰德斯地区有两个骑士兄弟从一所修道院获得一份"benefice",它是 4 个银马克的货币。这两个骑士以世俗身份获得这些货币并成为附庸,且举行了臣服仪式:"通过双手(仪式)已经成为我们的附庸,你们每年获得一份采邑,每人两个马克。"①此类采邑形式随商品货币经济的发展越来越普遍,到 13 世纪,"采邑年金"(fiefs-rente)概念可见于许多材料记载中。西欧许多地区,上层封建主们大多积极以此类采邑扩大军队规模。不过,有些地方例外,在德国等一些经济欠发达地区,此类采邑实施较晚,也不很普遍,当地封建主们仍坚持传统的土地采邑分封方式。在法国,11 世纪中叶"采邑年金"得以实施,而且在后来发展中,国王、伯爵以及更下层领主手下的骑士军队,获得此种采邑的人数比例很大。腓力二世、腓力四世、腓力六世等国王都曾用巨额金钱把地方伯爵纳入自己麾下。②在低地一些国家,12 — 15 世纪"采邑年金"也像在法国一样得到广泛执行,甚至,有些地区使用此种方式超过了使用土地建立领主—附庸关系的数量。在英国,王室附庸中也出现大量领取"采邑年金"的骑士,而英国较为特殊的现象是,国王对一些已经获得土地的附庸也仍授予"采邑年金"。此种情况更多是英国国王对欧洲大陆附庸的做法,为了进一步加强与大陆上已经拥有土地的附庸们的关系,每年再封给他们一些"采邑年金"。此外,英国国王还通过这种方式,封予从前隶属于法国国王的附庸们,并扩大年金的额度,使这些附庸承认英王为其最高领主。在 12 世纪中期,欧洲大陆,特别是法国和低地国家,某个附庸从几个领主处获得"采邑年金"的情况已经很普遍。而且,到 13 世纪,大量领得"采邑年金"的骑士也形成了等级,获得年金的多少与持有这类年金的年份,成为划分附庸等级的标准,使这类附庸的地位与以往获得土地附庸的地位相等同。由此可见,货币在维持领主—附庸关系方面已经达到甚至超过原始土地采邑的功效。

---

① G. Fourquin, *Lordship and Feudalism in the Middle Ages*, p. 135.

② Bryce D. Lyon, *From Fief to Indenture: The Transition from Feudal to Non-Feudal Contract in Western Europe*, p. 42.

无论是大附庸还是中小附庸都对金钱采邑来者不拒,这也是他们增加收入的一条重要途径。低地国家的一些小附庸们不仅从本地区的公侯们那里获得"采邑年金",还纷纷接受来自法国国王和英国国王的眷顾,接受他们的金钱,成为他们的附庸。德国一些地方的大诸侯们,甚至也不拒绝法国国王和英国国王的"采邑年金",从而成为他们的附庸。此外,法国的中小领主们不仅接受他们领主的货币采邑,还接受领主的领主的货币作为采邑。货币打着"采邑"的招牌,逐渐成为各级领主和附庸们建立和维系关系的另一种形式的纽带。

"采邑年金"是否能得到普遍实施与当地的商品货币经济发展程度密切相关,也与领主所拥有货币的多少及货币收入是否充裕有关。用货币代替土地发展军队,可为领主带来许多主动权,有利于领主保持经济和政治实力。如果骑士的忠诚和服役效果差,领主可立即停止支付货币薪俸,不必像土地采邑那样处理起来非常麻烦。此外,国王可通过此方式建立"国外军团",获得外部军事力量支持。英国的国王们,从 11 世纪末至 13 世纪,借助"采邑年金"网罗了大量国外诸侯和领主,特别是佛兰德斯和下洛林基亚地区的公侯们。再有,较之土地采邑,"采邑年金"难以产生次属臣服关系,可以使获得此类采邑的骑士们结成单纯的军事团队,并增强政治联盟意识。通过这种方式,法国的国王们在逐渐扩大直辖领地的同时,不断联合各方力量,为王权加强起到了重要作用。①

骑士制度所容纳的还不止"采邑年金",几乎与之并行的还有雇佣方式。实际上,西方的雇佣现象并非是资本主义生产关系的产物,在西罗马帝国衰亡时期和中世纪早期,日耳曼军事首领的部队中便存在着领取薪俸而随军作战的战士。②只是由于货币量不足和流通不广泛,且薪金常以战利品和实物支付,此现象表现得并不明显。到了 11 世纪,以某场战役或某一阶段战争为服役期的雇佣骑士现象越来越多。有些部队是以一个作战群体为单位集体被雇佣,服役者以获得薪酬为目的。通常,这部分军人比较讲究职业操守,遵循忠诚原则,军事技能也较为过硬。诺曼公爵威廉在 1066 年发动对英格兰的征服行动中,部队有些骑士是通过雇佣方式招募而来的,其中包括来自英格兰、佛兰德斯、香槟和意大

---

① G. Fourquin, *Lordship and Feudalism in the Middle Ages*, p. 137.

② Maurice Keen, ed., *Medieval Warfare*, p. 211.

利的骑士,他们中的一些人后来由于分得了土地而成为威廉一世的直属附庸。此后,英格兰诺曼朝王室护卫队中,常有些领取薪俸的骑士。威廉二世尤其注重这方面骑士的招募,且被后人称之为战士的"购买者"和"承办商"。1101 年,亨利一世与佛兰德斯的罗伯特公爵达成协议,罗伯特为亨利提供 1000 名骑士,以此增强王室在英格兰本土和诺曼底的战争力量。这部分骑士被临时编入英格兰王室军队,亨利一世从自己的经费中支付他们的薪酬。罗伯特伯爵为此获得了500 英镑的酬劳,他从中起到的是军事承包人的作用。[①]这件事情被人们视为英国王室具有了为摆脱封建关系独立组建大规模军队的苗头。法国卡佩王朝的国王们也通过这种方式扩建军队,尽管这类现象较多,但与英格兰王室相比则规模较小,涉及骑士的数量有限。在德国,皇帝们在对意大利的战争中也深切感受到雇佣军队在招募、使用和资金投入方面的灵活和便捷,特别是十字军战争过程中,招募这类军队的方式得到了皇帝和诸侯们的采纳。

骑士制度中的雇佣现象进一步说明,以战争为首要目的所建立的制度,在应对急切的军事需要时,传统的方法和习惯容易被更具有实效的方法和观念所取代。大致建立在土地分封基础上的骑士制度,为了更有效地应对战争,自然顺畅地使用货币采邑和雇佣等这类最终会导致其制度衰亡的方式,骑士制度中蕴含着自我瓦解的功能。至于西欧封建社会中军事雇佣现象与生产领域雇佣现象的关系如何,两者孰早孰迟,有待深入研究,这将有利于对西方资本主义生产关系萌芽等问题的再认识。骑士制度中雇佣方式发展与 14 世纪欧洲雇佣军制度有承续关系,且更突出地表现在新型的步兵组建方面。以雇佣方式招募和组建的新型军队所开启的"军事革命",与当时的王权特征、经济发展走势、国家体系建设等融为一体,成为西方历史走出封建社会的立体景象。

货币在军事上的重要性,更进一步刺激领主们想尽办法获得它们。封建主的财路通常有两条,一是通过战争掠夺财富;二是通过土地以及其他生财手段获取财富。土地是当时最主要的财富来源,但其归根到底要靠农民的劳动来转换,在维持再生产基本前提下,最大限度地从农民身上获取利益是领主的普遍做法。领主从农民身上获利主要通过地租、赋税和劳役等手段,用货币地租取代劳役和

---

① Maurice Keen, ed., *Medieval Warfare*, p. 212.

实物地租是租税制度的重要变革,既反映了封建领主追求奢侈生活的需要,也体现了他们所承担的军事职责对货币的必然要求。货币地租现象,容易被解释为商品货币经济发展到一定程度的自然结果,这只是笼统答案,其中还应有其他一些相关的具体条件。欧洲货币地租的广泛实施,不单是商品货币经济发展到什么程度的问题,社会制度如何,社会内在机制推动经济发展方向如何,也都十分重要。据乔治·杜比考察,西欧一些商品经济比较发达的地区,农产品与市场贸易的结合在 11 世纪下半叶已经较为普遍。到 1150 年,在西欧新开垦的土地上已经用货币地租取代了实物地租,而且,农民的一些劳役项目也被领主要求折算成货币缴纳。此外,庄园中的其他一些税收也要以货币的形式收取。①尽管用1150 年作为判定西欧货币租税广泛实施的时间段限,似乎有些武断,但大体可见,12 世纪中叶,西欧已经较普遍地使用货币作为地租、赋税和劳役的征收手段了。如果我们认为只有商品货币经济发展到一定程度,才会普遍出现货币地租现象,那么,我们会较难理解中国为何直到 1949 年之前,广大农村仍是以实物作为地租的主要形式,这其中有国家和社会对货币的需要量问题。西欧农村地租的货币化一定还有其他方面的原因,应该是社会各种因素综合作用的结果,而极为重要的军事制度和统治集团的需求所起到的作用值得重视。

骑士集团内部组织方式的货币化,使社会对货币的需求量普遍增加。在要求农民缴纳货币代替实物和劳役的同时,国王和大封建领主们为了更便利地召集到得心应手的骑士,克服获得土地的附庸在执行军事义务过程中的种种不便,要求骑士缴纳"盾牌钱"或兵役免除税。骑士以付钱的方式代替服役,大体出现于 11 世纪末。以钱代役的有关记载,在德国出现在 11 世纪。英国有明确记载的是在 12 世纪初享利一世统治时期。在法国,12 世纪的城市市民在军事服役中出现以钱代役的形式。到 13 世纪末,"盾牌钱"在法国已经得到普遍执行。用交钱的方式代替服役,使一些传统骑士有了较为灵活的发展出路,一些人转变观念,放下身段,在自己的领地上生产经营,争取更多的经济收入。其中一些人由于经营得当,逐渐成为新贵和新型的农场主。也有一些骑士就此转向工商业,最突出的是意大利地区的中小骑士,他们有的经商,有的从事工业、采矿和金融

---

① 契波拉主编:《欧洲经济史·中古篇》,第 70 页。

业等,他们社会身份的转变推动了市场经济的发展。

对货币的追求不仅会导致领主与附庸关系的变性,而且还会使农民的身份发生变化,以适应新的社会需要。由于12世纪以后农民的各项义务越来越向缴纳货币的方向发展,在欧洲西部和中部地区明显出现农奴身份向自由民提升转化的势头。缴纳货币使农奴对领主的依附程度减弱,农奴们对自由身份的迫切向往,促进了这种现象的发展。领主在金钱利益的驱使下,也乐于通过收取高额费用,让农奴付出更大代价获取自由身份。①由于对货币需求的增加,领主们大规模的劳役工程不再强征农奴承担,而是改用季节性雇工,那些耕地不足的农户也乐于出卖自己的部分劳动力。因此,在13世纪与14世纪初,短工制在农业经济中扮演了相当重要的角色。有史学家估计,当时的英国农民中,约三分之一是靠工资为生的。②这一比例,即便与我国今天的农民状况相比,也不十分逊色。

马克·布洛赫所讲的国王和各级领主向所属附庸与向农民收取贡税(taille)的习惯有何相互关系,有待进一步研究。不过,两者很有可能都出于"臣属有援助领主的义务"的习惯和信念,正如附庸要向领主提供贡税一样,租佃者也要以呈礼的名义向领主缴纳贡税。在法国,贡税制流行得极为广泛,并由诺曼征服者带入英国。农民贡税和附庸贡税一样,均难以避免国王和领主千方百计使其常态化合法化。但是,由于纳税农民的地位低下,无力使这项义务得到严格限定。因此,随着货币流通程度的提高,起初例外征收的税款变得愈加频繁。③

骑士制度兼容商品货币经济还表现在促进城市兴起方面。西欧中世纪的城市较之古代城市和其他地区的城市,最突出的特征是以工商业为根本,这也是西欧封建社会一种极为有趣的现象,对研究中国古代城市史也极有参考价值。实际上,东西方的城市都出现于人类文明早期,它们那时的性质、功能和特征并没有非常明显的差异。那么,西欧为何在封建时代兴起大批新型城市?又为何大都以工商业为其主要特征?这些问题或许被许多人认为已经过时,甚至认为已经有了答案。实际上,这些问题仍有待进一步解释。土地分封与精英军队建设连在一起,领主所获得的采邑成为由自己所属军队控制的领地,在领地中领主的

---

① N. J. G. Pounds, *An Economic History of Medieval Europe*, p. 210.

② 契波拉主编:《欧洲经济史·中古篇》,第154页。

③ 马克·布洛赫:《封建社会》(上卷),第403页。

最大愿望之一是使领地内的经济发展繁荣,从而使相对独立的统辖区更具实力。大力发展工商业是任何一个担负军事义务的领主都热心的事情,城市的兴起并非只是工商业发展后自然就产生了,它需要多方面的条件,其中之一是安全条件,在战乱不已的封建社会,能够得到安全保护是城市产生和发展的前提,而各级领主出于大力发展经济的目的,必然会对刚刚兴起的城市大力保护。再有,城市兴起之初还需要一些优惠条件方能迅速发展。如何吸引农奴及工商业者到自己的领地上来,并居住在这里安心从事生产经营,需要领主的特殊政策。因而,在城市兴起之初领主会想尽办法给予工商业者各种优惠条件,如减轻税收、宽容司法、修建道路桥梁、减少宅基地费用、降低市场摊位的收费标准、赋予工商业者一定的自由权利等。特别是在建城之初,许多城市都可从领主手中获得特许状,城市的特许状通常建立在已经约定俗成的权利承认基础上,领主通过此方式确定对城市的一些特权,并且具有法律效力。有些领主甚至在城市没有建起之前便颁发特许状,以此鼓励人们来此居住。①欧洲工商业城市能够在 10 世纪以后迅速兴起,可以说是在包括国王在内的各级领主的大力保护、扶植和倡导下展开的,这可从城市与城堡的关系中略见一斑。中世纪的城市,至少在欧洲大陆,都有城墙围绕(英格兰的一些城市存在没有围墙的现象,但其一定有王权或地方势力的庇护),在欧洲大陆的西部和中部地区,更多数量的城市兴起于城堡周围或在城堡保护区域之内。10 世纪末 11 世纪初,佛兰德斯伯爵在其领地内建立了许多宫廷和城堡,每一处都是一个统辖区域的中心,在此后的几个世纪,这些宫廷和城堡周围大都发展出工商业城市,成为手工生产和商贸中心,且逐渐形成商贸网络。而且,有为数不少的城市,除了有发展经济的意图,还有军事目的。在一些被征服的地区建立城市,成为各级领主稳定统治的一种手段。威尔士和阿奎丹地区的一些城市建设,即反映了此类现象。②

　　城市对西欧封建社会经济起到巨大推动作用,军事封建体制中蕴含许多有利于城市兴起的条件,同时也应看到,封建制度存在着对城市发展到一定程度后的限定和制约,中世纪城市后来发展的每一步都显现出与封建领主的利益冲突,

①　N. J. G. Pounds, *An Economic History of Medieval Europe*, p. 226.

②　N. J. G. Pounds, *An Economic History of Medieval Europe*, pp. 243-253.

这也构成了西欧中世纪城市发展的重要特征和城市政治发展的主线。

骑士制度对西欧封建社会的经济影响和作用还不止上述内容,骑士制度所导致的战争频繁发生,对社会经济影响很大。在西欧中世纪的诸多经济现象中,有一种现象受到西方学者的重视,即大规模的农业垦荒运动。垦荒现象能被称为一种"运动",足见其在中世纪经济发展中的地位和规模。大体看来,垦荒运动从 9 世纪持续到 14 世纪早期,其中既有在各国政治版图内荒地的开垦,又有向外扩张所伴随的垦荒。垦荒殖民活动所形成的影响是综合性的,经济方面的影响尤为重要。不过,许多西方学者在分析这种历史现象的原因时,更多把之归为人口增长、生产能力的提高等,很少有人探究垦荒背后的军事原因。没有军事力量的推动,长达五个世纪之久的大规模垦荒运动如何开展,难以说清楚。

经过几个世纪蛮族入侵和战乱过程后,对西欧内部的垦荒,随土地分封的深入而得到展开。由于大量土地变成采邑,分给各封建领主持有,使长期战乱荒芜的土地得到重新开发。此外,许多生荒地也得到开垦。新开垦的土地不仅扩大了耕地面积,增加了粮食和其他农作物的产量,而且大面积的土地被作为牧场发展养羊和养牛业。在垦荒过程中也伴有各方势力的相互战争。①

向欧洲外围地区殖民的方向主要包括北部、东北部、东部、东南部、西南部等地区。北部的殖民扩张地区包括斯堪的纳维亚、瑞典和芬兰等地。其中除了农业移民垦殖,还有移民开矿和金属加工。西南部的西班牙半岛,在查理曼时期便展开过军事征讨,建立起西班牙边区。此后,这一地区成为许多法国骑士为获得财富和土地而闯荡的场所。通过不断的战争,到 12—13 世纪,贵族骑士们在所占领地区建造城市,发展经济,不断扩大势力。在东南部地区的意大利南部和西西里,诺曼骑士曾创造了令许多人羡慕的发家致富的奇迹,他们不仅占领这里的土地,还建立起了国家政权。西欧中世纪移民垦荒规模最大的是在东部和东北部地区,继查理曼对萨克森人的征服行动后,德国的封建主和皇帝们对斯拉夫人居住地的军事占领与有组织的移民垦殖大体上同步展开,并且长期持续。② 1100 年德国骑士们已经从奥地利地区向东占领了摩拉维亚和匈牙利,到 12 世纪越过

---

① N. J. G. Pounds, *An Economic History of Medieval Europe*, pp. 169, 174.

② N. J. G. Pounds, *An Economic History of Medieval Europe*, pp. 176–179.

萨尔河—易北河一线,抵达波罗的海。他们并没有就此罢休,南部的征服到达了特兰西瓦尼亚,并在 12 世纪后半叶抵达鞑靼人居住地。到 13 世纪早期,移民范围已经越过波美拉尼亚、勃兰登堡东部、西里西亚和摩拉维亚北部地区。随后,他们又侵入波兰地区和波西米亚东部。1280 年后,对普鲁士地区有效地展开了移民定居。1300 年到 1350 年间,东线扩张移民达到高峰期。①

扩张领土、开垦荒地对封建国家和区域经济的发展至关重要,封建社会是以农业经济为主体的社会,农业经济的基础如何,发展模式怎样关系到未来经济发展的走势。一个国家或地区农业生产力的提高,不只限于生产工具进步、施肥技术改善、生产者劳动积极性的提高等方面,还应包括对外扩张领土。扩大耕地面积带来的农产品产量的增加,以及土地面积扩大对农产品结构的市场化调节、经济类作物种植面积增加、畜牧业充分发展等都能起到重要作用,使社会整体经济拥有更大的发展空间。对此方面问题的研究,可以较清楚地看到西欧军事扩张与经济发展的密切关系。

战争对西欧中世纪经济的影响和作用也集中反映在十字军东征过程中。首先,战争中极大地刺激了货币的使用量和流通速度。第一次十字军东征即显露出西欧对货币的极大需求量。参加十字军的骑士不可能在如此远距离,且长期的战争中随身携带所有的物质,他们必须准备硬通货币,尽量携带足够的货币上路。由此,出现了很多封建主以土地作抵押或低价出售土地和财产以获取货币的现象。与此同时,凡可便于携带且急需的物资,价格高涨,而土地和房产等不能搬运的财产却成了“廉价”货。许多农奴借领主急需货币的机会,以较低价格赎得自由身份也成为此时的一种明显现象。② 十字军东征的巨额花销难以查寻到准确的统计数字,不过从某些行动记录中,仍可看到开销的惊人数字。1248年,法国国王圣路易所率领的东征,国王的开支达到一百五十三万七千五百七十“图尔镑”,汤普逊把这个货币量的购买力折算成他所在时期的美元,大约相当于三千五百万美元。而跟随国王出征的法国贵族们的花销总量与这个数额相当。这次东征使法国仅在军事行动中就花销了大约七千万美元。而这个数字还

① M. M. 波斯坦主编:《剑桥欧洲经济史》(第一卷),第 391 页。
② 汤普逊:《中世纪经济社会史》(上册),第 487 页。

没有包括由于国王被俘所缴纳的巨额赎金,也没有包括曼苏拉战役中被俘的法国贵族们的赎金数额。据估算,这两笔赎金的总额依照现代货币折算,约合四亿美元。①十字军战争对货币的大量需求,刺激了大额货币的铸造,威尼斯总督恩里科·丹达罗于 1201 年下令铸造大额硬币格罗斯(grossi),其币值是旧币的 24倍,几乎是纯银铸造。随后,热那亚、马赛等城市和国家也纷纷开始铸造大额货币,以满足社会的需求。②大额货币的铸造和数量的增加,标志着物质购买力的增强和商品流通量的扩大,以往主要满足支付酬金和工资等功能的小额货币,已经难以满足十字军东征对货币的巨大需求。十字军东征过程中的军事行动对欧洲经济的影响是全方位的,仅从货币的需求量便可窥见一斑。

总之,骑士制度对西欧封建社会的经济发展及其特征的影响和作用表现在许多方面,既有对农业、手工业、商业、金融业的引领和促进,也有对城市兴起的保护,还有对地租形式变革的推动,以及薪酬支付方式的改进等。通过骑士制度和战争的研究,西欧封建社会的一些经济特征能够得到进一步的解释。

①　汤普逊:《中世纪经济社会史》(上册),第 532 页。
②　M. M. 波斯坦主编:《剑桥欧洲经济史》(第二卷),第 580—681 页。

第九章　封建文化的骑士印记

西欧封建社会的思想文化包含骑士文化内容,具有明显的骑士制度烙印,这也是西欧中世纪文化的一种鲜明特征。基督教文化是西欧封建社会思想文化的核心,但并非是全部,世俗文化占据一席之地。世俗文化最主要体现在骑士文化方面,拉丁文化和后来生成的城市文化等尽管也属世俗范畴,但却居于次要位置。尽管骑士文化受到基督教文化的影响,但其具有自己的文化形式和思想观念,在封建社会思想文化中占有非常重要的地位,使中世纪的文化充满生机和活力,并对文艺复兴以及后来的文化产生了深远影响。本章在封建社会文化大框架中考察骑士文化,因而注重其文化地位、贵族观念,以及骑士制度对封建政治思想的影响。

一、骑士文化及其地位

比较笼统的观点认为,与封建生产力、生产关系相对应的是封建的思想和文化,在西欧,封建的思想文化主要是基督教文化,在中国,主要是儒家文化。这其中有些问题需要考虑:首先,如果认定中、西方封建社会的生产力和生产关系大体相当,那么,按照有什么样的经济基础便有什么样的上层建筑,有什么样的生产力生产关系便有什么样的思想文化来理解,会出现解释障碍。为什么大体相当的生产力水平,中国不是以基督教文化为主,西方不是以儒家文化为主呢?尽管可用"思想文化有相对独立性"等理论加以解释,但终觉得别扭。考察思想文化特征应当更加关注当时社会的人对文化的影响和作用,特别是居于统治地位,掌握教育和文化的群体,他们的意愿和思想与社会文化有最直接的关联,也往往引领时代潮流。而广大贫民百姓由于缺乏文化教育,所留下的文化痕迹常常体现在生产劳动过程和求生存的挣扎中。通过文字书写的历史,更多反映的是文字留下的基本风貌,某一社会的思想文化能反映给后人的更多是受过教育群体的思想文化。其次,社会思想文化难以用社会形态时间段加以限定,把基督教文化笼统认定为是封建的思想观念,难以解释它在罗马帝国时期存在的性质,也无法圆满说明资本主义社会以来它存在的根本理由。由此说来,文化现象不宜用笼统的意识形态标签加以定位,对某个社会文化特征的考察应该建立在研究具体文化现象上。再次,社会的思想文化往往并不单一,而是多元的,它们之间会有各种内在联系,也有强弱和主次之分,对文化特征的考察,应该注意多元文化对社会整体文化特征的影响。正如我们研究中国古代文化,不能只注意儒家思想文化,而不顾及道家和佛教等思想文化一样。对西欧封建社会文化特征的考察不能只着眼于基督教文化,骑士文化也是反映社会文化特征的重要组成部分。列出上述问题,可帮助排解通过骑士制度看西方封建文化的某些顾虑,也利于扩大眼界观察西欧封建社会的文化。

较之基督教文化,骑士文化出现得不仅晚,而且也不及基督教文化影响力强劲和广泛。两者的性质和社会作用明显不同,基督教以系统的信仰原理和庞大完备的教会组织体系,形成对整个社会的信仰垄断和文化控制。而骑士文化则是以骑士群体为依托所形成的世俗文化,它尽管接受了许多基督教思想观念,但却发挥了世俗文化功能。就文化地位而言,骑士的思想文化仅次于基督教文化成为西欧封建社会的重要文化内容,而且它的社会功能是基督教文化无法替代的,特别是其自身所具有的与基督教传统不相融合的内容,随着社会的发展不断得到膨胀。

与其它世俗类文化相比,骑士文化较之拉丁文化更具社会基础和活力。拉丁文化作为古罗马延续下来的文化形式,由于长期的战乱和基督教对文化、教育的垄断,以及基督教对拉丁文化的改造和利用,使其成了少数受到良好教育者的文化,留下来的拉丁文献和诗歌等只有少数人能读得懂,而中世纪受到良好教育的人大多是宗教界人士,故此,基督教对古典拉丁文化的抑制成为必然。在 12世纪文艺复兴时期,拉丁文化随大学的兴起和法律的复兴开始得到发展,但是,古典世俗文化的大规模复兴则是在 14 世纪以后。中世纪城市文化出现得相对比较晚,当骑士文化进入繁荣时期,城市文化才刚刚起步,思想内容也很不成熟,文化形式也较为简单。此外,在封建社会,城市文化毕竟是反映工商业者思想意识的民众文化,与具有贵族性质的骑士文化相比不在一个层次和品位上。而且,由于工商业者对贵族地位的向往和追求,在城市文化发展中也不断吸收骑士文化内容。总之,骑士文化在西欧封建社会文化中占有重要地位,它更能反映西欧封建世俗文化的特征。

从狭义文化范畴考察,骑士文化更多表现在以文字书写的内容中。由于骑士文化内容很大部分出于娱乐目的,且从民间文化发展而来,骑士文学成为骑士文化的重要载体,充分展现了骑士们的精神和思想状况。骑士文学也包括各种类型,其中"武功歌"、抒情诗、传奇类作品是主要表现方式。

"武功歌"(Chansons de geste)又被称为"英雄事迹之歌",是叙事诗类作品。其产生的年代以及以何种形式起源,仍是学术界争论的问题。① 通常认为,它形成于中世纪早期的民间口传叙事传统,在一些重大战争之后,民间艺人们会将其中的英雄事迹编成诗歌在各地传唱。其中在龙塞斯瓦列斯(Roncesvalles)遭遇战中,一位英雄的事迹经过民间艺人的传唱,后来衍化为《罗兰之歌》。在早期传唱的叙事作品中,涵盖了查理·马特、矮子丕平、查理曼以及虔诚者路易时代的题材,时间跨度从 8 世纪直到 10 世纪。有学者将此类文学归为法国文学系列。当然,法兰克国家大体是后来法、德、意诸国的前身,随诺曼征服法国文化对英格兰文化也产生重要影响,因而,这类早期文学作品应该是西欧主要国家文学的一条共同根脉。另有学者认为,武功歌题材的产生不早于公元 1000 年,并且,此类叙事诗歌是一些传唱者仿效教堂演唱圣徒神迹的形式创作的,由当初对那些在朝圣途中做出突出事迹的英雄们加以颂扬演变而来。此外,还有学者认为武功歌并非是经过许多行吟诗人长期传唱和加工凝练的结果,而是由个人独立创作而成。不过,根据更多学者的研究,武功歌类作品应当是经过早期行吟诗人的长期传唱,到 11 世纪末 12 世纪初形成文字作品的。实际上,有些作品成书的

---

① Urban T. Holmes, JR., *A History of Old French Literature From the Origins to 1300*, New York: F. S. Crofts, 1962, p. 66.

确切年代已经无从可考。

武功歌作品随 12—14 世纪社会发展而繁荣,由起初主要以战争和英雄人物为核心,发展为与贵族社会生活相关联的文化表现形式,国王和贵族们的宫廷情节、贵妇人、爱情观念被加入其中。此外,由于浪漫传奇作品的流行也影响到武功歌作品,冒险以及离奇、幻想的内容也出现其中。与此同时,十字军东征以及耶路撒冷王国等方面内容在作品中也有反映。武功歌的选材十分广泛,除了上述所列方面外,还包括古典题材内容,如亚历山大大帝、凯撒大帝等帝王系列以及特洛耶战争内容,也都成为武功歌的选材。现存的 3000 余部武功歌手稿中,有大约 1000 部得以整理重现,其中有些作品题材重复,但版本不同。早期作品大多匿名,起初在民间传唱,每个行吟诗人都有可能添加自己创作的内容。现存比较著名的作品有:《罗兰之歌》、《查理曼的旅行》(*Voyage de Charlemagne*)、《吉约姆之歌》(*Chanson de Guillaume*)、《卡曼德与伊赛穆巴特》(*Gormond et Isembart*)、《费尔布莱斯》(*Fierabras*)等。①

武功歌作品在创作和完善过程中明显受到骑士制度的影响,有些古典时代和中世纪早期的题材,也带有 11 世纪以后骑士观念和规则的印记。这类作品与骑士文学抒情诗类作品一样,不单属于文学,还属于艺术表演类作品,听众大都是骑士和达官贵人。作品之所以能受到普遍欢迎并较长期传唱,正是迎合了广大骑士们的喜好和需求。其内容大都以武功盖世的英雄为主角,通过英雄们的行为体现封建主从关系规则,宣扬作为附庸骑士应如何效忠领主,在战斗中英勇无畏。同时,也通过叛徒和背信弃义者的角色,标明被世人憎恨和唾弃的角色,从而更加彰显英雄形象,使其令人仰慕并让世人懂得何为荣耀。作品常把与异教徒战斗、怀念家乡和国家的情节与勇敢、忠诚混合在一起,把对领主的忠诚与热爱祖国、打击异教徒相联系,使作品具有明显的号召和感染力。由于此类作品主要通过行吟诗人的说唱传播,有些作品在传唱过程中不断被添加内容,使其越来越长,甚至可连续说唱几天方能结束。可见,当时这类作品的内容和表演形式受欢迎程度很高。武功歌作品被一些骑士制度史学家视为最能体现中世纪典型骑士形象和骑士精神,而浪漫传奇类作品中的描述则远离了典型骑士形象。

---

① Urban T. Holmes, JR., *A History of Old French Literature From the Origins to 1300*, pp. 114-134.

抒情诗(Lyric)类作品是骑士文学的另一种表现形式,这类作品产生于 11 世纪后期法国南部地区,使用当地的奥克西坦(Occitan)方言创作,以往我们多称其为"普罗旺斯抒情诗"。发端于法国南部的抒情诗有其深厚的社会基础,法国南部是当时欧洲经济较为发达的地区之一,地中海沿岸港口的商品经过这里运往北部地区,过境税和商贸所带来的丰厚利润给当地的贵族提供了富裕的生活条件。此外,法国南部在较长一段时间没有遭到大规模战争破坏,贵族生活较为安逸且追求奢靡,地方贵族宫廷中经常举行各种娱乐活动,创作并朗诵诗歌成为领主和领主夫人们的时尚行为。这类诗歌的作者大多为穷困的骑士,也有少数大贵族喜欢自己动手创作,作者中还有一些富裕市民子弟。① 这类作品主要表现的是骑士与贵妇人之间的爱情,具有反传统基督教的思想。关于这种思想的来源,一部分学者认为是法国南部各种条件使然,是当地贵族骑士欲望观念的表达。也有学者认为是伊斯兰文化影响的结果,具有异教思想属性。学者们都承认,此类诗歌是一种新的文艺表达方式,其中强烈的世俗爱情观念是西欧本土文化的一种新现象,与此前罗马文化中的爱情观念有所不同。这种创新性也表现在对其作者和传唱者的称谓上,"特鲁巴杜尔"(troubadour,行吟诗人)即为"发现者"或"创造者,创新者"之意。到 12 世纪中叶,此类诗歌有了新的衍化,除"情歌"(canso)形式外,还有"讽刺诗""辩论诗""破晓歌""田园诗""警句诗""挽歌"等类型。

13 世纪初,教皇英诺森三世发动镇压阿尔比教派的战争,给法国南部抒情诗发展造成严重破坏,但使用地方方言进行诗歌创作的方式以及这类诗歌的思想观念,已经传播到了西欧各地。12 世纪后期开始,法国北方受到南方的影响也有了自己的行吟诗人和爱情诗。② 12 世纪末,法国北部地区出现用罗曼方言(Romance)写成的骑士"冒险传奇"亦受到爱情抒情诗的影响。此外,在西西里王国,13 世纪前半期出现用意大利方言模仿普罗旺斯抒情诗创作并演唱的爱情诗。同时,意大利托斯坎尼地区的诗人们也开始用当地方言写抒情诗,但丁等文艺复兴早期的人文诗人便受到了法国南部抒情诗风格及观念的影响。西班牙和葡萄牙在 13 世纪也出现方言抒情诗。德国也接受了此类抒情诗的创作方式,并

---

① S. R. Packard, *12th Century Europe*, Amherst: The University of Massachusetts Press, 1973, p. 232.

② L. Cazamian, *A History of French Literature*, Oxford: Clarendon Press, 1966, p. 26.

有了自己的行吟诗人(minnesingers)。①在英国文学中,这类抒情诗留下了明显的标记。骑士抒情诗还影响到后世,其所体现的世俗爱情观念与文艺复兴时期的人文主义思想有直接的关联。

浪漫传奇(Romance)类文学是中世纪骑士文学的另一种重要形式,它容纳了武功歌和抒情诗的基本内容,并在此基础上不断发展衍化,成为西欧中世纪中晚期最为重要的世俗文学形式,且对西方近代以来的文学创作题材和模式产生了极大影响。这类作品以骑士为主人公,通过他们的战斗和历险经历,描述他们的爱情观念、对荣誉的追求以及对宗教的信仰等,从中颂扬优秀骑士的忠诚、勇敢、冒险、慷慨、礼貌等品格和精神。其中,骑士与贵妇人之间的爱情和情感纠葛成为一条重要线索。

由于骑士制度存在于西欧各封建国家,因而浪漫传奇文学在法、英、德、意等国都有自己的代表性作品,也有大体相同的主题内容及思想观念。各国间骑士文学的相互影响对骑士观念和精神内涵的凝练和趋同起到推动作用。尽管各国骑士传奇作品都有自己的英雄,但是各国的浪漫传奇中也有着许多共同的题材,像古典题材中的亚历山大传奇、特洛耶传奇、凯撒传奇等也成为这类作品的创作来源。查理曼系列题材,包括查理曼、罗兰、加洛林家族的其他君主等,都成为创作的选材来源。特别是亚瑟王系列,包括亚瑟王及其圆桌骑士们的传奇历险故事,在西欧各国间流传甚广,且对封建社会中后期的文化以及行为观念都产生了重要影响。② 12世纪以后,亚瑟王及其圆桌骑士的传奇事迹成了许多年轻骑士崇拜和效仿的楷模,传奇故事中的许多内容成了评判骑士是否优秀的标准。亚瑟王传奇对强化骑士自身形象,增强他们的团队精神,明确骑士行为标准等都起到了重要作用。封建社会中后期,骑士规则具有全西欧大体一致的标准,与亚瑟王传奇文学的传播有密切关系。

除了文学形式,骑士文化还突出地表现在一些世俗界思想家对骑士制度的论述方面,思想界关于骑士制度的论述离不开骑士文学的影响,也明显有基督教观念的印记。然而,这些出自世俗人士甚至是骑士之手所写的著作,与文学作品

---

① Rudorff, R., *Knight and the Age of Chivalry*, p. 152.

② N. J. Lacy, ed. *Medieval Arthurian Literature: a Guide to Recent Research*, New York and London: Garland, 1996, pp. vii–xi.

所反映的内容明显不同,他们试图通过研究,论述骑士产生的条件、骑士的社会职责、骑士行为规则等,很大程度消除了文学作品中的想象和虚构成分。这类著作与教会思想家们的著作也有根本区别,教会思想家们针对骑士所写的著述是力图引导骑士们遵循基督教规则,按照宗教道德行事。而世俗思想家们的论述,则更多是从骑士自身的状况和目的出发,对骑士思想和精神做出明确陈述,以昭示骑士的重要地位并对其行为做出规范。如果说,文学作品更多从情感方面对骑士和世人起到感化作用,而此类著作则是更多从理性方面对读者实施教化和指导。值得注意的是,这类作品有些以方言形式写成,有利于文化程度普遍不高的骑士们的理解和传播。

　　较早从世俗观念论及骑士问题的著作,并产生重要影响的是《骑士规则》(*Ordene de Chevalerie*)。关于这部作品的作者和成书年代已无从可考,能肯定的是,它产生在法国北部,并差不多在 1250 年之前已经有了手抄本,以诗歌体写成。其社会影响力,通过后来无数的手抄本的存在可略见一斑。而且,一直到 15 世纪,仍有人在查询其真实的作者究竟是谁。在这部作品中,讲述了有关骑士的行为和生活情节,其中包括对骑士的狩猎和比武大赛的论述,也有驯养猎鹰方面的注意事项等。此外,还有去圣地朝拜的相关指导。关于骑士的受封仪式,文中用比较特殊的讲故事方式加以叙述,讲述了十字军东征期间,西方占领者提比利亚伯爵(Count of Tiberias)休(Hugh)被萨拉丁所俘获,出于对这位伯爵勇敢行为的尊敬,萨拉丁同意释放他,但条件是他要为萨拉丁举行一场仪式,封萨拉丁为骑士。面对这种奇怪的赎身条件,尽管休很不情愿,但最终还是不得不接受,并把萨拉丁作为受封对象,详细演示了骑士受封仪式的程序。萨拉丁从此也成为一名令人尊敬的骑士。借此,作者系统阐释了骑士受封仪式的每个环节及其象征意义,并极力推崇骑士制度而贬低伊斯兰教文化。书中描述的骑士受封过程尽管带有虚构成分,但与后来现实社会骑士受封仪式规则大体契合。①

　　另一部产生较大影响的著作是雷蒙·勒尔(Ramon Lull)在 13 世纪所写的《骑士制度规则》(*Ordre of Chyvalry*)。雷蒙·勒尔的父亲是西班牙北部阿拉贡国王詹姆斯的军事随从,他曾跟随国王征服了马略卡岛,并获得帕尔马附近的一

---

① 　M. Keen, *Chivalry*, p. 7.

处地产。在雷蒙·勒尔很年轻的时候便进入王室效力,先是做随从,后来成为国王的管家。年轻时,雷蒙·勒尔就对骑士制度的内容很感兴趣,也熟悉骑士生活方式和作战技能,而且还模仿行吟诗人的创作写了一些诗歌作品,同时,他的生活也较为放荡不羁。据他自己讲,一次正当他潜心为情人写诗歌表达爱情时,抬头豁然看到救世主耶稣钉挂在十字架上的景象。于是,他便停下手中的写作,休息了一周。当他再次专心创作诗歌时,此幻象再度出现。当这种幻象第三次出现后,他便毅然决定放弃以往的生活方式,投身到拉丁文和阿拉伯文研究中。①他曾在大学任教,并游历巴黎等欧洲各地,开展学术活动,其间写了大量著作,包括深奥的哲学著作,形成所谓的"勒尔主义"。②《骑士制度规则》是他放弃早年生活方式后写成的。书中以谈话形式总结、介绍了如何才能成为一名合格骑士的各种规则。

雷蒙在其书中深入讨论了一名骑士的详细职责,认为骑士的第一个职责是护卫对基督教的信仰反对异教徒,这可以使骑士在现世和未来世界赢得荣耀。还有,骑士必须保护他领主的人身安全,保护弱者,保护妇女和鳏寡孤独等。再有,他应通过狩猎不断地锻炼身体,并经常参加比武大赛。此外,骑士在国王之下,应审理民事并监督百姓们的劳动。国王所选择的军事长官(provosts)、法律执行官(bailiffs)和其他的世俗官吏(secular officers)都应具有骑士身份。骑士必须时刻准备从城堡中冲出,护卫道路并追击强盗和罪犯。他还必须在德行方面告诫自己,履行职责、理智、慈善和忠诚。总之,骑士"在任何地方都应以贵族精神履行骑士职责,并为此而感到愉快。他必须在所遇事情面前珍视荣誉,并避免傲慢、发伪誓、懒惰、淫荡,特别是背叛领主,包括杀害领主,勾引领主的妻子,放弃领主的城堡等"。在书的结尾,雷蒙总结了怎样的人才能成为真正的骑士:彬彬有礼、谈吐高雅、衣冠整洁,在能力所及范围内款待宾朋,忠诚、诚实、顽强、慷慨,并且谦逊。③ 这部书对欧洲社会产生了广泛影响,它被翻译成法语和卡斯提

---

① M. Keen, *Chivalry*, p. 8.

② 见 William Caxton, trans., *Ramon Lull's book of knighthood and the anonymous ordene de chevalerie*, California: Chivalry Bookshelf, 2001, 导言部分。

③ 见 William Caxton, trans., *Ramon Lull's book of knighthood and the anonymous ordene de chevalerie*, California: Chivalry Bookshelf, pp. 99–101.

尔语得以传播,而且,法语的三个版本在 16 世纪早期得以发表。通过卡克斯顿的翻译,该书也传入英格兰,并且还传到苏格兰中部等地区和国家。

　　还有一部重要的著作是 14 世纪中叶由杰弗里·德·查尼(Geoffrey de Charny)所写的《骑士制度读本》(*Libre de Chevalerie*)。杰弗里出身于贵族骑士家庭,父亲是理瑞(Lirey)的领主。杰弗里本人是法国王室骑士,曾参加过多次战役。1349 年,作为法国军队的一名军事将领,他率军突袭加莱并计划收复该地。关于此次战役,在编年史中有明确记载。由于作战勇敢,他成为法国"明星骑士团"成员,1355 年被任命为王室圣丹尼斯军旗的执旗者。1356 年普瓦提埃战役中,在护卫军旗过程中阵亡。[①]身为骑士的杰弗里,写了三本关于骑士制度的书,其中的部分内容曾被纳入"明星骑士团"行动规则中。这三部书中,有些内容重复,而以散文形式写成的《骑士制度读本》比其他两本书的内容更为充实和精练。

　　杰弗里的著作明确阐释了骑士的荣誉和成绩与实际行为间的关系,且提出"谁获得的越多,越有价值"的理论,从而把骑士现实行为与荣誉评定标准直接联系在了一起。他强调,年轻的军人,应积极参加马上长枪比武,并从中脱颖而出,赢得赞扬。不过,长枪比武所赢得的荣誉只是一个过程,应将之转化为在战争中的荣誉,比武只是为战争获得荣誉铺垫道路,因为战争更为残酷和危险。然而,在自己国家中进行战斗所获得的荣誉,不及在"遥远的地方或异国他乡"的战斗所获的荣耀。那些在异国他乡长期作战的战士,获得的荣誉是崇高和长久的。在杰弗里眼中,世俗声望是骑士获取荣誉非常重要的评价标准,在战斗中表现勇敢并赢得胜利是荣誉的来源。此外,杰弗里把骑士追求荣耀与获得贵妇人的爱情结合在一起,认为荣誉越高越能得到贵妇人的芳心,追寻荣誉与追求贵妇人成为促进骑士行为的动力。再有,他还主张年轻的战士们应该唱歌、跳舞,做年轻人所喜欢的娱乐活动,也不必拒绝适量地饮酒。与雷蒙·勒尔相比,杰弗里把骑士的范围扩大,他认定的骑士除了那些经过受封仪式的骑士外,还包括军队中的扈从、乡绅以及其他"穷困的军事伙伴们"。实际上,他是把所有参加战斗

---

　　① Richard W. Kaeuper and Elspeth Kennedy, *The Book of Chivalry of Geoffroi de Charny*, Philadelphia: University of Pennsylvania Press, 1996. pp. 3–18.

的年轻人都纳入到应该遵守骑士规则的群体中,从而扩大了骑士规则所实施的范围。①

骑士规则在上述三本书的基础上不断得到完善,对西欧贵族社会年轻人的行为观念起到了指导作用。自杰弗里之后到 16 世纪,西欧关于骑士制度规则的著述大量涌现,对塑造骑士楷模、规范骑士行为规则、引领社会风气等起到了重要作用。

二、贵族意识

"高贵"是上层社会成员努力为自己树立的标签,贵族们建立起的高贵意识是人类历史的普遍文化现象,东方有西方也有,但由于历史条件和文化不同,各国各地区的高贵意识有明显区别。西欧中世纪极为重视贵族身份,贵族形成自己的一套观念和意识,并构成西欧封建社会的文化特征。在这种贵族文化中存在着明显的骑士精神内容。

某种社会意识和观念的形成,一定与社会存在密切关联。西欧中世纪形成的三个等级或三个群体的理论,既是思想家们出于某种目的做出的归纳和总结,也是当时社会结构基本状况在思想领域的反映,尽管这种反映并不像今天的社会群体划分那样准确和科学,但它对维护社会秩序,稳定社会群体心理,都能起到重要作用。三个等级理论中,第一类是"负责祈祷"的神职人员;第二类是"负责保护"的贵族;第三类是"负责提供物资支援"的劳动者。今天看来,这样的划分过于简单笼统,三个等级中的任何一个等级仍可做更详细更切合实际的划分,仅就"负责保卫"的等级而言,还可划分出各个不同等级出身的军人。尽管中世纪时人们的认识较为笼统,但这种理论却具有实际作用,能得到人们的普遍接受。由于贵族大都把军事战斗作为自己的天职,他们的骑士身份增强了观念中的责任感。三个等级观念从身份角色划分,则可大体分为教士、骑士、农民,这也是社会职责的划分。贵族身份在这种理论中可用"骑士"表达,也表明当时的人们对贵族和骑士两者身份重叠状况的认同。

---

① M. Keen, *Chivalry*, pp. 12–13.

通常认为,法国最早清晰地把社会群体分成三部分的做法大约出现在 11 世纪初期,拉昂主教阿德伯伦(Adalberon)用诗歌体写成的著作中对此观点有阐述。此外,大约 1025 年,在康布雷主教吉罗德(Gerald)授意下所写的著作中也有此种观点。① 欧洲关于社会等级划分的理论此前即已零星有之,甚至在古罗马时期,已有思想家把社会群体按照宗教、军事和生产职业做出划分。不过,随西罗马帝国衰亡和法兰克人建立国家,此观点很长时间并没有得到提倡和伸张,且模糊不清。到加洛林时代,有关这方面的划分更倾向于受过教育者和教会人士的观念,有人把三个等级划分为修道士、教士、俗人,其最大特点是把俗人与神职人员分开,且把修道士专门列出来,成为最高级的社会成员。此划分主要依据的是基督教道德标准,三个群体的地位有递减的意思。此外,还有两类划分方法,即依照古代自由或不自由身份划分,或者是划分为宗教人士与从事军事活动的人两种。这与中世纪早期战争频发,国王依赖这两部分人的支持有关。战争既需要有人向上帝祈祷,也需要有人投入战斗,自由民皆为兵的状况也是此类划分的依据来源。另有一种划分是,依照法律标准,把人分出"有势力者"和"贫困者"(powerful and the poor),此种划分大约出现在 9 世纪初。② 总之,11 世纪初期以前,社会群体划分并没有形成较为确定的三个等级概念。

当然,教会思想家是社会群体划分理论的建立者,他们依照自身利益和社会状况修改和调整相关理论,把社会群体划分为三类也符合基督教三位一体的世界观。由于克吕尼运动和教会惩治腐败运动,教会思想家们希望看到修道士与教士之间的距离得到弥合,以往要求修道者的部分标准也被施行在教士身上,教会和修道院的职能可归为一体,承担全社会的祈祷职责。此外,世俗骑士群体在社会上的巨大影响,特别是王权软弱地方封建领主依仗军队掌握实际权力,以及暴力和战争所导致的社会问题,都会促使思想家们承认并强调这部分人的地位并阐明他们的职责。而这部分军人由于不承担社会生产劳动,是职业军人,故与从事生产劳动的其他世俗之人有明显的责任区别。从而可见,社会三个等级划分理论与社会现象有直接关系,当这种理论得到社会较普遍承认后,对相关其他

① G. Duby, *The Chivalrous Society*, trans. C. Postan, London: Edward Arnold Ltd., 1977, p. 89.

② G. Duby, *The Chivalrous Society*, trans. C. Postan, London: Edward Arnold Ltd., 1977, pp. 90-91.

方面的观念亦有影响。

用今天的理论分析,贵族与骑士是两个不同的概念,应当区别对待。尽管双方人员成分在很大部分有重叠,男性贵族除了从事神职以及后来的教育等职业外,基本都从事军事职业,成为骑士。但是,在现实中,成为骑士者除了贵族子弟还有许多非贵族家庭出身者,特别在德国这种现象还非常普遍。这种粗枝大叶的划分,使人们在思想观念中往往把骑士制度的内容与贵族思想混合在一起,难以区别。从骑士与贵族概念的混合使用中也可看到这方面的情况。

miles 一词是中世纪指代"骑士"的拉丁文,关于该词的出现和含义笔者已做过考察。它在 10 世纪的契约文件中得到明确使用,在 11 世纪中叶以后,许多人在签署名字时带有这个词,它似乎成为一种社会地位的标志,显示出这些人的较高身份。11 世纪末,法国一些地方的最高领主在颁发命令和签署特许状时,往往在签名时冠以这个词。另外,这个词不单指某个人的骑士身份,还往往表达这个家族单位的整体身份特征。在一些法庭材料的证人名单中,记录员会把有骑士身份者(milites)与没有骑士身份的农民(rustici)明确区分出来,表明两者身份截然有别。到 12 世纪,佛兰德斯地区的一些大诸侯对自己的骑士头衔极为重视,并赋予其很高的价值。一些家族编制宗谱时会根据是否具有骑士身份来排序。① 由于各地区具体情况不同,贵族普遍使用 miles 做头衔的起始时间并不统一。在法国大多数地区,贵族身份与骑士身份混合,骑士身份成了"贵族的通称"。在德国,这种情况发生得较晚,但也不排除有把贵族(nobiles)与骑士(milites)身份加以区分的地方。在英格兰,骑士身份有个不断提升的过程。意大利骑士身份的提升与日益繁荣的城市发展融在一起。②然而,骑士与贵族身份概念的混合,使贵族观念必然带有骑士制度特征。

西欧贵族观念中具有肩负军事护卫、承担危险事务的责任意识,而且将其视为天职和荣耀。此观念从骑士产生的学说中即可见到,依据基督教的理论,关于骑士职责的解释是:"人类堕落"后,社会陷入残酷纷争之中,在混乱无序中,人民选举国王,并且也选择一部分人帮助国王维护秩序、保护人民、抵御敌人、镇压

① G. Duby,*The Chivalrous Society*, trans. C. Postan,London:Edward Arnold Ltd.,pp. 160-161.

② Richard W. Kaeuper,*Chivalry and Violence in Medieval Europe*,p. 190.

罪犯、维护上帝的和平。这些人最英俊、最强健、最勇敢、最聪明,他们协助国王统治其他普通大众,他们是贵族。这样的贵族意识,首先把其与军事职责连在了一起,承担军事责任成为他们与生俱来的天职,贵族最引以自豪的各项品格和价值标准都与之联系在一起。贵族职责与骑士的责任如出一辙。

贵族观念中的高贵意识,很大程度上体现在作为骑士对军事职责的担当上。身为贵族必须要保护弱者、保护教会。其中包括保护妇女、儿童、鳏寡孤独,还有教士、修士和贫弱的人们,范围实际上涵盖了所有无力保护自己,容易受到伤害的人。而且,作为贵族除了保护他们不受豪强们的伤害和欺辱的同时,还应该尊重他们。这方面内容,在骑士文学的游侠经历中有充分反映。对妇女的保护和尊重,在 12 世纪的贵族社会中衍化出尊敬、爱慕和追求贵妇人的风气,并逐渐成为西方文化的一种特色。保护教会具有多重内涵,贵族骑士被认定为是基督的战士,受上帝之托,维护社会秩序。教会是上帝在民间的"屋",它自身没有保护自己的能力,这种责任在贵族骑士身上。此外,贵族也是基督教徒,他们日常生活和战斗中的许多事情离不开教会的帮助,精神上的支撑是贵族不可缺少的。双方的相互责任,成为各自存在的条件。再有,关于贵族责任的理论大都是教会思想家们总结归纳的,他们会竭力把世俗贵族的行为纳入基督教的轨道,并将其视为高尚的行为。

对贵族行为的要求,还表现在与异教徒进行顽强的战斗方面。中世纪时期,西欧基督教徒与伊斯兰教徒的战争长期延续,这种历史现实也促使思想界对贵族骑士的行为做相应的要求并提出价值标准。在文学作品中大量英雄形象都是在与异教徒拼命厮杀过程中树立起来的。《罗兰之歌》中的英雄们,通过与异教徒战斗到死的行为,树立了高贵者的形象。持续达两个世纪之久的十字军东征运动,为强调贵族骑士这项行为标准提供了动力,被誉为"骑士之花"的英王狮心理查、法王腓力二世、德皇红胡子腓特烈等都是努力遵循这项标准的代表。与伊斯兰教徒战斗的过程,也是西欧国家和民族意识形成的过程,基督教世界大体相同的文化观念,促使对异教徒战斗的主张与爱国、爱家乡的观念结合在一起。因而,在贵族高尚意识中包含着对祖国的热爱和献身,这也与贵族骑士的社会地位有关,与异教徒战斗、保卫祖国成为他们重要的行动目标。

西欧贵族观念中被视为高贵的行为中还有其他一些内容,"慷慨"是其中之一。为何西方贵族观念中把慷慨品格视为高尚？细论起来可能非常复杂，其中主要原因有三：一是，高投入高风险的军事职业需要这一群体内部有慷慨精神。作为领主首先要在财物方面对手下骑士们慷慨大方，甘于在战场上为领主献身者，通常也是在平日里从领主处获得丰富物资待遇的感恩戴德者。领主和附庸双方心中都很清楚，物资不仅是连接双方关系的纽带，也是附庸在战场上具体表现的砝码，任何对附庸华而不实的应付都可能在战场上换来悲惨的结果，甚至有可能是致命的结果。慷慨不单表现在物资的施与方面，还表现在大度的行动援助和救助方面，特别是在战场上附庸不计个人安危救助领主，以及骑士之间的相互救助，都会促使骑士集团内部慷慨风尚的形成。二是，基督教观念的教化和教会的引导。基督教传统教义对财产的观念是，散尽现实的财富以积存幸福。对军人群体的财富观进行引导，是教会的重要责任，尽管教会田连阡陌，财产不计其数，但鼓励说使各阶层的人们，特别是富有的各级贵族骑士慷慨地施舍和捐献，成为他们永不疲倦的行为。许多贵族分散财富的慷慨举动，与信仰的引导是分不开的。三是，面对工商新贵们的兴起和壮大，贵族骑士为建立和维护自己的群体荣誉形象，强调与这些暴发户们的品格差异。城市市民和工商业者们经常被他们嘲笑和斥责为"吝啬鬼"和"守财奴"，形象显得渺小和猥琐，而"慷慨"的骑士则成为令人敬仰的高贵形象。这种观念在骑士文学中有充分反映，几乎每位英雄骑士都是慷慨的施与者。在圆桌骑士兰斯洛特的事迹中，有关于他在战场上慷慨地把自己的战马交给一名年轻的贵族，使其得以冲出敌人重围，保住性命的情节。还有，他把猎获的獐鹿肉慷慨地送给一位并不相识的老骑士，成全其顺利为女儿举办婚宴的心愿。亚瑟王对手下骑士以及平民百姓的各种慷慨行为，是其形象在文学作品中得以成功建立的重要条件，也是他的国王形象能够深入读者心中的一个重要原因。在现实中，中世纪的贵族也是以慷慨的施与财产为荣耀。英格兰著名骑士威廉·马歇尔在人们心目中的崇高地位，与其经常性的慷慨举动有关。①

  "勇敢"被作为贵族品格中的核心内容，是贵族具有骑士身份的切实体现。任何国家任何阶层的人都会把勇敢视为优秀品质，但是，对于军人来说，勇敢具

---

  ① Richard W. Kaeuper, *Chivalry and Violence in Medieval Europe*, p. 195.

有更高的标准和更为实际的要求。由于西欧中世纪贵族所具有的骑士身份,勇敢成为一项评价某人是否具有贵族品性,是否高尚的衡量标准。勇敢对于职业军人很大程度决定着战场上的胜负和整个战斗集体的安危,是军人必备的条件。在骑士集团内部,人们对胆小、怯懦的表现异常敏感,无论是哪个级别的骑士,在战场上表现得不够勇敢,都会遭到内部成员的嘲笑和蔑视。① 勇敢更是骑士文学中英雄们不可缺少的表现,而勇敢至今仍是西方文学和影视作品中正面人物的高贵品质特征。

对勇敢的价值评定是与忠诚连在一起的,没有忠诚的勇敢会使高贵黯然失色。封建社会的主从关系,要求附庸对领主有高度的忠诚,对骑士们的忠诚要求体现在臣服仪式、授剑仪式、忠诚宣誓等各种仪式活动中。骑士的忠诚与履行封建义务联系在一起,对忠诚的认可具体表现在骑士不得伤害其领主、不得泄露领主的秘密、不得出卖领主的堡垒、不得妨碍领主的司法审判、不得损害领主的荣誉、不得造成领主财产损失等方面。同时,必须圆满履行对领主的各项义务,具体表现在领主危难之时应挺身而出,舍身救助。② 西欧封建社会的忠诚观念有其自身特征,忠诚受到基督教观念的强烈影响,对领主的忠诚是有条件的,而非盲从。忠诚的原则在共同信仰上帝的前提下执行,任何违背上帝旨意的领主,附庸都有可能解除与之建立的忠诚关系,世俗人际间的忠诚是在忠实于信仰、忠诚于上帝这一最高"领主"之下展开的。故此,西方的忠诚观摆脱了东方式的对人无条件的"尽忠"。此外,忠诚也并非只是附庸的事情,封建等级制度中的许多领主也有附庸身份,即便是国王也要忠实履行上帝的意愿。忠诚的观念成为贵族集团每个成员必须具备的品德,并且得到了所有成员的共同认可。

西欧中世纪的贵族观念不仅表现在品德和行为方面,还表现在他们对血统的重视方面。因而,家族的标识成为彰显身份的手段。贵族的纹章既可体现家族社会地位,也可彰显家族的军事业绩,是贵族和骑士身份结合的具体表现。纹章出现的源头可追溯到上古时期,军队在战场上用自己的图案,标出与敌方的区

① M. Strickland, *War and Chivalry: The Conduct and Perception of War in England and Normandy*, *1066-1217*, p. 100.

② M. Strickland, *War and Chivalry: The Conduct and Perception of War in England and Normandy*, p. 103.

别。但是，纹章普遍出现并形成一种显性的社会文化现象，则是从中世纪开始的。随着骑士军队的发展，通身装备的重型盔甲完全罩住了战士的面貌，在战场上厮杀和比武场上的较量都需要辨明身份，图标则成为合适的办法。起初，家族的图案除了用鲜艳的色彩画在盾牌上，还可画在骑士们的外套以及所骑战马的服饰上。此外，国王和各级贵族的印章、墓碑、雕像等也都标有主人的纹章。纹章是家族世袭财产，可世代传承，也可表现出个人的某些特征。1128 年，"正义者"杰弗里的盾牌是蓝底上绘有六只金色小型狮子，而他儿子威廉的盾牌上则只绘有一只狮子。纹章也可反映出领主与附庸的关系，狮子图案是安茹家族的象征，一些有此类狮子造型的图标可追溯到与此家族联系的根源。肯恩研究认为，在纹章的早期阶段，它与占有广袤地产的大贵族们试图把自己的身份与普通骑士明显区分开有关系，而且纹章使用的权力与祖传的采邑和城堡占有之间也存在直接的联系，它可表明，在战场上只有那些拥有采邑且率领一支队伍的领主，才拥有个体化特征的纹章。①在 12 世纪，有关纹章的规则建立起来，比武大赛上传令官的一项职责是辨别每个参赛者纹章的真伪。纹章图案的来龙去脉和图案的细节都有规则和道理。纹章不仅受到贵族的极高重视，而且也得到城市市民的纷纷效仿。纹章成为欧洲文化中一种鲜明的现象，且一直延续至今。

贵族是一个跨时代、跨地域的社会群体，整个人类历史过程中的贵族有着共同的特征，但不同时代、不同地域的贵族又都有各自的表现，不可一概而论。西欧封建时代的贵族，由于具有骑士身份，其文化内涵中充分显现着骑士制度特征，且与中国古代贵族文化有着明显的不同。贵族由于居于社会上层，其地位令人羡慕和追求，他们的文化极易成为其他世俗阶层的人们学习和效仿的榜样，并构成这一地区的文化传统。

三、封建政治思想

封建政治思想是个广泛和复杂的话题，社会政治范围划分的广度以及与之相关思想的庞杂程度，都是本书无法承担的。不过，通过骑士制度对其中某些方

---

① M. Keen, *Chivalry*, pp. 126–127.

面特征做粗略考察，仍有必要。骑士制度在西欧封建政治思想方面留下了深刻印记，只是由于很少有人从这个角度观察，往往会忽视其内容。此外，就某种思想观念而言，很难说清是由哪种或哪几种社会现象造成的，一些政治思想根源能够从许多现象中得到解释，如果不刻意关注其中的某种联系，它极易被忽略过去。由于在前面章节中对西欧封建法律中的骑士制度特征有了探讨，在此仅对某些相关法律思想做初步考察。

（一）君王与法律

西欧中世纪法律思想，特别是国王与法律的关系理论，能够从罗马法、日耳曼人的习惯、国王与教会的关系等方面得到部分解释。通常，研究者们更注意法律思想的历史根源和法律根源，而有些法律思想之所以能够得到强调，并形成中世纪明显的文化现象，一定与当时的社会需要有关，与封建社会现象相匹配。当然，神学家和法学家是法律思想的主要建立者，神学观念不可避免地弥漫在法律思想中。

中世纪的法律思想中有一种较为普遍的认识，即神法、自然法和万民法是人类成文法的准则基础，人类所制定的法律必须遵循这三部法律的基本准则，不得违背，更不得废除，而与此规则相违背的法律则被视为无效。上帝创造了宇宙万物及其基本准则，神法、自然法和万民法道理同源，规则同道，人类法律的制定必须守其规范。①在这样的立法规则下，任何君主和统治者所制定的法律都不是绝对的权威，它们的权威是有限的，仅限于人类自己制定的法律中，并且，传统观念认为，君主的权力来自上帝。中世纪基于传统习惯建立的封建法，经过法学家们的论证，认为符合法律基本准则。封建关系被视为是一种自然现象，且是人类社会内部发展的推动力量。把传统习惯设定为自然现象，是封建法理论体系可以融入上述三大法律规则的关键所在，使封建法与上帝的意志有了联系，因而，任何人都不得触犯这样的法律，君主也要受到封建契约的限制。②

---

① Frederic W. Maitland, *A Sketch English Legal History*, New York and London: G. P. Putnam's Sons, 1915, p. 103.

② Jean Brissaud, *A History of French Public Law*, Boston: Little, Brown and Company, 1915, pp. 33-34.

　　君主权力在法律框架中的位置很大程度决定了君主以及任何统治者的有限权力。国家的政治统治过程被视为是具有道德性的行政管理,君主及任何统治者都应当保护臣民的封建权益,维护臣民合法权益是君主的职责,也是创立政府的理由。而任意侵犯臣民权益,实施暴政的统治者,都是违背封建法律规则的,因而臣民对其发动反抗也是合理合法的。据此,封建君主的统治权力在实施层面具有了道德成分,理想的君主应具有顺应法律的美德。君主制不等于独裁统治,独裁者按自己的兴趣进行统治,而君主制则是为了臣民的利益施政。君主应该是正义的维护者,他必须与臣民商议制定法律,并凭借此法律强力规范社会秩序,而且,他要保证法律的公正裁决和执行。同时,为了增强君主在现实社会统治的权威和力量,政治理论中又赋予了国王制定国家法律的最高权力,以及国家在特殊时期君主所应该具有的独断权力,优秀的君主应该是具有高尚道德的法律制定者和执行者。相反,暴君和独裁者的表现则被思想家们解释为,是把自由人当作奴隶来统治的人,或者是热衷于追逐更大的权力的人,等等,并且其权力凌驾于臣民的权力之上。封建法律思想在十字军东征中被西方封建主们用于建立耶路撒冷王国的政权,国王在此仅为一个联盟国家的首领。①

　　从上可见,君主应该受到神法和自然法的约束,也要受到与这两项法律相顺应的人类法律的约束。神法体现在《圣经》的条款中,违背神法的国王必然丧失臣民的拥戴和支持。自然法是与神法有密切关联又相对独立的法律,人类的习俗与之有关,并且与之相顺应,君主的行为及其制定的法律不得违背自然法原则,也不可与民众传统习俗相抵触。由于人可以认识自然法则,而这种认识需要理性来达到,因此,作为君主应该受理性支配,遵循自然法原则。国王听从理性指引,实际上就是要顺应民众的习俗,受人类法律的限制。至于君主与现实法律的关系以及所受约束的程度,思想界并没有形成统一认识。有观点认为,君主是国家法律制定的主持者,其意志不应受到法律的约束。但是,在英格兰,由于一些国王滥用权力引发了与贵族间的矛盾冲突,思想界对君权限制的呼声颇高,认为国王如果破坏了法律,且加害于民众,臣民有义务制止他。而且,立法权力必须交给全体臣民。

---

　　① Jean Brissaud, *A History of French Public Law*, Boston: Little, Brown and Company, 1915, p. 332.

在如何才能判定现实法律的好坏问题上,思想家们根据实际情况更加具体地认识到,好的法律应该与这一地区、国家、习俗,以及这里的人民相适应。[①] 这里所谓的"人民"当时更多是指有权参与政治的贵族,是贵族们借以限制王权的法源依据,与近代以后的"人民"概念有区别。然而,当法学家们面对那些过于古老陈旧,不适合现实社会需要的传统习惯时,不得不采取灵活通融的办法。此种情况也在很大程度为王权的发展开拓了空间,不过,许多法学家的观点认为,王权在整体上处于法律限制之中,只可以在一些不太重要的少数案例中具有最终裁决权。

国家法律遵循传统习惯的原则,对封建制度的存在和发展具有支持作用。地方领主在与国王发生争执过程中,会依据自己的权力源自继承和家族习俗等据理力争。而国王则会按照主从关系原则,把所有地方领主视为自己的附庸,认为对他们自古就有统领权。双方会各执一词,都可在法律中找到支持,封建法律是封建制度需要的体现,法律在思想家和法学家们的争论中,反映着现实的需求,现实在法律限制中形成相应的特征。

传统习惯与自然法则内在联系的设定,使自然法所蕴含的原理可以用于现实法律的解释中。自然法强调,人生俱来的权利是上帝赋予的,每个人不仅有生存的权利,还拥有自由的权利,以及拥有财产的权利。作为君主应该履行职责,保护臣民的生命、自由和财产不受其他人或集团剥夺和侵犯,他不应扩大对臣民的支配权限,也不应对他们课重税或者掠夺他们的财产,而且要保障他们的各项基本权利。[②] 在主从关系及国王与臣民的关系中,缴纳赋税是双方经常发生矛盾冲突的焦点,而征税则容易涉及对约定俗成的法规和天赋权力的侵害。因而,在封建政治思想中具有未经附庸或臣民同意领主和国王不得随意征税的主张。不过,与现实情况相呼应,理论界对国王征税的权力也存在不同观点。国王征税的理由是,他没有足够的收入保卫领土和臣民,也没有足够的财物做所应该做的事情,故此臣民有义务承担纳税,但国王必须清楚地阐明征税的理由,臣民对所缴纳税款的使用也要有知情权。

---

①　伯恩斯主编:《剑桥中世纪政治思想史》(下册),生活·读书·新知三联书店 2009 年版,第 693—697 页。

②　Eware Lewis, *Medieval Political Ideas*, vo. 1, New York: Alfred A. Knopf., 1954, pp. 140-142.

中世纪的思想家们还对如何防止和惩治专制独裁暴君做了论述。专制统治被认为是出于君主个人利益的统治，而非为臣民利益考虑所实施的统治。专制独裁，必然失去臣民对君主的服从，服从暴君不符合社会公正原则。并且，中世纪的思想界还明确认识到，专制是不稳定且危险的体制，国王无力承担由此而产生的严重后果。那么，应该如何对待暴君统治？思想家们给出的办法大都比较谨慎。对暴君的反抗，恰当的办法是协商和说服，最后的手段或许诉诸武力，但以任何手段杀害暴君的做法是绝大多数思想家所反对的。在封建法观念中，最严重的罪行之一是背叛领主罪，要受极刑处置。任何一个臣属在反抗其领主过程中都会担负被指责"叛乱"的风险，每个人也都顾及此举的严重后果。因而，西欧封建社会很少出现"弑君"现象，这与封建法律规则在贵族思想观念中的强化有关。那么，如何才能避免专制暴君的产生？到中世纪后期，思想界几乎一致认为，君主应该与臣属共同商议，与参政者共同组成统治机构，在立法和征税等重大事务上要尽量征得参议者的意见，从而使君主知晓应该如何去做，怎么做才是最符合法律要求的。因而，英、法两国代议制的产生及其运作规则，究其根源应该主要是封建制度衍化的结果，其中贵族军人化以及教会对权利的参与等因素也都起到了非常重要的作用，而与资产阶级的关系并不是很明显。

在西欧封建政治和法律思想中，君主被设定为是与封建贵族们缔结了契约的一方，国王需要与贵族以及参政者们对国家重大事务进行协商，而不是作威作福，成为高高在上的统治者。他不得凭自己的性情颁布法令，他的臆断也不可作为法律依据，他也无权自作主张定立重大法律或裁决重大案件。君主在法律面前首先是个遵守者，而作为君主他又肩负着遵循神法、自然法原则，主持制定人类的法律，对现有的法律坚定地维护和执行的职责。① 这些并不意味着君主就应该是冷冰冰的法律人物，他是否优秀的关键在于他所制定、维护和执行的法律是否有利于广大臣民的利益，其法律的力量是否能使臣民们感觉到公平、正义，他们的各项权利和利益是否能够得到保护。

封建关系的核心是主从间的契约关系，而骑士制度的暴力规则对契约规则的执行所构成的坚固框定，为西方社会后来的发展定立了法律方向。其对当今

---

① Eware Lewis, *Medieval Political Ideas*, vo. 1, New York：Alfred A. Knopf., pp. 146-148.

社会的影响,恰如西方学者的总结:"在我们当今世界的政治体制中,有一个直接起源于封建社会的因素保留了下来,也就是:统治者和公民的关系是建立在一项共同的契约之上这一概念。这个概念意味着政府既有义务又有权力,反抗违反那项契约的非法统治者是合法的。确实,国王,不管多么威严多么神圣,也是一个与他的臣民,或者更进一步说,是与国家有契约关系的封建君主。这些封建信念反对并且阻碍了帝王专制主义,因此,帝王专制主义从来就没有完全战胜过这些信念。这些封建信念是君主制局限性和政府的宪法形式的历史出发点。政府的宪法形式的根本思想就是:政府和个人都应该依法行事。"①

(二)"双剑"论

"双剑"理论是西欧封建社会另一个重要政治理论,基督教思想观念认为,宇宙间存在着天国与尘世、精神与物质、灵魂与肉体、教士与平信徒等二元现象,这对"双剑"理论的产生提供了依据。"双剑"理论由于在教皇与皇帝(国王)争夺权力的斗争中显得尤为重要,故此容易被理解成是教皇与国王之间的关系及其斗争的反映。实际上,以教皇和君主为首所形成的教、俗两个社会系统是这一理论产生的社会基础。采邑分封和骑士制度所造成的贵族军人化,官吏及各级领主骑士化,是使国王为首的世俗政治体系得以稳固发展的一项重要理由。西欧没有形成阿拉伯世界那样的宗教统领世俗的政治体系,也没有形成古代中国世俗权利高于宗教的政治局面,原因有多方面,其中与基督教会起初与国家政权相互分离的历史渊源有重要关系。但是,西欧封建社会军政融为一体的世俗政治体制,为教、俗权力分离理论的形成和发展起到重要作用。"双剑"理论的流行是西欧封建社会特征的反映。

把权力比喻为剑可从基督教经典中寻找到理论依据。在《圣经·新约〈以非所书(Eph)〉》中讲到,剑意味着教会所拥有的实施精神处罚的权力,其中包括诅咒和开除教籍等权力。还有,在《罗马书》中有内容指出,剑可指代国家强大的权力。此外,在《路加福音》内容中的情节是,门徒拔剑要保护耶稣,以免其被捕,其中提到两把剑,耶稣回答说:"够了"。再有,耶稣命令彼得把剑收入鞘中

---

① 伯恩斯主编:《剑桥中世纪政治思想史》(上册),第284页。

等情节和文字,都成了"双剑"理论的依据。神学家们根据《圣经》中的蛛丝马迹,展开了与现实相关联的研究。

双剑说由早期神学家们为建立神圣教会和世界秩序的目的加以解释,世俗权力之剑被说成是当精神之剑无能为力的时候方可被使用。这样的主张在奥古斯都主义思想家们的论著中得到普遍阐释。5世纪,罗马大主教克劳索斯(Gelasius)撰文认为,世俗权力和教会权力在这个世界中都有自己运行的地位。①到11—12世纪,此理论得到明显发展。圣伯纳德在其著作中对此理论做了进一步论证,他认为,这两把剑都属于教会,物质的世俗之剑必须为教会而舞动,精神之剑则由教会掌握。物质之剑首先由神职人员控制,其次则由骑士使用,但要在教会和皇帝命令容许的条件下才能使用。在此,双剑理论已经被神学家们明确地分出高低。由于基督教在思想方面的支配地位以及神学家们的学术垄断,在二元世界划分中,天国高于尘世,教会高于世俗,上帝交给教会的剑自然也就高于交给世俗的剑,世俗之剑最终要服从教会之剑,君主要听从教皇的旨意,世俗权力必须在神职人员的命令下执行。此理论在教会为君主举行加冕礼时,授予君主宝剑程序中得到了体现。

随着教权与君权之间关系的紧张,关于双剑问题的讨论升级,并使其中的一些论点更为明确。在格里高利改革过程中,"双剑"理论的寓意向教会权力倾斜。精神与物质之剑的概念和内涵得到神学家们的大力论证,教会所持有的"精神"之剑被誉为是上帝的愤怒之剑,可用来诅咒、绝罚、天谴,也是教会审判世间案件的武器。而由国王使用的"物质"之剑,则用来惩治世间的一切罪恶,弘扬世间的公正。统治世界的权力最终归于上帝,双剑代表着上帝在世间的两项权力,是上帝统治人类的两种工具,也是基督教在精神和物质方面进行战斗的武器,两者应该是和谐一致、相互合作的。英诺森三世也正是借助"双剑"理论,使教皇的权力凌驾于君主权力之上。②

现实社会中,君主为首的世俗权力与以教皇为首的教会权力之间的争夺战,

---

① Christopher P. Hill, *Gilbert Foliot and the Two Swords: Law and Political Theory in Twelfth-Century England*, Austin: The University of Texas, 2008, p. 29.

② Christopher P. Hill, *Gilbert Foliot and the Two Swords: Law and Political Theory in Twelfth-Century England*, Austin: The University of Texas, 2008, pp. 29-30.

为双剑关系以及孰高孰低等问题的讨论提供了支持。支持皇帝或国王的理论家们坚持认为，双剑是指权力的二元，君主的世俗权力应该是自治和独立的，教皇没有控制君主的权力，双方的合作并非是一方控制另一方。而支持教皇权力的理论则把"精神"之剑凌驾于君主之上，君主所持有的"物质"之剑的地位不可以超过前者。"双剑"理论在西欧各国得以讨论和流行，并且对西欧封建社会双重政治体系的发展产生了重要影响。在这样的理论中，以教皇为首的教会权力和地位得到承认。在西欧封建社会中，教会不仅受到国家法律保护，还拥有相当程度的司法权力，教会和教士们享受各种特权，并在很大程度上控制着人们的精神和思想，而且还参与国家的政治事务。世俗君主的权力在长时间的理论讨论中，受到限制。从而看来，在西欧封建社会，君主的权力除了有来自附庸们的制约，也有来自教会的限制。

　　"剑"作为权力的象征也体现在骑士所使用的武器方面。作为骑士使用最长久，也最为珍视的武器，剑的象征意义从授剑仪式中得到强调。放在神坛上的剑经过神职人员的祷告，被赋予神圣的力量，它担负着守护教会、保护人民、维护社会秩序的责任，是权力、力量、公正、和平的象征。骑士之剑的双刃被赋予的寓意与双剑说原理浑然一体，使这种杀人并维护权力的武器具有了灵魂和精神的力量。

附：

骑士制度与西欧中世纪战争 *

战争频发并持续向外扩张的态势是西欧中世纪战争的总体特征,造成这一状况的原因是多方面的。有学者从商品货币经济等因素讨论战争问题;[①]也有学者从王权等政治方面分析战争局势;[②]还有学者以城堡等军事设施为切入点考察战争动态。[③] 这一战争总体态势是西欧中世纪社会重要且普遍的现象,尽管其形成与宽泛的经济、社会因素相关,但核心因素是军事和军队建设。中世纪骑士逐渐成为西欧封建社会的军事精英群体,基于这一群体所形成的骑士制度在探寻战争总体特征的社会根源方面显得尤为重要。

骑士群体是西欧封建国家军队最重要的组成部分,对于战争的直接影响较大。不仅如此,存在于西欧各封建国家的骑士制度基于骑士群体形成了复杂的社会现象。

由于骑士群体的核心成员也拥有贵族、官员、领主等身份,骑士制度对西欧封建社会的经济、政治、法律、军事、思想文化等方面都产生了重要影响,从而使

---

* 该文原载于《中国社会科学》2020 年第 9 期。

① R. W. Kaeuper, "The Role of Italian Financiers in the Edwardian Conquest of Wales"; "Royal Finance and the Crisis of 1297", in C. Guyol, ed., *Kings, Knights and Bankers: The Collected Articles of Richard W. Kaeuper*, Leiden and Boston: Brill, 2016.

② J. Gillingham, "Richard I and the Science of War in the Middle Ages", in J. France, ed., *Medieval Warfare 1000-1300*, Aldershot and Burlington: Ashgate, 2006.

③ B. S. Bachrach, "The Angevin Strategy of Castle Building in the Reign of Fulk Nerra, 987-1040"; R. Ellenblum, "Frankish Castle-Building in the Latin Kingdom of Jerusalem", in J. France, ed., *Medieval Warfare 1000-1300*.

西欧封建社会具有明显的骑士制度特征。以骑士制度为代表的欧洲封建制度与战争有怎样的关联？骑士制度对西欧中世纪战争产生了怎样的影响？相关问题在西方学界多有涉及，但大多专精某一具体方面，未能将二者紧密联系起来。

在西欧中世纪社会史研究中，骑士被视为相对独立的社会群体，研究重点在于骑士的起源、身份地位、社会职责、生活状态等方面，关于骑士与社会制度构建以及与军事和战争关系等问题的研究则较为薄弱。① 专门研究骑士制度的著作侧重阐释骑士群体内部的各种现象，如骑士的生活、骑士行为规则、骑士爱情、骑士精神等，其中也有学者关注到骑士与战争和暴力的关系，但主要考察了骑士群体的内部现象，未能将骑士制度与西欧中世纪的社会经济和政治等方面进行广泛联系。② 马克·布洛赫、冈绍夫、斯特雷耶等人关于封建制度的著作，尽管注意到骑士与军事方面的问题，但更多是把骑士视为采邑分封基础上领主与附庸关系范畴中的内容，而骑士集团内部的制度规则以及在战争中的作用等方面并不是他们的研究重点。③ 即使在中世纪战争史和战争技艺研究领域，学者们多关注骑士在欧洲军事发展史中的地位及其在战争中的作用。C. 阿曼、J. F. 韦布鲁真、P. 康坦敏等人在著作中着重阐释了骑士军队的形成、发展和衰落的线

---

① G. Duby, *The Three Orders: Feudal Society Imagined*, trans. A. Goldhammer, Chicago and London: The University of Chicago Press, 1980; G. Duby, *The Chivalrous Society*, trans. C. Postan, London: Edward Arnold Ltd., 1977; N. Saul, *Chivalry in Medieval England*, Cambridge, Massachusetts: Harvard University Press, 2011; R. H. Hilton, ed., *Peasants, Knights and Heretics: Studies in Medieval English Social History*, Cambridge: Cambridge University Press, 1976; Peter Coss, *Lordship, Knighthood and Locality: A Study in English Society, c. 1180-c. 1280*, Cambridge: Cambridge University Press, 1991.

② M. Keen, *Chivalry*, New Haven and London: Yale University Press, 1984; R. Barber, *The Knight and Chivalry*, Totowa, New Jersey: Rowman and Littlefield, 1975; R. W. Kaeuper, *Chivalry and Violence in Medieval Europe*, New York: Oxford University Press, 1999; L. Gautier, *Chivalry*, trans. D. C. Dunning, New York: Barnes and Noble, Inc., 1968; E. Prestage, *Chivalry: A Series of Studies to Illustrate Its Historical Significance and Civilizing Influence*, London/New York/Bahrain: Kegan Paul Limited, 2004; S. Painter, *French Chivalry: Chivalric Ideas and Practices in Mediaeval France*, Baltimore: The Johns Hopkins Press, 1940.

③ 参见马克·布洛赫:《封建社会》(上下册)，张绪山等译，北京：商务印书馆，2004 年; F. L. Ganshof, *Feudalism*, trans. P. Grierson, London: Longman, 1979; Joseph R. Strayer, *Feudalism*, Princeton: D. Van Nostrand Company, Ltd., 1965; J. S. Critchley, *Feudalism*, London: George Allen and Unwin, 1978; G. Fourquin, *Lordship and Feudalism in the Middle Ages*, trans. Iris and A. L. Lytton Sells, New York: Pica Press, 1976.

索;骑士的军事组织、装备、训练和作战技能;骑士在不同战场条件下所发挥的作用以及与其他兵种的战术配合等内容。这些著作强调骑士的军人角色,较少阐述骑士在社会经济和政治等方面的作用。①

除了侧重骑士制度某一具体问题的研究,也有学者直接对骑士制度与战争的关系展开研究。M. 斯特里克兰通过阐述 1066—1217 年间英格兰和诺曼底地区的骑士制度与战争情况,探讨了战争行为和战争观念问题。其著作关注的重点是战争法则、骑士与基督教及神职人员的关系、对荣誉和声望的追逐、骑士在战争中的作用等。② 此外,由他编辑的关于军队、骑士制度和战争的论文集,也反映了西方学者的主要研究方向:战争与骑士文学、骑士盛会与骑士精神展示、战争艺术、战争与政治、城堡与守卫部队、军队及其组织等。③ 此外,以查尔斯·蒂利等人为代表的社会学家提出了战争与欧洲早期国家形成和发展关系的理论,系统论证了战争在国家政权构建和转变过程中的重要作用,以及国家应对战争时的制度构建等问题。④ 尽管这方面研究为讨论骑士制度等社会机制与战争的关系拓宽了思路,但其主要意图在于建构国家制度形成的社会学理论体系,史学探讨较为薄弱。

总体而言,在西方学界关于骑士制度与战争关系问题的研究中,虽有丰硕的成果问世,但由于侧重点不同,各研究领域缺乏广泛深入的联系。在军事史领域,这种状况更为显著,许多战争史学者仅仅关注战争个案或只考察某一具体军

---

① C. Oman, *A History of the Art of War: The Middle Ages from the Fourth to the Fourteenth Century*, London: Methuen, 1898; J. F. Verbruggen, *The Art of Warfare in Western Europe During the Middle Ages: From the Eighth Century to 1340*, trans. S. Willard and S. C. M. Southern, Amsterdam/New York/Oxford: North-Holland Publishing Company, 1977; P. Contamine, *War in the Middle Ages*, trans. M. Jones, Oxford: Blackwell Publishers Ltd., 1984; A. V. B. Norman, *The Medieval Soldier*, New York: Thomas Y. Crowell Company, 1971.

② M. Strickland, *War and Chivalry: The Conduct and Perception of War in England and Normandy, 1066-1217*, Cambridge: Cambridge University Press, 1996.

③ M. Strickland, ed., *Armies, Chivalry and Warfare in Medieval Britain and France*, Stamford: Paul Watkins, 1998.

④ 参见 Charles Tilly, ed., *The Formation of National States in Western Europe*, Princeton and London: Princeton University Press, 1975; 查尔斯·蒂利:《强制、资本和欧洲国家(公元 990—1992 年)》,魏洪钟译,上海:上海人民出版社, 2012 年; Anthony Giddens, *The Nation-State and Violence*, Cambridge: Polity Press, 1985; 维克多·李·伯克:《文明的冲突:战争与欧洲国家体制的形成》,王晋新译,上海:上海三联书店, 2006 年。

事问题,忽略了对宏观性与综合性问题的研究。康坦敏曾对这种研究状况提出批评,他指出,孤立的"碎片化"研究使得西欧中世纪战争的重要性被严重低估。① 战争现象不是孤立的,考察战争现象的社会根源也应该是综合性的。西欧中世纪骑士群体并非单纯的军队,也不同于同一时期其他地区和民族的军队。这一群体在西欧封建社会中极为特殊,因而骑士制度对西欧中世纪战争的影响广泛,涉及西欧封建社会骑士军队的组建、军事指挥和调动、军事费用分配、思想文化塑造等诸多内容。因此,我们可以通过骑士制度视角综合考察西欧中世纪宏观战争局势问题,进而探讨这一局势与骑士制度的关系。

一、西欧中世纪战争频发并呈现对外扩张趋势

从骑士产生的 8 世纪初到骑士开始衰亡的 14 世纪初,西欧封建社会特征表现得较为明显,也是西欧中世纪战争发生的主要阶段。在这 600 年左右的历史过程中,参照政治和军事状况,战争大体可分为三个阶段。从 8 世纪初查理·马特统治时期到 9 世纪初查理曼统治时期,是骑士军队产生并初步形成规模阶段,主要的战争行为是法兰克国家在加洛林家族统治下打败内外各路敌人,抵挡住伊斯兰教军队的入侵,并建立起地域辽阔的帝国;从 9 世纪初虔诚者路易统治时期到 10 世纪末西法兰克加洛林王朝结束,骑士军队在分裂出的中、东、西法兰克王国中得到进一步发展,战争主要是加洛林家族内部的利益之争,以及西欧各地区抵抗诺曼人、马扎尔人等外族入侵的战争;从 11 世纪初到 14 世纪初,是西欧封建社会和骑士制度的鼎盛期,战争主要表现为各封建国家之间及各地区封建主之间相互拼杀,并且对周边地区展开持续性的扩张战争。在上述三个阶段,战争总体上表现出两种明显特征。一方面战争较为频繁;另一方面,战争从加洛林家族兴起之地向外持续扩张。

西欧中世纪战争频发可从多方面得到印证。首先,加洛林王朝前几代统治者的戎马生涯可反映出当时战争的频发程度。查理·马特从起家之初的默兹河

① P. Contamine, *War in the Middle Ages*, p. xii.

(Meuse)战役到他死去的前一年,26 年间几乎每年都在与各路敌人作战。① 他的儿子矮子丕平即位后仍保持较高的战争频率,曾先后与穆斯林、阿拉曼尼人、巴伐利亚人、萨克森人、阿奎丹人等反复战斗,有时一年之内连续发动两场战争。② 查理曼更是如此,在位 47 年,仅较大规模的战争就发动了 53 次。由于战争过于频繁,记录战争成了加洛林时代编年史家和年代记作者的日常主要工作。③ 近年来,国内翻译的文献著作较详细地反映出这方面情况,如在《法兰克王家年代记》的逐年记录中,战争和军事行动几乎贯穿始终。④

其次,查理曼死后,加洛林家族内部纷争断断续续地持续到他的三个孙子在 843 年签订凡尔登条约。然而,加洛林帝国瓦解后,中、东、西法兰克王国之间,地方贵族与王室之间以及贵族彼此之间的战争仍没有停息。而且,9 世纪中期到 10 世纪初,西欧内陆再度遭遇北方诺曼人的侵袭和劫掠。9 世纪末到 10 世纪中期,东部的马扎尔人也大举入侵。⑤ 因此,该地区更加战乱不已。

再次,11 世纪以后,西欧各封建国家间以及各国家内部的战争此起彼伏。法国卡佩王朝在加强王权的过程中,不但与国内地方封建主不断较量,而且与英国王室展开斗争。⑥ 此外,法国与德国的冲突时有发生,英国在诺曼征服后对内对外的战争也屡发不止,从历届国王执政经历中即可见证战争的频发程度。⑦ 在德国,皇帝与诸侯、诸侯与诸侯之间的权利之争常以兵戎相见。而且,皇帝与

① R. Mckitterick, ed., *The New Cambridge Medieval History*, *Volume II c. 700 - c. 900*, Cambridge: Cambridge University Press, 1995, pp. 87-89.

② P. Contamine, *War in the Middle Ages*, p. 22.

③ 参见 F. A. Ogg, ed., *A Source Book of Mediaeval History*, New York: American Book Company, 1907, pp. 114-116; M. Bennett et al., *Fighting Techniques of the Medieval World AD 500-AD1500: Equipment, Combat Skills, and Tactics*, New York: Ambor Books Ltd., St. Martin's Press, 2005, p. 81; 基佐:《法国文明史:自罗马帝国败落起》第 2 卷,沅芷、伊信译,北京:商务印书馆,1999 年,第 105—106 页; P. Contamine, *War in the Middle Ages*, p. 31.

④ 参见陈文海译注:《法兰克王家年代记》,北京:人民出版社,2019 年。

⑤ T. Reuter, "Carolingian and Ottonian Warfare", in M. Keen, ed., *Medieval Warfare: A History*, New York: Oxford University Press, 1999, pp. 15-17.

⑥ 记录 13 世纪末到百年战争初期英法历史的重要编年史中,展现了双方互为宿敌的战争状况,参见 Nigel Bryant, trans., The True Chronicles of Jean Le Bel, 1290-1360, Woodbridge: The Boydell Press, 2011.

⑦ William of Malmesbury, *Chronicle of the Kings of England*, London: H. G. Bohn, 1847.

诸侯还经常入侵周边地区和意大利。① 正如奥尔曼德所指出的:"战争在中世纪的书写文化中占据着中心地位。"②

此外,战争频繁还表现为战争性质的多样化。西欧中世纪的战争既有法兰克人之间的战争,也有法兰克国家对其他民族和国家的战争;有各封建国家间的战争,也不乏各封建国家内部君主与贵族、贵族与贵族之间的"私人战争";③有对异教徒的战争,还有对"异端"的战争;有抵御其他民族入侵的战争,更有对其他民族的侵略战争;等等。

最后,中世纪战争频发程度可通过数据统计反映出来。西方学者对加洛林家族获得法兰克王国控制权的特垂(Tertry)战役到"百年战争"前夕的重大战争数量(战争的发生次数)做过统计,在约 600 年的时间里,各种重大战争达 111 次,平均每 5 年多爆发一次。④ 即使是这样的统计结果也远小于实际战争数量,并未真正体现出战争的高发频度,一些被我们认为较重要的战争不知何故都被省略掉了。例如,查理·马特时期的所有战争没有一场在列,733 年他率军打败阿拉伯人的普瓦提埃战役竟也榜上无名。此外,列表中的战争数量是战争的发生次数,没有体现出战争的持续时间,许多战争持续了几年甚至几十年。如938—966 年德国君主为控制德国及意大利北部地区所展开的战争;1111—1119年法国国王为加强王权在法国境内发动的战争;1135—1154 年英格兰内战等,都只是作为一次战争记录的。⑤ 对中世纪战争的频发现象,A. 吕谢尔(Luchaire)曾总结道:"封建社会的历史大率是各类战争的编年史,这个社会从来没有停止过遭受战争的蹂躏。"⑥战争几乎成了社会常态,中世纪西欧地区难

① P. Contamine, *War in the Middle Ages*, pp. 32–54.

② C. Allmand, "The Reporting of War in the Middle Ages", in Diana Dunn, ed., *War and Society in Medieval and Early Modern Britain*, Liverpool: Liverpool University Press, 2000, p. 17.

③ 关于私人战争情况,可参见 M. Strickland, *War and Chivalry: The Conduct and Perception of War in England and Normandy, 1066–1217*, pp. 138–139.

④ D. Nicolle, *Medieval Warfare Source Book*, Volume I: *Warfare in Western Christendom*, London: Arms and Armour Press, 1995, pp. 55–57, 105, 157.

⑤ D. Nicolle, *Medieval Warfare Source Book*, Volume I: *Warfare in Western Christendom*, pp. 55–57, 105, 157.

⑥ D. C. Munro and G. C. Sellery, trans. and eds., *Medieval Civilization: Selected Studies from European Authors*, New York: The Century Co., 1904, p. 182.

以看到较长时段的"天下太平"局面。

西欧中世纪战争的另一重要特征是向外扩张的总体趋势。这一点往往因加洛林帝国的分裂和外族入侵而被人们所忽略。但通过上述三段战争史可见,战争总体趋势存在着以加洛林家族起家的奥斯特拉西亚地区为基点,逐渐打败法兰克国家内外各路劲敌,拓展版图形成帝国疆域的过程。加洛林帝国的分裂尽管导致这一地区国家层面的军事扩张力减弱,外族也乘机大举入侵,但是各地方封建主却能全力增强自己的军事力量,依附于领主的骑士军队得到发展,加洛林帝国故有的领土范围基本得到保全。到 11 世纪,以这一地区封建国家为核心的对外扩张战争全面展开。此现象被伊斯兰史学家伊本·艾西尔称为"法兰克帝国的崛起"。①

11 世纪以后的军事扩张是全方位的。在南部,意大利南部地区和西西里岛上拜占庭的希腊人、穆斯林以及当地人之间长期存在着纷争,但他们在这一时期被来自法国诺曼底的骑士们打败和驱逐,并建立起新的王国。② 在西南部,对伊比利亚半岛伊斯兰教国家的战争,源头可追溯到加洛林王朝早期,11 世纪以 后这场"收复失地"运动无论规模还是激烈程度都进入了新的阶段。③ 在西部,诺曼公爵对英格兰的征服被视为封建核心区域向西扩张的组成部分,骑士制度随之传入该地区,而英格兰随后对苏格兰和威尔士等地展开了连续不断的战争。④东部和东北部成为德国皇帝及诸侯们持久侵略和征服的目标。通过征战,他们在斯拉夫人地区相继建立了麦克伦堡、波美拉尼亚和勃兰登堡等诸侯领地。13世纪,条顿骑士团经过残酷的战争,又占领了波罗的海沿岸的爱沙尼亚、利沃尼

① J. Gillingham,"An Age of Expansion,c. 1020-1204", in M. Keen, ed., *Medieval Warfare: A History*, p. 59.

② R. Rudorff, *Knights and the Age of Chivalry*, New York: The Viking Press, 1974, pp. 36-45. 诺曼底骑士们在意大利南部和西西里岛的战争情况,还可参见爱德华·吉本:《罗马帝国衰亡史(D. M. 洛节编本)》下册,黄宜思、黄雨石译,北京:商务印书馆,1997 年,第 445—465 页。

③ Jean-DenisG. G. Lepage, *Medieval Armies and Weapons in Western Europe: An Illustrated History*, Jefferson, North Carolina and London: McFarland and Company, Inc., 2005, pp. 181-191; J. Gillingham, "An Age of Expansion, c. 1020-1204", pp. 62-63.

④ J. R. Green, *A Short History of English People*, vol. 1, New York: P. F. Collier and Son, 1900, pp. 199-209, 224-238.

亚和普鲁士等地区。① 除此之外,从 1096 年开始,以西欧各国为主体向东方发动的十字军东征,持续了两个世纪之久,并一度在地中海东岸建立耶路撒冷王国。其间,还打败了拜占庭,建立了"拉丁帝国"。

西欧中世纪战争高频率发生并长期保持向外扩张的态势,主要原因在于此时组建了骑士军队且战斗力较强。骑士军队从整体上提升了封建国家的综合战争能力,对西欧中世纪的战争局势产生了重要影响。

二、骑士军队的组建

在 8 世纪之前,西欧战场上的主力部队是手持盾牌和武器、排列密集队形的步兵。没有配备马镫的骑兵难以冲入步兵阵地,无法彻底战胜步兵。骑兵在军事行动中更多地起到配合和辅助步兵的作用。马镫传入欧洲后,查理·马特迫于军事和政治需要进行采邑改革,组建和发展骑士军队。

骑士军队的组建是西欧军事发展史的里程碑,此后骑士成为军队的精锐力量并在战场上发挥主导作用。715 年,查理·马特继任宫相,当时法兰克国家的政治、军事处于危机之中。以国王为核心的权力阶层软弱无能,内忧外患加剧。纽斯特里亚、勃艮第、阿奎丹等地大贵族纷纷反叛。周边的萨克森人、佛兰西亚人、阿拉曼尼人、巴伐利亚人、穆斯林等虎视眈眈,法兰克国家危在旦夕。② 由于急需建设强大的军队应对局势,查理·马特采邑改革的首要目的是组建装备精良的骑士军队,而且其后对西欧封建社会影响十分深远。

骑士军队的建设和发展明显提高了法兰克国家军队的战斗力。首先,骑士军队改变了西欧以步兵为主力的传统作战方式,能够冲入密集排列的步兵阵地,居高临下地快速冲击和刺杀敌人;其次,骑士军队可有效应对穆斯林、伦巴德人等骑兵军队的挑战;再次,骑士军队具有较强的机动性,便于征服和控制边疆地区;最后,骑士军队的组建还从制度层面改变了法兰克人临时征召自由民从军的原始方式,使军事服役专门化,形成终身服役的职业军人群体。尽管法兰克国家

---

① N. Housley,"European Warfare,c. 1200-1320", in M. Keen, ed., *Medieval Warfare:A History*, pp. 118-119.

② R. Collins,*Early Medieval Europe 300-1000*,New York:St. Martin's Press,1991,pp. 245-253.

仍保留着男性自由民皆兵的传统,但骑士成了军队的主力和精锐。骑士军队战斗力较强的原因在于以下方面。

第一,军事服役的职业化有利于骑士作战技能的提高。骑士除了按规则服役打仗外,其生活大都围绕军事训练和军事活动展开。骑士的军事训练通常从孩童时代已经开始,除了骑术、体能和各种武器使用的训练以外,培养勇猛拼杀的顽强精神,增强耐疲劳、抗饥渴、不畏严寒酷暑的毅力,都是不可缺少的训练科目。① 贵族子弟,包括王子们都要接受严格的军事训练。② 骑士严格的军事训练以及服役终身化与职业化所练就的战斗技能,使其成为同时期战斗力最为强劲的兵种。

第二,精良的装备也是骑士具有强劲战斗力的原因之一。骑士的战马、盔甲、武器等是西欧封建时代最好的军事装备。骑士的重型装备使西欧的骑兵有了重装和轻装之分,增强了与其他国家和地区军队的对抗能力。③ 骑士还使军队的综合作战能力得到提升,形成重装骑兵、轻骑兵、步兵、弓箭手、攻城兵等多兵种相互配合、灵活多样的作战方式,而骑士军队在战场上能够发挥核心和关键性作用。④ 以骑士部队为先锋、辅以其他兵种配合的冲击战术,在 1066 年的哈斯丁斯、1119 年的布莱穆里、1213 年的斯特普思、1302 年的科特赖克等战场上,

---

① 加洛林时期有格言道:"你可以使一位少年在妙龄时成为骑兵,晚了则不可造就。"可见,骑士的战斗技能只有从孩童开始训练方能熟练掌握。参见马克·布洛赫:《封建社会》上册,第 260 页。

② J. F. Verbruggen, *The Art of Warfare in Western Europe During the Middle Ages: From the Eighth Century to 1340*, pp. 28-29. 乔治·杜比详细考察了贵族中的"年轻人"群体接受军事教育、训练及生活的情况,参见 G. Duby, *The Chivalrous Society*, pp. 113-115.

③ 西欧中世纪骑士并非都是重装,由于经费和战争需要等原因,轻装者为数不少。不过,研究骑士制度的西方学者并未刻意区分两者。14 世纪,杰弗里·德·查尼在其著作中把所有骑马作战的军人都划入骑士群体。研究军事史的学者则注意到两者的不同。有学者提出,12 世纪,佛兰德斯伯爵军队中拥有 500 名骑士和 1000 名有一定装备的轻骑兵。参见 J. F. Verbruggen, *The Art of Warfare in Western Europe During the Middle Ages: From the Eighth Century to 1340*, pp. 24-25. 骑士在装备上优越于穆斯林等其他民族骑兵的情况,参见 F. L. Ganshof, *Frankish Institutions under Charlemagne*, New York: W. W. Norton and Company, Inc., 1970, pp. 65-67.

④ J. F. Verbruggen, *The Art of Warfare in Western Europe During the Middle Ages: From the Eighth Century to 1340*, pp. 195-197; E. Prestage, *Chivalry: A Series of Studies to Illustrate Its Historical Significance and Civilizing Influence*, p. 32.

以及在西班牙地区的所有战役中,都显现出了超强的威力。① 此外,精良的装备也提高了骑士在战场上的安全系数,能有效保障他们的战斗力。而且,精良、昂贵并较为安全的军事装备,也成为要求骑士在战场上必须表现得更加勇敢的理由。雷蒙·勒尔在 13 世纪所写的《骑士规则全书》中详细列举了骑士的装备和他们必须承担的责任,作战勇敢、担负危险重任成为骑士的行为规则。② 由此看来,中世纪"无骑士不勇敢"之说,不仅是单纯的精神鼓励和道德要求,还体现了以精良武器装备为依托的作战能力。

第三,骑士军队的组织关系与领主附庸关系交织在一起,有助于增强军事团队在战场上的凝聚力和战斗力。许多骑士是在领主城堡中成长起来的,与领主及其家人结成较深厚的私人情谊,一些骑士在战场上能舍生忘死地效忠领主,正是因为这样的组织关系。③ 此外,长期共同生活和战斗在一起的骑士们不仅可以相互熟悉战术配合,还能形成相互信赖、精诚合作、勇于担当的团队风气。④作为军队的核心,骑士的组织关系和强有力的团队意志可以提振整个部队的战斗士气。

经过加洛林家族祖孙三代的建设,到查理曼时期,法兰克国家的骑士军队人数达到 35000 人左右。⑤ 加洛林帝国瓦解后,骑士军队在该地区仍得到建设和发展。当秃头查理率领西法兰克军队进攻东法兰克其侄子路易斯(Lewis)的领地时,曾炫耀自己的骑士军队规模浩大,并声称其军队的战马能喝干莱茵河水,

---

① H. Nickerson, *Warfare in the Roman Empire and the Middle Ages*, Mineola, New York: Dover Publications, Inc., 2003, pp. 108-110.

② W. Caxton, trans., *Ramon Lull's Book of Knighthood and Chivalry*, Union City: Chivalry Bookshelf, 2001, pp. 63-71. 装备精良的骑士在战场上必须表现优异,关于这一规则还可参见 J. F. Verbruggen, *The Art of Warfare in Western Europe During the Middle Ages: From the Eighth Century to 1340*, pp. 63-64.

③ E. Prestage, *Chivalry: A Series of Studies to Illustrate Its Historical Significance and Civilizing Influence*, pp. 58-60; L. Gautier, *Chivalry*, pp. 68-88.

④ R. W. Kaeuper, *Chivalry and Violence in Medieval Europe*, pp. 185-188; J. F. Verbruggen, *The Art of Warfare in Western Europe During the Middle Ages: From the Eighth Century to 1340*, pp. 63-72; J. Batty, *The Spirit and Influence of Chivalry*, London/New York/Bahrain: Kegan Paul Limited, 2004, pp. 26-29.

⑤ P. Contamine, *War in the Middle Ages*, p. 25. 西方学者对查理曼时期骑士数量的估算差异较大,有些学者认为这一时期骑士数量约为 35000 人,参见 P. Sidnell, *Warhorse: Cavalry in Ancient Warfare*, London and New York: Hambledon Continuum, 2006, p. 305.

因此战士们渡河不必湿鞋。① 骑士制度随"诺曼征服"被带到不列颠岛,并在那里得到发展。② 11 世纪至 14 世纪初,西欧各封建国家都拥有相当数量的骑士军队,骑士成为军队建设的一部分。③

骑士军队不仅具备冲毁传统步兵阵型并打败步兵的能力,也具备了应对并战胜其他民族骑兵的能力。这为加洛林王朝扩张版图、建立帝国发挥了重要作用,而且为帝国瓦解后该地区免遭灭顶之灾提供了一定的保障。9 世纪,诺曼人大举入侵,尽管政治分裂已经使西欧难以组织起大规模抵抗力量,但是,由于各地骑士军队具备冲毁诺曼人盾牌墙的能力,能对敌人的流动作战予以一定程度的阻拦和追击,从而使诺曼人的某些军事行动"严重受阻"。④ 883 年和 885 年,美因兹大主教曾率领一支规模不大的军队,对入侵该地的诺曼人展开攻击,不仅杀掉了许多诺曼人,获得大量战利品,还收复了曾被占领的城市。⑤ 今天看来,这一波进攻西欧大陆的诺曼人,没能像在不列颠岛和斯拉夫人地区的诺曼人那样迅速占领土地并建立政权,与西欧骑士军队的存在不无关系。尽管诺曼人后来在诺曼底建立了领地,但这颇有受法兰西君主"招安"的性质,并非真正征服了这片地区。⑥

马扎尔人对西欧的严重威胁主要在南部和东部地区,他们是强悍的马背民族,善于骑射,军事行动极为迅速。然而,与骑士军队相比,他们属于轻骑兵,不像骑士作战时那样肩并肩组成坚固的整体。他们的战术通常是围绕对手周旋,

---

① C. Oman, *A History of the Art of War: The Middle Ages from the Fourth to the Fourteenth Century*, p. 104.

② N. Saul, *Chivalry in Medieval England*, pp. 7-8.

③ 由于对骑士身份认定标准不同,选择统计的时间段各异,学界对西欧各国军队中骑士数量和比例估算差异较大,参见 M. Prestwich, "Miles in Armis Strenuus: The Knight at War", in J. France, ed., *Medieval Warfare 1000-1300*, pp. 186-188; K. DeVries and R. D. Smith, *Medieval Weapons: An Illustrated History of Their Impact*, Santa Barbara: ABC-CLIO, Inc., 2007, p. 55. 伯劳顿认为,中世纪英格兰身份明确的骑士数量在 6000—7000 名。参见 B. B. Broughton, *Dictionary of Medieval Knighthood and Chivalry: Concepts and Terms*, New York: Greenwood Press, 1986, p. 293. 法国香槟伯爵记录在案的骑士为 2036 名。参见 O. J. Thatcher and E. H. McNeal, eds., *A Source Book for Mediaeval History*, New York: Charles Scribner's Sons, 1905, p. 376.

④ C. Oman, *A History of the Art of War: The Middle Ages from the Fourth to the Fourteenth Century*, p. 105.

⑤ O. J. Thatcher and E. H. McNeal, eds., *A Source Book for Mediaeval History*, p. 65.

⑥ H. Nickerson, *Warfare in the Roman Empire and the Middle Ages*, p. 112.

随后突然蜂拥而至,发起猛攻,如果交战失败,他们能迅速撤离,并密集地向追兵放箭。马扎尔人曾洗劫了德国的巴伐利亚、士瓦本等地,并越过莱茵河,劫掠了法国和意大利的许多地区。955 年,德国君主奥托联合多地区骑士军队,在莱希费尔德(Lechfeld)大败马扎尔人,使其从此一蹶不振,无力再威胁西欧。西方有学者总结了此次战役胜利的原因,认为奥托率领的骑士军队不仅在数量上占优势,装备也更为精良,马扎尔人骑兵则很少穿戴盔甲。① 此外,骑士军队的组织方式也有助于最终战胜各路入侵者。②

骑士军队与穆斯林骑兵相比也具有明显优势。西欧基督教国家与伊斯兰教国家的战争几乎贯穿整个中世纪,在伊比利亚半岛和西西里岛的战争中,骑士军队的优势体现得较为明显。③ 第一次十字军东征期间,穆斯林军队对西欧全副武装的骑士的攻击一筹莫展,难以应对,称他们是冲击力"雷霆万钧"的"铁人"。④ 另外,11 世纪以后,西欧以骑士为核心的军队在与拜占庭军队交战中也占据优势,来自诺曼公爵领地的骑士们在意大利南部接连打败拜占庭军队。⑤

总之,西欧骑士军队的建立明显提高了西欧封建国家军队的战争能力,这也是统治者敢于经常发动战争的信心所在。在冷兵器时代,战争不仅取决于军队规模、经济实力、战略战术、指挥决策等,主力和精锐部队建设所保持的高度也是能否长期持续打赢战争的重要条件。因此,骑士军队的战斗力及其对战争走势的影响不可低估。当然,长时段的战争局势并非仅靠军队的战斗力就能够左右的,国家的军事决策、部署和执行力也同样重要。

三、与骑士结合的政权体系

骑士制度奠定了建立骑士军队的政治和社会组织基础,以采邑分封为基础

---

① C. Oman, *A History of the Art of War: The Middle Ages from the Fourth to the Fourteenth Century*, pp. 118-124.

② 关于采邑及领主、附庸关系在应对阿拉伯人、诺曼人和马扎尔人军事攻击过程中发挥的作用,可参见 H. Nickerson, *Warfare in the Roman Empire and the Middle Ages*, pp. 94-99.

③ R. Rudorff, *Knights and the Age of Chivalry*, p. 29.

④ M. Keen, *Chivalry*, p. 220.

⑤ R. Rudorff, *Knights and the Age of Chivalry*, p. 41.

的骑士军事组织关系与封建政权组织关系、领主附庸关系紧密交织在一起。西欧封建政权体系建立之初,除了部分教会人士外,各阶层官员大都由具有骑士身份的军事附庸担任。存在于骑士军队和封建政权内部的领主附庸关系,成为西欧封建社会军事和政治权力运作的润滑剂。

骑士作为附庸对领主宣誓效忠时,须遵循六项原则:不许伤害领主的身体;保守领主的秘密;全力保证领主的安全;维护领主的各项荣誉;为领主提供各种便利服务;使领主的决策能够顺利执行。[①] 这不仅是骑士对领主臣服和效忠的具体行为规则,也是领主可以信赖附庸的基本条件。附庸对领主的臣服以及领主对附庸的信赖关系,为各级领主选人用人提供了便捷通道,领主首先选择自己的附庸担任重要职务和管理各项事务,西欧封建政权体系被镀上骑士制度的军事色彩。[②]

采邑渐次分封形成的领主与附庸层层隶属关系,对军事和战争决策的制定起到积极作用,也连接起从国王到地方领主的军令传导系统。军事附庸最重要的义务是为领主提供包括其本人在内的相应军事服役,也要帮助领主制定和执行政令,[③]还要负责维护自己所辖领地的秩序并保证税收等。[④] 各级政权主要由具有骑士身份的人执掌,国家政策的制定和执行自然有利于军事建设和发动战争。

从加洛林帝国政权结构可见,领主与军事附庸关系在权力运作和执行过程中发挥着重要作用,并且为军事行动提供了有力支持。查理曼身边除了教会人士、管家及服务人员外,更多是担负各项职责的军事附庸,他们是中央统治集团的核心成员。此外,每年至少召集一次的"议政会"(Assembly),参加者也主要是当年准备参战的军事附庸。会议内容和召集的时间、地点大都围绕军事行动而定。它尽管是咨询性会议,但对君主的决策有重大影响。[⑤] 身为附庸的公爵

---

① E. P. Cheyney, ed., *Original Sources of European History: Documents Illustrative of Feudalism*, vol. 4, Philadelphia: The Department of History of the University of Pennsylvania, 1900, p. 23.

② F. A. Ogg, ed., *A Source Book of Mediaeval History*, pp. 205-224. 在英法王权加强过程中,领主与附庸的权力结构逐渐发生变化。

③ F. L. Ganshof, *Feudalism*, pp. 92-93.

④ O. J. Thatcher and E. H. McNeal, eds., *A Source Book for Mediæval History*, pp. 422-425.

⑤ F. L. Ganshof, *Frankish Institutions under Charlemagne*, pp. 18-23, 50-53.

和伯爵是地方统治者,他们或者与王室有血缘和联姻关系,或者从王室附庸中选派。此外,像阿拉曼尼、巴伐利亚、萨克森等地方领主的领地尽管是祖传而来的,但必须向查理曼宣誓效忠,他们对君主承担的主要义务是,负责所辖地区的军事物资供给、军队征集,并在出征时率领所属部队参战。地方庄园主大多也是承担军事义务的附庸。①

从查理曼发动战争的程序可大体了解军队征召、调动、统领的执行情况。至少从 790 年起,加洛林王朝发动战争分两个步骤。第一步,国王(或皇帝)的特使把战争令传达到地方公爵、伯爵、主教、修道院长、直属王室的重要附庸处。这些人要立即列出自己的附庸和所辖地区参战者、给养者的名单,并筹备所需物资,清查武器装备等。第二步,国王向附庸下达作战令,接到命令后所有人应立刻准备出发,从收到作战令到出发不得超过 12 个小时。② 为加强军令的执行力,查理曼还从部分附庸中选派巡查使(missidominici)监管地方事务,包括传达军事命令,督促军事责任的落实。③ 不仅如此,依附关系发挥的军事组织作用还延伸到了整个自由民阶层。847 年,罗退尔、路易和秃头查理颁布法令规定,所有身份自由者都必须依附于一位领主,"我们命令,王国中每个自由民要从我们当中或我们所信任的人中,选择一位自己尊敬的人做领主。我们命令,任何人没有正当理由不得离开其领主。"此法令的主要目的是,每个人要同其领主一道抵御入侵者,使整个国家团结一致打击敌人。④ 可见,西欧封建社会的层层隶属关系编织起发动战争的组织网络和命令执行系统。

领主与军事附庸所构建的权力体系,在加洛林王朝之后的各封建国家中得以延续。卡佩王朝早期,法国王室势力软弱,国王只是众多地方领主中的盟主,各地领主依靠自己的军事附庸维护统治,他们以自己的城堡为中心实施区域治

① 关于地方各级领主必须向查理曼尽职效忠的情况,参见 E. F. Henderson, trans. and ed., *Select Historical Documents of the Middle Ages*, London: George Bell and Sons, 1905, pp. 190 – 201; F. L. Ganshof, *Frankish Institutions under Charlemagne*, pp. 27–29.

② P. Contamine, *War in the Middle Ages*, p. 27.

③ H. R. Loyn and J. Percival, *The Reign of Charlemagne: Documents on Carolingian Government and Administration*, London: Edward Arnold, 1975, pp. 74–81; F. L. Ganshof, *Frankish Institutions under Charlemagne*, pp. 21, 25.

④ E. P. Cheyney, ed., *Original Sources of European History: Documents Illustrative of Feudalism*, vol. 4, p. 5.

理,每个独立的领地都具有发动战争的能力。① 卡佩王朝后期王权加强过程中,传统的议政方式仍然保留,被召集参会者也主要是军事附庸,但会议更多的是解决军事要务。在英格兰,威廉一世夺取政权后,以采邑形式将边境地区分封给自己的亲信,建立伯爵领地,形成抵御外敌的屏障。此外,为扩大精英部队规模,他直接分封了 5000—6000 名骑士。有些军事要地,如诺森伯里亚、柴郡、什罗普郡、赫里福郡等,都以采邑形式分封给更亲近的附庸,苏塞克斯的领地也大多分给了随他征战的诺曼贵族。② 威廉一世的"议政会"制定国家的重大决策,被选择参会者大多是国王的直属军事附庸。③ 在德国,地方诸侯势力强大,皇帝(国王)成为诸侯们推举的盟主,他们都依靠自己的军事附庸维护各自势力范围。11 世纪大量出现的"农奴骑士"(ministeriales)对领主更具依附性,他们服役不受每年 40 天规则限制,便于皇帝和诸侯们长期进行远程战争。到 12 世纪,他们中的许多人成为官员和军事将领,是德国战争中最活跃的群体。④

国王既是西欧封建政权的最高统治者,也是骑士群体的最高首领,国王的骑士身份对国家军事和战争有着重要作用。⑤ 西欧封建社会的国王们不仅以骑士头衔标榜,还以骑士规则约束自己的行为。他们推崇骑士精神,热衷于战争,并且经常披挂上阵,身先士卒。个人武功和军事统帅才能是衡量他们政绩优劣的重要指标,也是他们能否赢得附庸敬佩和拥戴的重要条件。路易六世、腓力二世、路易九世、腓力四世等君主,在法国王权加强过程中无不显现出卓越的军事才能。⑥ 在德国,从奥托大帝到康拉德二世,再到腓特烈·巴巴罗萨,都沉迷于

---

① J. R. M. Macdonald, *A History of France*, Vol. 1, New York: The Macmillan Company, 1915, pp. 97-99; Joseph R. Strayer, *Feudalism*, pp. 36-40.

② S. Painter, *The Rise of the Feudal Monarchies*, Ithaca: Cornell University Press, 1964, p. 46.

③ 参加议政会的 barons 被国内学界通常笼统地翻译为"男爵",这个词有较为复杂的含义,其中包括指代国王的各级直属附庸,他们领得采邑的规模不等,对国王承担军事义务。参见 S. Painter, *The Rise of the Feudal Monarchies*, p. 47. 此外,在一些领主私人文献中,baron 一词既可指从某个领主处直接获得土地的人,有时也指次属附庸,即附庸的附庸。参见 P. Coss, *The Knight in Medieval England*, *1000-1400*, Stroud, Gloucestershire: Alan Sutton Publishing Ltd., 1993, p. 30.

④ B. Arnold, *German Knighthood 1050-1300*, Oxford: Clarendon Press, 1985, pp. 253-254.

⑤ 关于国王的骑士身份,参见倪世光:《中世纪骑士制度探究》,北京:商务印书馆,2007 年,第 68—69 页。

⑥ 从路易六世可看到法国君主的军人角色,他 16 岁开始率军打仗,直到死去的前两年还在指挥作战。参见 P. Contamine, *War in the Middle Ages*, pp. 41-42.

战争,且个人武功超群,这也是各路诸侯敬畏他们的重要原因。英国的情况也不例外,威廉一世、狮心王理查等国王,都具备高超的战斗技能和军事才华。战斗技能出众和战绩超群的君主被誉为"骑士之花",而军事能力差者遭到耻笑,"失地王"约翰由于糟糕的军事能力被讥讽为"软剑骑士"。① 拥有骑士身份的国王们推动了西欧中世纪战争的频繁发生。

西欧封建社会与军事相关联的另一种现象是,一些主教和修道院长也是领主附庸关系网络中的成员。他们中的许多人不仅接受国王或世俗领主的封地,而且封授自己的附庸承担军事义务,②某些神职人员甚至会亲自上阵与敌人战斗。查理·马特曾经号召神职人员参加战斗;死于 839 年的都灵主教克劳迪亚斯(Claudius)经常手持宝剑与其世俗同伴一起同阿拉伯人战斗;1053 年,教皇利奥九世曾率领部队抵御诺曼人的进攻。③ 在 11 世纪的最后 25 年间,教皇格里高利七世的宗教改革主张教职任免权收归教皇,力争使教会摆脱世俗权力控制,但并未收到预期效果。④ 到 12 世纪,世俗领主封主教为附庸的现象仍普遍存在。香槟伯爵亨利曾把一片采邑分封给博韦主教及其继承者,条件是该主教要为亨利提供骑士服役并参与法律审判。⑤ 德国表现得更为特别,一些主教拥有自己的军队,在其领地内行使着世俗君主般的权力。可见,西欧封建政权体制下的教会势力通过领主附庸关系网络支持和参加战争。

骑士制度的存在使西欧封建政权中从国王到各级领主的每个层级都具备发动战争的能力,甚至基层骑士也可凭借自己的装备和实力向对手开战。⑥ 这造成西欧中世纪各级领主间"私战"频繁发生。此外,领主与军事附庸关系中蕴藏着战争动力。

---

① F. Barlow, *The Feudal Kingdom of England, 1042—1216*, London and New York: Longman, 1988, p. 391.

② E. P. Cheyney, ed., *Original Sources of European History: Documents Illustrative of Feudalism*, Vol. 4, pp. 8—10, 22, 28—29; H. R. Loyn and J. Percival, eds., *The Reign of Charlemagne: Documentson Carolingian Government and Administration*, pp. 74, 136—150.

③ M. A. Gist, *Love and War in the Middle English Romances*, Philadelphia: University of PennsylvaniaPress, 1947, p. 149.

④ G. Fourquin, *Lordship and Feudalism in the Middle Ages*, pp. 117—118.

⑤ F. A. Ogg, ed., *A Source Book of Mediaeval History*, p. 215.

⑥ P. Contamine, *War in the Middle Ages*, p. 242.

各级领主为了维护自己的地位和利益,尽力笼络已有的附庸并招纳新附庸,而不断通过战争占领土地和掠夺财富并分给附庸们,是达到这一目的的最佳办法。因此有学者认为,查理曼不停地发动战争的目的之一就是守住祖辈传下来的领地并征服新领土以奖励附庸。[①]

除此之外,与封建政权体系相适应的法律规则也为战争提供支持。西欧封建法对骑士的利益获取与义务承担做了规定,从而使附庸军事义务用法律形式确立下来并约束执行。“臣服仪式”中领主与附庸双手相握和亲吻的动作,以及面对圣经或圣徒遗物所发的誓言,使得双方的权利和义务得到了承认,具有法律效力。[②] 至少在 11 世纪以前,这样的约定很少见于文字记载,即便 12 世纪后用文字记录的契约相对较多,这种仪式在法国仍保留至 1789 年。[③] 基于采邑的领主与附庸间的责任和义务是封建法的核心内容,军事义务成为附庸必须遵守的法律规则,即便义务形式发生变化,如附庸可以缴纳货币代替服役等,都必须有法规依据,领主法庭也会专门审理这方面的案件和纠纷。[④] 因此,来自封建法律的约束有助于保证骑士服役规模,维持战争能力。

由上可见,与骑士制度结为一体的西欧封建政权体系对战争的决策、部署和发动提供直接、有力的支持,这不仅导致西欧内部战争频繁,也有利于向外部发动侵略战争。

四、以骑士采邑为主的军费支撑

分封采邑是建立骑士军队的基本条件,也是骑士军队发展建设的主要经济依托,骑士与以采邑分封为主的各项经济制度和政策的关系是骑士制度的基础。

---

① H. Nicholson, *Medieval Warfare: Theory and Practice of War in Europe, 300-1500*, New York: Palgrave Macmillan, 2004, p. 2; M. Strickland, *War and Chivalry: The Conduct and Perception of War in England and Normandy, 1066-1217*, p. 183.

② E. P. Cheyney, ed., *Original Sources of European History: Documents Illustrative of Feudalism*, p. 18; B. B. Broughton, *Dictionary of Medieval Knighthood and Chivalry: Concepts and Terms*, pp. 248-259; O. J. Thatcher and E. H. McNeal, eds., *A Source Book for Mediaeval History*, pp. 364-365.

③ G. Fourquin, *Lordship and Feudalism in the Middle Ages*, p. 116.

④ E. P. Cheyney, ed., *Original Sources of European History: Documents Illustrative of Feudalism*, pp. 32-34.

在这方面,以骑士军费分配和战争奖励等为主要内容。

以军事服役为条件分封的采邑实质上是对骑士军费的支持和服役报酬的一种支付方式。法兰克国家将土地作为采邑进行分封,意味着把最重要的经济利益和权利交给了军事精英。从骑士军队建设的早期情况看,加洛林王朝为进行采邑分封投入巨大,既动用了王室及加洛林家族领地,也通过各种手段迫使一些贵族把他们的自有土地转变为采邑,而且不惜得罪教会,把教会的大量地产分给了军事附庸。① 由此,各级军事附庸不仅获得了军事装备 和生活经费来源,还拥有了领地上政治、军事、司法等方面的权利。土地采邑可以世袭,获取采邑即得到了惠及家人及子孙后代的财产。因而,投身于战争对获得采邑的骑士们不单是军事义务,还是维护自身地位及家族利益的必然行动。

采邑分封使世俗统治者形成有经济利益联系的共同体,他们还亲自投身战争以维护这种利益。而建立和发展装备精良的骑士军队又将绝大多数世俗统治者都纳入了军事精英行列。在这个行列中,领主为附庸提供承担军事义务的经济支持,附庸也要为领主的经济损失承担一定责任。普瓦提埃等地区附庸对领主的经济资助义务规定,凡领主回购抵押的采邑、参加十字军东征、从敌人手中赎身,其附庸必须提供经济援助。② 而且,领主与军事附庸会为守护和扩大他们的相互经济利益同心协力上阵拼杀,他们对战争的主动性和积极性是那些从下层民众召集而来的军队所无法比拟的。

采邑与所承担的军事义务挂钩,很大程度上有助于军事行动的责任落实。提供兵役是获得采邑的条件,811 年普洛尼亚法令规定,任何从国王处获得采邑者如果不率领其手下军事附庸参加战争,将没收其采邑。③ 在军事义务执行过程中,除了对服役人数和时间有明确规定外,领主对附庸的军需用度等都有具体要求。806 年前后,查理曼给修道院长福瑞德(Fulrad)去信,不仅指定了福氏率部集结的地点和时间,还对他手下骑士的盔甲装备、军事工具、食物、衣物,以及

---

① 教会土地被转为采邑的情况,可参见 O. J. Thatcher and E. H. McNeal,eds.,*A Source Book for Mediaeval History*,pp. 357-358;F. L. Ganshof,*Feudalism*,pp. 16-18.

② O. J. Thatcher and E. H. McNeal,eds.,*A Source Book for Mediaeval History*,p. 367.

③ O. J. Thatcher and E. H. McNeal,eds.,*A Source Book for Mediaeval History*,p. 361.

拉载这些物品所需的大车数量等,都做了明确规定。① 另外,服役者的军事装备标准要与获得采邑的规模相匹配。加洛林帝国在 805 年颁发的法令规定,凡占有 12 曼希(mansi)采邑者,皆应穿戴甲胄服役。② 这个规模的采邑是满足一名全副武装骑士服役的基本标准,而国王的一些直属附庸骑士所占有的采邑规模会更大,至少在 30 曼希以上。③ 甚至,有些采邑在名称上即规定了装备要求,如"铠甲采邑"(feodum loricae),意味着要求服役者在出征时必须穿着质量合格的铠甲,以保证生命安全、发挥作战能力。④

西欧中世纪土地分配制度的军事功能并非仅限于骑士群体,它自上而下贯穿到所有持有土地的自由民。808 年查理曼的一份军队召集令规定,"每拥有 4 曼希土地者,无论其土地是自己所有还是从其他人那里获得的采邑,都要自备武装跟随其领主或(如果领主死亡)跟随当地伯爵出征。拥有 3 曼希的人应该与拥有 1 曼希的人合作,以得到这个人的经济支持而服役。只有 2 曼希者要与另一个有 2 曼希的人合作,一人在另一人的财力帮助下随军参战。只有 1 曼希者要与其他 3 个境况相当者联合,一人出征,其余 3 人留在家中提供支援"。该法令还强调对不履行义务者要予以严惩。⑤ 可见,土地分配与军事义务结合在一起,凡持有土地的骑士或自由民几乎都直接或间接地参与到战争之中。这样的制度强化了社会利益占有与军事义务担当的责任,获利越多者承担的责任越重。由此,战争带来的经济耗费和风险被分摊到参战者身上,这既能促使他们在战场上奋力拼杀,又能减轻国家层面的负担。

采邑分封能够刺激军人为获取土地而战。土地的有限性与对采邑需求的无限性所形成的矛盾,只有通过不断的战争才有机会得到缓解。采邑逐渐成为世袭财产后,为保证军事义务的落实,领主通常反对附庸多子析分采邑,从而推动了财产由长子或单一后代继承制的实施,这在很大程度上让贵族的其余儿子几

① F. A. Ogg, ed., *A Source Book of Mediaeval History*, pp. 141–143.

② H. R. Loyn and J. Percival, *The Reign of Charlemagne: Documents on Carolingian Government and Administration*, p. 88. 曼希的计量单位在中世纪不同时期有差别,在《末日审判书》中为 30 英亩。

③ F. L. Ganshof, *Feudalism*, p. 37.

④ B. B. Broughton, *Dictionary of Medieval Knighthood and Chivalry: Concepts and Terms*, p. 205.

⑤ H. R. Loyn and J. Percival, *The Reign of Charlemagne: Documents on Carolingian Government and Administration*, p. 96.

乎无财产可继承。在视战争为天职的贵族社会,大量贫困的贵族子弟只能通过投身于战争来获取财富。11世纪,法国诺曼底地区的骑士们纷纷奔赴意大利南部,通过战争寻找机会。小领主坦克瑞德(Tancred de Hauteville)的12个儿子中,有几位在那里表现得非常出色。如"铁臂"威廉在1043年被推举为阿普利亚伯爵。随后,其兄弟"狡猾者"罗伯特在意大利南部的征伐也大获成效,并控制了这一地区。他们的另一个兄弟罗杰入侵西西里,经过拼杀建立起"西西里王国"。① 如果儿子们都已经成年,父亲仍能服役,财产继承的矛盾会更为突出。乔治·杜比分析贵族家庭的"年轻人"状况后指出,包括长子在内的贵族子弟受封为骑士后的几年甚至十几年中,由于父亲仍有服役能力,儿子们不得不外出闯荡,"疯狂地"投身于战争,而领主们也非常需要这些"年轻人"和"贫困的单身汉"为他们打仗。②

采邑分封还存在着围绕利益纠纷而引发战争的可能。与罗马法中个人财产的绝对"所有权"不同,中世纪的土地采邑所有权在法律纠纷中并非唯一重要的考量因素。甚至,在司法裁判中所有权可能会退居次要位置。某片土地的权利在当时的法律上可分为所有权和占有权(持有权),封建等级的从属性和领主与附庸关系的多重性,导致采邑的所有权和占有权复杂地交织在一起,从而留下权利纷争的隐患。领主与附庸之间围绕采邑的所有、占有、义务、监护、继承等权利而发动的战争不胜枚举。其中,既有法、英君主之间的大规模战争,也有地方中小领主之间的冲突。领主间的"私战"之所以成为中世纪社会普遍现象,与土地分封制度息息相关。"私战"甚至延入家族内部,其中不乏儿子对父亲发难;儿子对寡母用兵;弟弟对兄长宣战;侄子讨伐叔伯父等。③ 在人口稠密、土地相对匮乏的区域,如佛兰德斯、勃艮第等地,因为争夺土地而引发的"私战"更加频繁。④ 正如马克·布洛赫指出的那样,采邑层层分封所形成的对某片土地的多重所有权,以及这片土地各级横向权利拥有者的诉求,一定会引发无尽的法律纠

① R. Rudorff,*Knights and the Age of Chivalry*,pp. 37–46.

② G. Duby,*The Chivalrous Society*,pp. 115–117.

③ D. C. Munro and G. C. Sellery,trans. and eds.,*Medieval Civilization:Selected Studies from EuropeanAuthors*,p. 178.

④ J. F. Verbruggen,*The Art of Warfare in Western Europe During the MiddleAges:From the Eighth Century to 1340*,pp. 30–31.

纷和战争。① 因而,各级领主不断增强自己的军事力量,主动应对和发动战争,以守住甚至扩大自己的产业。

作为服役报酬,西欧的"采邑"并非单指土地,其种类繁多,而且支付方式广泛灵活,几乎一切可以获得经济收益或能够转化为经济利益的物资、货币、建筑、职权等都可成为"采邑",如城堡、道路、桥梁、矿山、市场、修道院、教堂、各种职权、货币等。② 有学者对封建社会盛期的采邑研究后,列举出88种采邑名目,即便如此,仍有研究者认为,这个数字不足实际数目的四分之一。③ 采邑支付的多样化和灵活程度可以从其中的"货币采邑"(feodum de bursa)情况得到反映。④这种以年为周期付给附庸的定量货币,在11世纪后的英国、法国、德国和佛兰德斯等地都予以实施和推广。⑤ 如果领主没有足够 的货币,还可用相当价值的农副产品代替。⑥ 12世纪,尼德兰地区的领主们也常将某项税收或某个收费站以货币采邑的形式分给附庸作为服役报酬。⑦ 此类采邑授予对象也较为宽泛,英国国王为加强他与欧洲大陆附庸的关系,会加封给他们一些"货币采邑"。英国国王也把"货币采邑"分封给隶属于法国国王的附庸们,并加大年金额度,使这些附庸承认英国国王为他们的最高领主。

"货币采邑"等类型的采邑能够弥补土地不足对军队发展的限制,使报酬支付方式更为便捷。英国历任君主从11世纪末至13世纪,用"货币采邑"网罗了大量其他国家的骑士,并组成"海外军团"。法国国王也采取此种方式扩充军队。⑧ 此外,这类采邑顺应了商品货币经济的发展趋势,对改变组建军队的观念、促进军事制度转型起到了"润物细无声"的作用,从而"在军事占有制的旧名

---

① 参见马克·布洛赫:《封建社会》上册,第204—205页。

② G. Fourquin, *Lordship and Feudalism in the Middle Ages*, pp. 133–135. 土地采邑可普遍用货币折算的情况参见 T. Evergates, trans. and ed., *Feudal Society in Medieval France : Documents from the County of Champagne*, Philadelphia : University of Pennsylvania Press, 1993, pp. 8–10.

③ F. A. Ogg, ed., *A Source Book of Mediaeval History*, p. 214.

④ 货币采邑的契约规则,可参见 E. P. Cheyney, ed., *Original Sources of European History : Documents Illustrative of Feudalism* , Vol. 4, p. 17.

⑤ F. L. Ganshof, *Feudalism*, pp. 114–115.

⑥ B. D. Lyon, *From Fief to Indenture : The Transition from Feudal to Non - Feudal Contract in Western Europe*, Cambridge, Massachusetts : Harvard University Press, 1957, pp. 9–10, 41–60.

⑦ G. Fourquin, *Lordship and Feudalism in the Middle Ages*, p. 135.

⑧ G. Fourquin, *Lordship and Feudalism in the Middle Ages*, p. 137.

义下,各名门望族不知不觉中过渡到一种实际上以买卖为基础的新经济特有的货币报酬制度上"。① 采邑的多样化和灵活性,是西欧封建社会军队能够长期保持旺盛战斗力的重要条件。

采邑并非骑士军队建设的全部经济手段,王室和各级领主也会通过豢养方式招纳骑士,为骑士提供各种生活及军需用品。随着商品经济的发展,王室提供给这部分骑士的装备也以货币形式支付。② 此外,雇佣也是招募骑士军队的一种方式,有些骑士只是为领取薪俸而战。③ 到 11 世纪,英、法、德、意等国家和地区的军队中都拥有雇佣骑士。1066 年,威廉公爵征战英格兰的部队中有来自英格兰、佛兰德斯、香槟和意大利等地的雇佣骑士,其中一些人后来分得土地成为威廉一世的直属附庸。在英国诺曼朝王室护卫军中,也有领取薪俸的骑士。威廉二世尤其注重招募骑士,被后人喻为骑士的"采购者"和"承办商"。④

除了广泛灵活的经济支付手段以外,有些经济政策和分配规则也激励骑士们积极投身战争。通过战争分得战利品对每一位战士都具有诱惑力,打赢战争便有机会获得财富。较公平地分配战利品是日耳曼人的规则,这一传统在中世纪得到部分保留并形成较为详细的法规。其中,对战场上表现优异者的奖赏,不同兵种分得战利品的比例,战前对战马和武器装备的价格评估(作为战后补偿损失的依据),甚至在战场上被打掉四颗门牙应该获得的补偿金额,都被列入其中。⑤

战利品包括土地、城市、货币、金银珠宝、牲畜、武器、盔甲、战俘等,战争可使贫困的战士一跃成为拥有土地的领主。⑥ 第一次十字军东征后,留在耶路撒冷王国的战士变得非常富有,"那些欧洲的贫穷者在这里由于上帝的恩泽发了财。

---

① 马克·布洛赫:《封建社会》上册,第 291 页。

② F. Lachaud, " Armour and Military Dress in Thirteenth - and Early - Fourteenth - Century England", in M. Strickland, ed., *Armies, Chivalry and Warfarein Medieval Britain and France*, pp. 346–350.

③ M. Mallett, "Mercenaries", in M. Keen, ed., *Medieval Warfare: A History*, p. 211.

④ M. Mallett, "Mercenaries", p. 212.

⑤ S. J. RobertI. Burns, ed., *Las Siete Partidas*, Volume 2: *Medieval Government*, trans. S. P. Scott, Philadelphia: University of Pennsylvania Press, 2001, p. xviii.

⑥ M. Keen, *Chivalry*, p. 229.

在那里只有几个先令的人,在这里拥有了无数的金币。在那里没有一所村庄的人,在这里则拥有了城市。"①甚至在战场上掠取对方的战马、武器、盔甲等也可以发家致富。② 13 世纪,在货币经济较为发达的意大利,一些雇佣兵要求雇主在契约中专门写明战利品分配的条款。英法百年战争期间,由于战利品逐渐减少,曾引起英国骑士的极大不满,并要求扩大战争,反对间歇性的停战。③

战利品还包括战俘的赎金。贵族普遍投身于战争,成为战场上的主导力量,推动了这项规则的流行。赎金价格通常根据被俘者的财产数量而定,英格兰国王理查被俘后的赎金是 15 万马克,而某些贫穷骑士的赎金只有几马克。到 14 世纪,赎金的收取标准大体是被俘者所持土地的年收入额,也有按照祖传遗产价格收取的,④收取赎金的规则甚至在十字军东征的战场上也得到实施。1215 年,一位母亲为了赎回被伊斯兰教徒俘获的儿子,不得不向当地女伯爵借贷。⑤在战争中一旦被俘,沉重的赎金会使骑士破产。对此,领主通常会尽力帮忙,争取在下一次战争中捞回损失。这项规则在一定程度上保证贵族生命安全的同时,也进一步激发了战争。积极投身于战争,成了军人攫取财富和挽回经济损失的途径。

战争是高投入、高风险、高回报的行为,骑士昂贵的装备和服役需求占用了包括土地在内的大量社会经济资源,国王和各级世俗领主都被纳入军事精英群体,他们组成主从关系利益共同体,以自身力量为核心维护所占有的利益并通过战争攫取更大的利益,封建社会的许多经济制度和政策都有利于战争的展开。

---

① J. F. Verbruggen, *The Art of Warfare in Western Europe During the Middle Ages:From the Eighth Century to 1340*, p. 54.

② 在贝叶挂毯中能看到战士从敌人尸体上扒下铠甲和收缴武器的场面,参见 W. Grape, *The Bayeux Tapestry:Monument to a Norman Triumph*, New York:Prestel, 1994, pp. 164–166. 由于此方面战利品引发的战争不断,到 11 世纪,诺曼公爵为稳定领地内的局面,曾颁布规则,禁止贵族双方在战争中掠取对方的战马和武器装备,参见 M. Strickland, *War and Chivalry:The Conduct and Perception of War in England and Normandy*, *1066–1217*, p. 184.

③ D. Nicolle, *Medieval Warfare Source Book*, Volume I:*Warfare in Western Christendom*, p. 246.

④ M. Strickland, *War and Chivalry:The Conduct and Perceptionof War in England and Normandy*, *1066–1217*, p. 194.

⑤ T. Evergates, trans. and ed., *Feudal Society in Medieval France:Documents from the County of Champagne*, p. 120.

五、骑士的思想文化塑造及行为规范

战争受人的思想观念支配,社会思想文化对战争有重要影响。骑士的思想文化是西欧封建社会世俗文化的主要内容,也是骑士制度的重要组成部分。其中,有关骑士的地位观、荣誉观、爱情观、信仰等内容,都充满了对骑士思想文化的塑造及对其行为的规范。

西欧中世纪社会思想文化中对骑士的崇敬与人们对军事和战争重视程度相一致。西欧中世纪社会流行"三个等级"理论,大致划分了社会群体及其各自职能。这种理论对当时人们的行为起到了导向作用,教会理论家和世俗统治者都愿意借助这一理论使每个人都没有异议地坚守自己的生活目标和职业操守。[1]该理论把世上的所有人分为三个等级,即"祈祷者""保卫者"和"劳动者",其中"保卫者"通常指贵族或骑士,在观念上把骑士与贵族结合在一起,从而凸显出骑士的高贵地位。这一理论在 9 世纪中期教会学者著作中就有所论及,到 10 世纪晚期形成较清晰的理路。11 世纪初,拉昂主教阿德伯伦(Adalberon)和康布雷主教吉罗德(Gerald)对此理论做了系统完整的论述。[2] 12 世纪,圣伯纳德进一步补充了这一理论,并使之更加神圣化,认为每个等级的人所履行的职责都是按照上帝的意愿分配和设定的。[3]

骑士与贵族相等同的观念,也表现在拉丁文 miles(骑士)一词的语义表达上。11 世纪以后,一些贵族在颁发命令或签署特许状时,往往在名字前面冠上 miles 一词,以示身份的高贵。在一些法庭证人名单中,记录员也会把有贵族身份者用此词标出,以区别于其他人。[4] 此外,人们在认定某人是否有贵族血统时,会追溯其祖先是否曾为骑士;反之,某年轻人在寻求晋封骑士时,也会以祖先

---

[1]　G. Duby, *The Three Orders: Feudal Society Imagined*, p. 69.

[2]　T. Reutor, "Carolingianand Ottonian Warfare", p. 34; G. Duby, *The Chivalrous Society*, p. 89. 此理论的起源非常零散,从《圣经》、教父哲学家以及语法、修辞和逻辑学的古典著作中都可查到其苗头,参见 G. Duby, *The Three Orders: Feudal Society Imagined*, p. 63.

[3]　G. Fourquin, *Lordship and Feudalism in the Middle Ages*, p. 77.

[4]　G. Duby, *The Chivalrous Society*, pp. 160–161.

的贵族身份为理由。① 这种情况还充分反映在骑士文学作品中,某些英雄骑士在出名之前,如果生长在商人、手工业者或农民家庭,往往被解释为由于某种特殊原因,他的贵族血统不被外人所知。而那些表现不佳、声名狼藉的骑士则被认为隐瞒了贫贱的出身。人们的观念是,"没有贵族血统,你的内心永远不会被骑士般尊贵的身份所吸引"。② 骑士与贵族身份在观念上的重叠,反映了社会对骑士的崇敬程度。

从军打仗既然被视为贵族的神圣职责,战争也就容易被看作一种高贵者的高尚行为。雷蒙·勒尔在 13 世纪论述骑士的使命时认为:当残暴、伤害、背信弃义、虚伪和欺骗充满世界之时,上帝创造的人中,最忠诚、最强悍、最具高贵精神的人,担负起保护人民、维护和平的重任。他们配备最高贵的动物———战马,拥有最精良的武器装备。而普通民众则从事生产劳动,以满足骑士们的物资需要。③ 在此,骑士被说成由上帝创造和选派的优秀人物,他们的战争行为被涂上了维护和平、保护人民、惩治邪恶的光辉色彩。

对荣誉的追求是人们的行为动力之一,骑士的荣誉标准适用于包括国王在内的各级贵族。雷蒙·勒尔论述道:"如果一位国王或贵族没有置身于骑士群体,不遵守骑士规则,不充分履行职责,缺少骑士美德和荣誉,便不配成为国王,也不具备成为诸侯和各级领主的资格。因为,骑士精神能够使他们荣耀。"④中世纪骑士的荣誉观有多重内容,但主要是围绕战争行为设立的。威廉·马歇尔率领英国军队准备与法国军队战斗之前,曾对骑士们激励道:"忠诚而高贵的骑士们听着! 你们是国王所信赖的人,我借上帝之名宣布,维护我们声望的时刻到来了,保护我们的妻子儿女,守护我们的土地,赢得我们的最高荣誉。"⑤14 世纪,杰弗里·德·查尼从理论上论述了战斗勇敢与荣誉的关系,并具体划定了评价骑士荣誉高低的标准,他还把骑士通过战争获取财富的多寡作为评价指标,认

---

① M. Keen, *Chivalry*, p. 145.

② R. W. Kaeuper, *Chivalry and Violence in Medieval Europe*, p. 190.

③ W. Caxton, trans., *Ramon Lull's Book of Knighthood and Chivalry*, pp. 15-18.

④ W. Caxton, trans., *Ramon Lull's Book of Knighthood and Chivalry*, p. 99.

⑤ A. J. Holden, ed., *History of William Marshal*, Vol. 2, trans. S. Gregory, London: Anglo-Norman-TextSociety, 2004, p. 309.

为"获得越多者越值得赞扬"。① 可见,骑士荣誉的高低主要以战争中的表现来评价,正如有学者所揭示的,"荣誉的最好证明在于强健勇猛""凭着宝剑赢得永恒的荣誉。"②甚至,有学者更直白地将其总结为:"流血之时,方是获得荣誉之际。"③

勇敢好战既是骑士行为规则,也是骑士群体风气。战斗过程中每个骑士的表现如何,事后会被同伴们追忆,胆怯和懦弱者在军中和社会上会遭到耻笑和排挤。编年史家会记录下战役中表现特别优秀和特别差的骑士名字,《佛洛伊萨特编年史》第一章第一节,首先列出当时最勇敢骑士们的名字,其中既有英国贵族,也有法国贵族,并申明他们是该时代最受尊敬、声望极高的英雄。④ 勇敢也是骑士文学中所有英雄人物的共同特征,查理曼、罗兰、亚瑟王及其圆桌骑士无一不是战场上浴血奋战、舍生忘死的勇士。中世纪传奇文学所表达的重要主题之一是:贵族为战争而生,为战争而训练,在战争中结束生命。⑤

骑士在战场上的勇敢表现还是赢得爱情和婚姻的重要条件,这也是骑士爱情观的主要内容。杰弗里·德·查尼总结道:骑士"通过军事行动赢得极大荣誉的同时,还能获得另一种荣誉,即贵妇人的芳心。他们如此幸运,这些贵妇人能带给他们极大的荣誉和高尚的品格,她们随时敦促骑士通过战斗获得荣誉,并劝导他们全身心地投入战斗,以勇敢赢得崇高的声望"。⑥ 在传奇文学作品中,年轻女子所爱慕的对象大都锁定在英雄骑士身上,她们也会在关键时刻对骑士的勇敢予以鼓励和敦促。当圆桌骑士兰斯洛特面对村民遭受围困的危难时刻,身边的一位年轻女子对他激励道:"此刻,高贵的骑士,你会看到巨大的荣誉在

---

① R. W. Kaeuper and E. Kennedy, trans., *The Book of Chivalry of Geoffroi de Charny: Text, Context, and Translation*, Philadelphia: University of Pennsylvania Press, 1996, pp. 87−89.

② M. Strickland, *War and Chivalry: The Conduct and Perception of War in England and Normandy, 1066−1217*, p. 100.

③ M. Vale, *War and Chivalry*, Athens, Georgia: The University of Georgia Press, 1981, p. 9.

④ T. Johnes, trans., *Sir John Froissart's Chronicles of England, France, Spain, and the Adjoining Countries, from the Latter Part of the Reign of Edward II to the Coronation of Henry IV.*, Vol. 1, London: Longman, 1808, pp. 5−6.

⑤ M. A. Gist, *Love and War in the Middle English Romances*, p. 140.

⑥ R. W. Kaeuper and E. Kennedy, trans., *The Book of Chivalry of Geoffroi de Charny*, p. 95.

等待着你!"①乔治·杜比分析法国贵族"年轻人"的社会生存状况后认为,找到贵族女子,特别是有财产继承权的女子"结婚的愿望支配着'年轻人'的行为,激励他们热衷于战争,沉醉于到处闯荡的生活"。② 在崇尚武力的社会中,女子们爱慕的对象自然是战场上的英雄。甚至,有些贵族女子对爱恋对象的勇敢程度有极为苛刻的要求。有位骑士在战场上幸运地活了下来并赢得较高声望,钟情于他的女子听到消息后平静地说道:"倘若他牺牲在战场,我会更加爱他。"③

基督教是西欧中世纪思想文化的主导,骑士的观念和行为受到基督教强烈影响,信仰上帝、遵守教义、保护教会是骑士的重要行为规则。那么,对于基督教理论是否有鼓励骑士投身战争的内容进行解读,可进一步认识骑士宗教信仰中的战争态度。笔者在此仅就基督教的战争理论做简要概述和分析。

早期基督教理论对战争明确持否定态度,反对任何形式的战争。即便到了中世纪时期,教会仍大力提倡"上帝的和平""上帝的休战"等主张,阻止基督教徒之间的战争。④ 尽管教会的主张在中世纪产生较大影响,但无法真正制止战争。而且,战争频繁发生也促使神学家不断修正战争理论,对战争的功能和性质做新的诠释。基督教基本原理中存在着战争合法性的解释空间,以教皇为首的教会也有利用战争谋取利益的需要,这都为理论家们修正基督教早期战争理论提供了条件。"旧约全书"中有关耶和华震怒后屡次发动战争的情节,以及圣经中对正义和邪恶的判定标准,对战士英勇行为的肯定等内容,为理论家们阐释战争的正义性和合法性提供了依据。⑤ 奥古斯丁认为,当一个民族或一座城市疏于惩治其成员所犯的过错,或无意归还非法所得,对其发动战争是正义的。他还认为,"和平显然是战争期望达到的目的"。⑥ 在此,战争被解释为具有正义的一面,是达到和平的手段和过程。

---

① NorrisJ. Lacy,ed.,*Lancelot-Grail:The Old French Arthurian Vulgateand Post-Vulgate in Translation*,New York and London:GarlandPublishing,Inc.,1993,p. 308.

② G. Duby,*The Chivalrous Society*,p. 119.

③ C. Mills,*The History of Chivalry;or Knighthood and Its Times*,Philadelphia:Lea and Blanchard,1844,p. 72.

④ O. J. Thatcher and E. H. McNeal,eds.,*A Source Book for Mediaeval History*,pp. 412-419.

⑤ C. Allmand," The Reporting of Warinthe MiddleAges",p. 17.

⑥ F. H. Russell,*The Just War in the Middle Ages*,Cambridge:Cambridge University Press,1975,p. 18;奥古斯丁:《上帝之城》下卷,王晓朝译,北京:人民出版社,2006 年,第 920 页。

尽管奥古斯丁承认有正义的战争,但他并没有脱离禁止战争的观念,仍认为杀戮是一种犯罪,在战场上杀人者无论如何都需要忏悔方能得到救赎,而且战争只有合法的权威人物发动才是正义的。奥古斯丁的理论一度成为教会的指导思想,杀人有罪的观念被教会反复强调,赎罪法则也明确了此罪的严重性。到征服者威廉时期,教会法中仍规定,每一个在战场上有杀戮行为的人要苦修一年。①

然而,这种观念逐渐发生变化。853 年,教皇利奥四世在呼吁西方基督教国家抵御意大利南部伊斯兰教徒的信函中声称,凡在这场战争中牺牲者都会升入天堂,因为全能的上帝会知道他们的死是为了信仰、守卫家乡、保护教会。② 教皇亚历山大二世不仅赞成战争,还认为教皇能够免除杀死伊斯兰教徒战士的罪过。他声称:"实际上,杀戮可以被理解为是亲近上帝的一种方式,并且,由此可获得永久性的救赎。"③

11 世纪以后,法学家对战争的法理依据做了进一步研究,甚至有人认为:永久和平几乎是不可能的,战争被注入星球、人类和各种动物体内。上帝是万物的创造者,同时,也创造了战争,并且还能控制战争。战争与人类及上帝的法则相一致,战士是上帝正义审判的武器。④ 奥奈尔·博内在 14 世纪所著《战争之树》一书中论述到,战争最早是在天堂发生的,在上帝驱逐那些反叛天使的时候便开始了:"许多头脑单纯者认为,战争应该受到责罚,因为战争中会做出许多罪恶之事,而犯罪是上帝的法则所谴责和判罚的。故此,依照这样的神圣法律,不可以也不能够发动战争。但我告诉你们,这样的说法是没有价值的,真实的情况是,战争并不是一种罪恶的事情,而是优秀和善良的行为。因为,根据《圣经》的内容,战争的本质就是要纠正错误,使纷争转变为和平。如果在战争中出现许多罪恶之事,那绝不是战争本质所使然,而是战争被利用了。"⑤

教会并没有止步于修正战争理论,还参与到战争之中,成为战争的发动者。

---

① M. A. Gist, *Love and War in the Middle English Romances*, p. 137.

② M. Keen, *Chivalry*, p. 46.

③ D. Whetham, *Just Wars and Moral Victories: Surprise, Deception and the Normative Framework of European War in the Later Middle Ages*, Leiden and Boston: Brill, 2009, p. 43.

④ R. W. Kaeuper, *Chivalry and Violence in Medieval Europe*, p. 162.

⑤ H. Bonet, *The Tree of Battles*, trans. G. W. Coopland, Cambridge, Massachusetts: Harvard University Press, 1949, pp. 81, 125.

1073 年,教皇格里高利七世曾给大封建主们写信,要求他们奔赴西班牙进行战斗,从伊斯兰教徒手中收复属于"圣彼得的王国"。① 1095 年,教皇乌尔班二世为发动十字军东征奔走呼号。从中可见,对异教徒或异端的战争是"正义"战争,参战者不但在现世可获得利益回报,死后还能升入天堂。② 此外,为鼓舞斗志,主教和神父们会随军行动,为骑士及他们的武器装备祷告,为每次军事行动举行宗教仪式。军队也会把某些圣徒如守护天使圣米迦勒、圣乔治等奉为军队的保护神,军旗上绘有他们的标志,以鼓舞斗志。③

基督教理论观念的变化能够为投身战争的骑士们减轻罪恶感,只要是"正义"的战争即可以理直气壮地发动和参战。然而,在现实生活中基督教对骑士战争行为的约束力究竟有多大,在学界尚有很多争议,正如有学者指出的,"神职人员可能会激发骑士的宗教渴望,但他们却不能决定骑士们的思想。"④甚至,有些骑士根本无视教会的说教,约翰爵士对准备为他祷告的神职人员不耐烦地说:"这位大人不必为我们祈祷了,你不知道我们靠战争活着而和平是我们的坟墓吗?"⑤

当战争成为获取财富、提高社会地位、争得荣誉、赢得爱情的机会,又被解释成顺应上帝旨意的"正义"行为,战争便成了诱人的事业。骑士思想文化中激发和鼓励战争的内容是社会制度和社会状况的反映,而这些思想文化内容又会进一步影响人们的行为。

结　语

西欧中世纪战争频发并持续向外扩张的总体特征,由骑士军队建设及其战争能力、具有骑士制度特征的封建政权体系、以采邑分封为主的各项对骑士军队支持的经济制度和政策等核心因素所支撑。这不仅有助于我们进一步认识西欧

---

① O. J. Thatcher and E. H. McNeal, eds., *A Source Book for Mediaeval History*, p. 142.

② O. J. Thatcher and E. H. McNeal, eds., *A Source Book for Mediæval History*, pp. 514-517.

③ M. Keen, *Chivalry*, p. 47.

④ C. Guyol, ed., Kings, *Knights and Bankers: The Collected Articles of Richard W. Kaeuper*, p. 329.

⑤ M. Keen, *Chivalry*, p. 227.

封建社会特征,更好地理解其制度构建、军队建设、政策制定、思想文化塑造等方面对战争的作用,也可引发对中西古代历史中相关问题的比较观察。

战争频发并持续向外扩张的特征,归根结底是西欧封建社会的战争能力问题,这两种战争表现实际上是相互关联且基于同样社会条件的结果。西欧以加洛林家族起家之地为基点向外一路扩张形成疆域辽阔的帝国,并且该地区挺过了9—10世纪的内部纷争和外族入侵,11世纪后又开始持续向外扩张。在这一过程中,打赢战争的天平为何总是向加洛林帝国故地以及这一地区的封建国家倾斜? 要解释这一历史现象,如果忽略骑士军队和骑士制度的作用,是难以令人信服的。西欧采邑分封建立骑士军队的同时,政权结构与骑士军事组织交织在一起,甚至权力的上下隶属关系很大程度上也体现为军队的统领与被统领关系。因而,采邑分封使土地、权力与骑士群体结合在一起,使社会经济、政治、军事相互作用,并与思想文化塑造一道,形成共同助力战争的社会体系。

以往我们在考察西方政治和军事现象的历史根源时,更习惯到古希腊和罗马寻找答案。虽然古希腊和罗马思想文化对西方历史的影响毋庸置疑,然而近代以来,西方各主要国家的军事和政治制度主要肇端于中世纪。正如英国军事及骑士制度史家莫里斯·肯恩所说:"在政治版图中,西方文明的核心区域所承载的古希腊和罗马世界的相关内容很少,这个区域的轮廓不是古典时期形成的,而是在中世纪,主要是在战争过程中形成的。"①中世纪以后,西欧各国在相互不断争斗的同时,向外扩张的战争势头随新航路开辟蔓延到世界各地。近代以来,以西班牙与葡萄牙、西班牙与英国、英国与荷兰、英国与法国等争霸为阶段性特征的殖民扩张,以及欧洲地区各国间的战争,一浪高过一浪,一直延续到第二次世界大战结束。这一现象的历史根脉与西欧中世纪战争也是分不开的。

---

① M. Keen, "Introduction: Warfare and the Middle Ages," in M. Keen, ed., Medieval *Warfare: A History*, p. 1.

参 考 资 料

一、文 献

Byles, Alfred T. P. , *The Book of the Order of Chivalry*, London: Kegan Paul, 2004.

Cheyney, Edward P. , ed. , *Original Sources of European History*, Vol. IV. , Philadelphia: University of Pennsylvania Press, 1900.

Evergates, Theodore, trans. and ed. , *Feudal Society in Medieval France: Documents from the County of Champagne*, Philadelphia: University of Pennsylvania Press, 1993.

Kaeuper, Richard W. and Kennedy, Elspeth, *The Book of Chivalry of Geoffroi de Charny*, Philadelphia: University of Pennsylvania Press, 1996.

Loyn, H. R. and Percival, John ed. , *The Reign of Charlemagne : documents on Carolingian government and administration*, London: Arnold, 1975.

Lull, Ramon, *Book of Knighthood and the Anonymous Ordene de Chevalerie*, trans. William Caxton, Union City, California: Chivalrybookshelf Company, 2001.

Ogg, Frederic Austin, ed. , *A Source Book of Medieval History*, New York: American Book Company, 1907.

Thatcher, Oliver J. , trans. and ed. , *A Source Book for Medieval History*, New York: Charles Scribner's sons, 1905.

二、英文著作

Adams, George Burton, *Civilization during the Middle Ages, Especially in Relation to Modern Civilization*, New York: Charles Scribner's sons, 1922.

Addison, C. G. , *The Knights Templars*, New York: Masonic Publishing Co. , 1875.

Arnold, Benjamin, *German Knighthood 1050-1300*, Oxford: Oxford University Press, 1985.

Bachrach, Bernard S. , *Warfare and Military Organization in Pre-Crusade Europe*, Aldershot and Burlington: Ashgate, 2002.

Barber, R., *The Reign of Chivalry*, Woodbridge: The Boydell Press, 2005.

Barber, R., *The Knight and Chivalry*, Totowa, N. J. : Rowman and Littlefleld, 1975.

Barker, Juliet, *Tournaments, Jousts, Chivalry and Pageants in the Middle Ages*, Woodbridge: Boydell Press, 1989.

Barlow, Frank, *The Godwins: The Rise and Fall of a Noble Dynasty*, London: Longman, 2002.

Batt, C., *Malry's Morte Darthur: Remaking Arthurian Tradition*, New York: Palgrave, 2002.

Batty, John, *The Spirit and Influence of Chivalry*, London: Kegan Paul, 2004.

Bedford, W. K. R., *The Order of the Hospital of St. John of Jerusalem*, London: F. E. Robinson and Co, 1902.

Bell, Andrew, *A History of Feudalism: British and Continental*, London: Longman, Green, 1863.

Benson, Larry D. & Leyerle, John, eds., *Chivalric Literature*, Kalamazoo, MI: Medieval Institute, 1980.

Boalt, G. . and Erikson, R., *The European Orders of Chivalry*, Carbondale: Southern Illinois University Press, 1971.

Bornstein, Diane, *Mirrors of Courtesy*, Hamden, Connecticut: The Shoe String Press, INC., 1975.

Brissaud, Jean, *A History of French Public Law*, Boston: Little, Brown and Company, 1915.

Brooke, C., *The Twelfth Century Renaissance*, London: Thames & Hudson, 1969.

Broughton, B. B., *Dictionary of Medieval Knighthood and Chivalry, People, Place, and Events*, New York: Greenwood Press, 1988.

Buehr, Walter, *Knights and Castles and Feudal Life*, New York: G. P. Putnam's, 1957.

Cazamian, L., *A History of French Literature*, Oxford: Clarendon Press, 1966.

Collins, Roger, *Early Medieval Europe 300–1000*, New York: St. Martin's Press, 1991.

Contamine, Philippe, *War in the Middle Ages*, Oxford UK and Cambridge USA: Blackwell Publishers Ltd., 1986.

Coss, Peter, *Knight in Medieval England 1000 – 1400*, London: Alan Sutton Publishing Ltd, 1993.

Coss, Peter, *Lordship, knighthood and locality: A study in English society c. 1180–c. 1280*, Cambridge: Cambridge University Press, 1991.

Coulborn, Rushton, ed., *Feudalism in History*, Princeton: Princeton University Press, 1956.

Critchley, J. S., *Feudalism*, London: George Allen & Unwin, 1978.

Crouch, D., *William Marshal: Court, Career and Chivalry in the Angevin Empire 1147–1219*, London: Longman, 1990.

Day, John, *The Medieval Market Economy*, Oxford: Basil Blackwell, 1987.

Denholm-Young, N., *History and Heraldry*, Oxford: Clarendon Press, 1965.

DeVries, Kelly and Smith, Robert D., *Medieval Weapons: An Illustrated History of Their Impact*, California: ABC–CLIO, Inc., 2007.

Dopsch, Alfons, *The Economic and Social Foundations of European Civilization*, London: Kegan

Paul,1937.

Duby,Georges,*The Chivalrous Society*,London:Edward Arnold Ltd.,1977.

Duby,Georges,*The Three Orders:Feudal Society Imagined*,Chicago:The University of Chicago Press,1980.

Duby,Georges.,*The Early Growth of the European Economy:Warriors and Peasants from the Seventh to the Twelfth Century*,Ithaca,NY:Cornell University Press,1978.

Duby,G. and Mandrou,R.,*A History of French Civilization*,London:Weidenfeld and Nicolson,1964.

Duggan,A. J.,(ed.) *Nobles and Nobility in Medieval Europe:Concepts,Origins,Transformations*,Woodbridge:Boydell Press,2000.

Duruy,Victor,*The History of the Middle Ages*,New York:H. Holt And Co,1891.

Emerton,Ephraim,*Medieval Europe(814-1300)*,Boston:Ginn & Company,1894.

Fouracre,Paul,*The Age of Charles Martel*,London:Longman,2000.

Fourquin,G.,*Lordship and Feudalism in the Middle Ages*,New York:Pica Press,1976.

France,John and DeVries,Kelly,ed.,*Warfare in the Dark Ages(一)*,London:Ashgate,2008.

France,John,ed.,*Medieval Warfare 1000-1300*,London:Ashgate,2006.

Ganshof,F. L.,*Frankish Institutions under Charlemagne*,New York:W. W. Norton & Company,Inc.,1970.

Ganshof,F. L.,*Feudalism*,London:Longman,1964.

Gautier,L.,*Chivalry*,New York:Barnes & Noble,Inc.,1968.

Gibbs,Marion,*Feudal Order*,London:Cobbett Press,1949.

Given,J.,*State and Society in Medieval Europe*,Ithaca,N. Y.,Cornell University Press,1990.

Goff,Jacques Le,ed.,*Medieval Calling*,Chicago and London:University of Chicago Press,1990.

Goodman,J. R. *Chivalry and Exploration 1298-1630*,Woodbridge:Boydell Press,1998.

Green,John Richard,*A Short History of English People*,New York:American Book Company,1916.

Haine,W. Scott,*The History of France*,Westport,CT:Greenwood Press,2000.

Halsal,G. (Ed.),*Violence and Society in the Early Medieval West*,Woodbridge and Rochester,NY.:Boydell and Brewer,1998.

Henderson,Ernest F.,*A History of Germany in the Middle Ages*,London:G. Bell & Sons.,1894.

Hill,Christopher P.,*Gilbert Foliot and the Two Swords:Law and Political Theory in Twelfth-Century England*,Austin:The University of Texas,2008.

Hilton,R. H.,ed.,*Peasants,Knights and Heretics:Studies in Medieval English Social History*,Cambridge:Cambridge University Press,1981.

Hilton,R. H.,*English and French Towns in Feudal Society:A Comparative Study*,Cambridge:

Cambridge University Press, 1992.

Hodges, Kenneth, *Forging Chivalric Communities in Malory's LE MORTE DARTHUR*, New York: Palgrave Macmillan, 2005.

Holmes, Urban T., JR., *A History of Old French Literature From the Origins to 1300*, New York: F. S. Crofts, 1962.

Hone, N. J., *The Manor and Manorial Records*, London: E. P. Dutton and Co., Inc, 1906.

Hoyt, Robert S., and Chodorow, S., *Europe in the Middle Ages*, New York: Harcourt, 1985.

Huebner, Rudolf, *A History of Germanic Private Law*, Boston: Little, Brown and Company, 1918.

Hurd, R. (Ed.), *Letters on Chivalry and Romance*, University of California, Los Angeles: William Andrews Clark Memorial Library, 1963.

Hyams, P. R., *King, Lord and Peasants in Medieval England*, Oxford: Oxford University Press, 1980.

Innes, M., *State and Society in the Early Middle Ages: The Middle Rhine Valley, 400-1000*, Cambridge: Cambridge University Press, 2000.

Jaeger, C. Stephen, *The Origins of Courtliness: Civilizing Trends and The Formation of Courtly Ideals 939—1210*, Philadelphia: University of Pennsylvania Press, 1985.

Janin, Hunt, *Medieval Justice: Cases and Laws in France, England and Germany, 500-1500*, London: McFarland & Company, 2009.

Jonathan, D'Arcy, *The Knights of the Crown*, Woodbridge: Boydell Press, 1987.

Kaeuper, Richard W., *Chivalry and Violence in Medieval Europe*, Oxford: Oxford University Press, 1999.

Keen, M. *Chivalry*, New Haven, London: Yale University Press, 1984

Keen, M., *The Laws of War in the Middle Ages*, Toronto: University of Toronto Press. 1965.

Keen, M., ed., *Medieval Warfare*, Oxford: Oxford University Press, 1999.

Kern, Fritz, *Kingship and Law in the Middle Ages*, Oxford: Basil Blackwell, 1970.

Krey, August C., *The First Crusade*, Oxford: Oxford University Press, 1921.

Krueger, Roberta L., ed., *Medieval Romance*, Cambridge: Cambridge University Press, 2000.

Lacroix, Paul, *Manners, Customs, and Dress during the Middle Ages, and during the Renaissance Period*, London: Chapman and Hall, 1876.

Lacy, N. J., ed., *Medieval Arthurian Literature: a Guide to Recent Research*, New York and London: Garland, 1996.

LaMonte, John L., *The World of the Middle Ages*, NewYork: Appleton-Century-Crofts, 1949.

Latouche, R., *The Birth of Western Economy: Economic Aspects of the Dark Ages*, New York: Barnes & Noble, 1961.

Lewis, Ewart, *Medieval Political Ideas*, vo. 1, New York: Alfred A. Knopf., 1954.

Lupoi, Maurizio, *The Origins of the European Legal Order*, Cambridge: Cambridge University Press, 2007.

Lyon, Bryce D., *From Fief to Indenture*, Cambridge, Mass. : Harvard University Press, 1957.

Macdonald, J. R. Moreton, *A History of France*, Vol. I, New York: The Macmillan Company, 1915.

Maitland, Frederic W., *A Sketch English Legal History*, New York and London: G. P. Putnam's Sons, 1915.

Marshall, H. E., *A History of Germany*, London: H. Frowde and Hodder & Stoughton, 1913.

Martin J. E., *Feudalism to Capitalism: Peasant and Landlord in English Agrarian Development*, Atlantic Highlands, NJ. : Humanities Press, 1983.

Matthew, *Armies, Chivalry and Warfare in Medieval Britain and France*, Stamford: Paul Watkins, 1998.

Mckitterick, Rosamond, ed., *The New Cambridge Medieval History Volume II c. 700 – c. 900*, Cambridge: Cambridge University Press, 1995.

Murray, A., *Reason and Society in the Middle Ages*. Oxford: Clarendon Press, 1978.

Nicholas, D., *The Evolution of the Medieval World: Society, Government and Thought in Europe, 312–1500*, London: Longman, 1992.

Nicholas, David, *The Growth of the Medieval City*, London: Longman, 1997.

Norman, A. V. B., *The Medieval Soldier*, New York: Thomas Y. Crowell Company, 1971.

Oakeshott, R. E., The Archaeology of Weapons: *Arms and Armour from Prehistory to the Age of Chivalry*, New York: Fredrick A. Praeger, 1960.

Packard, S. R., *12th Century Europe*, Amherst: The University of Massachusetts Press, 1973.

Painter, S., *French Chivalry*, Baltimore: The Johns Hopkins Press, 1940.

Painter, S., *Medieval Society*, Ithaca, NY: Cornel University Press, 1968.

Painter, Sidney, *The Rise of the Feudal Monarchies*, Ithaca, NY: Cornell University Press, 1951.

Paterson, Linda M., *The World of the Troubadours*, Cambridge: Cambridge University Press, 1998.

Petit-Dutaillis, Charles, *The Feudal Monarchy in France and England, from the Tenth to the Thirteenth Century*, New York: Barnes & Noble, Inc, 1964.

Plum, Harry G., *The Teutonic Order and Its Secularization*, Iowa: The University Iowa City, 1906.

Pounds, N. J. G., *An Economic History of Medieval Europe*, London: Longman, 1974.

Pounds, N. J. G., *The Medieval Castle in England and Wales*, Cambridge: Cambridge University Press, 1990.

Prestage, Edgar, *Chivalry*, London, New York: Kegan Paul, 2004.

Prestage, Edgar, ed., *Chivalry*, New York: Alfred A. Knopf, 1928.

Raaflaub, K. and Rosenstein, N., eds., *War and Society in the Ancient and Medieval Worlds: Asia, The Mediterranean, Europe, and Mesoamerica*, London: Center of Hellenic Studies, 1999.

Reynolds, S., *Fiefs and Vassals*, Oxford: Oxford University Press, 1994.

Rhys, John, *Studies in the Arthurian Legend*, Whitefish, MT: Kessinger Publishing Co., 2004.

Richard Barber, *The Reign of Chivalry*, Woodbridge: The Boydell Press, 2005.

Robinson, Geo. T., *The Military Architecture of the Middle Ages*, London: Simpkin and Marshall, 1859.

Robinson, J. Harvey, *Medieval and Modern Times*, Coastal Carolina University, Conway: The Athenaeum Press, 1931.

Rudorff, R., *Knight and the Age of Chivalry*, New York: The Viking Press, 1974.

Saul, Nigel, *Chivalry in Medieval England*, Cambridge, Massachusetts: Harvard University Press, 2011.

Sayles, G. O., *The Functions of the Medieval Parliament of England*, London: Bloomsbury Publishing PLC, 1988.

Schnürer, G., *Church and Culture in the Middle Ages*, *volume I, 350 - 814*, Paterson, N J.: St. Anthony Guild Press, 1956.

Sidnell, Philip, *Warhorse: Caval in Ancient Warfare*, New York: Hambledon Continuum, 2006.

Spivack, C. and Staples, R. L., *The Company of Camelot*, Westport, CT: Greenwood Press, 1994.

Stafford P., Nelson J. L. and Maritindale J., eds. *Law, laity and solidarities*, Manchester: Manchester University Press, 2001.

Strickland, M., ed., *Armies, Chivalry and Warfare in Medieval Britain and France*, Stamford: Paul Watkins, 1998.

Strickland, Matthew, *War and Chivalry: The Conduct and Perception of War in England and Normandy, 1066-1217*, Cambridge: Cambridge University Press, 1996.

Thompson, R. H., and Busby, K., *Gawain: a Casebook*, New York: Routledge, 2006.

Thrupp, S. L. (Ed.), *Change in Medieval Society*, New York: Appleton Century Crofts, 1964.

Tilley, Arthur, *Medieval France, A Companion to French Studies*, Cambridge: Cambridge University Press, 1922.

Ullmann, Walter, *Principles of Government and Politics in the Middle Ages*, London: Methuen & Co., 1978.

Verbruggen, J. F., *The Art of Warfare in Western Europe During the Middle Ages*, New York: North-Holland Publishing Company, 1979.

White, L. Jr., *Medieval Technologe and Social Change*, Oxford: Oxford University Press, 1962.

三、中文著作

艾因哈德:《查理大帝传》,戚国淦译,商务印书馆 1996 年版。

爱德华·甄克斯:《中世纪的法律与政治》,屈文生等译,中国政法大学出版社 2010 年版。

彼得·李伯庚:《欧洲文化史》(上、下),赵复三译,上海社会科学院出版社 2004 年版。

M. M. 波斯坦主编:《剑桥欧洲经济史》(第一卷)王春法等译,经济科学出版社 2002

年版。

J. H. 伯恩斯主编:《剑桥中世纪政治思想史》(上),程志敏等译,生活·读书·新知三联书店 2009 年版。

布莱恩·蒂尔尼、西德尼·佩因特:《西欧中世纪史》,袁传伟译,北京大学出版社 2011 年版。

布瓦松纳:《中世纪欧洲的生活和劳动(五至十五世纪)》,潘源来译,商务印书馆 1985 年版。

伏尔泰:《风俗论》(上、中),梁守锵等译,商务印书馆 2000 年版。

富勒,J. F. C.:《西洋世界军事史》(卷三),钮先钟译,广西师范大学出版社 2004 年版。

格雷戈里:《法兰克人史》,寿纪瑜、戚国淦译,商务印书馆 1983 年版。

哈罗德·J. 伯尔曼:《法律与革命——西方法律传统的形成》,贺卫方译,法律出版社 2008 年版。

基佐:《法国文明史》(第二、三卷),沅芷等译,商务印书馆 1999 年版。

基佐:《欧洲文明史:自罗马帝国败落起到法国革命》,程洪逵等译,商务印书馆 1998 年版。

马克·布洛赫:《法国农村史》,余中先等译,商务印书馆 2003 年版。

马克·布洛赫:《封建社会》(上、下卷),张绪山等译,商务印书馆 2004 年版。

马克垚:《英国封建社会研究》,北京大学出版社 1992 年版。

马克垚主编:《中西封建社会比较研究》,上海学林出版社 1997 年版。

马克垚:《封建经济政治概论》,人民出版社 2010 年版。

马克垚:《西欧封建经济形态研究》,中国出版集团 2009 年版;

马罗礼:《亚瑟王之死》,黄素封译,人民文学出版社 1983 年版。

梅特兰:《欧陆法律史概览》,屈文生 等译,上海人民出版社 2008 年版。

梅特兰:《英格兰宪政史》,李红海译,中国政法大学出版社 2010 年版。

孟广林:《英国封建王权论稿》,人民出版社 2002 年版。

诺贝特·埃利亚斯:《文明的进程》(卷二),袁志英译,生活·读书·新知三联书店 1999 年版。

佩里·安德森:《从古代到封建主义的过渡》,郭方等译,上海人民出版社 2001 年版。

契波拉编:《欧洲经济史》(中古篇),夏伯嘉译,允辰文化实业股份有限公司,(台北)1984 年版。

乔治·杜比主编:《法国史》(上卷),吕一民等译,中国出版集团 2010 年版。

塔西佗:《阿古利可拉传 日耳曼尼亚志》,马雍、傅正元译,商务印书馆 1985 年版。

汤普逊:《中世纪经济社会史》(上、下),耿淡如译,商务印书馆 1984 年版。

沃尔特·厄尔曼:《中世纪政治思想史》,夏洞奇译,译林出版社 2011 年版。

约翰·赫伊津哈:《中世纪的衰落》,刘军 等译,中国美术出版社 1997 年版。

朱寰主编:《亚欧封建经济形态比较研究》,东北师范大学出版社 1996 年版。

责任编辑:杨美艳　陈建萍

图书在版编目(CIP)数据

骑士制度与西欧封建社会特征/倪世光 著. —北京:人民出版社,2020.12
ISBN 978－7－01－021225－8

Ⅰ.①骑… Ⅱ.①倪… Ⅲ.①骑士(欧洲中世纪)-研究 ②封建社会-研究-
西欧-中世纪 Ⅳ.①D59 ②K560.3

中国版本图书馆 CIP 数据核字(2019)第 190956 号

骑士制度与西欧封建社会特征

QISHI ZHIDU YU XIOU FENGJIAN SHEHUI TEZHENG

倪世光　著

人民出版社 出版发行
(100706　北京市东城区隆福寺街 99 号)

中煤(北京)印务有限公司印刷　新华书店经销

2020 年 12 月第 1 版　2020 年 12 月北京第 1 次印刷
开本:710 毫米×1000 毫米 1/16　印张:19
字数:310 千字

ISBN 978－7－01－021225－8　定价:68.00 元

邮购地址 100706　北京市东城区隆福寺街 99 号
人民东方图书销售中心　电话 (010)65250042　65289539